D1692843

ERNST JÜNGER · SÄMTLICHE WERKE

Ernst Jünger

Sämtliche Werke

Dritte Abteilung
Erzählende Schriften
Band 18 · Erzählende Schriften IV

Erzählende Schriften IV
Die Zwille

Klett-Cotta

Verlagsgemeinschaft Ernst Klett — J. G. Cotta'sche Buchhandlung
Nachfolger GmbH, Stuttgart
Alle Rechte vorbehalten
Fotomechanische Wiedergabe nur mit Genehmigung des Verlages
© Ernst Klett, Stuttgart 1983 · Printed in Germany
Gestaltung: Heinz Edelmann
Fotosatz und Druck: Ernst Klett, Stuttgart
ISBN 3-12-904281-4 (Lw)
ISBN 3-12-904781-6 (Hldr)

Die Zwille

INHALT

Die Zwille

Erster Teil: Wie kam er hierher?
Zum Einstand 13
Im Gymnasium 21
Der Heckenweg 31
Die Weberknechte 43
Die Andacht 47
Abschied von der Mühle 52
Der Superus 57
Der Vikar 61
Der Friedhof 66
Die zweite Nachtstunde 70
Die Eskapade 76
Die dritte Nachtstunde 83

Zweiter Teil: Die Pension
Die Einrichtung 91
Bei Bier und Wurst 95
Im Alkoven 105
Die Privatstunden 109
Unterweisungen 114
Ein Mißverständnis 118
Die Daumenschraube 122
Eine Handvoll Krabben 126
Beschattungen 131
Das Problem 137
Das Kabinett 140
Westöstliche Intimitäten 145
Ungers Garten 148
Die Zwille 151
Der Angriffsplan 154
Die Turnstunde 157
Mathematik 163
Willy Breuer 166

Die Nachtarbeit 172
Criminalia 182
Paulchen Maibohm 192
Beschattungen 198
Mißglückte Pfändung 203
Ebbe in der Wurstkammer 208
Über den Zufall und das Wahrscheinliche 211
Der Einkauf mißglückt 215
Das wunderbare Vogelnest 219

Dritter Teil: Zielübungen
In Böttchers Tongrube 225
Die Schießprobe 231
Das erste Scharfschießen 235
Farbige Säume 237
Moralismen 241
Der Montagmorgen 244
Die Zeichenstunde 247
Die Katastrophe 250
Die Bernsteinspitze 254
Mitternachtsblau 259
Der Dienstag 261
Finale 265

Aladins Problem 271

Eine gefährliche Begegnung
Ein Sonntagvormittag in Paris 373
Hinter der Madeleine 413
Um die Bastille 432

Herbst auf Sardinien 451

Nachworte:
Auf eigenen Spuren 465
Post festum 481

Verzeichnisse:
Chronologisches Werkverzeichnis
zu den Bänden 1—18 495
Alphabetisches Inhaltsverzeichnis 511

Die Zwille

ERSTDRUCK 1973
in: »Frankfurter Allgemeine Zeitung«

ERSTER TEIL

WIE KAM ER HIERHER?

ZUM EINSTAND

An jedem Morgen faßte ihn das Bangen an, als ob die Riemen des Tornisters ihm die Brust zuschnürten. Er mußte heftiger atmen und bekam doch keine Luft. »Japsen« nannte man das in Oldhorst. Und wenn er auf den Platz trat, packte ihn die Angst.

Immer wieder mußte er sich zwingen, das Haus zu verlassen, nachdem er die Mütze aufgesetzt hatte und die Treppe hinuntergestiegen war. Oft hatte er die Stufen gezählt. Nun drohte der Gang durch die Gärten mit seinen Schrecken, die unvermutet auftraten. Da war kein Ende abzusehen. Es war der Weg durch einen bösen Vorhof, der zum Gericht führte, mit Visionen am Rand. Sie kamen plötzlich; wenn sie ihn nur streiften, konnte er von Glück sagen. Manchmal wurde alles gefährlich: das Rauschen der Blätter, der Ruf eines Vogels, entfernte Signale der Bahnen und Fabriken — und wenn nicht gefährlich, so doch Gefahr drohend.

Er konnte dem nicht ausweichen; er wurde zu schnell in die Bilder verstrickt. Dann stand er unter ihrem Zwang. Oft hatte er sich gefragt, warum sie so unverhofft, so ohne Warnung auf ihn zukamen. Der Tod des Vaters kam ihm in den Sinn. Blutsturz, der Sack war zu schwer gewesen; als man das Kind rief, lag der bleiche Mann im blauen Kittel schon tot auf dem Kornboden. Das Gesicht war bestäubt, war weiß wie Porzellan; ein roter Faden zog sich aus dem Mundwinkel zur Brust.

Das Bild kehrte wieder: der bleiche Mann auf dem Boden, der nach altem Holz und Mehlstaub roch. Er hätte nun weinen und klagen müssen — doch er konnte nicht in den Sinn bringen, daß es der Vater war. Dort lag ein anderer in seinen Kleidern, ein Schatten kaum von dem, den er geliebt hatte. Der Vater war fortgegangen; er war allein.

Das Unheil kam plötzlich; es sprang zu wie ein Tier aus

dem Hinterhalt. Ein Mensch, den man eben noch mit Augen gesehen, mit Händen berührt hatte, wurde am hellichten Tage geraubt und in Höhlen geschleppt, zu denen kein Weg führte. Dahinter blieb Dämmerung, die sich zur Mauer verdichtete. Clamor konnte sich, wie sehr er sich auch mühte, kaum noch das Gesicht des Vaters vorstellen.

Das Tier lag immer auf der Lauer — ganz dicht und in jedem Augenblick. Man mußte daher auch immer Furcht haben — in jedem Augenblick. Daß man Furcht hatte, war schon ein Hinweis auf die Gefahr, war ihre Witterung. Sie hatte Clamor seit dem Tode des Vaters nie verlassen; den Tod der Mutter hatte er nicht erlebt. Sie war im Kindbett gestorben; er hatte nur von ihr gehört.

Die Furcht bedrückte ihn ohne Unterlaß. Sie kam bald stärker und dann wieder schwächer, doch war sie immer dabei. Sie schwang in ihm wie eine Saite, die das Spiel begleitet, obwohl keine Hand sie berührt. Sie war schon früh im Rauschen des Laubes und nachts in einem Raunen, das nicht verstummen wollte — auch wenn er die Ohren zuhielt, hörte er ein Summen wie aus einem Schneckenhorn.

Das Unbestimmte hatte ihn schon früh geängstigt — vielleicht, weil die Mutter gefehlt hatte. Es war in der Stube wie ein ziehender Nebel, wenn er mit dem Vater am Tisch saß und mit ihm nachtmahlte. Der Vater kam spät aus der Mühle zurück. Er schnitt schwere Scheiben vom Brot, das der Müller eigens für sich und die Knechte buk. Das Brotmesser war größer als das, mit dem der Vater von der Wurst und vom Schinken Stücke abschnitt und sie dem Sohn und der Magd zuteilte. Alle drei schnitten dann mit noch kleineren Messern die Bissen zurecht. Wie man mit der Gabel umgeht, das hatte Clamor erst hier in der Hauptstadt gelernt. Er mußte noch jetzt spähen, wie die anderen sie handhaben.

Clamor sah gern, wie der Vater am Tisch saß und austeilte. Gut war auch, zu sehen, wie er sich am Bier labte. Ein großer Krug stand auf dem Tisch. Clamor hatte ihn aus der Wirtschaft geholt und behutsam getragen, damit die Krone aus weißem Schaum erhalten blieb. Zwischendurch goß der Vater sich einen Klaren ein, damit das Bier den Magen nicht auskühlte. Behagen breitete sich dann aus.

Immer blieb aber die Angst dabei. Die Wand mit den Bildern war undeutlich. Eines zeigte den Vater als Reservisten, ein anderes die Eltern im Hochzeitsstaat. Auch der dunkle Schrank mit der Anrichte war verschwommen; nur das blanke Geschirr leuchtete.

Clamor war schwach auf der Brust. Er war wetterfühlig, abhängig von den Schwankungen der Luft. »Junge, du hast'n Asten« — das hatte, als sie ihn im Bette stöhnen hörte, schon die Magd gesagt. Daß es auch mit den Augen nicht stimmte, war ihm entgangen, bis er auf die Hohe Schule kam. Mühlbauer, der Zeichenlehrer, hatte es bemerkt, hatte auch dafür gesorgt, daß er die Brille bekam. Mühlbauer war freundlich zu ihm.

Clamor konnte Geschriebenes und Gedrucktes gut lesen, sah auch die Sterne klar. Selbst der Reiter auf der Deichsel des Großen Bären entging ihm nicht. Nur die Tafel oder die Bäume am Wegrand blieben undeutlich. Er hätte das nie als Fehler empfunden, wenn man es nicht so genannt hätte. Wenn sich im Oktober das Laub färbte, war es eher schöner, bunte Wolken und Bänder zu sehen. Und auch die Wiesen im Frühling leuchteten, als ob die Macht der Blumen sich vereint hätte. Die Brille war unnütz; er trug sie nicht gern.

So hatte er auch die Stube gesehen: die Wand mit den Bildern verschwommen, die Hände des Vaters dagegen hell, als ob sie Licht weniger empfingen als ausstrahlten. Der Vater hustete; es währte lange, bis er zur Ruhe kam. Das klang nicht gut; er schien noch bleicher, wenn er erschöpft im Lehnstuhl saß. Clamor fühlte die Angst wachsen; er hätte ihm gern die Hand gestreichelt, ein Wort gesagt. Doch er wagte es nicht.

Trotzdem war der Vater in der Frühe als erster zu Gange, und spät noch sah er mit der Lampe nach dem Rechten, bevor er die Mühle schloß. Der Müller hielt ihn in Ehren; er war ein guter Knecht.

Die Angst war immer gegenwärtig; das hatte Clamor schon zu der Zeit empfunden, in der er, ohne daß er es zu zeigen wagte, sich um den Vater gesorgt hatte. Das Tier lag auf der Lauer, auch wenn es die andern, die Frohen und Freien, nicht wahrnahmen.

Es war nicht der letzte Sack gewesen, der den Vater gefällt hatte. Es waren die tausend und abertausend vordem. Der Vater hatte das Korn in die Mühle, das Mehl auf den Speicher geschleppt. Er hatte die Wagen geleert und im Webgang wieder gefüllt. Er trug die Frucht auf dem Rücken, die der Bauer anfuhr, und dann das Mehl, das der Bäcker zu Brot buk; die Ernte der Feldmark ging durch seine Hand.

Dabei war der Vater immer heiter; Clamor hatte ihn manchmal still, doch nie traurig gesehen — selbst dann nicht, als der Husten ihn gebeugt hatte. Er trug sein Tagwerk leichter und froher als der Sohn, der mit ihm und für ihn litt. Er sah das Tier nicht, das auf ihn lauerte. Das sah auch der Sohn nicht, der es fühlte — in jedem Augenblick.

Als der Vater am Boden lag, schien es Clamor, als ob er es schon immer gewußt hätte. Die Angst bestätigte sich nun. Oft hatte er in den Oldhorster Wäldern gesehen, wie Bäume gefällt wurden. Eh einer umfiel, hatten zwei Männer lange am Stamm gesägt. Zacke für Zacke schnitt Faser um Faser ein. Das Blatt fuhr hin und her; jeder Zug war eine Minute, jede Zacke ein Augenblick. So hatten die Tage und Nächte, so hatten die Stunden am Vater genagt. Die letzte vollendete das Werk.

Clamor hatte den Holzhauern nur aus der Ferne zugesehen. Er hörte nicht die Säge, sondern nur den dröhnenden Sturz, dem ein Ächzen des Stammes vorherging und das Splittern der Zweige nachfolgte. Nur das Blitzen des Sägblattes verriet weithin das tödliche Vorhaben. Der Wald war still, es war unheimlich.

Grelle Geräusche hatten schon das Kind erschreckt. Die Oldhorster Mühle hatte Jahrhunderte auf dem Berg gestanden; der Wind hatte ihre Flügel gedreht. Dann war sie vom

Blitz getroffen worden und verbrannt. Müller Braun hatte sie dort als Ruine belassen und weiter unten, näher am Dorf, eine Maschine aufgestellt, die außer den Mahlgängen auch ein Sägewerk trieb. Ein langgedehntes Pfeifen kündete nun das Tagwerk an. Dem folgte ein Getriebe, das den Bau erschütterte. Es klang bedrohlich, als ob es vom Haus Besitz ergriffe und es veränderte. Die Schränke, die Bilder, aber auch die Wände waren nicht die gleichen mehr. Der Hof mit seinen Schuppen und Ställen wurde unbehaglich; das Fachwerk trat hervor. Das Grün der Bäume verlor an Frische, es verblaßte, als ob Staub es berieselte. Es wurde geschäftig; dem Müller schien das zu gefallen — selten sah man das Anwesen ohne Gerüst.

Clamor wagte sich nicht mehr allein in die Mühle; auch wenn der Vater ihn mitnahm und an der Hand führte, blieb sie ihm unheimlich. In ihrem Halbdunkel drehten sich die Räder, stelzten Gestänge, glitten breite Riemen, die weder Anfang noch Ende hatten, dicht am Gesicht vorbei. Aus großen Sieben, die geschwenkt und gerüttelt wurden, stieg Staub in Wolken auf und verquickte sich mit dem widrigen Dunst von Öl und Eisen, der die Luft schwängerte. Clamor begann zu husten, die Augen tränten; er mußte nach Luft ringen. Der Vater führte ihn hinaus.

Der Ort war unsicher. Von ganz tief unten kam ein Stöhnen und Ächzen, als ob Gefangene, die sich befreien wollten, an ihren Gittern rüttelten. Immerhin war dort der Vater, der die Maschinen kannte und ihr Wärter war. Dort war auch der reiche Müller, der über sie gebot, ein Mann mit grüner Joppe und einem weißen Bart, der eckig geschnitten war. Sein Gesicht erinnerte Clamor an das des Elias, das ihm aus der Bilderbibel vertraut war, in der er oftmals blätterte: so sahen Propheten aus.

Der Müller Braun war streng und kurz angebunden; er stand dabei, wenn die Säcke gewogen wurden, und prüfte das Korn in der flachen Hand. Er lachte selten, doch wenn er den Knaben erblickte, sah er ihn freundlich an. Oft hatte er eine kleine Gabe für ihn, vergaß ihn auch nicht zur Weihnacht und an den Geburtstagen. Er hatte dafür gesorgt, daß Clamor beim Superus, der damals noch Pastor in Oldhorst war, Latein lernte.

Solang der Müller und sein Knecht, der Vater, hier auf dem Hofe wirkten und Ordnung hielten, konnten die da unten sich nicht befreien. Doch war der Müller noch im gleichen Jahr wie der Vater gestorben; die Mühle war an einen neuen Herrn gekommen, der in der Stadt wohnte. »Das ist ein Besitzer, kein Eigentümer mehr.« So hatte der Superus von ihm gesagt.

Seither war Clamors Leiden noch gewachsen — sowohl sein Asthma wie seine Angst, dazu ein Gefühl, als ob die Welt schnell größer würde, unüberschaubar, über die Maßen groß. Man stand nicht mehr fest auf dem Grund. Auch rings um die Mühle und ihr stampfendes Werk war es bedrohlich gewesen, doch hatte es noch Orte gegeben, an denen er sich wohl fühlte. Gern weilte er in den Ställen, wo die Kühe und Kälber im Stroh lagen und mit ihren runden Augen vor sich hindämmerten. Hier war es friedlich, und selbst dort, wo die Schweine mit Kleie gemästet wurden, roch es besser als im Maschinenhaus. Clamor war lieber bei den Tieren, die, wie er meinte, ihn nicht sahen und sich nicht um ihn kümmerten. Pferden und Hunden wich er aus. Im Herbst, wenn Müller Braun seine Jagd gab, war ein einziges Gebell und Gewieher auf dem Hof. Die Jäger mit den Gewehren und den blanken Messern standen dazwischen; sie lachten, der Jagdherr goß ihnen aus der Kornflasche ein. Die Oldhorster Jungen freuten sich, daß sie als Treiber mitdurften, aber für Clamor war es kein guter Tag.

Unter den Apfelbäumen auf der Wiese scharrten und pickten nicht nur die Hühner, sondern auch seltene Vögel, die der Müller von weither kommen ließ und von denen Clamor nicht einmal die Namen gehört hatte. Sie trugen lange, schillernde Schweife und zogen bunte Schleppen nach. Andere waren gescheckt und gesprenkelt oder mit Perlen geschmückt. Clamor durfte ihnen Körner mit vollen Händen streuen; es war kein Mangel daran. Dann kamen auch die Tauben von den Dächern und mit ihnen die Sperlinge.

Die Wiese mit ihrem Auslauf lag schon dicht am Berge; ein gewundener Pfad führte von dort zur alten Mühle hinauf. Tragtiere hatten früher die Säcke auf ihm zum Gipfel geschleppt; seit langem wurde er nicht mehr benutzt.

Mühlberge werden kahl gehalten, doch nach dem Brande hatten sich Jungeichen und Kiefern angesamt. Rund um die Ruine hatte sich eine Lichtung erhalten — die Mauer war ringförmig; sie hatte der hölzernen Mühle als Sockel gedient. Der Vater erzählte oft von dem Brande, der gleich dem Ausbruch eines feuerspeienden Berges weithin geschreckt hatte. Es war windstill gewesen; trotzdem hatten die brennenden Flügel sich gedreht.

Im Sommer, bei guter Sonne, wagte Clamor sich hinauf. Dort oben war es noch friedlicher als auf der Wiese und in den Ställen, kein Laut war in der warmen Luft zu hören — es war ganz stille, uralte Zeit.

Hier war er allein. Es war merkwürdig, daß dieses Alleinsein, das ihn dort unten quälte, hier oben stark machte.

Ursache und Wirkung vermochte Clamor schwer zu trennen — auch darin war er den anderen unterlegen, deren Gewandtheit er mit Staunen betrachtete. Er sah mehr das Nebeneinander der Bilder im Raum als ihre Folge in der Zeit. Durch ihre unbewegte Tiefe wurde er gebannt und so zum Fremdling in einer Welt, in der die Räder immer schneller kreisten — ein Hindernis.

Daß die Welt weiter und gefährlicher wurde, erklärte er sich nicht daraus, daß er in die Stadt gekommen war. Im Gegenteil — seit des Vaters Tode hatte ihn ein Sog erfaßt und hinausgerissen; die Stadt mit ihrem Treiben eröffnete die Ausfahrt, deren Ende nicht abzusehen war. Das Staunen darüber, wie er hierhergekommen, begleitete ihn vom ersten Tage an. Oft schien ihm, als ob er, dieser Clamor, ein Schatten wäre, der weniger sich bewegte als bewegt wurde, vielleicht auch ein Beschatteter. Das spielte ineinander und war nicht zu entwirren. Er hatte noch nicht einmal die Abfolge einer Mondfinsternis begreifen können, die der Superus ihm demonstriert hatte. Aber der Mond war gut.

In der Stadt waren die Geräusche noch greller und drohender. Es war, als ob sie nur aus Ein- und Ausgängen bestünde, die auf die Straßen mündeten, wo der Lärm von mehr als hundert Mühlen brandete. Der Lärm war unentwirrbar, doch plötzlich gab es Signale, die ihn herausgriffen, jäh auf ihn zustießen. Schon auf dem ersten Schulweg hatte ein schrilles Klingeln ihn erschreckt. Er war auf den Schienen entlanggegangen, ohne die Straßenbahn zu bemerken, die sich hinter ihm näherte. Im Dorfe gab es keine Schienen; es hieß dort: »Oldhorst liegt aus der Welt«.

Die Bremsen knirschten; schon war das Gitter herausgefahren, das in solchen Fällen das Schlimmste verhindern soll. Der Schaffner sprang heraus: »Du Dämlack, am liebsten würde ich dir ein paar überziehen!« Im Wagen schimpften die Passagiere, die durcheinandergeworfen waren, und draußen starrten die Fußgänger ihn an. Ein Stoß beförderte ihn von den Schienen; die Bahn fuhr an.

»Kerl, du kommst aus dem Muspott!«, schrie der Mann hinter der Klingel im Weiterfahren und schwenkte die Faust dazu. Vor allen, die solche Mützen trugen und immer schimpften, mußte man Angst haben. Vor Hunden und Pferden auch. »Wenn er mir ein Bein abgefahren hätte, wäre ich vielleicht noch am besten davon.«

Auch hier hatte ihn das dumpfe Gefühl gequält, kaum mit der Sache zu tun zu haben; sie ging ihn nur von ganz ferne an, als ob er sie von einem anderen geträumt hätte. Gleich würde er aufwachen. Die Straße hatte ihn verwirrt. Es kamen Droschken, Automobile, Straßenbahnen, Wagen, von denen Männer absprangen und Mülltonnen ausleerten. Dazu einzelne Reiter und Radler, die vorbeiflitzten. Auch die Fußgänger hatten es eilig; sie stießen ihn an und warfen ihm grobe Worte an den Kopf. Sie gingen anders als auf dem Dorf.

IM GYMNASIUM

Wirr war er aufgestanden nach jener ersten Nacht, in der er neben Teo geschlafen und seinen Zorn erregt hatte. Das war eine Geschichte für sich. Kein Wunder, daß er zu spät gekommen war. Zu-spät-Kommen war bös. Man hastete durch die Korridore, bis man die Klassentür erreichte, die ein Schild »IV B« bezeichnete. Sie war schwer zu finden, man suchte sie noch im Traum. Die Tür war zu. Man lauschte — drinnen tönte die Stimme des Lehrers, die wie ein Bach ohne Gefälle durch die Stunde floß. Eine hellere Stimme antwortete. Es wurde abgefragt.

Clamor fühlte die Versuchung, umzukehren — doch es half nichts; er mußte anklopfen, die Tür öffnen, eintreten. Drinnen hockten ihrer dreißig, die ihn anstarrten. Sie waren über die Unterbrechung erfreut und zudem schadenfroh. Über ihnen, hinter einem Pult, das durch ein Podest erhöht war, saß ein kleiner Grauer mit stahlhartem Blick. Das war Doktor Hilpert, der Mathematiker.

»Aha, ein neuer Bummelant.« Das war Hilperts Begrüßung gewesen, nachdem er ihn ausgefragt und fixiert hatte. Dann schrieb er ihn ein. Seitdem hatte Clamor den Eindruck oder vielmehr die Gewißheit, daß Hilpert ihn auf besondere Weise beobachtete. Abneigung auf den ersten Blick.

Noch manches Mal war Clamor seitdem zu spät gekommen, obwohl er nichts so sehr fürchtete. Er fühlte sich schon beim Frühstück beklommen; es drängte ihn eine halbe Stunde eher aus dem Haus. Dann drohten die Verstrickungen — als ob er beim Auflösen eines Knotens Zeit verlöre und sie nicht wieder einholte. Es konnte auch vorkommen, daß er einfach zu träumen begann. Das war eine andere Zeit, in die er sich verlor, und, plötzlich erwachend, fand er sich wieder vor der Klassentür. Fast immer war es Hilpert, der die erste Stunde hatte und ihn mit seinem Blick wie einen Schmetterling aufspießte.

Wenn er Teo nicht gekränkt hätte, würde der ihn zur Schule geführt haben. So hatte der Pedell ihm die Klasse gezeigt. Er war brummig gewesen: »Gleich zum Einstand zu spät?« Dann hatte sich sein Gesicht erheitert: »Da wirst du wohl Senge beziehen.« Doch Hilpert schlug nicht, obwohl er der Schlimmste war. Höchstens, wenn er sich nicht mehr bergen konnte, zog er an den Schläfenhaaren, als wollte er sein Opfer in die Luft heben.

Die anderen wurden beim ersten Schulgang von den Eltern gebracht. Die führten sie an der Hand. Sie stellten sie dem Ordinarius vor, der sie mit Wohlwollen empfing. Das war in Ordnung, aber er, Clamor, gehörte nicht dazu. Er hatte es gleich am ersten Tag gemerkt.

Wenn man nicht dazu gehörte, dann war das so ähnlich wie vor der Klassentür. Aber man stand immer davor und fühlte es in jedem Augenblick. Auch wenn sich die Tür öffnete, ja gerade dann, wurde sichtbar, daß man zu spät gekommen war. Dann drohte der vernichtende Blick von der Höhe des Pultes, und die Klasse lachte dazu.

Daß man nicht dazu gehörte, wurde in den Pausen noch spürbarer als während des Unterrichts. Die anderen gingen dann zu zweien und dreien oder trieben Spiele, von denen er ausgeschlossen war. Er, Clamor, war allein und sah dem zu wie einer, der über die Mauer eines Gartens blickt. Vielleicht schloß er sich selbst aus, aber er konnte nicht mitmachen.

Sie tauschten Worte und Gesten, die bestimmten, ob einer dazu gehörte, und durch die sie sich wiederum untereinander abgrenzten. Schon das Sprechen selbst floß ihnen leicht vom Munde — nicht nur das »hätte« und »würde«, sondern auch das »gehabt hätte« und das »gehabt haben würde« machte ihnen keine Schwierigkeit. Ihm schien es, als ob in der Sprache Knoten wären; er konnte sie nicht so schnell auflösen, wie es zum Reden nötig war. Dann begann er zu stottern, er verhedderte sich.

Offenbar wußten sie nicht einmal, daß sie schön sprachen. Aber wenn einer ausglitt, lachten sie einhellig. In Oldhorst, wo man, wenigstens im Dorf und in der Mühle, Platt gesprochen hatte, war zwischen »mir« und »mich« und zwischen

»dir« und »dich« kein Unterschied. Das war eben »meck« und »deck« in jedem Fall. Aber wenn man hier sagte: »gib mich den Bleistift«, war man unten durch.

Es mußte noch etwas anderes dabei sein, denn von dem Kresebeck, dessen Vater General war, sprach auch kein gutes Deutsch. Er sagte: »laß mich mal ran da« oder »da bin ich nich scharf druff« oder auch »Mensch, du hast jeschissen« — aber der konnte es sich leisten, tat sich noch was darauf zugut. Den anderen schien das zu imponieren, wenngleich nicht übermäßig, denn sie nannten ihn »Käsebäcker« und gingen beim Spielen nicht weniger rüde mit ihm um. Es zeigte sich eben, daß sie dazu gehörten, auch wenn es Unterschiede gab.

Kresebeck sagte: »mein Alter«, wenn er vom General sprach — Max Silverschmied, der Unterprimaner, dagegen »meine alte Dame«, »mein alter Herr«. Daß Clamor den Vater so oder so genannt hätte, mochte er sich nicht einmal vorstellen. Überhaupt nahmen sie die Oberen weniger wichtig, behandelten einige sogar leichthin. Blumauer, der Direktor, war »der Direx«, für andere hatten sie Spitznamen.

Sie schienen nicht diese Angst zu kennen, das ständige Bedrücktsein, das sich nur in den Träumen verlor, doch beim Erwachen gleich wieder zupackte. Natürlich fielen sie ungern auf, versteckten sich, um nicht aufgerufen zu werden, hinter dem Vordermann. Sie hatten Druck, Schiß, Dampf, Bammel, doch nicht diese einsame, würgende Angst. Manche drückten sich, wo sie nur konnten, und trieben das wie einen Sport. Sie rühmten sich, wenn sie dabei Schwein, Schlump oder Dusel gehabt hatten. »Grad als er mich drannehmen wollte, kam Pause — ich hatte mir schon ein Heft in die Hose gesteckt.«

Prügel gab es bis zur Quarta, und zwar bei den Realschülern mehr als bei den Humanisten — den »A-Klassen«. Blumauers Schule war dafür bekannt, und den meisten Eltern war es nicht unlieb, daß man dort eine gute Handschrift schrieb. Es gab Ohrfeigen, Katzenköpfe, Stockhiebe auf den Hintern und in die Handflächen. In der Tertia konnte einem der Lehrer noch einmal die Hand ausrutschen, und es kam vor, daß er sich dann entschuldigte. Dort waren viele schon konfirmiert. Die Sekundaner wurden mit »Sie« angeredet, und die Primaner waren große Herren. Sie durften rauchen, trinken, in die Wirtschaften gehen. Die meisten ließen sich rasieren, auch Bärte sah man schon. Auf dem Schulhof standen sie in Gruppen beisammen und diskutierten, oder sie gingen vor dem Gymnasium auf und ab.

Wenn die anderen sich unterhielten, war ihr Gespräch mit Wendungen durchsetzt, die Clamor noch nie gehört hatte. Sie sprachen leichthin, geschmeidig, nebenbei — als ob sie's nicht ernst nähmen. Sie sagten nicht: »Der war wütend«, sondern: »Den hab ich auf achtzig gebracht«. Für »Das ist mir gleichgültig« sagten sie »Das ist mir wurst«, »schnuppe« oder »piepe« — auch: »Da dreh ich die Hand nicht um«. Der Kopf war »der Deez«, Adieu war »Tschüs«, war einer verträumt, so war er ein »Tranpott«, und war er zugleich dösig, ein »Nieselpriem«.

Es war eine Sprache für sich, eine Fremdsprache. Die Ausdrücke wechselten, sie hatten, oft nur für Tage, ihre Modezeit. Man mußte auf dem laufenden sein. Dazu Gebräuche: Die Mütze mußte einen Kniff bekommen; man gab, indem man »Servus« sagte, lässig zwei Finger statt der Hand.

Clamor bewunderte das abseits wie eine freie Spielkunst, etwa von Seiltänzern. Die kannten nicht die Gefahr des Sturzes, den er erlitten hätte, schon bei den ersten Versuchen, es ihnen gleichzutun. Er sprach nur langsam; die Worte lösten sich schwer vom Mund. Er mußte sie zwischen Klippen hindurchführen; dabei blieb viel von dem, was er sagen wollte und was er fühlte, im Unausgesprochenen zurück.

Er mußte das Oldhorster Platt vermeiden; erst hier hatte er gelernt, daß es »das Streichholz« hieß, und nicht »der Rietsticken«. Hier wurden »die Schuhe geputzt«, nicht »die Stiefel geschmiert«. Bei solchen Wendungen wurde man angesehen wie einer, der sich trotz schlechten Manieren mit an den Tisch setzte. Wiederum standen ihm die schicken Redensarten, wie sie die anderen als gängige Münze wechselten, nicht an und nicht zu. Das wäre Anmaßung.

Daß er nicht dazu gehörte, wußte Clamor besser als die anderen. Die merkten das nur bei Gelegenheiten; er aber stand immer vor der Tür und fühlte es in jedem Augenblick. Daher zog er die Einsamkeit vor. Aber hier gab es keine Obere Mühle, keine Mühle am Berg.
Hätte er nur die Kraft besessen, sich Rechte anzumaßen und herauszunehmen, so würde es besser stehen. Er sah das an Buz, der neben ihm saß — auch einem Oldhorster. Buz war der Sohn des Gemeindeschulzen, der mit ihm hoch hinaus wollte. Der Alte hatte, wie man dort sagte, was an den Füßen, vierzig Morgen guten Boden, dazu Wald, Wiese und Moor. Jetzt war man dort fündig geworden, hatte Kali gebohrt. Teo hatte sich Buz als Leibschützen eingetan; das gab ihm Ansehen. Doch, wenn Clamor unbegabt war, so konnte sich Buz nicht einmal mit ihm vergleichen; er wußte so gut wie nichts, obwohl er helle war. Er sprach wie ein Holzhakker. Seine Aufsätze pflegte der Ordinarius vorzulesen, um die Klasse zu erheitern; es war ein Wunder, daß er bis zur Quarta gekommen war.
In den Pausen war Buz der Meister; er nahm kein Blatt vor den Mund und redete, wie ihm der Schnabel gewachsen war. Das machte Eindruck auf die anderen. Ein Ding war erst richtig, wenn Buz seinen Senf dazu getan hatte — sie riefen ihn her, schlugen ihm auf die Schulter, gaben ihm einen Rippenstoß. Er lachte, bis es ihm zu toll wurde — dann griff er sich einen heraus. Er lief hinter ihm her und holte ihn ein, selbst wenn der sich auf den Lokus flüchtete. Buz kletterte dann wie ein Affe über die Wand, die oben offen war, und holte den Burschen heraus. Er hatte dabei einen besonderen Griff, indem er ihn an den Ärmeln festhielt und mit dem Knie in den Hintern stieß. Die andern lachten und schleppten selbst, um das Schauspiel zu genießen, Delinquenten zur

Abstrafung herbei. »Gib ihm ein Büzchen«, riefen sie dann. Das war eine Einrichtung. Sie wurden lustig, wenn sie ihn sahen, und lachten, wenn er den Mund auftat. Dabei wiederholte er stets dieselben Schnäcke, wie »Au verflucht«, »Au Backe«, »O du himmelblaues Veilchen« — Ausdrücke, die er in den Kasernen aufschnappte. Meist paßten sie nicht einmal zu dem, was vorging — trotzdem wurde es witzig dadurch. Vielleicht war überhaupt alles komisch für ihn.

Buz also war auch Oldhorster und den Lehrern ein Dorn im Auge, aber er gehörte dazu. Daß sein Vater das Weizenland hatte, konnte wenig ausmachen, denn — so schloß Clamor — wenn ich wie Buz wäre, so gehörte ich dazu.

Buz war trotz seinem Witz weitaus der Dümmste in der Klasse und würde bestimmt nicht versetzt werden, obwohl Teo ihm Nachhilfe gab. Er war schon einmal »backen geblieben« und mußte dann von der Schule gehen. Das machte ihm nichts aus — er wollte Husar werden. Die anderen würden ihn vermissen und wohl noch lange erzählen von ihm. Wenn Clamor ginge, würde das nicht einmal bemerkt werden.

Als er zu spät gekommen war und Doktor Hilpert ihn eingeschrieben hatte, mußte Clamor sich einen Platz suchen. Es war kein Zufall, daß er neben Buz noch eine Lücke fand, denn jene, die der Ordinarius seine »Schwachmatici« nannte oder die er aus anderen Gründen unter Augen halten wollte, hockten auf der wenig beliebten Vorderbank. Für Clamor war es ein Glücksfall, er saß nun neben einem Landsmann, den er seit langem kannte, einem Oldhorster. Freilich hatte er in der Nacht, als Teo ihn verstoßen hatte, schon Schlimmes von ihm einstecken müssen, und auch hier sollte er der Nachbarschaft nicht froh werden.

Die zweite Stunde wurde vom Ordinarius gegeben, einem beleibten Herrn von fünfzig Jahren, der nicht unfreundlich war, auch nicht ohne Humor. Er hieß Herr Bayer und gab Sprachstunden; diesmal war Französisch dran. Bei seinem Eintritt erhoben sich die Schüler; Herr Bayer nickte und sagte »Asseyez-vous« dazu. Sie antworteten im Chor, indem sie sich setzten: »Nous nous asseyons«.

Herr Bayer schloß nun den Klassenschrank auf, um Hut und Regenschirm zu verwahren, und nahm dann hinter dem Katheder Platz. Er setzte die Brille auf und öffnete das Klassenbuch. Seine Bewegungen waren langsam und behaglich, als ob die Zeit ein gutes Gewicht hätte, das er voll auswöge.

»Aha — der Neue. Ebling — bist schon angemeldet. Nun steh mal auf, daß wir dich alle sehen.«

Er studierte Hilperts Eintragung. »Zu spät gekommen? — hast wohl nicht gleich das rechte Loch gefunden — das wollen wir nicht anrechnen.« Er tauchte die Feder ein und schrieb mit roter Tinte »Entschuldigt« unter die Notiz.

Dann kam er näher, um den Neuling genau zu inspizieren; auch das tat er bedacht und sorgfältig. Er hob ihm mit der Hand das Kinn auf, um das Gesicht zu betrachten, das Clamor gesenkt hatte. Herr Bayer bemerkte dabei, daß der oberste Knopf an der Jacke fehlte, und schüttelte den Kopf; es machte offenbar keinen guten Eindruck auf ihn. Clamor war der Verlust entgangen; das mußte passiert sein, als der Schaffner ihn gepackt hatte. Er hätte es gern Herrn Bayer erklärt, doch war es zu schwierig; ihm kamen die Worte nicht. Am Ende würde der Lehrer die Sache noch strenger nehmen als der Schaffner; am besten verschwieg man sie überhaupt.

Zudem war er kaum anwesend; eine seltsame Beobachtung fesselte ihn. Er hielt den Blick auf Herrn Bayers Stirn gerichtet, denn er mochte ihm nicht in die Augen sehen. Der könnte dort den Verstoß entdecken, auch andere Dinge, deren er schuldig war — oder sein Schuldigsein überhaupt. Mit dem war er behaftet, und daher wich er dem Blick der anderen aus. Er durfte ihnen nicht in die Augen sehen. Meist hielt er, als ob er am Boden etwas suchte, den Kopf gesenkt.

Über Herrn Bayers Stirn erhob sich eine graue Welle so locker und geschmeidig, als ob er eben vom Friseur käme. Das Haar war jedoch nicht durchaus eisenfarben; es hatte dazu noch einen rostbraunen Ton. Dieser Schimmer rührte jedoch, wie Clamor auffiel, nicht daher, daß ein Rest von braunen Haaren geblieben war. Jedes einzelne Haar war vielmehr in sich geringelt; es lösten sich weiße und rostige Sprenkel ab. Clamor erinnerte das an den Kalender — vielleicht, so dachte er, wächst Herrn Bayers Haar sonntags schöner als wochentags. Ähnliches hatte er bisher nur an Tieren gesehen — so an Herrn Brauns prächtigen Vögeln, auch an einem Dachs, der einmal, als Clamor still auf dem Mühlberg träumte, an ihm vorbeigeschnürt war.

Später konnte er das Ringelspiel auch an einzelnen Haaren nachprüfen, die auf sein Pult fielen. Herr Bayer pflegte sein Haar mit großer Sorgfalt; einige Male zog er einen braun und schwarz gesprenkelten Kamm aus der Brusttasche und ließ ihn durch die Frisur gleiten. Dieser Kamm war mit einem Silberbügel gefaßt; Herr Bayer verwahrte ihn in einem Futteral. Er zog ihn weniger heraus, als daß er ihn enthüllte — es war ein kostbares Stück, ungewöhnlich in dieser dürftigen Einrichtung.

Clamor freute es immer, wenn Herr Bayer sich kämmte — das war jedesmal eine festliche Einlage. Dieses Behagen rührte nicht daher, daß Herr Bayer dann nicht aufpaßte; es war vielmehr die völlige Verwandlung, die erheiterte. Er hätte auch statt des Kammes eine Flöte aus dem Futteral ziehen können, um damit aufzuspielen wie ein Musikant. Aber schon, daß er sich für einen Augenblick so verändern und vertiefen konnte, war eine große Erholung, nicht nur von der Grammatik — es gab Mitgenuß. Dann schien es dem Jungen, als öffneten sich die Fenster, die stets geschlossen waren, und einer von des Müllers bunten Vögeln flöge herein.

Daß eine Einzelheit ihn ablenkte, wie hier Herrn Bayers Haar, während dieser ihn examinierte, begegnete ihm leicht. Der Lenkung zu folgen, fiel ihm schwer; die Macht der Ablenkung war stark. Selbst heute morgen, als man ihn fast überfahren hätte, war er nicht dabei. »Junge, du kommst zu schnell aus dem Konzept« — das hatte ihm schon der Superus gesagt. Im Grunde war es weniger Zerstreutheit als Konzentration. Vor allem wo Farbiges auftauchte, wurde er angezogen wie der Fisch, der im Schilfrohr dämmert, wenn er den bunten Köder erblickt. Ihm wurde erwartungsvoll zumute, als ob ein Instrument gestimmt würde. Ein Zupfen war das zunächst.

Herr Bayer streifte noch Clamors Rockärmel auf und war zufrieden, als er nicht den dunklen Rand erblickte, der auf Katzenwäsche schließen läßt. Nachdem er seinen Neuen gemustert hatte, ging er zum Pult zurück und schlug das Register des Klassenbuches auf. Er begann nun, Clamor auszufragen, und trug die Angaben ein.
»Du heißt also Ebling, mein Junge, und kommst aus Oldhorst. Das ist noch ein schönes Dorf mit Strohdächern. Und dein Vorname?«
Clamor vergaß die Ratschläge, die Teo ihm in der Nacht erteilt hatte, und nannte den Vornamen schlechthin. Das war das Stichwort, auf das Buz gelauert hatte — er drehte sich um und rief sein »Au Backe!« in die Klasse, dessen Wirkung er sicher war. Diesmal heimste er auf des Neuen Kosten noch eine besondere Heiterkeit ein. Wenn er jedoch gehofft hatte, daß auch Herr Bayer das spaßig finden würde, hatte er sich geirrt.
»Ah, Bursche — du willst wieder mal den Bajaz machen? Das werd ich dir austreiben.«
Damit ging Herr Bayer zum Klassenschrank, um ihm einen dünnen Rohrstock zu entnehmen, mit dem er sich gemächlich näherte. Buz sah nun, daß es ernst wurde.
»Herr Bayer — ich wills nicht wieder tun!«
»Das will ich hoffen. Doch vorher wollen wir den guten Vorsatz noch etwas bekräftigen.«
Dann plötzlich strenge: »Mach die Hand auf!«
Buz wußte aus Erfahrung, daß es keinen Sinn hatte, Sperenzien zu machen oder die Hand zurückzuziehen; das verschlimmerte die Sache nur. Er mußte erst die rechte und dann die linke Handfläche hinhalten und bekam in jede einen saftigen Hieb. Clamor hörte die Gerte pfeifen, obwohl

Herr Bayer sich nicht anzustrengen schien. Er bewegte den Arm nur aus dem Ellenbogen, doch so, als ob er es oft geübt hätte. Buz schrie zweimal »Au!« und hatte auch damit, wenngleich unfreiwillig, seinen Lacherfolg.

Clamor hatte Herrn Bayers neue Verwandlung mit Schrecken wahrgenommen; ihm war beklommen, als ob er daran die Schuld trüge.

Buz schien mit seinem Mißgeschick vertraut zu sein. Jedenfalls verlor er keine Sekunde, die Folgen zu besänftigen. Er blies in die Hände, auf denen sich rote Striemen abzeichneten. Dann kühlte er sie auf dem Holz des Pultes und wechselte die Stelle, wenn sie sich erwärmt hatte. Dabei zog er Grimassen und streckte Clamor in einem unbewachten Augenblick die Zunge heraus.

Herr Bayer stand am Fenster und kämmte sich das Haar. Dann wandte er sich um und sagte:

»Clamor ist ein guter, alter Name. Darüber lachen nur Dummköpfe.«

Somit war Clamors Aufnahme in die Quarta des Realgymnasiums bestätigt worden, ohne daß er Teos Anweisung befolgt hatte. Er kam in der Mitte des Jahres, nach den Sommerferien. Eine Reihe von weiteren Fragen hatte der Ordinarius nach Buzens Unfug sich aufgespart. Professor Quarisch, Clamors Pensionsvater, hatte ihn bei der Anmeldung informiert: »Ein Stipendiat, ein Junge vom Lande aus einfachsten Verhältnissen.«

Ein gefundenes Fressen also für diese Rowdies — man mußte behutsam sein.

Herr Bayer sah die Bauernjungen gern in seiner Klasse; sie waren zwar schwerer von Capé, doch in jeder Hinsicht zuverlässiger als die aus der Stadt. Sonntags wie in den Ferien durchwanderte er mit Stock und Rucksack den Harz und die Heide; er kannte sich in den Dörfern aus.

Das waren die beiden ersten Stunden in der neuen Schule gewesen, die von den Schülern »der Kasten« genannt wurde. Drei weitere Stunden schlossen sich an, die durch Pausen getrennt waren. So drohte an jedem Morgen schon auf dem Schulweg eine Wüste von Zeit, die nicht zu bewältigen war. Als einzige Oase winkten, von der Montagsandacht abgesehen, die beiden Zeichenstunden bei Herrn Mühlbauer.

Die Pausen waren noch schlimmer als der Unterricht, denn das Nicht-dazu-Gehören wurde, wenn die anderen spielten oder sich unterhielten, drückender, als wenn sie hinter ihren Heften auf der Bank saßen. Von denen hatte jeder einen Freund, und manche waren so beliebt, daß alle um ihre Gunst warben. Clamor wagte nicht einmal das. Er fragte sich, wie man es anfangen solle, um einen Freund zu gewinnen — da genügte kein Wünschen und Wollen, es mußte ein Wunder geschehen. Doch wenn ein Freund fehlte, war es immer noch besser, einen Herrn zu haben, selbst einen strengen, als ganz allein zu sein. Wenn der befahl: »Tu dies, laß jenes!«, auch wenn er bös wurde, so war doch einer, von dem man gesehen wurde, der sich kümmerte. Die anderen gingen, als ob sie keine Augen hätten, an ihm vorbei. Manchmal, wenn er in seiner Ecke auf das Ende der Pause harrte, beneidete er sogar jenen, den sie gerade prügelten.

Wenn sie auf dem Schulhof spielten, fiel ihm nicht einmal die unterste Rolle zu. Beliebt war das Turnierspiel; einer war dabei das Pferd und einer der Reiter, der auf dessen Schultern stieg. Verloren hatte, wer sich herunterziehen ließ. Buz machte immer das Pferd und Kresebeck den Reiter dabei. Clamor war ihnen weder als Pferd noch als Reiter genehm. Er hatte nicht einmal unten, geschweige denn oben seinen Platz.

DER HECKENWEG

Nach jenem ersten Schultag, an dem sie ihn fast überfahren hätten, wich Clamor über den Heckenweg bei Ungers Garten aus. Dort war es auch nicht geheuer, und in mancher Hinsicht sogar bedrohlicher, doch nicht so turbulent. Es fuhr kein Wagen, kamen kaum Menschen vorbei. Das erinnerte an die Feldwege um Oldhorst, die in die Heide führten, manchmal sogar an die alte Mühle auf dem Berg.

Die anderen, die bei Professor Quarisch in Pension waren, frühstückten länger und brachen später auf. Sie hatten Fahrräder. Nachdem sie noch Vokabeln oder Verse gebüffelt hatten, stiegen sie in den Keller und trugen ihre blanken Räder herauf. Sie sprangen von hinten auf, nachdem sie einige Sätze getan hatten, als ob sie stotterten. Andere schwangen leichthin das rechte Bein über den Sattel wie beim Bockspringen. Ihre Schulbücher, die sie mit einem Riemen umschnürt hatten, klemmten sie hinter den Sattel oder hängten sie an die Lenkstange. Sie konnten mit einer Hand fahren, manche wie im Zirkus sogar freihändig. Sie saßen zugleich auf und jagten, als ob es zu einer Lustpartie ginge, klingelnd davon.

Jeder hatte sein Fahrrad, Teo sogar eins mit Freilauf und nach unten gebogener Lenkstange wie die Rennfahrer. Er fuhr mit gebeugtem Rücken und gesenktem Kopf. Für seine Bücher hatte er keinen Riemen, sondern eine Mappe, die er nicht selber trug. Buz mußte das für ihn besorgen; er hatte sie am Morgen vor der Tür der Oberprima abzuliefern und nahm sie nach Schulschluß in Empfang. Es kam vor, daß er deswegen eine Stunde zugeben mußte, doch da er ohnehin Teo wie ein Schatten folgte, fiel das nicht ins Gewicht. Gern hätte Clamor ihm den Auftrag abgenommen, doch ließ Buz, von Anfang an auf ihn eifersüchtig, es nicht zu. Auch war er Teo, wenigstens in dieser Hinsicht, lieber — er sagte: »Buz ist dumm und präzis. Das sind zwei Eigenschaften, die sich ergänzen — du aber, Clamor, bist dumm und unpünktlich. Wenn ich dich sehe, wird mir schwach.«

Teo liebte es nicht, außer Waffen etwas zu tragen; er wollte die Hände frei haben. »Hier habe ich Buz, in Kairo hatte ich Omar, und später werde ich andere haben, wo ich mich auch umtreibe. Leute wie ich sind immer bedient.« Hier jedenfalls drängten sie sich zu ihm, auch wenn er sie schlecht behandelte. Allerdings war er bedeutend älter als die anderen. Clamor sah es als Glück an, daß sie sich vom Dorf her kannten und nun beim Professor zusammen waren; sonst hätte Teo ihn nicht bemerkt.

Die Mappe war aus genarbtem Leder; Teo hatte sie von weither mitgebracht. Clamors Tornister war auch aus Leder; er war mit Seehundsfell besetzt. Es war ein Geschenk von Müller Braun gewesen, als Clamor in Oldhorst zur Schule kam. Eine in Holz gefaßte Schiefertafel, ein Schwamm und ein Griffel hatten dazu gehört. Ein schönes Geschenk — hier aber standen Tornister nicht in Ansehen. Auch fing man schon in den Vorklassen nicht mit der Tafel, sondern gleich mit der Kladde und dem Federhalter an.

Den Rückweg von der Schule schlossen sie mit einer Verfolgungsjagd ab. Auch nachmittags, wenn auf dem Platz nicht exerziert wurde, holten sie die Räder hervor und fuhren im Kreis. Sie kannten die Rennfahrer, die in bunten Trikots auf der überhöhten Bahn hinter den schweren Maschinen der Schrittmacher hersausten, bei Namen und stritten sich über Potenz und Aussichten ihrer Lieblinge.

Clamor sah gern, wie sie auf den blitzenden Rädern kreisten und über den Asphalt dahinflogen. Schon in Oldhorst hatte er die Söhne von Bauern und Herren auf ihren »Flitzepes« bewundert — die Heidewege waren schmal wie weiße Striche, doch steinhart und zum Fahren gut.

Ein solches Rad zu besitzen, war lange sein brennender Wunsch gewesen, doch hatte er sich gehütet, ihn zu äußern oder auch nur anzudeuten, denn das würde dem Vater, der ihn nicht erfüllen konnte, Kummer gemacht haben. Dieses Kreisen der Gedanken um unerreichbare Ziele, wie hier um das eines Freundes — auch das gehörte zum Kummer, der ihn beschattete.

Jetzt, wo das Laub sich färbte, stiegen oft Nebel aus der Beeke auf. Das war, als ob ein Mantel sich um ihn breitete; er fühlte sich sicherer. Zwar konnte er zwischen den Hekken nicht so weit sehen, doch wurde er auch nicht so leicht bemerkt. Wenn er Schritte hörte, konnte er sich zur Seite drücken und ausweichen. So tastete er sich im Geheg entlang.

Die Beeke querte den Weg ziemlich an seinem Ende — dort, wo die Häuser wieder anfingen. Sie führte ein braunes, schleichendes Wasser, floß durch anmoorigen Grund. Clamor pflegte auf der hölzernen Brücke zu verweilen, um, über das Geländer gelehnt, auf den trüben Spiegel zu starren. Bei seinem ersten Gange, also am zweiten Schultag, hatte er eine Gruppe von Männern bemerkt, die sich unten am Ufer mit einem hohen Gerüst, einer Art von Galgen, beschäftigten. In Abständen ertönte ein widriges, ächzendes Geräusch, und ein schweres Gewicht stieg am Gestell empor. War es bis zur Spitze hinaufgewunden, so löste es sich mit einem Knall, den ein Dampfstrahl begleitete, und stürzte pfeifend herab. Das wiederholte sich wie ein riesiges Ein- und Ausatmen.

Die Ramme, die dazu diente, behelmte Pfähle in den Grund zu treiben, flößte Clamor ungemeinen Schrecken ein. Ihm war, als ob er einer Hinrichtung beiwohnte. Obwohl sie schon am nächsten Tag verschwunden war, blieb dieser Schrecken in ihm, wenn er den Weg beging. Das Gewicht drohte; es konnte an einer beliebigen Stelle, die er nicht kannte, zerschmetternd herabfahren. Er konnte es durch eine unbedachte Bewegung, vielleicht sogar durch einen Gedanken, auslösen. Es bedrückte ihn ständig; oft hatte es ihn beinah gestreift.

Drei Strecken des Weges waren zu durchmessen, auf denen die Gefahr sich steigerte: sie grenzten an den Grenadierplatz, die Spinnerei, die Strafanstalt.

Wenn er, vom Tornister beengt, die Treppe hinunterstieg, hoffte er, daß auf dem Platz nicht exerziert würde. Das war ein Glücksfall; meist hörte er schon die Trommeln und Hörner der übenden Spielleute. Dann war der Platz von Gruppen erfüllt, die regungslos verharrten oder über seine Fläche bewegt wurden. Die Kameraden sahen das gern. Besonders Buz vermochte sich von dem Schauspiel kaum zu trennen; er kannte jeden Offizier bei Namen, auch viele der Unteroffiziere und Feldwebel. Die Abzeichen waren ihm bis auf den letzten Knopf vertraut.

Dem Haus am nächsten hatte der fürchterliche Sergeant Zünsler sein Revier. Das war ein kleiner Drahtmann, ein Springteufel mit rotem Vollbart; am Kragen trug er breite Tressen und jederseits einen goldenen Knopf. Seine Kommandos schallten bis an die andere Seite des Platzes, wo die neuen Häuser standen; es war kaum faßbar, daß eine solche Stimme aus dem winzigen Körper kam. Er wollte auch, daß seine Leute röhrten, als ob sie im Seesturm an Deck stünden. Am besten war es noch, wenn er instruierte, dann stand er weit vor der Abteilung und donnerte etwa: »Grenadier Knospe — haben Sie mich verstanden?« während er die Arme auf dem Rücken hielt. Der riß dann den linken Fuß an und brüllte mit Bärenstimme: »Woll, Herr Schant!« Zünsler aber legte die Hand ans Ohr, als ob er nichts gehört hätte.

Ein besonderer Schreck durchzuckte Clamor, wenn Zünsler »angreifende Kavallerie« verkündete. Dazu ließ er blitzschnell die Gruppen zur Linie einschwenken und das vordere Glied hinknien. »Legt an!« und »Feuer!« kommandierte er dann. Dazwischen war eine kleine Pause: »Leute — wir lassen sie ganz dicht rankommen.« Man hörte von der Salve zwar nur den trockenen Aufschlag der Bolzen, aber es war grausig genug. Zünsler strich sich, als ob er ein Blutbad angerichtet hätte, behaglich den roten Bart.

Noch schlimmer war es, wenn er »Sturmangriff in geschlossener Ordnung« üben ließ. Dann kam die Abteilung von weitem in dichtem Haufen angerannt. Das Bajonett war aufgepflanzt, die Klingen funkelten. Wenn der Feind erreicht war, schrie Zünsler »Hurra«, und sein Schrei pflanzte sich fort, als ob er eine Rakete entzündet oder eine Lawine ausgelöst hätte, die niederfuhr. Das war unwiderstehlich, war zermalmend, war Zünslers Meisterstück. Der Hauptmann kam immer zu ihm, wenn Sturmangriff geübt wurde. Selbst Major von Olten blieb stehen, wenn er vom Schloß zu seiner Wohnung zurückkehrte. Auch Teo hatte an Zünsler seinen

Spaß. Er nannte ihn »Klein Zaches«, war überhaupt reich an unergründlichen Spitznamen. Er stand mit Buz am Fenster und sah von oben zu. Buz war auf Seiten der Reiter —: »Wenn die Dodenköppe erst attackieren, dann kann der bölken, so laut er will.« Denn — auch das war eines seiner Kernworte: »Die Kavallerie hat Haar am Sack!«

Sie stürmten mit starrem Gesicht und aufgesperrtem Munde hinter den Klingen an. Clamor wußte, daß sie den Platz nicht überschreiten durften; sie machten vor dem Bordstein halt. Dennoch durchglitt ihn jedesmal ein Schauder, als sollte er gespießt werden. Der Hammer fuhr nieder; er hatte ihn gestreift.

War Clamor nun in die Hecken eingebogen, kam bald zur Linken ein schmaler Abweg, den ein Schild in Form eines ausgestreckten Armes bezeichnete: »Zur Spinnerei«. Der Pfad war eng und gewunden, die Fabrik, zu der er führte, nicht zu sehen. Die Spinner kamen und gingen auf der großen Straße; hier spielten sich nur Nebendinge ab. Sie waren meist rätselhaft und fast immer gefährlicher Natur.

Zuweilen mußte er den Heckenweg auch in der Abenddämmerung begehen, sei es, daß die Professorin ihn noch schnell zum Einholen schickte oder daß er vom Nachsitzen kam. Im Winter, wenn es Frost gab, legten die Lehrlinge auf der Böschung von Ungers Garten sich eine Schurrbahn an. Sie erklommen einer nach dem andern den Steilhang und fuhren dann mit ausgestreckten Armen den schmalen Streifen aus spiegelglattem Eis hinab. Das war ein lärmendes Pläsir.

Die jungen Spinner trugen derbe Joppen ohne Schlips und Kragen, halbhohe Stiefel und Mützen aus dunklem Tuch. Sie fluchten und waren im Halbdunkel von einer Heiterkeit, die Clamor ängstigte. Ganz unverhohlen ließen sie ihre Winde fahren und taten sich noch was darauf zugut: Mann — der wog zwei Pfund, fünf Kilo oder einen Zentner gar. An Vorrat fehlte es ihnen nicht, denn Kohl, Erbsen oder Bohnen waren ihre tägliche Kost. Wahrscheinlich leisteten sie sich auch schon einen Köhm.

Clamor war froh, wenn es ihm glückte, sich vorbeizudrükken, denn wenn sie ihn bemerkten, banden sie mit ihm an. Sie klümpten ihn, steckten ihm Schnee in den Kragen oder stellten Fragen, die man am besten nicht beantwortete, denn dahinter verbarg sich eine kaum verhohlene Angriffslust. Auf alle Fälle zog man den kürzeren dabei.

Es kam vor, daß sie schon fort waren; dann stand die Schurrbahn leer. Clamor wagte es, einige Male hinabzugleiten; wenn es ihm ohne Sturz gelang, gab es ein prächtiges Gefühl. So mußte es auf dem Fahrrad sein. Jede Bewegung, die ins Leichte führte, auch wenn er sie nicht beherrschte, zog ihn an.

Warum, so dachte Clamor, mögen auch diese Lehrlinge mich nicht leiden — sind sie denn besser als ich? Aber was hieß »besser« für einen, der weder Ort noch Stand hatte? Schließlich war er auch nicht besser als sie, wollte besser nicht sein. Sie waren stärker als er und zogen aus ihrem Miteinander Kraft. Sie rempelten ihn an. Es ging ihm mit ihnen nicht anders als mit den feinen Jungen — er gehörte nicht dazu. Sie sahen das auf den ersten Blick, kaum daß er sich näherte. Mit Buz war das anders; der war im Augenblick mit ihnen auf Du und Du. Auch wenn er nicht zu ihnen gehörte, gehörte er doch dazu. Das war ein Unterschied. Er aber, Clamor, blieb allein.

Eines Morgens, in aller Frühe, hörte er Gelächter und Geschrei. Drei Spinnerinnen standen am Abweg mit blassen Gesichtern und verwirrtem Haar. Männer waren dabei. Die eine hielt sich an den anderen fest. Sie lachte und rief, als ob sie aus dem Tollhaus käme: »O Trude — was bin ich duhn!« Die andere schwankte; sie stand auf ihrem Rocksaum mit zerrissener Bluse — die Brust hing heraus. Die dritte hielt den Wegweiser umklammert; sie übergab sich und besudelte ihr Kleid. Einer der Männer war aus dem Garten gekommen und hielt die Forke in der Hand.

»Die Weiber sind ja total dicke und schämen sich nicht mal! Man sollte sie abführen!«

Dazu ein anderer: »Die sind schon gründlich vorgenommen und dann an die Luft gesetzt. Das ist doch deutlich zu sehen. Tragen die Röcke verkehrt.«

Und ein Dritter: »Man sollte sie durchpeitschen. Aber vorher gründlich abbrausen.«

Das war der Schlachtergeselle von Ferchland; er trug auf der Schulter eine hölzerne Molle, über die ein weißes Tuch gebreitet war. Er hielt sie mit der Linken und schwenkte genüßlich die rechte Hand. Dann sah er Clamor und sagte:

»Was hast du hier zu gaffen? Mach, daß du in die Schule kommst!«

Clamor war froh, daß er entweichen durfte; Unheil bereitete sich vor.

Schlimmer noch war jener andere Morgen, an dem eine Gruppe von Männern den Zugang sperrte; sie blickten Clamor an, als ob er ihr Feind wäre. Auch der Schutzmann, der in einiger Entfernung an der Böschung von Ungers Garten postiert war, betrachtete ihn grimmig, als er vorüberkam. Wiederum etwas weiter waren andere Männer stehen geblieben; Clamor hörte Sätze, die ihn gewichtig trafen, obwohl er sie nicht verstand.

»Bei den Spinnern wird nicht gearbeitet.«

»In der Kaserne sollen scharfe Patronen verteilt worden sein.«

»Meinetwegen brauchten die gar nicht erst wieder anfangen.«

Das hatte der Mann mit der Forke gesagt. Diesmal hielt er den Spaten in der Hand.

Wie fast an jedem Morgen kam auch Major von Olten vorbei, ein freundlicher Herr. Anfangs hatte Clamor, wie er es von Oldhorst her gewohnt war, jeden gegrüßt, dem er begegnete. Der Major hatte ihn angehalten und für seine Höflichkeit gelobt. Er hatte ihn ausgefragt. Nun nickte er ihm jedesmal zu, wenn Clamor die Mütze zog, legte auch die Hand an den Helm. Den Helm trug er, weil er schon im Schloß und bei der Hauptwache gewesen war. Er kehrte dann über den

Grenadierplatz zur Kaserne zurück. Auch seine Wohnung lag am Platz.

Der Schutzmann nahm Haltung an, als der Major sich näherte. Der stellte ihm halblaut einige Fragen und schritt dann auf die Gruppe zu, die den Abweg sperrte und nun still wurde.

Er wandte sich an einen der jungen Männer, und Clamor hörte, wie er sagte: »Berthold — Sie hätte ich hier am wenigsten vermutet — waren doch einer der Besten in der Kompanie. Sie wissen, wie gern ich mit Ihnen kapituliert hätte.«

Der Angesprochene straffte seine Haltung: »Herr Major, das ist keine Dienstsache. Hier gehts ums tägliche Brot.«

Die anderen nickten dazu.

»Aber Sie wissen doch, wie schwer wir gegen die von Lodz und von Manchester aufkommen.«

»Das wollen wir ja gerade ändern, Herr Major.«

Der Major zuckte die Achseln: »Ich spinne auch keine Seide und gönne Ihnen gewiß Ihr Auskommen. Aber macht keine Dummheiten.«

Er grüßte, und als er schon halb im Fortgehen war, kam es noch aus der Gruppe:

»Aber wenn der Kaiser ruft — — — dann sind wir da!«

Am Abweg war die Bedrohung nicht so offen wie auf dem Platze, doch war es unheimlich. Auch wenn es hier still war, fühlte Clamor die Bedrückung; das Unheil haftete am Ort.

Widriges drohte ferner im Umkreis des Gefängnisses. Auch dieser Bau lag jenseits der Gärten; er diente eher als Besserungsanstalt für Landstreicher, Tagediebe, Trunkenbolde und kleine Sünder aller Art. Die Häftlinge wurden unter leichter Bewachung zur Arbeit in die Stadt oder in die Gärten geführt. Zuweilen machte auch ein Transport für das Zuchthaus in Celle hier Station.

Einmal sah Clamor einen Mann eiligen Laufes auf sich zukommen. Ein anderer war hinter ihm her und holte ihn ein, gerade als sie den Jungen erreicht hatten. Er packte den Flüchtling am Ärmel und schüttelte ihn derb.

»Ah, du Gauner, du Lump — — — du willst mich um mein Brot bringen? Warte, dir werd ichs eintränken.«

Clamor fiel auf, daß die Männer sich sehr ähnlich sahen — beide waren beleibt; sie hatten krebsrote Gesichter und schnauften, als solle sie der Schlag treffen. Auch trugen sie ähnliche Mützen, nur hatte die des Wärters einen Schirm. Ihn unterschied auch ein grüner Uniformrock von dem andern, der in einen Kittel gekleidet war. Der rang nach Luft und konnte kein Wort hervorbringen. Er starrte wie ein Kaninchen, das der Hund am Ohr erwischt hat, den Grünen angstvoll an.

Inzwischen war ein Herr herangekommen, der einen grauen, vorn ausgeschnittenen Tuchrock und eine braune Melone trug. Auch der hatte einen stattlichen Bauch. Das gab wiederum eine gewisse Ähnlichkeit, als Clamor die drei beieinander stehen sah.

Der Herr nahm seinen Zwicker ab, von dem ein schwarzes Band herabhing, klappte ihn zusammen und steckte ihn in die Westentasche, indem er sagte:

»Der wollte Ihnen wohl durch die Lappen gehen, Herr Wachtmeister? So einfach ist das bei den Preußen nicht. Ein sauberer Vogel — das liest man ihm schon vom Gesichte ab!«

Clamor wunderte es, daß sich in der Stadt, fast wie in Oldhorst, alle zu kennen schienen, denn der Wärter redete den Herrn gleich mit »Herr Sekretär« an, als er antwortete:

»Sie glauben nicht, was unsereiner mit denen für Ärger hat. Tag und Nacht muß man auf dem Sprunge sein. Dabei soll man sie noch mit Handschuhen anfassen.«

Der Herr schien keine Eile zu haben; er stand behaglich dabei, fast wie Herr Bayer, wenn er sich die Haare kämmte, und zog ein Etui aus der Brusttasche.

»Na, stecken sich mal eine ins Gesicht, zwei zu fuffzehn — dann sieht die Sache schon anders aus.«

Der Wärter verstaute die Zigarre in seine Mütze, die er dann wieder aufsetzte:

»Danke, Herr Zecketä — aber nich im Dienst.«

Offenbar wollte der Herr die Situation noch etwas auskosten. Er betrachtete den Häftling, indem er den Kopf ein wenig schief hielt:

»Der wollte heut nacht vielleicht mal bei Muttern sein — — kann man schließlich verstehen.«

»Ach was, der wollte sich nur besaufen, die Brüder denken ja an nichts anderes. Die gehn selbst an die Möbelpolitur. Kaum draußen, sind sie schon wieder drin.«

Der Herr hielt immer noch das Etui in der Hand. Dann sagte er vertraulich:

»Schon, schon — Herr Wachtmeister. Aber soll er nicht auch eine abhaben? Eine zu siebeneinhalb?«

»Ick will aber nischt jesehn haben!«

Der dicke Mann machte ungläubige Augen, und vielleicht weniger wegen der Zigarre — fast wie ein Kind, das einen Luftballon sieht. Dann gingen sie auseinander, der Herr zum Amt, Clamor zur Schule, und nach der anderen Seite führte der Wärter seine Beute am Handgelenk davon.

Nicht zu vergessen war auch jener Morgen, an dem die Zuchthäusler vorbeikamen. Sie hatten in der Strafanstalt übernachtet und wurden zum Bahnhof geführt. Clamor hörte von fern eine Stimme, die ihn erschreckte, bevor der Zug in den Heckenweg bog.

Die Männer gingen zu zweien eng aneinander; sie waren in gestreifte Kittel gekleidet und hielten den Kopf gesenkt. Polizisten schlossen sie ein. Einer, der blankgezogen hatte, machte den Anfang; zwei andere gingen am Schluß. Die wilde Stimme kam von einem riesenhaften Wächter, der den Transport umkreiste wie ein Schäferhund. Er war größer und stärker als alle anderen und hatte Schultern wie ein Schrank. Der Helm, den ein mit Messing beschuppter Riemen festhielt, hing schief über dem bärtigen Gesicht. Es glühte, und die Augen des Riesen rollten, als ob sie ein im Universum verstecktes Opfer suchten oder einen Ersatz dafür.

Clamor erstarrte und drückte sich mit dem Rücken in die Hecke vor Ungers Gartenzaun. Er sah von weitem: der Mann war gefährlich wie ein wütender Stier. Nun hatte der ihn erblickt und sprang auf ihn zu. Er schrie:

»Platz da — zurücktreten«, obwohl Clamor allein war und weitab von den Sträflingen stand.

Die Stimme war furchtbar, und mit ihr kam ein Anhauch von Schweiß, Schnaps und Tollwut wie aus einem Hundszwinger. Ihr folgte ein mächtiger Stoß vor die Brust. Clamor fiel in die Hecke zurück und lag in den Dornen, während der Zug vorüberzog. Erst später sah er, daß er die Mütze verloren hatte und sein Hemd zerrissen war.

Obwohl diese Begegnung von allen die schlimmste gewesen war, ging sie ihm weniger nach als die mit dem hilflosen Trunkenbold. Hier war er selber getroffen worden, und es war ihm, als ob er so wenigstens einen Teil der Schuld gebüßt hätte.

Am Ende des Heckenweges verweilte Clamor immer noch ein wenig auf der Brücke, um auf das trübflüssige Wasser zu sehen. Der Blick beruhigte ihn; er war ausgleichend. Längst war der Dampfhammer verschwunden, der ihn am zweiten Schultag erschreckt hatte. Und wieder einmal hatte er die Brücke erreicht, auch wenn dicht neben ihm ein Stoß niedergefahren war. Selbst der Fausthieb hatte ihn nur gestreift.

Die Beeke schien still zu stehen, als ob sie aus geschmolzenem Glas wäre. Schilfstengel faßten sie ein, von denen vergilbte Wimpel herabhingen. Dort ruhten auch Blätter — wie auf den Spiegel gemalt. Die meisten waren spitz wie Lanzenklingen, dazwischen schwammen breit herzförmige. Die gehörten zu einem Kraut, das Clamor von den Oldhorster Moorweihern her kannte; der Vater hatte es »Deikrause« genannt. Mit ihren weißen Blüten wurden im Sommer die Grabkränze besteckt. Im Herbst erstarrten die Blätter zu Siegeln aus blutrotem Lack.

Clamor war hier stets in Gefahr, die Uhr zu vergessen, selbst wenn die erste Stunde bei Hilpert war. Nicht nur das Wasser, auch die Zeit schien stillzustehen, wenn er vom Geländer hinabstarrte. Die Farben wurden dann immer satter, als ob sie sich aus der Tiefe nährten und von den Dingen ablösten. Selbst das moorige Braun der Beeke wurde nun durchsichtig. Der gläserne Spiegel begann zu schmelzen, ein Violett erwachte, ein Duft wie von Vanille stieg mit ihm empor.

Das Wasser war reich an Geheimnissen, die sich in Wirbeln und Schlieren andeuteten. Ein großer Fisch mochte die Flossen bewegt haben. Einmal stand eine silberne Wolke über dem Schilf. Eintagsfliegen waren aus dem Puppenschlaf erwacht und tanzten zu Legionen in der Luft. Schon war die Brücke, als ob Schnee gefallen wäre, von ihren Leichnamen bedeckt.

Ein andermal drängten sich Leute am Geländer; etwas Schlimmes war geschehen. Unten im Wasser trieben Fische in großer Zahl — erstarrt, als ob ein Magier sie mit dem Zauberstab berührt hätte. Sie waren leblos; die Weißlinge und Karpfen zeigten die breite Seite, die Aale und Hechte den bleichen Bauch. Unten stapfte mit Stiefeln, die bis an die Hüfte reichten, ein Mann, der die Fische mit einem Netz aus dem Wasser hob. Er warf sie über die Schulter in eine Kiepe und schimpfte dabei. Das hatten die Spinner getan.

Clamor schlich sich hinweg; er war froh, daß der Fischer ihn nicht erblickt hatte. Sonst würde er seine Schuld erkennen, und alle würden über ihn herfallen. Oft hatte er Ähnliches geträumt. Daher waren die Herbsttage mit ihren Nebeln gut.

DIE WEBERKNECHTE

Ja, seltsam und gefährlich waren die Dinge auf dem Heckenweg. Bald schien es Clamor, als ob eine Stimme sie unterwegs erzählt oder als ob er sie nur geträumt hätte. Sie blieben wie Wunden, die nicht vernarbten und immer wieder aufbrachen. Unstimmiges verschränkte sich zu einer Gleichung, die nicht zu lösen war. Im Halbschlaf verstörten ihn die Schreie eines Vogels, der sich über dem Meer verirrt hatte.

Die Bilder ließen sich nicht verdrängen, auch wenn er die Ohren zuhielt und die Augen schloß. Sie kamen wieder — ja gerade dann. Doch warum lasteten sie auf ihm?

Er sah die angstvollen Augen des dicken Mannes, der nach Atem rang. Wie sehr der auch keuchte, da war kein Ausweg mehr. Er war gestellt. Überall drohten Fallen, Schlingen, Fangeisen und der Hammer, der niederfuhr.

Clamor suchte dann, um darüber nachzudenken, ein verborgenes Versteck. Er setzte sich auf eine Stufe der Treppe, die zum Boden führte und kaum benutzt wurde. Noch sicherer fühlte er sich auf dem Abtritt des verlassenen Seitenflügels, zu dem ein öder Gang abzweigte. Dort konnte er sich einriegeln. Die Pension war geräumig, vor der Reformation hatten dort Mönche gewohnt. Der Professor wußte schlimme Dinge davon.

Der Abtritt war schmal; die Wände waren mit Zeitungen tapeziert. Man hatte sie mit Kalk gestrichen; an manchen Stellen schimmerten die Lettern durch. Clamor entzifferte Überschriften wie »Ab nach Kassel« und darunter »Der Kaiser auf Wilhelmshöh«. Das war der böse Napoleon. Auf die Ränder, auch an die Holztür, hatten Pensionäre Verse geschrieben und Figuren gemalt. Es wiederholte sich die schmale Raute mit dem Längsstrich, der sie teilte; und einer hatte Männerköpfe abgewandelt und jedem statt der Nase einen Zebedäus aufgesetzt. Einer trug einen Vollbart, der dem des Professors ähnelte. Darunter stand »Rübezahl«. Auch Konfessionen waren aufgezeichnet — so etwa: »Au Backe — ich habe das Peerd an die Titten gefaßt«. Das konnte nur Buz gewesen sein.

Den Sitzplatz schloß ein runder Deckel mit einem hölzernen Knopf. Clamor hatte ihn einmal abgehoben, doch rührte er ihn nicht wieder an. Dort unten hatte Stroh gelegen, das vor Nässe und Unrat brandig geworden war. Zwei Ratten spielten in einem Sonnenstrahl. Rasch deckte Clamor wieder zu, als hätte er ein Kabinett geöffnet, in dem Unheimliches sich abspielte. Überall waren solche Höhlen; man war von ihnen nur durch ein brüchiges Brett getrennt. Was unten vorging, durfte man nicht aufdecken. Es mochte auch ein Spuk gewesen sein, denn obwohl er ihn suchte, fand er den Ort nicht, an dem das Stroh vergammelte. Das Haus war groß und sein Plan schwer zu entwirren, doch spukhaft schienen ihm auch die Dinge, die ihm auf dem Schulweg begegneten. Das war ein Traum, der sich zu Bildern verknotete.

In den Winkeln des Aborts hauste der Kanker, der Weberknecht. Er war nicht größer als eine Pferdebohne, doch hatte er Beine, die über den Handteller klafterten. Wenn Clamor ganz still saß und nachsann, sah er den Weberknecht sich hervorwagen und über die Wand huschen: ein überaus ängstliches Wesen, denn wenn man auch nur die Hand ausstreckte, warf es eines seiner langen Beine aus der Hüfte und eilte auf den übrigen davon. Das abgetrennte Bein blieb liegen und webte, als ob es lebendig wäre, noch lange Zeit. Clamor tat es dann leid, daß er das Tier erschreckt hatte. Er kannte die Bewegung, denn wenn er in der ersten Stunde fühlte, daß Herr Hilpert die Augen auf ihn richtete, begann sein Bein ähnlich zu weben wie bei diesem Knecht. Dabei brauchte er Herrn Hilperts Augen nicht einmal zu sehen.

Schon der Weberknechte wegen mieden die anderen den Ort, bis auf Buz, den es nicht kümmerte und der seine Gründe hatte, warum er sich hier wohl fühlte. Auch Paulchen Maibohm kam, um sich hier einzuschließen, wenn Konrektor Zaddeck ihn zur Nachhilfe bestellt hatte. Paulchen war einer von den ganz reichen Jungen, doch auch allein, wenn auch nur für Monate. Bald würden die Eltern wiederkommen; sie waren auf Weltreise. Er zählte die Tage, die Stunden bis dahin. Wenn er zum Konrektor kommen sollte, aß er nicht zu Mittag und keuchte — so mußte man es wohl nennen — bei den Weberknechten die Stunden ab. Er kam dann unvorbereitet, doch eben, wie er dunkel wußte, grad so, wie Herr Zaddeck ihn erwartete. Der bestellte ihn meist um die Dämmerung.

Paulchen war wie die anderen geselliger Natur. Nur wenn sie Kummer hatten, in Druck saßen, geschaßt werden sollten, suchten sie die Einsamkeit. Clamor aber war immer in Druck; er fühlte sich von Anfang an geschaßt. Daher kam er immer wieder hierher, obwohl Teo es ihm untersagt hatte: »Ich weiß schon, was ihr dort treibt.«

Im Sommer war es heiß in dieser bleichen Zelle — es roch nach Kalk und den alten Zeitungen, nach Holz, das in der Wärme knisterte, auch nach der Senkgrube. All diese Gerüche, die sich mischten, hatten etwas Blasses und Verstaubtes, als ob sie aus einer Truhe kämen; sie erinnerten an andere — so an die Wälder und Ställe von Oldhorst. Die Zeit lief gemächlicher.

Ein unguter Ort — doch besser als die Welt. Hier durfte er nachsinnen. Es waren Bilder, nicht Probleme, die ihn bedrückten, überwältigten. Und wieder sah er die Augen des dicken Mannes, der nach Atem japste und den der Wächter am Handgelenk hielt. Das Bild kam wieder, immer wieder — es ließ sich nicht wegwischen. Das war eine Aufgabe — schwerer noch als die Gleichungen und Konstruktionen in Hilperts Mathematikstunden. Wie war sie zu lösen — was war zu tun?

Vielleicht hätte er sich vor dem Wärter auf die Knie werfen sollen, ihn anflehen? Der durfte den Mann doch auch nicht frei lassen. Oder hätte er ihn stoßen sollen, damit ihm der Gefangene entkam? Schon der Gedanke war unglaublich — er hätte zu Teo gepaßt. Der war ein Herr, und solche Dinge machten ihm nicht Kummer, sondern eher Spaß. Ihm aber, Clamor, wandten sie die Schattenseite zu.

Wenn einer käme und sagte: »Clamor, spring ins Wasser«, oder selbst: »Spring ins Feuer« — das würde er tun. Aber er brauchte den Befehl. Das blieb seine Schuld. Daher kamen sie, um ihn anzuklagen: der dicke Mann, der nach Luft rang, das Mädchen, das nackt ausgezogen werden sollte, die Spinner, die um ihr Brot bangten, die Sträflinge. Er grübelte, bis ihm die Tränen kamen und er zu schluchzen begann.

DIE ANDACHT

Das war der Heckenweg mit seinen Schrecken; selten kam Freundliches vor. Wenn der Major ihm begegnete, hatte er immer eine Ansprache für ihn. Der Major hörte gern vom Lande; er fragte ihn nach Oldhorst, nach der Mühle und den Ställen, dann auch, ob Clamor Soldat werden wolle, und wenn ers bestätigt hörte, sagte er: »Das ist recht!«

Freundlich war auch die alte Frau, die dort ihr Gärtchen hatte, wo der Weg zu den Spinnern abzweigte. Sie war schon früh zugange und nickte, wenn Clamor vorbeikam, über den Zaun. In ihrem Gärtchen stand eine Hütte, kaum größer als ein Schilderhaus. Dort verwahrte sie ihre Geräte und die Körbe mit dem Obst. Überreich trug ein Birnbaum, der die Hütte beschattete. Als die Früchte reif waren, winkte die Alte Clamor herein und schüttete ihm die Mütze voll. Die Birnen hatten eine dünne, graugeperlte Haut; sie waren klein und von köstlichem Geschmack. Selbst in Oldhorst gab es solche Birnen nicht, obwohl Müller Brauns Obst gerühmt wurde. Clamor aß eine nach der anderen mit Kern und Schale, während er zur Brücke schlenderte. Dort mußte er die Mütze wieder aufsetzen. Schon beim ersten Mal war er über die Spende nicht erstaunt gewesen; ihm schien, als ob er die Alte seit langem gekannt hätte.

Doch immer war er froh, wenn er die Brücke erreicht hatte. Das war nur zu schaffen dank den Stoßgebeten, die er in den Weg einstreute. Das Vaterunser sagte er abends und morgens und verlängerte es durch eigene Anliegen. Gebetet wurde auch vor wie nach dem Mittag- und dem Abendessen — der Professor bezeichnete jedesmal den, der aufzusagen hatte, wie es bei ihm durch Generationen von Pensionären hindurch üblich war. Nach dem Gebet mußten sie sich die Hände reichen; der Professor wünschte »Gesegnete Mahlzeit« und strich sich den Bart.

Am Montag morgen begann die Woche mit einer Andacht, zu der sich Lehrer und Schüler in der Aula versammelten. Es wurden zwei Lieder gesungen, Direktor Blumauer sprach einen kurzen Text. Dem folgten besondere Mitteilungen und das Gebet.

Die Andacht dauerte zwanzig Minuten, denen Clamor freudig entgegen sah. Sie fielen aus dem Plan, den sie erhöhten — ähnlich wie eine Zeichnung durch eine eingetuschte Stelle geschmückt und aufgeheitert wird. Vielleicht sollten alle Stunden so sein. Nur die bei Herrn Mühlbauer war schöner noch.

Eine Ausnahme machte der Tag, an dem die Zeugnisse verteilt wurden. Da war Gerichtsstimmung. Der Direktor las persönlich aus den Heften der Oberklassen die Noten »Fleiß« und »Betragen« vor. Für das Betragen war die »Eins« die Regel; er sprach sie mit Wohlwollen aus. Bei den Zweiern wurde sein Ton merklich trockener und bei einer der seltenen Dreien fast so, als hätte er ein Insekt erblickt, das über sein Pult kröche. Ein einziges Mal war es darüber hinaus gegangen; Clamor hatte, als der Direktor den Primaner Ruge aufrief, schon an der Stimme gemerkt, daß Unheil herandrohte. Ein Jüngling in schnittigem Jackett war aufgestanden; eine dunkle Strähne hing über seine Stirn. Alle, die Lehrer, die hinter dem Direktor auf Stühlen saßen, und die Schüler von der Sexta bis zur Prima, hatten ihn angestarrt. Nach einer langen Pause kam das fürchterliche: »Betragen — — — vier!«

Etwas an diesem Auftritt hatte Clamor an die eigene Lage erinnert, obwohl er ihn nicht verstand, und zwar die lässige Bewegung, mit welcher der Primaner das Haar aus der Stirn strich — fast wie ein Kapellmeister. Auch der war nicht anwesend. Es war, als ob der Direktor mit einem Schatten abrechnete.

Clamor freute sich auf die Andacht, und er hoffte, daß Tersteegens »Ich bete an die Macht der Liebe« gesungen werden würde, sein Lieblingslied. Auch der Direktor mußte es gern haben, denn es stand oft auf dem Plan.

In diesem Liede gab es Stellen, die ihn am Zwerchfell trafen und ihm den Rücken streichelten.

Hersteller meines schweren Falles,
Für Dich sei ewig Herz und alles.

Es gab noch andere schöne Lieder bei der Andacht; sie wirkten ganz verschieden auf ihn ein. Paul Gerhardts »Befiehl du deine Wege« gab Zuversicht, als ob der Vater wiederkäme und ihn an die Hand nähme: »Er wird sich so verhalten, daß du dich wundern wirst.«

Und endlich Neanders: »Lobe den Herren, den mächtigen König der Ehren«. Das riß nach oben, während das »Ich bete an — — —« versinken ließ. Hier war Triumph, war große Helle; die Töne verwandelten sich in Licht.

Das waren seine drei Lieblingslieder; jedes rief eine andere Stimmung in ihm wach. Der Geist bewegte sich bald in großen Wassern, bald auf dem festen Lande und endlich mit Flügeln in der Luft. »Der dich auf Adelers Fittichen sicher geführet«.

Clamor hatte die Lieder schon in Oldhorst gekannt. Er wußte nicht, warum er sie liebte; die Liebe kennt kein Warum. Beim ersten meinte er, mit allen anderen zu verschmelzen, im zweiten ging er an der Hand des Vaters, im dritten erkannte er dessen Macht. Hier war er mit allen Anderen der Gleiche, dort der Auserwählte, und dann der liebend Erkennende.

In Oldhorst gab es wenig Bücher, außer beim Lehrer und beim Pastor. In der Döns standen neben der Bibel das Gesangbuch und der Kalender auf einem Brett, auf das im Sommer auch die Satten mit der Surmilch gestellt wurden. Die Bauern kannten viele Lieder und lasen sie gern, besonders wenn sie krank wurden. Sie lagen dann im Bett und bewegten die Lippen, während sie das Buch hielten. Viele Verse wußten sie auswendig, vor allem die tröstlichen. Die stärkten sie in der Frühe, noch bevor es in den Ställen laut wurde.

Gott Lob und Dank; die Nacht ist hin,
Es kommt der liebe Morgen

und spät, wenn sie das Licht löschten:

> Hält schon die Schwachheit an,
> Soll mir mein Lager dienen,
> Mit Gott mich zu versühnen.

Wenn es schlimm wurde, kam der Superus, damals noch Pfarrer in Oldhorst. Er kam nach der Kirche, noch im Talar. Müller Braun schickte die Krankensuppe oder eine Flasche Wein. Gern machte Clamor dabei den Boten; es war eine friedliche Stimmung in der halbdunklen Stube, wo der Altvater lag. Er hatte sein Leben lang hart gearbeitet, nun durfte er, wenngleich unter Schmerzen, ausruhen. Da taten die vertrauten Lieder gut; die Verse wurden in der Stille deutlicher.

Die Kranken erzählten dem Jungen dann von den alten Zeiten, in denen es schwerer, doch auch besser gewesen war. Die Kindheit rückte ihnen nun wieder näher wie der Anfang eines Kreises dem Ende — das Leben war vergangen wie ein Traum. Die Eichen an der Hofmauer waren damals schon alt gewesen; sie würden noch lange stehen. Aber damals hatte noch der Wind die Flügel gedreht.

Der Vater war plötzlich gestorben, wie vom Blitz gefällt. Ein Feierabend war ihm nicht vergönnt gewesen, und der Sohn fühlte, wie viel auch ihm damit entgangen war. Er hätte ihm vorlesen und all die kleinen Dienste verrichten dürfen, mit denen man den Kranken umhegt. Der Vater hat es lieber, wenn der Sohn für ihn sorgt; er fühlt sich sicherer, wenn sein Arm auf ihm ruht. Dann ist er im Eigenen. Und auch der Sohn — erst wenn der Vater schwach wird, kommt er ihm näher: ihm, der so unerreichbar für ihn war. Nun darf auch er ihn an der Hand halten.

Ohne die Stoßgebete wäre der Weg bis zur Brücke nicht zu zwingen gewesen; sie hielten das Ärgste von ihm ab. Das war wie beim Schwimmen: man mußte immer wieder Luft schöpfen, damit man über Wasser blieb. Clamor hatte eine

Reihe von kurzen Anrufen, die ihm Halt gaben. Für Augenblicke wurde die Brust befreit.

»Rufe mich an in der Not, so will ich dich erretten, und du sollst mich preisen.« Das tat gut — und gut auch: »Herr sei mir gnädig, denn ich rufe täglich nach Dir.«

»Ich hebe meine Augen auf zu den Bergen, von denen mir Hilfe kommt. Meine Hilfe kommt von dem Herrn, der Himmel und Erde gemacht hat.« Hier gab es keine Berge, zu denen er aufblicken konnte; die Residenz lag in der Ebene. Doch würde es wohl auch gelten, dachte Clamor, wenn er zum Turm des Löwendomes aufsah und dann hinzufügte: »O Zion, hochgebaute Stadt!«, denn er hatte gelernt: »Es wird der Berg, da des Herrn Haus ist, fest stehen — höher als alle Berge, und über alle Hügel erhaben sein.«

Zuweilen rief er auch nur »Hier bin ich«, wie Samuel. Sie hatten beim Superus viel auswendig lernen müssen an Liedern und Psalmen; das kam ihm zugut als ein Schatz, aus dem er den Wegzoll entrichtete. Die Angst verdichtete sich immer wieder und ließ den Atem stocken; dann befreite er sich durch einen der bewährten Sprüche wie durch ein Ausatmen. Sie hatten unmittelbare Kraft; sie öffneten den Weg.

Endlich war die Brücke erreicht. Doch was war gewonnen damit? Nur bange Zeit vor dem Gericht. Nun drohte der graue Kasten mit den hundert Türen, dem Stundenplan und der nie zu erfüllenden Aufgabe. Dort lauerte der fürchterliche Hilpert wie eine Spinne in ihrem Netz, das unentrinnbar gezirkelt war, dazu die anderen Lehrer, von denen jeder seine eigene Form der Nachstellung besaß. Jeder, bis auf Mühlbauer. Und in den Pausen quälte ihn die Nichtachtung der Kameraden, denen er nicht einmal wert war, daß sie ihn ritten oder prügelten. Ihre Erholung war seine Pein.

Wenn er die Brücke überschritten hatte und die Angst ihn stärker bedrängte, kam der Gedanke, daß es nicht wahr sein könnte — am Ende war er in ein Spiel verwickelt, dessen Bedeutung man ihm verheimlichte. Vielleicht war er der Sohn eines mächtigen Königs, und man hatte ihn als Kundschafter in diese Stadt geschickt. Doch warum ahnte er es nur — warum wußte er es nicht? Ja, dachte er im stillen — ohne die Angst wäre das Spiel wohl nicht echt.

Doch immer blieb diese Fremdheit: »Was habe ich hier zu schaffen, was habe ich verschuldet — wie komme ich hierher?«

ABSCHIED VON DER MÜHLE

Ja, wie kam er hierher? Das ließ sich dem Gang der Dinge nach erklären, doch blieb es rätselhaft. Eigentlich hatte ihn die Frage schon in Oldhorst bedrückt. Er fühlte sich fremd, nicht nur an Orten, sondern in der Welt. Nur selten war es leichter — an der Hand des Vaters, oben bei der alten Mühle, auch wenn der Bussard über den Wäldern rief. Der Schrei war klagend, aber der Wald gab Antwort; Ruf und Echo stimmten überein.

Nach dem Tode des Vaters hatte sich noch nicht viel geändert; nun hatte die Magd den kleinen Haushalt geführt. Bald war auch Müller Braun gestorben, der als Vormund für ihn gesorgt hatte. Auch das kam unvermutet: ein Unfall auf der Jagd. Inzwischen war Pastor Quarisch Superintendent geworden; er blieb noch über ein Jahr lang in Oldhorst — teils weil an der Superintendentur gebaut wurde, teils weil er sich ungern vom Ort trennte. Er nahm vorerst von dort aus die Geschäfte wahr und fuhr oft mit der Kutsche über Land. Die Bauern nannten ihn nun den »Superus«.

Bald nachdem der Müller unter der Erde war, hatte der Superus Clamor zu sich bestellt. Er musterte den Knaben, der in seinem guten Anzug vor ihm stand, mit Wohlwollen.

»Setz dich, mein Junge. Ich habe eine wichtige Mitteilung für dich: Herr Braun hat dich in seinem Testament bedacht. Es war sein Wunsch, daß du aufs Gymnasium kommst und vielleicht, wenn du dich dort gut hältst, woran ich nicht zweifle, auch einmal studierst. Dann steht dir die Welt offen. Er hat ein Legat für dich ausgesetzt und mir die Sorge für dich anvertraut. Du weißt, Herr Braun hat auch für das Dorf und die Kirche viel Gutes getan. Wir müssen ihm dankbar sein.«

Clamor hatte das ohne Erstaunen gehört. Er hatte Müller Braun nächst seinem Vater geliebt und wußte, daß er nun eigentlich Überraschung und Freude bezeugen müßte, doch ging es, als ob es ihn nur am Rande beträfe, an ihm vorbei. Das entsprach seinem Wesen; er hätte auch hören können, daß sein Todesurteil verlesen wurde, ohne daß es ihn in seiner Dumpfheit erschütterte.

Der Plan, ihn zum Herrn zu machen, mußte, auch unabhängig vom Testament, seit langem bestanden haben, denn Clamor war, zusammen mit dem Sohn des Arztes und dem des Domänenpächters, vom Lehrer in Algebra und Französisch unterrichtet worden, vom Pastor in Geschichte und Latein.

Nach dem Einzug des neuen Müllers nahm der Superus Clamor und auch die Magd zu sich ins Haus. Er hatte an dem Jungen einen Schüler, der schwer von Begriff und noch dazu verträumt war, doch der sich Mühe gab. Was der nicht verstand, lernte er auswendig, und wenn er die Nacht zu Hilfe nahm. Vor allem suchte er dem Lehrer keinen Kummer zu bereiten; er half in Haus und Garten, war zuverlässig in den Besorgungen, stets freundlich zu den Besuchern, denen er die Tür öffnete. Das wäre ein Sohn nach seinem Herzen gewesen, fern jeder Übertretung und von einer Schlichtheit, die alles Wissen übertraf. An Teo, den er seinen Marder nannte, hatte er nur Kummer erlebt.

Am Abend vor Clamors Abfahrt gab der Superus ihm letzte Ermahnungen und Ratschläge. Die Magd hatte den bescheidenen Koffer gepackt: einen Schließkorb mit Stange und Vorhängeschloß. Der Superus händigte ihm den Schlüssel aus, zugleich mit dem Zehrpfennig. Dazu kam ein Paket für seinen Bruder, den Professor, der aus Oldhorst mit dem Eingeschlachteten versorgt wurde.

Der Superus saß im Hausrock auf dem Sofa; er hatte Clamor neben sich und hielt den Arm um seine Schulter gelegt. Er goß ihm aus der Weinflasche ein, die auf dem Tische stand. Der Junge war ängstlich; man mußte ihm Mut machen. Solche Übergänge schienen zunächst kaum zu zwingen, besonders wenn man vom Lande kam. Aber er würde bald Wurzel schlagen und merken, daß in der Stadt ein ander Leben war. Er würde gute Lehrer finden; Direktor Blumauer war Prinzenerzieher gewesen und als Pädagoge berühmt. An Kameraden würde kein Mangel sein. Die Jungen waren aufgeschlossener in der Stadt. Einmal im Monat würde Clamor ins Theater gehen; der Professor hielt für seine Pensionäre ein Abonnement, in dem sie abwechselten. Dort würde Clamor den Fürsten sehen; alle begrüßten ihn, wenn er in seine Loge trat, indem sie aufstanden. In diesem Saale brannten mehr Lichter als in ganz Oldhorst.

»Und für dich ist es nur ein Katzensprung«, tröstete ihn der Superus; »morgen früh lasse ich anspannen und bringe dich zur Bahn. In der Stadt holt dich mein Bruder ab. Sag Onkel zu ihm.«

Zudem war die Pension am Grenadierplatz gewissermaßen ein Klein-Oldhorst. Professor Quarisch war des Superus' Bruder; Clamor hatte ihn des öfteren gesehen. Die Brüder sahen sich ähnlich und hatten denselben guten Blick. Nur schien der Kopf des Professors ein wenig schmäler, weil er einen Vollbart trug. Die Schüler nannten ihn Rübezahl. Den Superus zierte ein Backenbart, wie ihn der alte Kaiser getragen hatte; die Haare standen wellig ab. Das war der Unterschied zwischen Wilhelm und Friederich.

Der Bart ließ das Gesicht des Geistlichen noch rundlicher erscheinen, als es ohnehin war. Einmal, beim Unterricht über den Trojanischen Krieg, war er auf Schliemann gekommen, den er verehrte, und hatte Bilder dazu gezeigt, darunter die Goldmaske des Königs Atreus aus dem Athener Museum; Clamor war aufgefallen, daß sie ihm wie ein Abguß ähnelte. Das war nicht zufällig.

Bei der Predigt schien seine Miene streng und bestimmt,

wenn er verkündete. Dagegen begann sie aufzuweichen und zu zerfließen, wenn er ergreifen wollte, zu Herzen ging. Teo hatte für beides einen Spitznamen. Übrigens meinten die Bauern: »He is an goden Paster, he kann man nich predigen.«

Anders war es mit dem Vikar, der sein Nachfolger hatte werden sollen und der ein Luderleben führte — wenn der oben stand, dann kam es über ihn. Doch es war kein Segen dabei; das hatte man ja erlebt. Man sprach noch heute davon, und nicht nur in Oldhorst.

Die Pension, die Friedrich Quarisch mit Frau Mally seit Jahrzehnten führte, rekrutierte sich zum Gutteil aus dem Dorf. Wenn jemand von dort seinen Jungen auf die Hohe Schule schicken wollte, empfahl ihm der Superus seinen Bruder, und man hatte gute Erfahrungen gemacht. Clamor würde beim Professor nicht nur Teo treffen, des Superus' Einzigen, der nach dreijähriger Irrfahrt doch noch das Abiturium machen wollte, sondern auch Buz, den Sohn des Schulzen, mit dem der Alte, wie der Superus meinte, große Rosinen im Kopf hatte. Außerdem war dort noch Friederike, die fünfzehnjährige Dienstmagd, kurz Fiekchen genannt.

Die meisten kamen ziemlich unbeleckt in die Stadt. So hatte Fiekchen, wie der Professor erzählte, eine Stunde lang auf dem Flur gestanden, bevor er zufällig die Tür öffnete. Gefragt, warum sie nicht auf die Klingel gedrückt habe, hatte sie geantwortet: »Eck hebbe dat Ding doch immer angekiekt.« Offenbar hegte sie von der Elektrizität übertriebene Vorstellungen. Manche ihrer Sätze wurden bei den Pensionären sprichwörtlich. Einmal, während eines Kränzchens der Hausfrau, sollte sie das Kind einer Bekannten hüten und war mit der Meldung: »Fru Professer, hei bölket« hereingeplatzt, als sie damit nicht zuwege gekommen war. Doch sie bewegte sich mit unermüdlichem Fleiß vom Keller bis zu den Böden, und dabei mit dem Staunen, wie es auf gotischen Bildern die Knechte und Mägde angesichts eines Wunders ergreift. Von Teo, den sie heimlich wie ein Idol verehrte, wurde sie »dat Peerd« genannt.

Der Professor hatte das große Haus billig erworben, weil es schon vor dem Abbruch stand. Rings um den Platz wurde modern gebaut. Die Zahl der Pensionäre hielt sich etwa bei einem Dutzend; es waren Ausländer dabei, manchmal auch Jungens aus der Stadt — sei es, weil die Eltern mit ihnen zu Haus nicht fertig wurden, oder aus einem andern Grund. Außerdem hatten sich die Arbeitsstunden bewährt, besonders für die »Schwachmatici«. Dazu versammelten sich die Pensionäre mit den Externen am späteren Nachmittag um einen langen Tisch und bereiteten unter Aufsicht die Schularbeiten vor. Sowie der Professor einmal hinausging, gab es Allotria.

Die Professorin war eine gute Hausfrau, sie wurde von einer Altmagd und von einer jungen »zum Anlernen« unterstützt, periodisch auch von einer Waschfrau und einer Weißnäherin. Die Küche war nahrhaft, »gutbürgerlich«. Mittags gab es drei Gänge, abends kamen riesige Platten mit belegten Broten auf den Tisch. Bei frischem Nachschub aus Oldhorst gab es in derben Stücken Wellfleisch, Schinken und Wurst.

Mit allem, was das leibliche Wohl anging, würde Clamor also zufrieden sein. Und auch sonst war eine gute Stimmung im Haus. »Da hat sich noch keiner umgebracht.«

Der Superus war aufgestanden: »Clamor, du wirst es schon hinkriegen. Da bin ich unbesorgt. Du vergißt auch das Beten nicht. ›Rufe mich an in der Not.‹ Und was ich noch sagen wollte: Du bist zwar viel jünger als Teo, aber ich hoffe, daß du auf ihn einen guten Einfluß üben wirst. Man läßt sich ungern beschämen von einem Jüngeren. Er wird mit dir arbeiten. Ihr Oldhorster schlaft auch zusammen — du, Teo und Buz.«

Der Superus öffnete seinen Hausrock: »Und, Clamor: nichts hier unten machen! Das kann sehr bös werden. Die Hände davon, beide Hände, und auf die Bettdecke!«

Die Haare, die sein Gesicht umrahmten, schienen sich noch anzuheben, während er den Knaben anstarrte. Es wurde unheimlich. »Wie auf dem Sinai.«

DER SUPERUS

Nachdem er Clamor zur Ruhe geschickt hatte, ging der Superus in dem großen Amtszimmer noch lange auf und ab. Er zündete sich über der Lampe eine Zigarre an; die Pastorenpfeife hatte er sich seit der Hochzeit abgewöhnt. Hin und wieder setzte er sich in seinen Sessel und dachte nach.

Reihen meist schwarz gebundener Bücher verdunkelten die Wand, darunter die Erlanger Lutherausgabe in über fünfzig Bänden, Kirchenblätter und andere Zeitschriften in vielen Jahrgängen. Die Kirchenbücher reichten bis auf die Mitte des 17. Jahrhunderts; was weiter zurücklag, war mit dem alten Pfarrhaus verbrannt, als der Ossenstern im Land gewesen war. Ein nüchterner, spärlich benutzter Bestand. An den freien Stellen hingen Bilder, die teils nachgedunkelt, teils verblaßt waren: Porträts von Amtsvorgängern in Talar und Mühlsteinkrause, ein frühes Lichtbild von Spitta vor der Burgdorfer Superintendentur, ein anderes von Ludwig Harms inmitten einer Gruppe aus der Hermannsburger Zeit.

Auch dem Superus war Erweckung zuteil geworden; doch war der Impuls mit den Jahren verebbt. Nach der Aufklärung war die Flamme noch einmal wie aus einem erlöschenden Scheiterhaufen aufgelodert, doch sie hatte sich bald verzehrt. Das zeichnete sich in den Lebensläufen und selbst in den Gesichtern ab.

Das stattliche Hirschgeweih paßte schlecht in die Einrichtung. Müller Braun, ein eifriger Jäger, hatte sich viel von dem Geschenk versprochen, das er dem Superus verehrt hatte. Darunter war eine frische Stelle, als ob dort lange ein Bild gehangen hätte — die Tapete war unverblaßt wie beim Einzug; die roten Blumen des Musters leuchteten.

Hab ichs nun recht gemacht mit dem Jungen? Ich mußte ihm zusprechen. Aber ich bin in Sorge um ihn. Er weiß wohl, was gut und schön, auch ungefähr, was recht ist, doch es fehlt ihm an Bestimmtheit, an Gerüst. Die Substanz kann sich nicht auswirken. Es will ihm nicht eingehen, was ein Kreis, eine

Gerade, eine Tangente bedeuten; schon einen Dativ vom Akkusativ zu unterscheiden, fällt ihm schwer. Will man ihn durch eine Allee führen, so wird er sich auf die Wiesen verirren. Er hat eine Hirtennatur; auch als Gärtner, nie aber als Jäger könnte ich ihn mir vorstellen. Dazu überängstlich, ein Hochsensitiver; das hat er von der Mutter geerbt. Auch der Vater war willensschwach, doch, was sich nicht ausschließt, ein guter Soldat, ein gewissenhafter, unermüdlicher Arbeiter. Solche brauchen einen Gerechten über sich. Wenn der ihnen sagt: »Tu dies und laß jenes«, bedürfen sie keiner Aufsicht mehr. Ein Schlimmer würde ihnen zum Verhängnis — man kann nicht sagen, daß sie sich verführen ließen; eher wird ihnen der Boden fortgezogen, sie stürzen einfach mit dem Gerüst.

Er war von Anfang an folgsam und gut zu haben — aber ob es richtig ist, daß man ihn auf diese Weise verpflanzt? Ich konnte es dem Müller nicht ausreden. Nicht etwa, daß ich die Ansicht meines Patrons, des Herrn von Lüden, teilte, der mir damals beim Antritt sagte: »Es genügt, wenn die Leute den Kleinen Katechismus können und wissen, wie ihr König heißt.« Das war feudale Anmaßung und zudem unchristlich. Aber es sollte von Stufe zu Stufe, nicht gleich in die Akademien gehen. Der Müller hätte schon den Vater fördern sollen — ihn etwa zum Verwalter machen und ihm nicht nur die Last aufbürden.

Wie kam der Müller überhaupt auf die Idee? Er war ein froher, vollblütiger Mann gewesen, jähzornig, aber gutmütig, beliebter Jagdgast in den großen Revieren zwischen Elbe und Weser, Zechgenosse von Gutsbesitzern und Großbauern, umsichtig sowohl im Handel wie im Betrieb. Daß er bis zu seinem Tode ledig geblieben war, schien vielen merkwürdig. Der Müller hatte selbst darüber gescherzt. »Warum soll ich *eine* Frau unglücklich machen — wo ich so viele glücklich machen kann?«

Schon als das Kind kaum laufen konnte, hatte er es an der Hand geführt, ihm seine Blumen und Tiere gezeigt. Es gibt solche Fälle unmittelbarer Zuneigung. Der Anblick des mutterlosen Kindes, sein hilfloses Vertrauen mochten ihn eines Tages auf seinem Hof gerührt haben. Das entsprach seinem Wesen, der Neigung, Geschöpfe zu betreuen, seinem Behagen an der Kreatur. Er war ein Heger; was ihm gefiel, das sollte auch gedeihen.

Oder sollte sich das Gewissen des Müllers geregt haben? Hatte es ihn gereut, daß der Knecht sich um kümmerlichen Lohn in seinem Dienst verzehrt hatte? Dafür stak Müller Braun nun wieder zu fest in seiner Haut. Auch widersprach dem, daß seine Neigung zu Clamor sich schon so früh gezeigt hatte.

Der Junge sah seiner Mutter ähnlich, doch nicht dem Vater, auch keinem anderen. Die Mutter war aus dem Litauischen hierher gekommen; der Superus hatte sie gut gekannt. Er entsann sich des blassen Gesichtes von unbestimmter Schönheit, das zugleich hilflos und wissend war. Die Ängstlichkeit hatte Clamor von ihr geerbt. Dort in den Dörfern genoß der Herr wie eh und je besondere Ehrung; ihm gegenüber war keine Eifersucht erlaubt. Dagegen kannte Clamors Vater genau die Grenzen der Dienstbarkeit. Er hätte nicht auf Befehl und auch nicht für Geld und gute Worte zum Vorteil des Müllers oder seiner Kundschaft schwarz gemahlen, wie es im Handwerk unterläuft. Auch hatte er mit dem Müller bis zu seinem Tode gut gestanden; es war kaum denkbar, daß es etwas gegeben hatte, das gegen die Ehre war.

Freilich, in diesen Dörfern geschahen immer Dinge, die im Gemunkel Spuren hinterließen, doch nicht im Kirchenbuch. Man hatte, wie die Bauern sagten, »nicht die Hand dazwischen gehabt«. Natürlich hatte das Legat Verwunderung und auch Neid erweckt.

»Wollen habe ich wohl — aber vollbringen?«, wie es im Römerbrief heißt. Gewiß, ich meine es gut mit dem Jungen — aber habe ich richtig an ihm gehandelt, und vor allem auch: recht? Ich achte ihn höher als meinen Jonathan, der an mir zum Marder geworden ist. Eher wird der ihn verderben, als daß er sich ein Beispiel an ihm nimmt. Das ist wahrscheinlicher.

Friedrich meint freilich, daß Teo im Gegenteil den Jungen fördern, ihn geistig entwickeln, physisch abhärten und ihm zugleich den Übergang in den neuen Stand erleichtern wird. Er sieht auf Teo wie in einen goldenen Hafen, hält seine Bosheit mit ihrem Rüstzeug für Energie. So werten jetzt viele: nicht mehr die Herzen werden gewogen, sondern Wissen und Können — die Wendigkeit, der eklatante Erfolg. Das reicht bis in die Dorfschulen.

Immerhin, er wird ein Gerüst finden. Das Haus des Bruders hat sich bewährt. Und Blumauer ist ein scharfer, doch umsichtiger Fuhrmann, kein Rektor Spitzbart — ein Philanthrop, kein Philanthropinist. Der hält die Zügel fest in der Hand; da kann nichts aufkommen. Freilich, mit einem Burschen wie Teo haben sie nicht gerechnet — das ist, selbst unter Pfarrerskindern, ein Einzelfall. Ich weiß nicht, warum ich mit ihm gestraft wurde. Der überspielt sie noch in ihrem eigenen Konzept.

Ich will annehmen, jedoch nur annehmen, daß er trotz seiner Glätte des Schlimmsten, etwa der Knabenschändung, überführt wäre. Ein anderer würde dann versuchen, mit allen Mitteln den Kopf aus der Schlinge zu ziehen. Er würde leugnen, bevor man ihn hinaus würfe, würde die Fakten abstreiten. Nicht also Teo — der würde in der Dämmerung in die Höhle des Löwen schleichen und dort die Stationen des pietistischen Zusammenbruchs abspielen. Nach zwei, drei Stunden würde er absolviert davongehen, und noch mit einem Guthaben. Er würde den Richter in einem Zustand der Erleuchtung zurücklassen. Sie wären Freunde, Teilhaber eines Geheimnisses fortan. Was andere vernichtet hätte, würde ihm Gewinn.

Ich will das nicht als reinen Betrug beurteilen. Das wäre sogar besser, und doch zu einfach — er kennt die Werte und verachtet sie. Er weiß sie einzusetzen, wenngleich als Spielmarken. Die List hat Hintergrund; er kann Substanz zeigen. Mir gegenüber hat er solche Künste kaum geübt — nicht etwa, weil er durchschaut zu werden fürchtet; nein — er verachtet mich.

Mein Sohn hat mich von Anfang an verachtet und zuvor schon feindliche Gefühle eingesogen — schon mit der Muttermilch, und nicht erst seit jenem Augenblick, in dem er mich überraschte, ertappt hat, wie es einem Vater nie und nimmer begegnen darf. Die Schlösser in diesem alten Hause schließen schlecht. Da ist die Herrlichkeit dahin.

Der Superus stöhnte; sein Gesicht zerfloß. Seit jenem Tage, an dem er das Bild abgenommen hatte, kam, als ob der Luftdruck unnatürlich sänke, diese Beängstigung über ihn. Das Geweih hatte er belassen — — —: sonst würde dort noch eine Aura entstanden sein. Man sollte auf meinen Grabstein setzen: »Hier liegt der Versager von Oldhorst. Er hat als Mann, als Vater, als Geistlicher versagt.«

DER VIKAR

»Er ist mein Marder, der mir am Herzen nagt.« Das hatte für den Superus nicht nur einen allgemeinen, sondern auch einen besonderen Bezug. Wie viele gute Hausväter hatte er sich an den Spruch Salomonis gehalten: »Wer seinen Sohn lieb hat, züchtigt ihn bald.« Und auch: »Laß nicht ab, den Knaben zu züchtigen.« Auch bei ihm hatte »die liebe Rute« hinter dem Spiegel gehangen und war häufig hervorgeholt worden, obwohl es Sibylle von Anfang an zuwider gewesen war.

Es heißt auch in den Sprüchen: »Ein weiser Sohn läßt sich von seinem Vater züchtigen.« Von solcher Weisheit war Teo weit entfernt. Er zählte nicht zu den braven Kindern, die die Rute selbst herbeibringen. Als er zum letzten Mal übers Knie gezogen wurde, mochte er kaum neun Jahr alt gewesen sein.

Der Superus dachte mit Schaudern an jenen Tag zurück. Der Junge hatte sich dem geübten Griff entzogen, der ihn am Kragen hielt, und im gleichen Augenblick hatte der Alte einen entsetzlichen Schmerz verspürt, als ob ein kleines, grimmiges Raubtier ihm unter den Hausrock gefahren wäre, sich in seinem Schenkel festgebissen hätte und an ihm wütete.

Vergebens war er hochgesprungen und hatte geschrien: »Hör auf, hör auf — ich tu dir ja nichts mehr!« Teo hing an ihm fest — eben wie ein Marder, dem man eher die Kiefer brechen könnte, als daß er von seinem Opfer abließe. Endlich hatte der Alte sich auf ein Bitten und Flehen verlegt, gewinselt zuletzt.

Das war die Machtprobe gewesen; ein Krankenlager schloß sich an. Es war ein Fall, bei dem man keinen Arzt zuziehen konnte — nicht nur, weil sich das Ärgernis herumgesprochen haben würde, sondern auch der Stelle wegen, an der es geschehen war. Sibylle hatte ihn versorgt.

Der Superus war in der Mythologie bewandert, obwohl er in der Predigt davon kaum Gebrauch machte. Wenn sie gegangen war, nachdem sie den Verband gewechselt hatte, dachte er an Kronos mit der diamantenen Sichel — die Mutter im Hintergrund.

Von da an änderte sich manches, selbst in Kleinigkeiten; sie legte dem Sohn als Erstem vor, und auch die besten Stükke, wenn sie bei Tisch saßen. Und beide unterhielten sich über ihn hinweg.

Die Dinge schienen sich aufzuhellen, nachdem Simmerlin eingezogen war. Sie hatten ihn nach Oldhorst versetzt, damit er ins Lot käme. Ein guter Kopf, hochintelligent, noch unausgegoren — das würde sich klären mit der Zeit. Der Superus lächelte trübe: »Um einen ins Lot zu bringen, müßte man senkrecht sein.«

Simmerlin wohnte im Pfarrerwitwenhause; er kam zu den Mahlzeiten. Zunächst war er mit Eifer bei der Sache; lange sah man in den Nächten drüben sein Licht. Gewiß hätten seine Predigten besser in die Großstadt gepaßt, aber sie zündeten. Wenn er im Ornat stand und begann: »Im Namen des lebendigen Gottes —«, kam eine Pause, und schon war erwartungsvolle Spannung da. Selbst in der Ernte gab es keinen Predigtschlaf. Die Bauern konnten dem Gedankenfluß nicht folgen, aber sie spürten die Stromstärke. Ihr konnte sich auch der Superus nicht entziehen. Lieber wäre es ihm gewesen, wenn der Vikar die Predigt abgelesen hätte, wie er es selbst hielt, obgleich er sich eingestehen mußte, daß dabei mehr Not als Tugend war. Simmerlin brachte, wenigstens im Anfang, auch seinen Text mit, doch er phantasierte, wenn er in Schwung kam, über das Blatt hinweg. Und dabei unterliefen Dinge, bei denen dem Superus unbehaglich wurde — unheimlich sogar. Man mußte beide Augen zudrücken — tun, als ob man geträumt hätte.

Dieses »als ob« war überhaupt die Haltung, in der er dem Vikar begegnete, zu der er sich bequemt fühlte. Man konnte Ungehörigkeiten übersehen, kühne Gedanken als Theorie betrachten, Abweichungen zur Diskussion stellen. Auslegung — das war ein weites Feld. Die Aufsichtspflicht ein anderes.

Einer der Alten hätte die Lage schnell gemeistert; sie würde gar nicht erst entstanden sein. Seltsame Vikare hatte es immer gegeben, vom Magister Lauckhardt bis zu Mörike. Das Pfarrhaus hatte sie überlebt.

»Jetzt kommt noch die Zeit dazu. Aber das ist auch eine Ausrede.«

Im Anfang hatte er ein Gefühl der Befreiung empfunden, eine Belebung wie bei einem Tauwetter nach jahrelangem Frost. Das mußte er zugeben. Sie hatten zusammen bei Tisch gesessen; der Hausherr an der schmalen Seite, rechts neben ihm Sibylle, links der Vikar, gegenüber der Sohn. Die Tafel war freundlicher, sorgfältiger gedeckt. Seit langem hatten Blumen auf ihr gefehlt — nun standen sie wieder da: die Gladiolen, die Lilien, die Dahlien, die Zinnien, und dann die Astern bis kurz vor Advent. Sibylle hatte sich ihm wieder zugewandt. Sie richtete das Wort an ihn, sie fragte, holte seine Entscheidung ein. Sie kam nun, wie auch Teo, wieder zum Gottesdienst, bei dem sie lange gefehlt hatten. Manches Ärgernis war verschwunden; die Dinge wurden leichter, seit der Neue gekommen war.

So hätte es bleiben sollen; es war eine schöne Zeit. Sie ließ sich nicht festhalten. Die Wendung war nach dem klassischen Muster eingetreten, wie es die Kunst so oft geschildert hat und wie es sich in der Gesellschaft tausendfach abwandelt. Zunächst weht den Betroffenen nur eine Ahnung an. Imponderabilien scheinen anzukünden, daß sich das Gleichgewicht zu seinen Ungunsten verschiebt. Er wird empfindlich, selbst gegen die Zuwendung im Kabinett, die prononcierte Hingabe. Der Superus dachte ungern an die Details zurück. Ein Pächter etwa, der lange Jahre mit seinem Gutsherrn auf vertrautem Fuß verkehrte, wird sich Gedanken machen, wenn dieser eines Tages betonter, ja vielleicht als erster zu grüßen beginnt.

Simmerlin hatte sich Teos mit besonderem Eifer angenommen; er wußte überhaupt mit jungen Menschen umzugehen. Vormittags studierten oder vielmehr lasen sie Nestles zweisprachiges Testament miteinander, und Teo profitierte dabei spielend mehr in den alten Sprachen, als er beim Vater je gelernt hatte. Der Superus entdeckte auf ihrem Tische Delitzschs »Commentar über die Genesis«, auch Tertullian.

In der Dämmerung machten sie Gänge in Moor und Heide, die sich immer länger ausdehnten. Einmal, als er am Fenster stand, sah der Pastor sie zurückkommen; der Vikar hatte den Arm auf Teos Schulter gelegt. Das war eine Geste, die der Sohn vom Vater nicht geduldet und die der Vater nicht gewagt hätte: Der Anblick war schmerzlich — doch er wußte auch: dieses Gefühl mußte unterdrückt werden; es durfte nicht aufkommen.

Wenn sie morgens Stunde hielten und er ins Zimmer trat, merkte er, daß sie das Thema wechselten. Selbst die Stimmen änderten sich. Das geschah ganz allmählich; sie entglitten ihm geschmeidig — doch um sie zu halten, fehlten die Handhaben. Mit der Zeit wurde Teo auch wieder aufsässig.

Ähnlich erging es ihm mit Sibylle, und schmerzlicher. Der Superus fand dafür Vergleiche, wenn er es begrübelte. Der

Vikar war als ein neues Licht gekommen, das zunächst eine angenehme, fast schattenlose Stimmung verbreitete. Dann wurde es stärker und schwächte die Aura des anderen, bis es sie auslöschte. Sibylle dagegen begann sich zu entfalten wie eine Blume, die sich ihm zuwandte. Das geschah fast ohne Übergänge, undramatisch, auf vegetative Weise, ohne Absicht, selbst wider Willen — das mußte er zugeben. Manchmal war sie zu ihm gekommen wie jemand, der Halt sucht, ja Hilfe begehrt.

Jede Zuwendung ist zugleich Abwendung, jeder Aufgang ist Untergang. Auch das hatte er in den Phasen verfolgen können und durchlitten, wenn sie hier im Zimmer, nachdem die Tafel geräumt war, zu viert um den kleinen Tisch saßen. Der Zeit, in der Sibylle ihm, wenn sie sprachen, ihr vertrautes Gesicht zugewandt hatte, folgte eine andere, in der sie allmählich abrückte. Er sah noch ihr Profil, die dunklen Wimpern, sah, daß sie Rot aufgelegt hatte. Zuletzt hatte sie ihm die Schulter gezeigt, fast den Rücken gewandt. Das war wie im Wetterhäuschen ein Wandel von Figuren, die sich bewegen, weil sie bewegt werden. Sie selbst war unbefangen — die Glücklichen sind naiv. Ihm aber hatte der Tee fade, die Zigarre bitter geschmeckt. Es wurde qualvoll; er suchte nach einem Abgang — etwa: »Die Predigt wartet« oder: »Kinder, ich werde müde — ich lasse euch jetzt allein.« Aber es kam linkisch heraus. Der Körper wurde hinderlich.

Dem folgte die Spanne, in der er sich vor den Mahlzeiten fürchtete. Die Unterhaltung wurde schleppend; er mußte die Sätze hervorzwingen. Aber während er dumpf vor sich hinbrütete, wurde die Wahrnehmung feiner, er wurde empfindlicher. Vielleicht sah er Gespenster — oder kündeten sie sich nur an?

Wenn der Vikar Sibylle zureichte — hatte er ihren Arm gestreift? Oder war es nur eine Einbildung? Aber auch Einbildungen haben ihren Grund. Es gibt eine Art von schöpferischen Ahnungen. Unübersehbar war indessen, daß Simmerlin bald, wenn sie scherzten, ganz unbefangen die Hand auf ihren Arm legte. Der Superus wandte, als ob er sich schuldig fühlte, die Augen ab. Man sieht am schärfsten, was man übersehen möchte — das war wie eine Hamlet-Variante: »To see — or not to see?« Gespenst im Hause — wenn alle am Tisch etwas wissen, das keiner ausspricht, wird es unheimlich.

Teo sprach nicht nur, ohne daß man ihn fragte; er gab den Ton an, war längst mit Simmerlin auf Du und Du. Ohne Zweifel genoß er, daß der Vikar nun Herr im Hause wurde — einmal weil er ihn liebte, und dann, weil es den Alten demütigte. Es wurde in den Scherzen, die er sich herausnahm, offenbar.

Das war das Tableau. Der Superus sah sich in ihm — erst im Ornat und dann im Kittel, der glühte, bis er brennend weiß wurde.

DER FRIEDHOF

Schon im ersten Jahr ihrer Ehe war Sibylle nachts auf den Friedhof gegangen, um auf den Wegen zu wandeln und zwischen den Gräbern allein zu sein. »Ich sterbe früh« — das ließ sie sich nicht ausreden.

Es gab dort schöne Grabsteine. Die alten Bauern waren auf Sandsteintafeln ausgehauen in den langen Röcken mit vielen Knöpfen, wie man sie früher trug. Die Mütter, die im Kindbett gestorben waren, hielten das Wickelkind im Arm. Die »ehr- und tugendsamen Junggesellen« bezeugten durch eine Rose ihren Stand. Nachts, wenn der Mond schien, konnte man die pompösen Lobschriften entziffern; man sah die Sanduhren und Sensen, die Schädel mit den gekreuzten Knochen, Lieblingsembleme der alten Steinmetzen. Die neuen Grabsteine waren demgegenüber nüchtern: Quadrate aus schwarzem Marmor mit goldener Inschrift, selbst Photographien kamen auf. Der Achtungsverlust macht mit dem Tod keine Ausnahme.

Die Bauern mieden den Ort, wenn die Sonne untergegangen war. Sie machten lieber einen Umweg, wenn sie spät im

Pfarrhaus zu tun hatten. Sie sahen die weiße Gestalt zwischen den Gräbern nicht gern.

Nach Simmerlins Ankunft hatte Sibylle diese Gewohnheit aufgegeben — dann nahm sie sie wieder auf. Man hatte sie mit dem Vikar gesehen. Es sprach sich herum. Die Bauern hatten ein scharfes Auge auf alles, was im Pfarrhaus vor sich ging. »Herr Paster, ehre Fru is woll bange, so Klocke twelwe — ganz allein.« Das war vielleicht nicht einmal dreist gemeint — sie wollten ihm nur ein Licht aufstecken. Es hatte den Anstoß zu einer Aussprache gegeben, bei der zum ersten Mal der wunde Punkt berührt worden war. Eine Szene schloß sich dem an. Gewiß: Teo war dabei gewesen — nur als Begleiter? Oder als Wächter im Hintergrund? Das schärfte eher das Ärgernis. Frau, Liebhaber und Sohn waren sich gegen ihn einig; und er fühlte sich auch in der Gegend allein. Was wollten, was erwarteten sie denn von ihm?

Wenn er da oben stand, war diese Erwartung spürbar — bösartig. Das war keine Predigt mehr; es war eine Ausstellung. Der Gottesdienst kam später, wenn er allein war, in seiner Auswegslosigkeit allein.

Der Superus blickte auf die Spur des Bildes, die nicht verloschen war. Das Bild war fortgenommen, doch sein Schatten auf der Tapete unverblaßt. Die Blumen waren rot wie in der ersten Nacht.

Wozu noch die Erinnerung an die Stationen, die zur Katastrophe geführt hatten? Sie saßen am Abend in ihren Stuben oder im Wirtshaus, um mich zu verhöhnen, um zu beraten wider mich. Das war bald durchgesickert im ganzen Sprengel, bis in die Residenz.

Der Bruder war herübergekommen und hatte auf ihn eingesprochen: »Wilhelm, jetzt mußt du den Herrn zeigen.« Das war gut gemeint gewesen — aber was sollte dabei herauskommen? Doch nur die eigene Erbärmlichkeit. Der Neue war nun unumschränkter Herr im Haus. Er ließ anspannen, ohne zu fragen, fuhr mit Sibylle und Teo über Land. Der Kutscher schüttelte den Kopf; er wurde aufsässig. Es gab

Dispute, in die Sibylle sich einmischte. Der Pastor mußte den Vikar decken. Im Dorf glückte es Simmerlin weniger. Er hatte Anstände mit dem Lehrer, dem Kirchenvorstand, im Konfirmandenunterricht. Es fielen Dinge vor, die zur Versetzung und auch zur Suspendierung ausreichten.

Aber was sind denn Fakten auf solchem Leidensweg? Eigentlich kaum mehr als Zäsuren, Einschnitte in einem unausgesprochenen, doch ohne Unterlaß gefühlten Text. Er hatte darüber nachgedacht. »Er fällt zum ersten, zum zweiten, zum dritten Mal.« Was heißt das? Wohl eher Erholung in der ununterbrochenen Qual des Anstieges. Der Berg ist es, der überwunden werden will — bis zum »La montagne est passée«.

So auch bei Clamors Vater — das Unheil war nicht der Schlag, der ihn fällte; es steckte in den abertausend Säcken, die er vom Hof auf den Speicher trug. Und warum schleppte er diese Säcke? Weil er ein Knecht, ein Handlanger war. Und warum war er ein Handlanger? Da kommen wir auf Fragen, die nicht zu lösen sind.

Den Herrn sollte ich zeigen? Mein Gott, wo sollte ich ihn hernehmen? Wenn ein Hanswurst mir vor der Nase herumtanzt und ich nicht einschreite, kommt notwendig der Augenblick, in dem er mich ohrfeigt, mir einen Fußtritt gibt. Immerhin, besser als die Machtprobe, bei der ich versage, ist der stille Rückzug aus dem erbärmlichen Spiel. Den Herrn zeigen andere; das hat man bei Teo gesehen. Illum oportet crescere.

Was ist mit der Eifersucht? Auch hier sind die Fakten doch nur Belege, Begleitmelodie, die von fern in die Höhlen und Dickichte dringt. Ein uraltes Thema und stets von neuem variiert, wie jetzt von Munch, Strindberg und Ibsen — und immer auf schäbige Art. Der Germane verfault von oben, vom Kopf und von Norden her.

Wenn ich die Anfänge betrachte: die Faszination im Gespräch, die fast unmerklichen Zeichen der Zuneigung —

dann sind schon die Weichen gestellt, und alle Versuche, die Fahrt anzuhalten, werden sie beschleunigen. Jede Stufe ihrer Vertrautheit werden sie zunächst verhehlen und dann unverhohlen zeigen — das eine schmerzt den Betroffenen nicht minder als das andere.

Das widrige Detail überhaupt. Hat er nun ihre Hand gestreift, oder war es nur Einbildung? Und hat er es mit Absicht getan? Hat sie es geduldet, oder zog sie die ihre zurück? Das wäre schier schlimmer noch. Und so fort und so fort — bis zu dem Morgen, an dem sie erschien »wie der Mond in der vierzehnten Nacht«.

Zugleich hat sich auch *sein* Gesicht verändert; er trägt das Haupt ein wenig höher, mit herrischen Mundwinkeln. Er hat in ihr über mich triumphiert. Als sie dann nebeneinander ruhten, haben sie über mich gesprochen — daran kann kein Zweifel sein.

Mein Gott, wie soll man sich dem entziehen — dieser Folge brutaler Tatsachen und der feinstofflichen Aura, die sie umhüllt? Sie fesselt mich mit tausend Fäden auf liliputanische Art. Daß ich mich auf die alte Weise räche, verbietet der Fortschritt, nicht nur mein Stand. Doch er verhindert nicht, daß ich sie nackt sehe, das Spiel seiner Hände verfolge, mit dem er sie entblößt. Ich sehe ihre Brüste, ihre Schenkel im Halbdunkeln schimmern vor der Gewitterwand. Da sollte Blut fließen.

Das Drama ist kastriert — ein Puppenstubenspiel. Wer zudem schwach ist wie ich, sollte sich zurückhalten. Mein Marder hat mich »die Quappe« genannt; er hat es mir nach seiner Rückkehr ins Gesicht gesagt. Solche, die keine Knochen haben, fordern zu Schlägen und Fußtritten heraus. Man freut sich dessen in den Wirtshäusern. Warum muß aber ein Wurm die Schmerzen stärker fühlen als jene, die ihn treten — ein Wurm, der sich nur krümmen, doch nicht wehren kann? Das ist sehr ungerecht. Schon deshalb müßte das Evangelium erfunden werden, wenn es nicht da wäre.

Ich frage mich, ob der Bruder mich recht beraten hat. In

meinem Fall scheint eher, wenn nicht Milde, so doch Ignorieren angebracht. Naturen wie Simmerlin und Sibylle sind aufeinander angelegt; sie spüren es beim ersten Blick. Es fragt sich aber, wenn die Sache kulminiert hat und die Neugier gestillt ist, was übrig bleibt. Enttäuschung kann schon den ersten Kontakt schattieren; in jedem Fall wird die Erwartung nicht erfüllt.

Leicht kann sich der Spieß umkehren: je höher die Erwartung war, desto bitterer wird die Enttäuschung sein. Nun ist die Stunde des Vaters gekommen; es hängt von ihm ab, ob er verzeihen will. Er hat sich inmitten der Bewegung nicht von der Stelle gerührt. Die Bindung kann nach dem Bruch fester werden, als sie vordem gewesen ist. Das hat schon Spinoza gesehen.

Der Superus hatte sich in die Brust geworfen, als er sich in der Rolle des Verzeihenden vorstellte. Doch bald sank er wieder in sich zusammen und spann die trüben Gedanken fort.

Um verzeihen zu können, muß man zunächst den Wurm in sich bezwungen haben — doch das war auch bis jetzt nicht geglückt. Das Fleisch war zu stark. Es drängten sich immer noch die alten Schreckensbilder auf: ihre Hingabe in der schwülen Stille des Friedhofs; da war Gewitterluft. Doch er mußte die Vision abbrechen; sie überstieg seine Kraft.

DIE ZWEITE NACHTSTUNDE

Der Bruder war wiedergekommen: »Wir müssen jetzt reinen Tisch machen.« Das hatte er gründlich besorgt. Der Auftritt wiederholte sich heftiger, ohne daß die offene Wunde berührt wurde. Doch wußte im Hause jeder, worum es ging. Versäumnisse im Amt, Beschwerde des Kirchenvorstands, Dorfgemunkel — schon das genügte, war mehr als zuviel. Der Professor faßte es bündig zusammen, bevor er abschloß:

»Nach allem, was Sie hier angerichtet haben, können Sie

von Glück sagen, daß Sie mit einem blauen Auge davonkommen. Ich fahre jetzt mit meinem Bruder in die Stadt, um die Dinge ins Lot zu bringen — bevor er zurückkommt, sind Ihre Sachen gepackt.«

Als der Pastor in der Nacht vom Konsistorium zurückkam, war der Vikar verschwunden, und mit ihm Teo und Sibylle — — — »für immer«, wie die Notiz besagte, die er auf dem Schreibtisch fand. Es war Sibylles Handschrift, doch hatten sie zu dritt unterschrieben; darauf mußte Simmerlin gedrängt haben. Der Pastor hatte das Blatt verbrannt, als er mit den Erinnerungen aufräumte. Doch das Bild, das er von der Wand genommen, lag noch im Schreibtisch verwahrt.

Die Nächte nach solchen Katastrophen sind sonderbar. Der Akt der Beraubung zehrt an der Existenz. Nicht nur das Geraubte scheint zu fehlen; das Sein als Ganzes ist betroffen — es wird unwirklich. Es ist enteignet; der Schmerz kann nicht durchdringen. Auch was noch an Schlimmem geschehen könnte, wird gleichgültig.

Wie lange mochte die Nacht gewährt haben? Da fehlten die Maßstäbe. Er hatte gehofft, daß sie nie enden würde — aus Furcht vor dem Licht, wie der schutzlose Wurm.

»Um den Kohl fett zu machen, müßte ich mich aufhängen. Doch das darf ich der Gemeinde nicht zumuten.«

Tabula rasa — reiner Tisch war gemacht worden. Das Licht war gekommen — doch es heißt auch: »Der Morgen bringt Rat.« Wunderlich blieb, wie bald wieder ins Lot kam, was vernichtend gedroht hatte. Das galt nicht nur für die Achtung in Amt und Gemeinde, sondern auch im Wesen hatte er sich gekräftigt, soweit es bei seinem Charakter möglich war. Er hatte ein bescheidenes Maß an Selbstachtung wiedergefunden — das teilte sich mit, zunächst der Physiognomie und der Stimme, dann auch den anderen. Nur sich selbst darf man nicht im Stich lassen.

Viel trugen die Brüder dazu bei. Sie kamen in der Dämmerung oder nach der Predigt und redeten ihm zu. Die meisten kannten solche Schiffbrüche aus eigener Erfahrung, waren auf sie geeicht. Sie waren, Geistliche und Laien, durch ein feines Netz versponnen — war ein Bruder in Not, so kamen sie ungerufen; es war Verlaß auf sie. »Persönliche Liebe im Zeichen des Kreuzes« war ihr Dogma; sie folgten den »Losungen«.

Die Zeit heilt schneller mit solchem Beistand; das hatte der Superus gespürt. Bald zeigte sich auch, daß der Vorgang ihn im Ansehen nicht schädigte. Simmerlin war der Bösewicht, Sibylle die schlechte Frau. Beide waren landfremd, und den Bauern war es nicht unlieb, daß »die Zigeunersche« nicht mehr über den Friedhof geisterte. Auch Teo hatte seiner Streiche wegen nicht im besten Ruf gestanden, doch nun war er eher das entführte als das verführte Kind.

Einen guten Eindruck machte die Art, wie der Pastor es auf sich nahm. Man hörte von ihm kein böses Wort, weder über Teo noch über Sibylle, nicht einmal über den Vikar. Er duldete auch in seiner Gegenwart kein Urteil über sie.

Viel Ärger entfiel, nachdem reiner Tisch gemacht worden war. Das kam auch der Predigt zugut. Und die Welt vergißt bald, was eben noch in aller Munde war. Daß ein Liebhaber mit der Hausfrau durchgeht, das kommt, wie man zu sagen pflegt, in den besten Familien vor — ja gerade dort. Solche Früchte pflückt man nicht ohne Risiko. Auch die Kronprinzessin von Sachsen war mit einem Musikanten auf und davon. Hundertunddreißig Jahr früher hätte man sie in den Turm gesperrt. Aber was konnte der Kronprinz dafür? »Wilhelm — so gut wie der in Sachsen König wird, wirst du hier Superintendent.« Das hatte der Bruder prophezeit.

War es nun richtig, war es recht gewesen, daß reiner Tisch gemacht wurde? Der Superus kam immer wieder darauf zurück. Immer noch wurde sowohl in den obersten wie in den untersten Schichten Blut gefordert; jeden Tag las man davon in den Zeitungen. Aber war es noch glaubwürdig? Die starken Leidenschaften waren selten geworden wie die Seuchen;

die Gesellschaft weichte an den Grenzen und in den Nähten auf. Alles war zwielichtig — der Zweikampf wurde zugleich gefordert, geduldet und bestraft. Der Superus hatte »Effi Briest« gelesen, einen guten Roman, in dem Fontane dieses clair-obscur erfaßt hatte — ganz ähnlich wie der Impressionismus in der Malerei.

Dem Geistlichen stand das Gericht zur Seite — nicht nur zur weltlichen, sondern auch zur moralischen Vernichtung dessen, der die Gebote verletzt hatte. In diese Richtung hatte der Professor ja auch gedrängt und wäre schärfer noch ins Zeug gegangen, wenn der Pastor es erlaubt hätte. So wollte der Professor Konfirmandinnen vernehmen, die Simmerlin angefaßt haben sollte — das ließ der Bruder nicht zu.

Hätte nicht aber, als ich merkte, was sich anbahnte, eine Aussprache die Dinge geklärt? »Herr Simmerlin — wir wollen offen und freundlich miteinander reden: ich mache mir Sorge um unseren Hausfrieden.« Das Schlimmste wäre so vermieden worden oder doch gemildert in der Form. Vielleicht wäre Sibylle wie Effi in die Ehe zurückgekehrt.

Doch wäre das möglich gewesen in diesem Hause, in dem ich von Frau und Sohn gehaßt wurde? Moralische Überlegenheit konnte hier gar nicht erst aufkommen. Sie wurde im Keim erstickt. Gehaßt ist nicht einmal der rechte Ausdruck — sie verachteten mich. Sie trieben ihr Spiel miteinander, als ob ich nicht vorhanden wäre — oder nur als lästiger Gegenstand. Und warum verachteten sie mich? Eben nur, weil ich sie durch meine Ohnmacht herausforderte. Respekt kann nur erwarten, wer sein Amt versieht.

So endete er immer wieder, wenn er die Katastrophe und ihre Anbahnung durchdachte: bei der Selbstkritik. Am Wollen hatte es nicht gemangelt, vom Wunsch zu töten bis zu dem, verstehend zu verzeihen. Doch dieses Wollen hatte sich auf keiner Ebene gestaltet, nicht einmal formuliert. So ging es ihm auch bei der Predigt: was ihn bewegte, drang nicht durch, kam nicht zum Wort, zur Aussprache. Wie sollte es ankommen?

Ich habe nicht nur hier und dort versagt und durch Irrtum gefehlt. Es ist die existentielle Schwäche, die in jede Entscheidung einfließt — ja nicht einmal die Entscheidung reifen läßt.

»Zwei Seelen« — — — *damit* wollte ich auskommen. So ist es bei den meisten: daß Vater und Mutter, Licht und Schatten, Ja und Nein dicht beieinander wohnen, sich befehden, sich fesseln, doch auch vereinen, wenn letzte Fragen gestellt werden. Vom Zweifel dispensiert sind nur die Dummköpfe.

Doch kurz vor dem Tode finden Vater und Mutter sich noch einmal und für immer — was sie im Fleisch flüchtig begingen, das wird nun Wirklichkeit. Ich sah es oft in den Gesichtern der Sterbenden. »Tunc autem facie ad faciem.«

Das ist die Formel; sie gilt für jeden: Monismus und Dualismus lösen wie Licht und Schatten, wie Phasen des Herzschlags einander ab. Erst mit der Vielzahl wird es kompliziert. Was finde ich denn, wenn ich zu meinem Seelchen hinabschleiche? Ein schäbiges, oft geflicktes Netz, das einen Fang von Tiefseetieren zusammenpreßt. Ein Eingeweide von Aalen und Schlangen, Haien, Kraken, Krebsen und Würmern aller Art.

Da ist Ägisth, der Klytämnestra auf das Prunkbett wirft. »Das Blut der Könige ist fahl purpurfleckig.« — Ich besteige die Königin auf dem Lager, das für den Atriden gerüstet war. Er liegt im Bad, ermordet — nie war ihre Hingabe tiefer, bedingungsloser als eben jetzt, da die Tür noch offen steht. Dort ist auch Atreus, sind, neben römischen Konsuln und Cäsaren, milde Gestalten — Johannes der Täufer, Johannes am Strand von Patmos, Johannes, dem der Meister den Arm um die Schulter legt.

Vielleicht sind es nicht einmal Tiere der Tiefe, sondern nur ihre Larven und Embryonen, die absterben, wenn sie in Schichten aufsteigen, die das Licht durchdringt. Sie werden in nächtlichen Seancen von der Psyche zitiert und freigelassen zur Selbstbefriedigung. Dort reiben sie sich auf. Ich, der in submarinen Palästen Könige tötet und Königinnen schändet, war nicht einmal imstande, in einem kleinen Pastorat den Gatten und Vater vorzustellen, was jedem Dummkopf mühelos gelingt.

»Zwei Seelen« — das wissen selbst die Professoren — mit seiner Ambivalenz kann einer spielend, ja gerade spielend fertig werden, wie mein Amtsbruder Löbke: en face der gute Pfarrer mit Käppchen und langer Pfeife in der Gartenlaube, ein Negerhäuptling im Profil. Da muckt kein Bauer, und wenn er zu Tische kommt, warten Frau und Kinder stehend, bis er Platz genommen hat. »Aller Tage zwier« — — der könnte auch einem Harem vorstehen. Romantische Ideen können da gar nicht erst aufkommen.

Die sind aus zweierlei Garn gesponnen, solides Gewebe, das hält fürs Leben vor. Dem gegenüber bin ich ein unbestimmtes Wesen, das chamäleonisch die Färbung der Gesellschaft annimmt, gleichviel wie sie beschaffen ist. Daß ich intelligent genug bin, es zu durchschauen, bringt noch die Qualen der Reflexion hinzu. Ich gleiche jenem Märtyrer auf Kreta, den die Türken lebendig häuteten. Sie stellten ihn dabei vor einem Spiegel auf.

»He's 'n goden Kierl« sagen die Bauern von mir. Sie sagen nicht einmal: »Ein guter Pastor«. Ein guter Mensch. Wenn einer sich weder durch Kunst noch Tugend auszeichnet und auch nicht lästig fällt, wird ihm dieser Titel zuteil. Den Nächsten freilich, Teo und Sibylle, wurde ich unerträglich schon durch die Gegenwart.

Sie sahen nur die graue Oberfläche, die sie abstieß — nichts von den Schlachten, die in der Tiefe ausgetragen worden waren, in stillen, einsamen Nachtstunden.

Und doch könnte es sein, daß einmal ein Sieger von dort aufsteigt, sei es mit der Axt oder mit der Aura des Heiligen. Das geschieht gerade dort, wo man es am wenigsten erwartete. So tauchen während der Mittagsstille seltsame Wesen zum Spiegel unbefahrener Meere auf.

Es war spät geworden, und doch erst die Stunde, zu der dem Superus zuweilen die Konzeption einer Predigt glückte, die sich von den anderen abzeichnete. Er seufzte: sein Wesen zu finden, es in eine glaubwürdige Formel zu zwingen: das ist die quasi zoologische Aufgabe. Vielleicht gelingt sie erst in Generationen: der Sohn des Spießbürgers ein Dichterfürst, der des Gerechten ein Lustmörder.

»Endlich blüht die Aloe« — da brichts dann heraus, mit Krone und Dorn. Das ist auch der Grund, aus dem der Sohn den Vater zur Rechenschaft ziehen, doch der Vater den Sohn nicht verleugnen darf. Nein, unter keinen Umständen.

DIE ESKAPADE

Es konnte dem Superus nicht verborgen bleiben, wohin die drei sich gewandt hatten. Man kann nicht spurlos verschwinden in einer Welt, in der Pässe und andere Papiere nötig sind, vom Geld ganz abgesehen. Was er erfuhr, hielt er nach Möglichkeit geheim. Zwei Mal hatte er sie auslösen müssen aus kleinen Hotels, in denen sie gewohnt hatten. In Neapel schien es besser zu gehen. In dieser Hinsicht konnte der Superus aufatmen; er hatte sie in seinen Träumen in großer Bedrängnis gesehen.

Sie wickelten über einen levantinischen Agenten Geschäfte mit ihm ab. Er zahlte Sibylle die Mitgift zurück. Das verschwieg er dem Bruder, wie auch die Tatsache, daß er dem Vikar ein günstiges Zeugnis ausgestellt hatte, und zwar schon mit Kopf und Siegel der Superintendentur. Das war mehr als ein Versäumnis, ja mehr als ein Verstoß. »Herrn Simmerlins Ausscheiden aus hiesigem Amt ist auf eigenen Wunsch und aus persönlichen Gründen erfolgt.« Ein Euphemismus in Potenz. Man konnte nur hoffen, daß das Papier nicht irgendwo im Lande wieder auftauchte.

Dann hieß es, Simmerlin sei Adlatus eines der Sektenfürsten geworden, die sich als Götter verehren lassen und in denen, wie einst in den Greueln der Templer, sich die Hefe des Abendlandes mit orientalischer Niedertracht vereint. Man hatte ihn im Gefolge des Potentaten vor indischen Tempeln und auf ägyptischen Golfplätzen gesehn.

Sibylles Totenschein war über das Konsulat aus Kairo gekommen — ein Papier in englischer Sprache und Notizen mit arabischen Schriftzeichen. Sibylle Quarisch, geb. von Rethen, gestorben an asiatischer Cholera, siebenunddreißig Jahre alt.

Sie hatte immer gemeint, daß sie jung sterben werde — das sagen viele, denen die Aussicht auf das Alter nicht behagt. Der Superus dachte an eine Kellnerin, von der er als Student gehört hatte: »Die Kellnerinnen haben ein schweres Leben — aber sie sterben früh!« Das war ihr Trost.

Auch Sibylle hatte es, wenngleich auf andere Weise, nicht leicht gehabt. Schwach auf der Brust — das hatte man der Figur nicht angemerkt. Immer noch wagte der Superus kaum an die Nächte zu denken; er blickte auf den roten Schatten des Bildes an der Wand.

Teo war bald nach ihrem Tode zurückgekehrt. Er hatte sich gut entwickelt, war erwachsen, englisch gekleidet, sorgfältig frisiert. Sein Gesicht erinnerte an das Sibyllens; es war wie das ihre schön geschnitten, besonders im Profil. Auf Kinn und Lippen deutete sich ein dunkler Flaum an, den noch kein Schermesser berührt hatte. Kein adolescens mehr, noch kein barbatus — ein juvenis, ein Senatorensprößling aus sullanischer Zeit.

Ein erfreulicher Anblick; der Sohn mußte, wo er auftrat, die Augen auf sich ziehen, obwohl er nicht auffallend war. Die Züge waren nicht ungewöhnlich, sondern wohlgeraten — und vor allem fehlten ihm die Zeichen dessen, was der Vater befürchtet hatte: daß der Vikar ihn korrumpiert hätte. Offenbar hatte er es ihm an nichts fehlen lassen; jedenfalls hatte Teo geistig und physisch erstaunliche Fortschritte gemacht.

Auch für Sibylle schien Simmerlin aufs beste gesorgt zu haben; Geld mußte reichlich vorhanden gewesen sein. Der Klinik, in der sie gestorben war, stand ein berühmter Arzt vor; die Rechnung war bezahlt. Der Superus hatte dorthin geschrieben, um Näheres zu erfahren; doch war die Auskunft mager — sie ging kaum über die Notizen des Totenscheins hinaus, abgesehen vom Ort der Bestattung und von der Grabnummer. Ein koptischer Friedhof an der Straße nach Heliopolis. Das war merkwürdig. Immerhin würde sie unter Christen liegen und nach christlichem Ritus beerdigt worden sein.

Der Superus war auf diese Korrespondenz verfallen, weil Teo für jede Frage unzugänglich blieb. Beinah drei Jahre war er nicht im Haus gewesen; sie hatten ihn verwandelt, doch schien es, als ob sie aus seinem Gedächtnis gelöscht wären. Wenn der Vater nicht nachließ, wurde er bösartig: »Die Mutter hat dich gehaßt.«

Teo verweigerte dem Vater die Teilnahme, sogar das Mitwissen. Vor allem sollte er an der Mutter und der Erinnerung an sie nicht teilhaben. Es mochte auch Dinge geben, deren er sich ungern entsann. Der Superus vermutete, daß er Simmerlin nach Sibyllens Tode lästig geworden war. Auch war das Umgekehrte möglich — vielleicht hatte der Vikar ihm nicht mehr genügt.

Er war, wie er sagte, gekommen, um sein Mütterliches einzufordern — es war verbraucht, ja mehr als das, ganz abgesehen von den hundertunddreißig Talern der Kirchenkasse, die sie mitnahmen und die ich ersetzt habe. Das hätte, erführ es mein Bruder, für einen Haftbefehl genügt. Aber ich will ihm nicht das Bild der Mutter trüben, obwohl er es nicht verdient hat — ja ich es für möglich halte, daß er auch in dieser Hinsicht mit im Komplott gewesen ist. Doch die Quittungen habe ich ihm gezeigt. Abgesehen davon ist er noch nicht ganz volljährig. Vorläufig lebt er von mir und seiner Unverschämtheit — mein Marder, mein Absalom.

Auch den »Ägypter« nannte der Vater nun hin und wieder

den Sohn im Selbstgespräch. Wenn auch die Spur des Bildes noch nicht verblaßt war, das Rote Meer lag hinter ihm. In diesem Ausdruck deutete sich eine neue Entfernung an. Sie hatten jetzt also beide je zwei Übernamen für den anderen.

Erstaunlich war, daß der Sohn aus eigenem Antrieb das Gymnasium noch absolvieren wollte; dazu hatte es keiner Überredung bedurft. Er blieb noch ein Vierteljahr im Hause, um sich vorzubereiten; der Professor, bei dem er auch wohnen sollte, nahm sich mit Eifer seiner an.

Die Aufnahmeprüfung, die Blumauer verlangte, wußte Teo in eine Unterhaltung umzuwandeln; sie ging vonstatten, wie der Professor sagte: »als ob man so'n Butterbrot ißt«. Im humanistischen Fundament war Teo nicht zu schlagen; als ob er verpflichtet wäre, Brevier zu lesen, ließ er, seitdem damals der Vikar ins Haus gekommen war, das zweisprachige Testament nicht aus seiner Reichweite. Anscheinend hatte er diese Vorliebe während seiner Abwesenheit beibehalten; er wußte auf all und jedes ein Zitat. Profane und Heilsgeschichte fielen am Rande ab.

Er beschränkte sich auf solide Lektüre; das mußte der Alte zugeben. Geschichtswerke, Memoiren, Briefwechsel fand er auf seinem Tisch, kaum Belletristik — Shakespeare machte die Ausnahme. Tatsachen bis zu den großen Prozessen, aber keine Kriminalromane: »Die kann ich selbst aushecken«, hatte der Sohn einmal zu Simmerlin gesagt.

Mit Mathematik und dem wenigen, was in den Naturwissenschaften verlangt wurde, hatte er sich während der Wochen beschäftigt, die er nach der Rückkehr noch in Oldhorst zubrachte. Daß er sich im Orient ein flüssiges Englisch angeeignet hatte, kam nebenbei an den Tag. Er rasierte sich jetzt, und der Superus hörte ihn oben Lieder singen, die ihm wenig behagten:

> There was a young lady of Tottenham,
> Her manners she'd wholly forgotten 'em:
> While at tea at the vicar's
> She took off her knickers — — —

Auch französisch mußten sie dort gesprochen haben; offenbar hatte die angelsächsische Verkommenheit nicht genügt. Die Stimme war gut, der Text unsauber. Das witterte der Alte, obwohl er ihn nicht verstand.

> Je ne suis pas curieux,
> Mais je voudrais savoir,
> Pourquoi les femmes blondes
> Ont des petits chats noirs.

Jedenfalls war keine Lücke in dem, was verlangt wurde. Und dabei blieb unklar, was er noch hinter dem Berge hielt. Obwohl er gerade bei den letzten Jahrgängen durch das Auftreten frühreifer Intelligenzen überrascht worden war, schien dem Direktor, als ob ein fremder Vogel sich hierher verirrt hätte.

»Er will natürlich Theologie studieren«, sagte er zu dem Ordinarius. »Kein Wunder bei der Familie. Sie sitzen seit der Stiftsfehde hier in den Pfarrhäusern. Der Vater, eine anima candida, hat die falsche Wahl getroffen, doch der Sohn schlägt nach ihm. Das hat man deutlich gespürt.«

Die gute Meinung des Direktors vertiefte sich noch durch die Gewissenszweifel, die Teo ihm zuweilen privatim unterbreitete. Zu »old man«, einem uralten Theologen, der immer noch amtierte, kam er mit ähnlichen Anliegen, doch faßte er sie in eine simplere Version.

Professor Quarischs Urteil über den Neffen unterschied sich von dem seines Bruders wie Tag und Nacht. Der Superus hatte ihn freilich nicht in die Mysterien eingeweiht. Daß er sich dem Sohne gegenüber schuldig fühlte, kam hinzu.

»Teo ist eine Kanone — darüber ist sich das Kollegium einig, Blumauer voran. Ich habe immer schon gesagt, daß du ihn falsch behandelt hast.« So der Professor in einem Brief an seinen Bruder, nachdem der Neffe bei ihm eingezogen war.

»Ein Rennpferd, dem der Große Preis winkt, läßt sich

nicht einspannen wie ein Karrengaul. Das will auch Haber, nicht nur ausgedroschenes Stroh. Mein Bruder Wilhelm ist ein herzensguter Mensch, aber als Pädagoge eine Null.

Sibylles Verhalten war mehr als sträflich; wohin es führen mußte, hat man gesehen. Wenn solche Weiber Unfug stiften wollen, gehören sie wie aus heiterem Himmel quer übers Bett gelegt. Der Gute hat statt dessen im Studierzimmer geflennt.«

Der Professor stand mit seinem Neffen glänzend; er ließ sich »Ohm Freddy« nennen und verkehrte auf gleichem Fuß mit ihm. Er rauchte und trank mit ihm, wenngleich in Maßen, nannte ihn bei guter Laune seinen »Orientkunden«, konnte aber auch aus ihm nicht viel mehr als der Vater über die Eskapade herausholen.

In der Pension war Teo nicht nur den Jahren, sondern auch dem Range nach »Ältester«. Er vertrat den Professor während der Arbeitsstunde und übte einen legeren Pennalismus aus.

In einem waren sich die Brüder einig: mit Geld sollte man den Jungen knapp halten. Der Professor verfuhr mit seinen Pensionären in dieser Hinsicht spartanisch — er hatte auf Erfahrung beruhende Gründe dafür.

Bis sechzehn treiben sie mit dem Geld Allotria; das ist unwichtig. Wenn aber der Bart keimt, wollen sie wissen, wie die Weiber gewachsen sind. Sie werden unruhig, und wenn sie zehn Mark in der Tasche haben, lassen sie sich in die Kante mitnehmen. Dort hängen die böhmischen Huren die Brüste zum Fenster hinaus. Wenn Blumauer dahinterkommt, ja wenn einer sie dort nur sieht, werden sie unweigerlich geschaßt. Man soll ihnen nicht noch das Geld dazu auf die Hand geben.

Über die Onanie dachte der Professor anders; er nahm sie nicht tragisch wie sein Bruder, der davor, wie er meinte, eine lächerliche Angst hatte. Man sollte hier überhaupt nicht zu sehr ins Detail gehen, sonst müßte man noch Fenster in die Lokusse einsetzen.

Falls Teo mehr als ein bescheidenes Taschengeld brauchte, sollte er Nachhilfestunden geben; das war in doppelter Hinsicht nützlich und gut.

Nach dem Maturum sollte der Alte mit dem Wechsel nicht knausern; da mußte man die Zügel loslassen. Besser als zu den Theologen würde Teo zu den Juristen gehen und in ein Corps eintreten. Die Burschen zapften sich hin und wieder ein Quart Blut ab; das war zwar Unfug, aber auch ein Ventil.

Es waren verschiedene und fast konträre Gründe, aus denen die Brüder sich darauf geeinigt hatten, daß Clamor mit Teo die Kammer teilen solle — ähnlich verhielt es sich mit dem Geld. Der Superus fürchtete gerade, daß Teo nach Maßgabe der Mittel Allotria treiben würde; er kannte die Lust des Sohnes an gefährlichen Spielzeugen.

Das ist ein infantiler Zug, der sich trotz der rasanten Intelligenz in ihm erhalten, ja noch gesteigert hat. Immer schon hat er mit Teschings, Gewehren, Revolvern, Pistolen, Terzerolen, Schießpulver hantiert — es bleibt ein Rätsel, wie er das aufzutreiben weiß. Alte Waffen, wie sie hier auf den Böden verrosten, hat er wie ein Uhrmacher auseinander genommen, geölt und wieder schußfertig gemacht. Einmal roch es oben so stark nach Bittermandel, daß die Fliegen tot von der Decke fielen; er hatte mit Cyansalzen hantiert. Wie kam er an die Dynamitstangen? Vermutlich aus dem aufgelassenen Schacht. Ihn treibt ein Hang zu Dingen, die verletzend, gefährlich, tödlich sind. Wenn irgendwo in der Heide ein Hof brennt, selbst wenn man nur den Schein am Horizont sieht, eilt er, um sich am Glanz der Flammen zu erfreuen.

Das ist nicht zu verwechseln mit der gesunden Lust, die junge Leute an den Waffen und der Gefahr haben. Ich kenne meinen Marder — es sind halb anarchische, halb neronische Anlagen. Was sich in mir an Ohnmacht und Tyrannis völlig bindet, schon in den Träumen gegenseitig aufhebt, hat sich in ihm entwickelt und befreit. Ich sehe hier schärfer als mein Bruder und bin auf böse Überraschungen gefaßt.

Vielleicht sehe ich zu schwarz, wenn ich bei jeder Unordnung hier im Sprengel sogleich an Teo denke — das will ich einräumen. Schon vor der Eskapade waren Dinge drunter, die seine Handschrift trugen — vor allem der Tod des Malerlehrlings, der, wie es heißt, bei der Rattenjagd verunglückte. Man fand ihn mit durchschnittener Schlagader. Es soll der Splitter einer mit Karbid gefüllten Flasche gewesen sein. Dieser Lehrling gehörte zu Teos Klüngel, wie Buz und die anderen. Und war es ein Zufall, daß bald nach seiner Rückkehr der Bulle eines Morgens tot auf der Wiese lag? Und die Scheune am Ausgang von Egestorf? Jedenfalls kam der Gendarm viel häufiger als sonst.

Mein Marder macht sich dabei die Hand nicht schmutzig; solche Wesen sind glatt und schlüpfen durch die Maschen, in denen die anderen Haut und Haar lassen.

DIE DRITTE NACHTSTUNDE

Mitternacht war längst vorüber; der Superus führte sich noch eine Zigarre zu Gemüt. Er bezog sie in Riesenkisten, deren Inhalt er mit dem Bruder teilte, aus Bünde in Westfalen, direkt von der Fabrik.

Die Adoption ist eine gute Sache; darin muß ich den Römern recht geben. Sie ist, im Gegensatz zu der des Blutes, geistige Vaterschaft. Dabei gibts weniger Fehlschläge. Mit der Zeugung ziehe ich ein Lotterielos, und oft genug eine Niete; bei der Adoption eines Jünglings kann ich den Gewinn wenigstens annähernd abschätzen. Wozu auf dem Vorurteil des Blutes beharren?

Könnte ich wählen, so würde ich Clamor adoptieren, als Sohn nach meinem Herzen, meinen Benjamin. Die Gegenwart des Jungen, sein offenes Vertrauen, seine Gläubigkeit — das hat mich immer beruhigt, mir wohlgetan. Da ist noch ein Rest aus alten Zeiten, unangegangen, ungespalten, fromm. Wäre ich Krieger, so würde ich ihn zu meiner Linken halten; er würde mich abschirmen. Bei Teo hätte ich das Gefühl, daß ich ihm meine Flanke darböte.

Andererseits: wäre Clamor nun mein Legitimer — würde ich nicht das geistige Element vermissen, das ich nicht entbehren kann? Vielleicht ergäbe sich dann das Paradoxon, daß ich Teo adoptierte, meinen Marder, der mir am Herzen nagt.

Ja, immer wieder bestätigt sich der Verdacht, daß ich allein an der Verstrickung Schuld trage. Diese Verstrickung ist unauflösbar, weil sie von Anfang an in mich gewebt ist wie ein Gewirr von Fangschnüren. Das liegt schon in der ersten Keimung — nicht in der Stunde der Geburt, sondern der Beiwohnung. Nach ihr stellt sich das Horoskop.

Vielleicht war schon mein Vater lustlos bei der Sache wie der alte Shandy; er hat mir die Pflichten und Lasten, nicht aber die Lust vererbt. Den Bruder muß er zu günstigerer Stunde gezeugt haben — schon eine winzige Drehung des Schicksalsrades reicht dazu aus. Wäre ich wie der, so würde ich keine fremde Sibylle, sondern eine Friederike oder Wilhelmine aus der Nachbarschaft gewählt haben.

Aber was hilft es — ich bin allein mit jenem, den sie mir aufhalsten. Warum beriefen sie, um mich mit ihren Schwächen zu bekleiden, mich aus dem Namenlosen in die Zeit? Mich, der ich nach ihnen sein werde, wie ich vor ihnen gewesen bin. Nun muß ich ihn tragen, unentrinnbar, denn ich bin konform, doch nicht identisch mit ihm. Könnte mir sonst der Gedanke an Flucht kommen?

Ich bin konform, doch nicht identisch mit ihm, den sie mir aufbürdeten. Eine meiner zeitlichen Möglichkeiten deutet sich in ihm an — eine Niete, vielleicht komme ich auch mit dem Einsatz heraus.

Dort unten, wo ich allein bin, sind Teo und Clamor mir ähnlich, wie Simmerlin auch und Sibylle — da beginnt es schon zu verschmelzen, doch noch ein Stockwerk tiefer, und sie werden identisch mit mir. Wie soll ich da urteilen?

Es kam die Stunde der ungehaltenen Predigten. Sie wurden konzipiert, ohne je formuliert zu werden, wie flüchtige Pläne eines Architekten, dem der Bauherr fehlt. Waren die Texte zu schwierig für die Bauern von Oldhorst? Das war keine Ausrede. Der Superus wußte wohl, daß in der Predigt das Gewicht des Wortes zählte, und nicht sein Geist. Sonst würde man mit Philosophen auskommen.

Er wußte auch, wie ein solcher Text aufzubauen wäre — aber er wußte es nur. Ein Wort wie »allein«, das ihn von jeher mit Furcht und Zittern erfüllt hatte, war nicht verständlich zu machen, nicht zu zerfasern, sondern in seiner vollen Schwere zu überantworten. Dazu müßte man des Wortes mächtig sein. Macht spürte er nur im Wortlosen. Dann kam der Abgrund, über den keine Brücke zu den andern führte, zur Gemeinde, die Zuspruch von ihm erwartete.

»Allein« — das könnte das Leitwort für eine Abschiedspredigt sein. Und an welche Stelle der Schrift sollte es anknüpfen? Adam im Garten Eden: »Es ist nicht gut, daß der Mensch allein sei«? Moses auf dem Sinai? Am besten wohl: Gethsemane.

Des Menschen Sohn ringt mit dem Tode, während die anderen schlafen: er ist allein. Seltsam, daß Johannes als einziger der Evangelisten diesen Tiefschlaf nicht erwähnt. Verschweigt er ihn gar? Er war der Nächste — doch auch der Nächste bleibt fern.

Daß der Mensch allein ist, kann keiner ihm abnehmen. Er kann sich mit Millionen zusammenscharen, er kann sie als Despot um sich versammeln — er bleibt allein. Nur dieses Alleinsein hat er mit allen gemeinsam, wie auch sein Los ihn unterscheide — im letzten bleibt er allein wie ein Stern in der Nacht, wie eine Insel im Meer. In der Losnacht sind alle allein, auch jene, die, wie es bei Lukas heißt, »vor Traurigkeit schlafen« — — — selbst Petrus, Jakobus und Johannes als die Innersten im Kreise, auch Judas, »der Zwölf einer«, der mit den Häschern naht. Der Kelch muß von jedem bis zur Neige geleert, er kann nicht getauscht, nicht geteilt werden. Und trotzdem: »Ich nehme es auf mich« — — — das bleibt die Idee.

Bis dahin könnte ich es ausführen. Dann müßte ich ein Licht aufstecken, die Schatten aufhellen. Ich höbe sanft die Binde von den Augen; die Farben könnten langsam einsickern und zum Jubilate heranführen.

Statt dessen die alten Kamellen — es ist merkwürdig, daß sie noch als bare Münze gelten, wenigstens hier auf dem Land. Das muß die Angst machen. Sie sitzen am Bett und sehen, wie der Sterbende sich entfernt. Da hilft kein Anruf mehr. Und all diese Geschwülste, Geschwüre, die im Fleisch aufblühen. Erst hat das Tier nur leise angekratzt, man konnte sich auch getäuscht haben. Dann wird es stechend, bohrend, fressend — es ist kein Zweifel mehr. Das läßt sich nicht mitteilen.

Ohne die Lieder, deren Nummern der Küster in die schwarze Tafel einsetzt, wäre es kaum auszuhalten; das sind Reprisen, während deren man Atem schöpfen kann. Das Ständige, die Feste, das Wiederkehrende überhaupt.

Wie oben, so unten — wenn ich die Hand erhebe, so ist es, als ob ein Häftling den anderen durch das Gitter einen leeren Himmel wiese; wer soll den Ansager ernst nehmen, der fürchtet, daß sich der Vorhang hebt? Im besten Fall erscheint dahinter ein Gendarm, der sich im Zeughaus ausstaffierte und auf Kredit des alten Fürsten lebt. Das langt noch für die Vorortbahn nach Köpenick.

Ich bin ein schlechter Ansager, der weder die fremden noch die eigenen Erwartungen erfüllt. So ging es mir auch mit Sibylle (vergeblich suchte er dabei Blößen abzuweisen, die sich aufdrängten), und so geht es mir mit Teo — er hat mich erkannt.

Ich bin ein schlechter Ansager, gerade weil ich das Wort ernst nehme. Simmerlin hat diese Skrupel längst verloren, ja vielleicht nie empfunden; er ist ein guter Ansager. Er nimmt das Wort nicht ernst und fürchtet es nicht mehr. Daher kann er mit ihm spielen, zieht wie ein Zauberkünstler den Heiligen Geist aus dem Zylinder hervor. Ihn kümmert nicht, was sich im Wort verbirgt. Solche sind es, die jetzt gesucht werden.

Ich weiß, daß ich falsche Münze ausgebe. Doch ich tue es mit schlechtem Gewissen — wie wird die Abrechnung sein? Daß ich es weiß, mag meine Schuld erschweren, daß ich darunter leide, für mich zu Buch schlagen.

ZWEITER TEIL

DIE PENSION

DIE EINRICHTUNG

Der Professor hatte ihn an der Bahn erwartet, die Professorin ihm das Haus gezeigt. Clamor durfte sie Onkel Friedrich und Tante Mally nennen; sie kannten ihn von ihren Besuchen im Pfarrhaus von Oldhorst.

Die Hausfrau hatte ihm Bügel gegeben, damit er seine Kleider in einen großen Schrank hänge. Er besaß drei Anzüge, davon einen für sonntags, und einen Mantel — alles aus der Werkstatt von Zieseniß, der Schneider in Oldhorst war. Hier bekam er noch eine Mütze; die Farbe für die Quarta war gelb. Der Superus hatte der Schwägerin die Kopfweite mitgeteilt. Außerdem standen für den Neuen ein Paar Gummischuhe, ein dunkler Umhang und ein Regenschirm bereit. Der Umhang war schon getragen; er reichte fast bis zu den Knöcheln und war ärmellos. Er hatte zwei Schlitze zum Durchgreifen.

Nässe und Zugluft fernzuhalten, war eine Hauptsorge der Professorin; darauf bezogen sich bereits die ersten Anweisungen. Die feuchten Mäntel, Schirme und Überschuhe mußten im Flur bleiben; Türen und Fenster durften nicht gleichzeitig offen stehen. Sie waren kalfatert, und vor den Schlüssellöchern hingen kleine Kappen, die sie dicht hielten.

Clamor merkte schon bei dieser Unterweisung, daß sie hier anders sprachen als im Dorf. Die Gummischuhe hießen Galoschen, der Umhang war das Cape, der Schirm hieß Parapluie. Auch hatte er den Eindruck, daß die Leute, wenn sie sprachen, den Mund spitzten.

Der Kleiderschrank war riesig; er füllte eine Nische und war wohl vor langer Zeit nach ihren Maßen gebaut worden. Obwohl viel Zeug in ihm hing, paßten Clamors Sachen bequem hinein. Er wurde von Fächern für die Wäsche flankiert. Auf seinem Boden reihten sich die Schuhe und Stiefel und auf einem oberen Brett die Mützen und Hüte — sogar ein Helm und ein Zylinder waren dabei. Ein Duft von Lavendel entquoll ihm, als Tante Mally ihn öffnete.

Daß der Schrank Hintergründe hatte, erfuhr Clamor erst, nachdem er hier heimisch geworden war. Der Raum war im dritten Stock gelegen; darüber kam noch ein Dachgeschoß. Er hieß »das Alkovenzimmer«, denn außer der Schranknische gab es noch zwei andere — ein Doppelbett stand in der größeren, ein einfaches Feldbett in der kleineren. Zum Mobiliar gehörten ferner ein Tisch, drei Stühle, eine Lampe, ein Blechgestell für eine Waschgarnitur: Wasserkanne, Becken, Seifenschale, Handtücher und ein Eimer, in den die Pensionäre das Becken ausgossen und ihr Wasser abschlugen. Er wurde täglich von Fiekchen geleert, wenn sie die Betten gemacht hatte. In aller Frühe oder noch spät am Abend putzte sie die Stiefel, die unten in ein Bört gestellt wurden, nachdem sie mit den Hausschuhen vertauscht waren.

Das Becken wurde nur tagsüber benutzt. Am Morgen wuschen sich die Pensionäre unter Teos Aufsicht Hände, Gesicht und Oberkörper über einem langen Ausguß im Parterre. Die Engländer hatten diese Vorliebe für kaltes Wasser mitgebracht. Einer der Jungen bewegte dabei den Pumpenschwengel, der mit einer eisernen Kugel beschwert war, auf und ab. Das galt als Strafarbeit.

Die Hausfrau dachte schon seit Jahren daran, auch hier fließendes Wasser zu installieren, wie es im Bad schon geschehen war. Der Professor zögerte damit — nicht nur aus Sparsamkeit. Veränderungen waren ihm überhaupt zuwider; sie störten ihn in seiner Behaglichkeit. Die von den Eltern und Großeltern ererbten Möbel, die vergilbten Tapeten, die ausgetretenen Dielen und Treppenstufen waren ihm gerade recht.

Am langen Tisch, der nachmittags für die Arbeitsstunden geräumt wurde, hatten im Lauf der Jahre schon Hunderte von Schülern gegessen und gelernt. Alle waren satt geworden, fast alle hatten die Examina bestanden und wirkten jetzt als Pfarrer, als Richter, als Ärzte und Lehrer in der Provinz. Der Professor hatte die nicht sehr klare Vorstellung, daß ein solcher Tisch sich mit der Zeit weniger abnutze als gewinne, als ob sein Holz und seine Fasern etwas einsögen von der Fülle der Gerichte, die auf ihm gestanden hatten, und vom Geist der Bücher, die auf ihm gewälzt waren.

Warum galten gerade alte Dinge als so kostbar? — vor allem doch wegen des zähen Widerstandes, mit dem sie über die Zeit triumphiert hatten, weniger durch Handeln als durch Nichthandeln. Warum feierte man Dienst- und Priesterjubiläen, silberne und goldene Hochzeiten? Oft genug durfte man dabei nicht hinter die Kulissen blicken, sowohl was den Amtsfleiß als was das Hauskreuz betraf. Doch eine Bürde still und geduldig durch die Zeit zu tragen — das war nicht nur an sich verdienstlich; es bestätigte den Frieden der Welt.

Den Professor störte es auch wenig, daß ein Flügel des großen Hauses fast unbenutzt stand. Mehr Raum zu haben, als man brauchte, war jedenfalls besser als das Gegenteil. Gewiß hätte er noch eine Privatschule einrichten oder die Zahl der Pensionäre verdoppeln können — doch wozu? Bei einem Dutzend konnte man noch jeden mit Namen und Vornamen rufen, man kannte seine Schwächen und Vorzüge. Würden es dreißig, so mußte man eine Köchin und einen Gehilfen engagieren, und wie leicht kam ein Päderast oder ein Aufwiegler wie dieser Simmerlin ins Haus. Dann wurde es auch absurd, »Onkel« genannt zu werden — aber in einer guten Pension soll es zugehen wie in einer Familie. Beschränkung gehört dazu. Man sollte sich auf Kalkulationen nicht einlassen. Schließlich konnte man auch nicht mehr als sich satt essen.

Was die Pumpe betraf, so würde er wohl nachgeben. Aber nun kam Mally mit dem elektrischen Licht. Wenn beim Kränzchen die Lampen hereingetragen wurden, geriet sie schier in Verlegenheit. So aber — man knipste einfach an, es war ein Wunderwerk. Abend für Abend konnte man es drüben bei den neuen Häusern sehen. Sogar die Schwestern von Wilhelm Raabe hatten es gelobt.

Der Hausvater war anderer Meinung; er hatte seine Gründe dafür. Ihn erfreute der Anblick der Lampen, die nebeneinander auf dem Bört des Dienstes harrten, die gläsernen Bäuche frisch mit Steinöl gefüllt. Sie gaben ein ruhiges, persönliches Licht. Freilich wollten sie gepflegt werden, doch darüber hatte sich bis dato noch niemand beklagt. Wenn der Docht zu hoch brannte, konnten sie rußen oder es konnte der Zylinder springen — das war immerhin noch besser als die Abhängigkeit von anonymen Maschinisten; es war auch billiger. Der Professor fühlte einen instinktiven Widerwillen gegen jede Leitung, gleichviel ob sie Wasser, Gas oder Strom brachte. Das Haus mit seinen festen Mauern wurde angezapft. Es wurde unheimlich.

»Die Pumpe hat auch eine Leitung«, wandte die Professorin ein.

»Ja, aber nach unten, zum Grundwasser, zum Wasser, das aus Ungers Garten kommt, Wasser aus erster Hand. Siehst du nicht ein, daß das in einem Stadthaus eine große Sache, ja fast ein Wunder ist? Ich will nicht kanalisiert werden. Wer weiß, wohin das noch führen soll.«

»Gewiß — aber der Grundwasserspiegel sinkt. Da hilft alles Pumpen nicht mehr.«

Dagegen ließ sich schwer etwas einwenden. Seitdem die Spinner gekommen waren, wurde das Wasser knapper; sie zapften es für ihre Maschinen ab. Der Professor sah diese Nachbarschaft ungern; ein fremdes Getriebe breitete sich aus. Aber es war auch nicht wegzudenken; die Armee brauchte nicht nur alle zwanzig Jahre neue Gewehre, sondern sogar ein neues Modell. Wenn man innen nicht Schritt hielt, wurde man von außen überspielt. Man konnte nicht zum Spinnrad zurück. Das hing alles zusammen durch ein System von Kanälen, die das Leben zugleich verbilligten und verteuerten. Ein Paradoxon: Das Wasser wurde knapper, und es stieg bis zum Hals.

Der Professor war ein Mann der vertikalen Gliederung. Grundsätze vertrat er weniger logisch als bestimmt:

»Mally — es gibt auch Männer, die alle zehn Jahr ein neues Weib nehmen. Das liegt dichter beisammen, als du ahnst.«

Mit solchen Wendungen bog er die Modernisierungsgespräche ab.

BEI BIER UND WURST

Clamor war noch beschäftigt, sich einzurichten, als es zum Essen läutete. Im unteren Flur hing eine kleine, aus Messing gegossene Schiffsglocke; einer der Engländer hatte sie dem Professor geschenkt. Clamor kannte das Zeichen noch nicht. Buz mußte ihn holen; er war unwillig.

Unten hatten sie gewartet; sie setzten sich nach kurzem Gebet um den Tisch. Der Professor musterte wohlgefällig seine Hausgetreuen; er strich sich mit der Linken den langen Bart. Das war eine Bewegung, die er oft wiederholte und die Clamor gefiel. Der mächtige Mann hatte dabei eine Miene, als ob er etwas Sanftes wohlgefällig streichelte. Wenn er getrunken hatte, wischte er mit beiden Händen über Lippen und Kinn. Er und Teo tranken Bier, das in einem Krug aus der Grenadierkantine geholt wurde. Das war ein Amt, zu dem Buz sich drängte, wie überhaupt zu allem, was nach Soldaten und Pferden roch. Schon in Oldhorst hatte er sich in den Ställen am wohlsten gefühlt. Besonders gefiel es ihm draußen bei den Husaren; er hatte sich dort zum Faktotum entwickelt und war auch den Offizieren bekannt. Sie ließen ihn gern einmal aufsitzen.

Die Professorin saß neben dem Gatten; sie konnte die Küche beobachten, wenn sich die Tür öffnete. Meist wurden die Gerichte durch ein Schiebefenster gereicht, das in die Mauer gebrochen war. Von dort servierte Fiekchen die Schüsseln und Platten der Hausfrau, die sie, nachdem sie dem Professor vorgelegt hatte, kreisen ließ.

Die zweite Zureichung begann bei Teo, der dem Professor gegenüber an der unteren Seite auf die Tischzucht achtete: »Man führt die Gabel zum Munde, und nicht umgekehrt!« Oder: »Buz — daß du die Kartoffeln nicht schneiden sollst, habe ich dir schon hundert Mal gesagt.«

Clamor war nicht gewohnt, mit der Gabel zu essen, auch Tischtuch und Servietten waren ihm fremd. In Oldhorst aß man mit dem Löffel, was aus dem Kump in den Teller geschöpft wurde. Rauchfleisch, Schinken und Wurst wurden mit dem Messer vom Stück geschnitten, und ebenso hielt es der Vater mit dem Brot, dessen große Laibe er an die Brust hielt und das er in Scheiben austeilte. Die Tischplatte war aus weißem Lindenholz, das täglich geschrubbt wurde. An den Sonntagen legte die Magd ein buntes Tuch auf, und zu den Festen wurde weiß gedeckt.

An der neuen Art zu essen, zu sprechen, sich zu bewegen, war weniger schmerzlich, daß sie schwer einging, als daß das Alte nun nichts mehr gelten sollte, ja verlacht wurde. Man wurde ins Wasser geworfen, und nun hieß es: schwimm! Wenn man dann zappelte und nach Luft rang, lachten sie.

Wie war er hierher gekommen — was hatte er hier zu tun? Sie saßen am Tisch wie feingekleidete Puppen, vor allem Paulchen Maibohm und William, der Engländer. Paulchen trug einen gestreiften Matrosenanzug mit breitem Schlips und einem Kragen, der auf die Schultern fiel, und William ein blaues Jackett, das wie für einen Erwachsenen geschnitten war. Mit dem weißen Tuch in der Brusttasche, dem sorgfältig gezogenen Scheitel, der sicheren Miene sah er wie das Modell eines künftigen Diplomaten aus. Er brauchte eigentlich nur noch hinein zu wachsen in die Rolle, die ihm auf den Leib geschnitten war. Zuweilen wechselte er mit Teo Reden, die Clamor nicht verstand.

Unten am Tisch saß noch ein zweiter Ausländer, ein kleiner, quecksilbriger Junge aus Malaga, dessen Augen unaufhörlich hin und her glitten. Die anderen nannten ihn »Makako« — er schien sich in der Rolle des Spaßmachers zu gefallen, doch auf andere Art als Buz. Sein Vater war Exporteur von Früchten und Südweinen; er kam einmal im Jahr vorbei, wenn er in Bremen zu tun hatte.

Engländer hatte der Professor von Anfang an im Haus gehabt. Es hieß, daß man in der Stadt ein besonders reines Deutsch lerne. Auch gab es noch die alten Bindungen aus der Zeit der Personalunion. Die Pensionäre hatten sich hier wohl gefühlt. Ein Bruder oder Vetter zog dann die anderen nach. So saßen immer einer oder zwei von ihnen mit am Tisch. Sie dachten gern an diese Jahre; Weihnachten kam ein Stoß von Glückwünschen.

Heut abend gab es warmes Essen; das war eine Ausnahme. Sie war dem Oldhorster Schlachtpaket zu verdanken, wie der Professor verkündete. Er ließ dabei ein Lob für Clamor einfließen.

Frau Mally hatte für die klassische Schlachtschüssel gesorgt: auf jeden Teller kamen eine schwarze und eine helle Wurst, ein Stück Wellfleisch dazu. In großen Näpfen wurden »Lehm und Stroh« herumgereicht: Erbsbrei und Sauerkraut. Heut bekam jeder, »der Bekömmlichkeit wegen«, ein Krüglein Bier. Der Professor und Teo nahmen einen Klaren vorweg.

Das Mädchen hatte das Wachstuch aufgelegt, denn die Würste spritzten, wenn man sie mit der Gabel aufspießte. Das gab zu allerhand Späßen Veranlassung. Der Professor meinte, nur die Metzelsuppe fehle noch zu einem richtigen Schlachtfest. Er gab sich Erinnerungen hin. Ja, wo die Niedersachsen auf ihren Höfen bei Wurst und Bier beisammen saßen, da waren sie zufrieden, dann brauchten sie nichts mehr — besonders im Herbst, wenn sich das Laub der Eichen goldbraun färbte und die Früchte auf den Hof fielen. Die Nächte wurden kühl, die Ernte war eingebracht.

> Nun zahlen mit Fleisch und Gebeine
> Die sorglosen, fräßigen Schweine
> Für Pflege, für Stallung und Kost.

> Nun füllt man den Schornstein mit Würsten,
> Mit Schinken, dem Essen der Fürsten,
> Mit Specke, der Hauswirte Trost.

Das war schon vor Tacitus so gewesen, längst bevor die Römer im Teutoburger Wald ihre Schläge gekriegt hatten, und es würde noch lange so sein. Der Professor verfügte wie die meisten seines Alters über einen unerschöpflichen Vorrat an Zitaten — das schloß allerdings Wiederholungen nicht aus. Auch dieses hatten sie schon oft gehört:

> So lange noch die Eichen wachsen
> In alter Kraft um Hof und Haus,
> So lange stirbt in Niedersachsen
> Die alte Stammesart nicht aus.

Er lobte die Wurst und hatte auch für Ort und Herkunft etwas Besonderes parat:

> Bruneswig, du schöne Stadt,
> Vor veel dusend Städten,
> Die so gute Mumme hat,
> Wo eck Wost kann freten.

»Du bringst den Kindern ja nette Sachen bei«, monierte die Professorin.
»Laß gut sein, Mally — die könnten eher uns was beibringen.«
Als ob er auf das Stichwort gewartet hätte, hob Teo den Krug und rezitierte:

> Zu unserm Hochzeitfeste
> Blutwurst und Branntewein.
> Dann kommst du mir ins Neste,
> Du süßes Vögelein.

Ehe der Professor die Grenzüberschreitung noch rügen konnte, war Buz aufgestanden und brachte vor, was die Husaren sangen, wenn sie auf ihren Stuben die Ausgehuniform anzogen:

> So leben wir, so leben wir,
> So leben wir alle Tage:
> Des Morgens bei dem Branntewein,
> Des Mittags bei dem Bier,
> Am Abend bei den Mädchen
> Im Nachtquartier.

Dem folgte das Lied vom Bullen, das sie in Oldhorst nie ausließen, wenn sie getrunken hatten:

> Wir wollen, wir wollen
> Dem Bollen, dem Bollen
> Den Büdel afsnien
> Den Büdel afsnien,

doch Teo unterbrach ihn, bevor es zur Pointe kam.

Auch William wollte nicht beiseite stehen. Er hob sein Krüglein vor die Brust und brachte, ohne eine Miene zu verziehen, den Trinkspruch aus, den er einmal von seinem Vater gehört hatte, als die Tür offen stand. Der Beifall, der dem gefolgt war, wies auf etwas Gutes hin:

»The center of attraction.«

Dann setzte er sich wieder, als ob er einer Konvention genügt hätte. Buz, der kein Wort Englisch verstand, doch Unziemliches instinktiv witterte, quittierte es mit seinem »Au Backe, au verflucht!«

Der Professor strich sich den Bart und machte muntere Augen, als ob er Angenehmes gehört hätte:

»Nicht übel — dabei kann sich jeder vorstellen, was er am liebsten hat.« Er spießte eine stramme Leberwurst aus dem Kessel und schwenkte sie auf den Teller der Hausfrau, fand aber wenig Gnade bei ihr.

»Die Sache artet aus, wie immer, wenn du den Kindern Bier gibst — und gehst noch mit schlechtem Beispiel voran. Je öller, je döller — das ist keine Art.«

Die Professorin hatte einen unfehlbaren Blick in allem, was den Haushalt und seine Ökonomie betraf. Sie hielt ihn staubfrei bis unter die Teppiche. Für Anspielungen unter der Gürtelzone hatte sie, im Gegensatz zu Buz, kein Organ — das war Rotwelsch für sie. Ihr mangelte die Assoziationskraft, die in dieser Richtung selbst Idioten scharfsinnig macht. Verstöße gegen den Hausgeist kamen ihr nur indirekt zur Kenntnis, und zwar an der Art, wie der Professor sich den Bart strich und mit den Augen zwinkerte. Daß es unwillkürlich geschah, war desto schlimmer; sie sagte dann:

»Wilhelm — du machst wieder dein Schokoladengesicht.«

Und sie fügte hinzu: »Ihr solltet lieber ein Lied singen.« Der Professor ließ sich das nicht zweimal sagen; er war bei den Sängern aktiv gewesen und verfügte über einen Bariton, mit dem er auch bei der Oper sein Geld verdient hätte. Er stimmte das Lied vom Eichbaum an, das sie alle kannten und in das sie einfielen:

> Ek weet enen Eickboom, de steiht anne See,
> De Nordsturm, de brust dör sin Knäst,
> Stolz reckt he de mächtige Kron in de Höh:
> So is dat all dusend Jahr west.

Die Teller waren nun geleert. Nur Paulchen Maibohm hatte sich nach Feinschmeckersitte zum Abschluß einen Leckerbissen aufgespart: ein Stück Wellfleisch, das er mit einem Schopf Sauerkraut garniert hatte. Das war seine Gewohnheit; er war ein Leckerzahn.

Makakos unstete Augen hatten sich fixiert. Auch seine Aufmerksamkeit war auf den Bissen gerichtet, den der Junge im Matrosenanzug liebevoll betrachtete. Doch im Augenblick, in dem der sich anschickte, ihn zu genießen, hatte sich der Spanier lautlos erhoben und fuhr wie ein Geier mit der Gabel auf ihn hinab. Im Nu hatte er die Beute verschlungen, während der Beraubte ihn wortlos anstarrte. Ein großes Gelächter folgte; man hatte das Drama erwartet — es wiederholte sich in seinem Wechselspiel von Einfalt und Unverschämtheit, es zählte zum Bestand.

»Du solltest das verbieten, Friedrich — sieh dir doch das unglückliche Gesicht des Jungen an. Ich glaube gar, du amüsierst dich noch dabei.«

Der Professor dachte darüber anders — etwas Abhärtung konnte dem verzärtelten Sprößling nur dienlich sein. Er hatte Weißbrotzähne — so nannte der Professor die ein wenig vorstehenden, zaghaften Gebisse von Nobiles, die schon als Kinder mit dem Besten verwöhnt werden. Die fordern zu Angriffen heraus.

Die Eltern hatten ihren Einzigen ungern zurückgelassen; doch es konnte nicht schaden, wenn er hier mit den Flegeln in Berührung kam. Er mußte Hornhaut ansetzen.

Professor Quarisch fühlte sich wohl in seinem Hause, in dem es Räume gab, die er bewohnte, und andere, die er selten betrat. So hielt er es auch politisch; er wußte Konträres zu vereinigen. Auch als Erzieher hatte er teils liberale, teils konservative Grundsätze.

Vor allem sollte nicht zuviel getan werden — das war wie beim Heckenschnitt. Gleichmaß sollte nicht auf Kosten der Kraft erzielt werden. »Wer bis zum Grunde heilen will, der heilt zu Tod.« So sagten die alten Ärzte, und für die Pädagogen galt Ähnliches.

Der Professor war wie sein Bruder auf dem Dorf herangewachsen und wußte, was Deputatland ist. »Deputare« heißt abtrennen, abschneiden — und zwar vom Allgemeinen das Besondere. Etwas Eigenes mußte der Mann haben, das mußte ihm bleiben, sonst war kein Verlaß auf ihn. Sonst gehorchte er nur, wenn man ihn unter Augen hatte, und nicht, wenn er allein war, nicht in der Stunde der Gefahr.

So war es auch mit den Jungen: Man mußte ihnen Eigenes lassen, Eigenes gönnen — auch eigenen Willen, eigene Lust, dazu, wenngleich bescheiden, ihr Taschengeld. Freie Zeit, nicht zu viel, doch auch nicht zu wenig, und was sie da trieben, sollte nicht zu scharf kontrolliert werden. Da blieben sie am besten für sich und unter sich.

Der Professor dachte anders und, wie er meinte, gesünder

als sein Chef, Direktor Blumauer, der gleich mit dem »Ausroden« zur Hand war, wo er »geil wucherndes Unkraut« witterte. Allerdings hatte auch der seine Hintergründe, und zuweilen schien es dem Professor, als ob es ihm mehr auf das Exempel ankäme als auf den Betroffenen, an dem es statuiert wurde. So diente es zur Erbaulichkeit.

Aber was war denn ein Garten ohne Unkraut, ohne ein Gebüsch, das angrenzte und in dem auch die Vögel sich wohl fühlten? Selbst in den Erbsenbeeten geschah manches, was den Gärtner nichts anging, ihn nicht betraf. Was hatte denn schließlich der Sekundaner verbrochen, der neulich in der Aula zum Schwarzen Schaf gemacht wurde? Er hatte in der Laube ein wenig die Tanzstunde verlängert, und ein Dummkopf, der dazugekommen war, hatte es an die große Glocke gehängt. Mir hätte das höchstens angenehme Erinnerungen geweckt.

Der horror in sexualibus überhaupt. Das sind Schlappschwänze wie mein Bruder Wilhelm, und da läufts denn nach allen Richtungen schief. Der Professor entsann sich eines Sängerbruders, den er während seiner activitas im Berliner Zug getroffen hatte und der ein Bild des Jammers bot. »Stell dir vor, ich komme aus der Provinz, um mir an einer von der Friedrichstraße was Gutes anzutun. Hatte mich lange drauf gespannt.«

»Ja, und nun?«

»Ausgerechnet heut nacht hab ich einen schwülen Traum gehabt, hatte mich schon zu sehr drauf gefreut. Nun ists erst mal wieder für vier Wochen aus.«

Solche Kerle waren das, die sich dann als Asketen aufspielten. Auch Wilhelm hatte dieses angestrengte, ein wenig wächserne Gesicht.

Ein Schuß von Päderastie gehörte zum Gymnasium, zum Eros des Lehrens und Lernens überhaupt. Seit hundert Jahren schwoll der Lehrstoff auf Kosten der Bildung, insbesondere der Humaniora, an. Alles verflachte — die Gesichter, die Ideen, die Tugend auch. In weiteren hundert Jahren würde die Welt von Paukern und Musterschülern bevölkert sein. Die Pumpe jedenfalls sollte so lange wie möglich im Haus bleiben. Auch hier konnte er nur verzögern, nicht aufhalten — schon weil das Grundwasser knapp wurde.

Während des ganzen Abends hatte Clamor mit seiner Angst zu schaffen, obwohl die anderen kaum auf ihn achteten — außer Buz, der ihm Grimassen schnitt. Er hatte nicht mitgelacht, nicht mitgesungen, und Makakos Zugriff hatte ihn um so mehr erschreckt, als er bis dahin das Benehmen des Beraubten kopiert hatte.

Auch ein großer Hund, der hereinkam und vorbeistrich, ängstigte ihn, obwohl er ihn seit langem kannte, denn er hatte dem Müller gehört. Er hieß Tyras wie fast alle Rüden in Oldhorst und wurde wieder hinausgejagt, weil er schändlich roch. »Es gibt Regen«, meinte der Professor, doch ließ er Tyras noch eines der Kunststücke zeigen, die er ihn gelehrt hatte. Er hielt ihm ein Stück Fleisch hin, indem er sagte: »Das kommt vom Fürsten Bismarck«, worauf sich dem Köter die Haare sträubten und er ein böses Knurren hören ließ. Der Professor wußte ihn zu besänftigen: »Es kommt von unserer guten Königin Marie«. Da wurde es freudig und im Nu verzehrt.

Clamor konnte nicht mitlachen, weil die Anspielungen ihm fremd waren. Die anderen trieben um ihn herum ihr Wesen; sie agierten in einem Schauspiel, dessen Sprache und Gestik er nicht verstand. Dabei erstaunte ihn ihre Sicherheit. Was er hier lernen sollte, das hatten sie mit der Muttermilch eingesogen, schon in der Kinderstube spielend erfaßt. Sie hatten eine andere Geschichte und Vorgeschichte, waren aus feinerem Stoff gewebt. Das war nicht aufzuholen, konnte nicht wettgemacht werden, wenn man nicht, wie Buz, den Clown spielte. Aber auch das konnte nicht gelernt werden. Ihm langte es höchstens zur komischen Figur.

Ohne die Oldhorster wäre es noch schlimmer gewesen; selbst Buzens Bosheit gab noch einen Anhalt; sie gehörte dem Dorf und der Erinnerung an. Onkel und Tante Quarisch nickten ihm hin und wieder aufmunternd zu. Auch Teo war freundlich; er saß als Regent am unteren Tischende. Wäre es möglich, daß er, Clamor, sich seine Gunst erwarb? Das war wohl zu kühn gedacht. Doch träumen durfte er von ihm.

Am vertrautesten war Fiekchen, die emsig Geschirr auf und ab trug; vor ihr hatte er am wenigsten Scheu. Sie war die Tochter vom Häusler Götting, der auch in der Mühle geschafft hatte und nun an Eblings Stelle getreten war. Seine Frau hatte zwei Söhne in die Ehe gebracht, und der dritte war im fünften Monat gekommen — auch bei ihm gab es noch Zweifel hinsichtlich der Vaterschaft. Wenn Mutter Götting den Jungen ansah, sagte sie: »Hinnerk — da bist du noch nich ganz bei.« Doch Fiekchen stand außer Frage, nun hieß es: »Hinnerk — da bist du bei.«

Heinrich Götting war ein strammer Arbeiter; das hatte die Tochter von ihm geerbt. Sie war ganz Muskel — »alles schieres Fleisch«. Der Vater sah sie mit Stolz in Haus und Garten — — — wer die mal kriegte, der hatte was Banniges bei der Arbeit und was Gutes im Bett. Aber auf den Kranz, da mußte man aufpassen.

Auch Frau Mally hatte bei ihren Oldhorster Besuchen das Mädchen mit steigendem Gefallen beobachtet. Gleich nach der Konfirmation hatte sie ihrem Glückwunsch den Taler, das übliche Handgeld, beigefügt. Es war eine gute Stelle; der Dienst war nicht so schwer wie die Arbeit auf dem Felde — man mußte freilich auch hier vom Morgen bis zum Abend auf den Beinen sein. Aber Fiekchen sprang die Treppen hinauf und herunter; sie konnte mit beiden Händen arbeiten, war auch guter Laune dabei.

Clamor wurde es leichter zumut, wenn er sie mit erhitztem Gesicht vom Herdfeuer kommen und mit den Schüsseln hantieren sah. Wenn sie ihm zureichte, sagte sie: »Clamor, nimm an!«, wie es in Oldhorst Sitte war. Sie sagte es halblaut; es war nur für ihn gemeint.

Das Essen hatte länger gedauert als gewöhnlich; es hatte sich sogar die bescheidene Andeutung eines Kommerses entwickelt, und der Professor hätte darüber fast seinen Kegelabend versäumt. Im Lauf der Jahre hatte er es in diesem Spiel zur Meisterschaft gebracht; er trug den Goldenen Kegel an der Uhrkette, die höchste Auszeichnung.

Die schwere Kugel in der Hand zu wiegen, sie nach kurzem Anlauf mit kräftigem Schub auf die Bahn zu setzen, sie zu verfolgen bis zum Einschlag, der die Kegel polternd umwarf — das war ein Männerspiel. Nach dem Treffer nahm man einen kräftigen Schluck aus dem Kruge und strich sich den Bart. Ein Männerspiel — Schlappschwänze blieben nach dem ersten Abend fort, oder sie tauchten dort gar nicht erst auf.

Leider kam jetzt der blöde Ausdruck »Sport« auch dafür in Mode — bald würde man alles als Sport treiben.

IM ALKOVEN

Die Pensionäre wünschten Gute Nacht und verteilten sich in die oberen Stockwerke, nachdem die Professorin sie noch einmal ermahnt hatte, mit dem Licht vorsichtig zu sein. Sie nahmen die Lampen vom Brett, unter dem die Schuhe gereiht waren. Durch die gläsernen Bäuche sah man das gelbliche Brennöl und den breiten, geschlängelten Docht. Sie wurden täglich von Fiekchen aufgefüllt. Die Hausfrau konnte so kontrollieren, ob einer, anstatt zu schlafen, während der Nacht Schundromane verschlang. Seitdem die bunten Groschenhefte aufgekommen waren, wurde das besonders schlimm.

»Trag die na boben!« — damit drückte Buz die für ihr Zimmer bestimmte Lampe Clamor in die Hand.

Er hatte dabei nicht mit Teo gerechnet, den diese Eigenmächtigkeit verdroß:

»Erstens habe ich dir schon hundert Mal gesagt, daß es nicht ›boben‹, sondern ›oben‹ heißt, und zweitens hast du hier nichts zu befehlen — nimm wieder hin!«

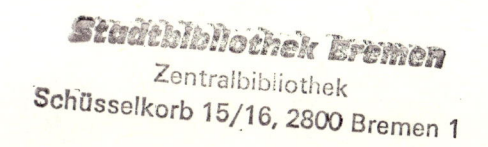

Buz gehorchte augenblicklich und schnitt Clamor eine seiner Fratzen zu.

In der großen Nische des Alkovenzimmers standen die beiden Betten so eng aneinander, daß ein breites Laken genügte, sie zu überziehen. Es gab aber zwei Bettdecken und zwei Kopfkissen. Hier hatte Teo bisher allein geschlafen, nun war das äußere der beiden Betten frisch gerichtet; es war für Clamor bestimmt. So hatte der Superus es sich ausgedacht und sein Bruder es gebilligt, obwohl er sich darüber belustigte. Buz, der sich auf den Platz wie auf eine Beförderung gespitzt hatte, fühlte sich beraubt.

Sie legten sich zur Ruhe, nachdem sie ihre Sachen über die Stühle gehängt hatten. Buz und Clamor trugen lange Nachthemden aus hausgewebtem Leinen; Teo zog seinen Schlafanzug an. Er wirkte nackt so unbefangen wie bekleidet; es war kein Unterschied in den Bewegungen. Der Anblick erinnerte Clamor an Bilder, die ihnen der Superus in seinen Büchern gezeigt hatte, besonders an eines: »Perseus befreit Andromeda«. Hier fehlten nur die Flügelchen an den Fußgelenken, sonst traf es genau. Clamor dagegen war befangen; er wandte sich weg, als er das Hemd abstreifte.

Buz schraubte den Docht herunter und blies das blaue Flämmchen aus, das noch auf dem Rand zuckte. Trotzdem wurde es nicht ganz dunkel, denn es war Halbmond, und es schien noch Licht in der Stadt. Clamor sah den rötlichen Schimmer durch das Erkerfenster; die Hemden auf den Stühlen leuchteten. Er hörte Teos Stimme:

»Du bist jetzt mein zweiter Leibschütz — wer an mich ran will, muß erst über dich.«

Es wurde wohl keine Antwort von ihm erwartet, denn nach einer Pause hörte er weiter:

»Ich stehe aber auch gerade für dich.«

Gleich darauf entspann sich über seinen Kopf hinweg zwischen Teo und Buz ein Frage- und Antwortspiel.

»Buz, hast du gebetet, alter Sack?«

»Jawoll, Teo — hab ich besorgt.«
»Gut — — — auf einen Leibschützen, der nicht betet, ist nur halber Verlaß.«
Das war wohl auf Clamor gemünzt. Und dann:
»Hast du heut wieder den Hintern voll gekriegt?«
»Nee, aber zwei Ohrfeigen von Old Man. Und die hab ich dir zu verdanken, Teo, ohne dich hätt ich die nicht gekriegt.«
»Du sollst nicht ›nee‹ sagen. Old Man haut doch sonst aber nicht.«
»Heut hat ers getan, und er kanns noch ganz kräftig — mit fünf Fingern von rechts und dann mit vieren von links — ich konnte gar nicht so schnell die Backen aufblasen.«
Clamor fühlte, wie Teo lachte — unhörbar; das Hüpfen des Zwerchfells teilte sich der Matratze mit.
»Vier kommen mit der verkehrten Hand, und die ist härter — da hast du wohl was Tolles angestellt?«
»Nur, was du mir gesagt hast: ich soll immer mit ›unser Herr Jesus Christus‹ antworten, wenn ich nicht weiter weiß. Und ich habs getan. Ich tu doch immer, was du sagst.«
»Das will ich hoffen — aber um Himmels willen: was hat Old Man denn gefragt?«
»Er wollte so was wissen vom Widersacher, der uns von Anbeginn auf den breiten Pfad zur Hölle führt. Und wie der denn hieß?«
»Und da hast du ›unser lieber Herr Jesus Christus‹ gesagt?« Clamor fühlte wieder, wie das Bett schütterte. Teo schloß nun das Thema ab:
»Buz, an dir ist Hopfen und Malz verloren — es ist ein Rätsel, wie du bis zur Quarta gekommen bist. Aber ich will mit Old Man reden, wenn ich wieder Gewissenszweifel anmelde. Werde ihm sagen, daß du nichts anderes im Kopf hast als unseren lieben Herrn. Das kann dir noch zum Vorteil ausschlagen.«
»O Teo — du bist der Größte, auf dich ist Verlaß.«
So der dankbare Buz, doch Teo setzte ihm einen Dämpfer auf: »Zum Einjährigen langt es auf keinen Fall. Ostern

kommst du von der Schule, wenn sie dich nicht schon vorher schassen — darauf mußt du dich gefaßt machen.«

Nach einer Weile fügte er hinzu: »Ja, wenn du Kadett wärest. Dann könntest du sogar das Abitur mit Königs Gnade haben — aber die Pauker hier lassen sich auf nichts ein. Die wittern nicht einmal, daß du ein gerissener Dummkopf bist. Die steckst du noch alle in den Sack.«

Buz begann nun zu maulen; er brummte mit der Stimme, die er machte, wenn er Grimassen schnitt:

»Ich will ja auch gar nicht Einjähriger werden — das will nur der Schultes, seit er nicht weiß, was er mit dem Geld anfangen soll. Ich diene dreijährig — bei der Kavallerie.«

Der Schultes — so nannte Buz seinen Vater, den Schulzen von Oldhorst, auf dessen Boden man fündig geworden war. Seit kurzem stand ein Förderturm auf seinem Land. Der Sohn dachte anders über seine Zukunft — er hegte Ansichten, die eher dem Vater zugestanden hätten, und vertiefte sich darein mit einer Stimme, die klang, als ob er schon halb eingedämmert wäre und angenehme Bilder sähe, im Selbstgespräch.

»Melde mich freiwillig — Schwadron von Hinüber, der Rittmeister ist schon scharf auf mich. ›Junge, du hast ein Gesäß und ein paar Schenkel, die passen wie angegossen, dazu leichte O-Beine. Damit kannst du's weit bringen bei mir.‹

Nach zwei Jahren bin ich Unteroffizier, und wenn ich kapituliere — ja, das tu ich — Wachtmeister. Der Rittmeister hält große Stücke auf mich, kann ohne mich nichts ausrichten. Ich kenne jeden, und allen wackeln die Beine, wenn ich beim Rapport mein Buch ziehe.

Was ist dagegen so'n Einjähriger? Der wird nich mal Gefreiter ohne mich. Etwa Max Silverschmied? Der küßt den Weibern die Hände — widerlich. Können ja grade vom Lokus gekommen sein. Fällt natürlich gleich unangenehm auf, kann nicht reiten, hat X-Beine.

›Einjähja von Silverschmied — Sie hocken auf Ihrem Gaul

wie'n Frajezeichen, das Ihre Frau Jroßmutter uff Löschpapier jepinselt hat.‹

Kommt abends, wenn ich noch auf Schreibstube bin, mit ner Kiste Zigarren in der Hand. ›Herr Wachtmeister, ich habe gedacht, darf ich mit erlauben — — — ein besonders feines Kraut. Könnte ein blauer Lappen unten drin liegen.‹

›Einjähja — wie kommen Sie mir vor? Wenn ich rauchen will, kann ich mir eine an der anderen anstecken. Und Sekt dazu trinken — aber der schmeckt mir nicht. Und wie stehn Sie denn da? Ich will das noch mal als unanjebrachte Freundlichkeit ansehen. Und jetzt machen Sie kehrt und ziehn mit Ihren Zigarren wieder ab.‹

Dem bring ich bei, wie man Order pariert. Es ist immer gut, wenn du was an den Füßen hast. Dann kannst du auftreten.

Und wenn die Zeit rum ist, dann wird der Schultes Altendeeler, und ich übernehme den Hof in Oldhorst. Dann richt ich ein Gestüt ein und züchte Pferde für die Schwadron. Nur Rappen, kohlschwarze Beester mit weißer Blässe eins wie das andere. Wenn damit die Dodenköppe anreiten, kommt der Franzmann ins Laufen, wenn er sie nur sieht.

Dazu eine Hindernisbahn und eine Strecke fürs Jagdreiten. Ich pachte die Jagd von Müller Braun und den Wehlener Forst noch dazu. Und wenn der Rittmeister zu Besuch kommt — — —«

DIE PRIVATSTUNDEN

»Nun hör auf mit dem Gefasel«, unterbrach ihn Teo, dem der Exkurs zu ausführlich wurde, obwohl er hin und wieder gelacht hatte. Wenn Buz von Reitern und Pferden schwadronierte, gab es kein Ende mehr. Er war der geborene Kommißknochen. Auch darum hatte Teo ihn sich eingetan. Was man ihm auftrug, führte er aus. Das hatte sich jetzt wieder mit unserm Herrn Jesus gezeigt.

Bei den Totenköpfen zu dienen, war natürlich der Traum

jedes Oldhorster Jungen, aber die hatten die Auswahl und nahmen nur Söhne von Vollbauern. Buz war da richtig — das hatte der Rittmeister auf den ersten Blick erkannt. Aber Max Silverschmied würde er dort nicht schleifen, wie sehr es ihn auch danach gelüstete. Der ging von sich aus allem, was nach Pferden schmeckte, weit aus dem Weg. Außerdem würde er dort nicht ankommen — selbst wenn der Alte Minister würde, wovon die Rede war.

»Hat sogar verlangt, daß ich Buz rausschicke, wenn er zur Nachhilfe kommt. Daher auch dessen Ranküne gegen ihn. Buz hat auch gleich die schwachen Stellen gewittert, denn er ist bei aller Dummheit unheimlich gewitzt. Der eine riecht den Stall, der andre was anderes. Vielleicht fällt der ihm doch noch einmal in die Hand. Übrigens gut, daß er den Namen erwähnt hat — der wird mich nicht länger abspeisen, und wenn ich dem Alten die Fenster einschmeiße.«

Diese Erinnerung berührte Teos neuralgischen Punkt, den Geldmangel. Daß man ihn knapp halten solle: darin stimmten der Vater und der Onkel überein. Der Junge hatte zuviel Phantasie. Teo rauchte täglich drei Mazeppa — eine vor dem Frühstück, eine nachmittags und eine abends — die Sorte war nicht billig, auch hatte er noch andere kleine Ausgaben. Er mußte mit dem Pfennig rechnen; das war nach dem high life beim Saadi eine bittere Nuß.

Was über das Taschengeld hinausging, mußte er durch Nachhilfestunden beibringen. Zur Zeit hatte er nur Silverschmied, der eine Klasse unter ihm saß. Teo gab ihm Mathematikstunden. Aus verschiedenen Gründen war das ein heikles Geschäft.

Der alte Silverschmied — er zählte allerdings noch nicht fünfzig Jahre — hatte sich bei den Veränderungen, die sich im Fürstentum vorbereiteten, an erster Stelle verdient gemacht. Den staatsrechtlichen und genealogischen Verflechtungen wäre kein anderer so gerecht geworden wie dieser eminente Jurist. In seiner Laufbahn gab es keine Niete; ein Erfolg hatte sich an den anderen gereiht, und noch erwartete man Großes von ihm. Seine präzise Intelligenz wurde durch eisernen Fleiß unterstützt; Ehrgeiz war seine Triebfeder.

Dieser Ehrgeiz erstreckte sich auch auf seine drei Söhne — sie sollten in jeder Hinsicht vorleuchten. Wenn sie mit ihrem Zeugnis nach Hause kamen und einer von ihnen nicht der Erste in seiner Klasse war, gab es eine Verstimmung, die andauerte, bis die Scharte ausgewetzt worden war. Dann war der Justizrat wieder der primus inter pares, der in den Söhnen seine Art erkannte; er wurde heiter und umgänglich. Sie litten unter den Phasen der Bewölkung, obwohl sie ihn fast nur bei Tisch sahen. Gelobt wurde natürlich nie, da der Erfolg selbstverständlich und das Normale war.

Nun zeichneten sich, wie schon bemerkt, die oberen Jahrgänge durch einen Zustrom von Intelligenz und Wachheit aus. Es gab, wenn nicht gerade Tübinger Genieklassen, doch einen Standard wie auf der Fürstenschule, dazu eine geistige Eleganz wie im Steglitzer Gymnasium. Direktor Blumauer erkannte das nicht ohne Sorge; er zog ein gehobenes Mittelmaß vor. Immerhin entwickelte er, wenn er Teo und zwei, drei andere zu einem Glas Wein einlud, eine Liberalität, die keiner vermutete.

Jedenfalls war es nicht einfach, in diesem Klima den ersten Platz zu gewinnen oder ihn zu halten, wenn man ihn besaß. Das war auch Max, dem Ältesten der drei Silverschmieds, bewußt. Er rechnete abends nach einem Punktsystem seine Chancen durch. In den Sprachen hatte er nichts zu befürchten, obwohl er viel Zeit verwenden mußte auf das, was manchem anderen mühelos gelang. Doch diese Leichtigkeit trug ihnen grammatikalische Verstöße ein. Sie gaben auch auf die Nebenfächer nicht so viel acht, vergeudeten Punkte dabei. Sie rechneten überhaupt weniger.

Wenn Max das Rennen machen wollte, mußte er in Mathematik den kleinen Vorsprung gewinnen, der nötig war. Hier fehlte die letzte Eins in den Hauptfächern. Hilpert, der Mathematiker, dachte liberal, vielleicht sogar fortschrittlich. Untergründig war also nichts zu befürchten von ihm. Aber er war gallig und von unerbittlicher Konsequenz. Doch würde es Mittel und Wege geben, ihm um den Bart zu gehen. Die Silverschmieds hatten lange Strecken ihres Weges gegen den Wind zurückgelegt.

Max zog die Bilanz: Der Einser in Mathematik mußte geschafft werden. Das war nicht möglich ohne Nachhilfe. An einen Lehrer war nicht zu denken — das hätte der Alte als Makel angesehen. Außerdem war es eine Geldfrage. Die Silverschmieds wurden knapp gehalten, obwohl es an Geld nicht mangelte. Max legte zudem jeden Pfennig in Briefmarken an — nicht als Sammler, sondern um sie wieder zu veräußern bei Gelegenheit. Es war weniger der Gewinn, der ihn daran fesselte, als das Hin und Her — der Trafik mit dem intelligenten, auf detaillierte Sachkenntnis gegründeten Kalkül.

Der einzige, der für die Nachhilfe in Frage kam, war Teo; sogar Hilperts Gesicht begann aufzutauen, wenn der vor der Tafel stand. Max und Teo akkordierten auf fünfzig Pfennig für die Stunde; der Unterricht wurde heimlich oben im Alkovenzimmer erteilt. Für Dritte waren es »Besprechungen«. Der Justizrat war sogar der Meinung, daß Teo es wäre, der die Unterweisung empfing.

In der Sache ging es gut voran; Max konnte zufrieden sein. »Auf Eins getrimmt« zu werden, setzte natürlich alles, was Fleiß erreichen konnte, bereits voraus. Teo baute darauf weiter, nicht nur in der Materie, sondern auch mit psychologischen Ratschlägen.

»Wenn der Beweis nun wie am Schnürchen geklappt hat, mußt du die Hand mit der Kreide ein wenig hochheben. Aber nicht gleich reden — erst muß Hilpert dich ansehen. Dann sagst du: ›Es gibt auch die Lösung, die Gauß als Student gefunden hat.‹

Das bringt euch ins Gespräch. Vorher hast du dich über die Theorie der Kreisteilung informiert.«

Er fügte hinzu: »Das zieht hier immer, wenn man Gauß zitiert.«

Teo ließ es sich vormachen und urteilte: »Nein, laß das lieber, bei dir kommt es nicht richtig heraus. Du denkst an Nebendinge dabei, bist überhaupt kein Mathematiker. Wenn so einer Figuren und Zahlen, Raum und Zeit zusammenbringen kann, läßt er ein nacktes Weib dafür stehen. Das ist der Hauptschlüssel. Damit kannst du dir dann, wenn es dir paßt, auch einen Harem zulegen.«

»Ich will aber keinen Harem; ich will eine Eins haben.«

»Das sieht dir ähnlich, du Eunuch. Dafür gehst du dann Burschen wie diesem Hilpert um den Bart.«

»Der wird mal froh sein, daß er mich unterrichtet hat.«

»Mach dich nicht witzig. Rück lieber die zehn Mark raus, und zwar dalli — ich bin nicht dein Bankier.«

So pflegten die Stunden im Alkovenzimmer zu enden: im typischen Gespräch zwischen zwei Partnern, die beide schwach bei Kasse sind. Teo brauchte jetzt das Goldstück, und zwar plötzlich, für eine Anschaffung. Meist handelte es sich dabei um seine Bewaffnung, also gerade um Ausgaben, die der Superus unterbinden wollte, denn in allem, was er mit dem Bruder abrechnen konnte, war er großzügig. Nur Geld sollte der Sohn nicht in der Hand haben.

Teos Wünsche waren heftig, und er ruhte nicht, bis sie gestillt waren. An die Zeit, in der er Pferd und Diener gehabt hatte, durfte er nicht einmal zurückdenken. Max Silverschmied war seit einer Woche nicht mehr im Alkoven erschienen und ließ sich auch in den Pausen nicht blicken; offenbar ging er ihm aus dem Weg. Er würde aber zahlen müssen, und wenn es ihm noch so schwer fiel; Teo brauchte das Geld.

»Ich werde ihn bei seinem Alten heimsuchen; das wird ihm Dampf machen.«

UNTERWEISUNGEN

Inzwischen war Buz fest eingeschlafen, und Teo wandte sich Clamor zu: »Du kannst bei mir Erster Mann werden. Ich bilde dich zum Kundschafter und Waldläufer aus.«

Er faßte Clamors Arm an, um die Muskeln zu prüfen, und schien zufrieden damit.

»Was hier im Alkoven und im Kabinett vorgeht, bleibt unter uns. Was ich euch sage, müßt ihr tun. Wenn ich zufrieden bin, seid ihr fein raus. Ich kann euch den Paukern, auch Ohm Freddy und den anderen gegenüber abdecken.«

Clamor verstand nicht, was ihm gesagt wurde. Aber er fühlte sich, wie er hier neben Teo lag, zum ersten Mal an diesem Tag ein wenig sicherer. Gern würde er tun, was der ihm auftrug, dann würde es leichter sein. Jetzt hörte er, wie Teo ihn fragte:

»Hast du denn keine anderen Sachen mitgebracht als die vom Ziesemiß? So kannst du hier nicht rumlaufen.«

Aber war Ziesemiß denn nicht als guter Schneider bekannt? In Oldhorst hielt man große Stücke auf ihn. Er hatte Tuch, das Wind und Wetter aushielt, und einen bequemen Schnitt. Wenn er einem Jungbauern für die Hochzeit seinen Gehrock gemacht hatte, pflegte er zu sagen: »Schorse — damit könn'se dich noch in'n Sarg legen.« Er hatte Müller Braun seinen Jagdrock geschneidert, und selbst der Superus trug einen Mantel von ihm. Ziesemiß beschäftigte einen Gesellen und einen Lehrling, die mit der Frau auf der Bühne hockten; er selbst schnitt zu. »Schneider kommt von Schneiden und nicht von Nähen — sonst würde er Näher heißen, und der Maler wäre Pinsler und der Meister Gesell.« So pflegte er zu sagen und klapperte mit der Schere dazu. Ein heller Kopf und, wie viele Schneider, nicht ohne Ironie. Er saß auch im Kirchenvorstand, und nach Simmerlins Verschwinden hatte er gleich verlangt, daß die Kasse geprüft würde. Zum Glück hatte der Superus den Betrag im Hause gehabt. In Oldhorst hielt man noch nicht viel von Banken und Sparkassen.

Clamor hatte sich also für gut ausstaffiert gehalten; er wurde nun eines Besseren belehrt. In der Stadt wurde man später konfirmiert als auf dem Lande, und es gab nur drei Vorklassen statt deren vier. Lange Hosen trug in der Quarta höchstens, wer zwei Mal backen geblieben war. Buz und Clamor waren für die Klasse schon zu alt. Vor allem konnte man nicht mit Hosen herumlaufen, die bis zur halben Wade reichten — sonst riefen die Butjer »Torfbauer« hinter einem her.

Teo sagte: »Zieh morgen die Sonntagshosen an. Dann will ich dich herausstaffieren; der Schrank hängt voll von Sachen, die nicht mehr gebraucht werden. Er hat es überhaupt in sich; das wirst du noch sehen.«

Dann kam er auf die Lehrer: Hilpert war ein Ekel, vor dem mußte man sich in acht nehmen. Der fühlte sich als Gaußens Nachfolger, an dem ein Professor verloren gegangen war, und er wurde um so gemeiner, je niedriger die Klasse war, in der er unterrichtete. Bayer dagegen war gemütlich; mit dem würde er auskommen.

»Und was sagst du, wenn er dich morgen nach dem Namen fragt?«

»Ich sage ›Clamor Ebling‹ — so heiß ich ja auch.«

»Nein, du sagst Georg, denn Clamor ist lächerlich. Hier steht doch jeder noch mit Ernst, August oder Georg zu Buche — du änderst also nur den Rufnamen.«

»Aber dein Vater hat doch selbst gesagt, daß Clamor ein guter Name ist.«

»Den laß aus dem Spiel. Du sagst Georg — und damit gut. Und was antwortest du, wenn Bayer dich nach dem ›Beruf des Vaters‹ fragt?«

»Ich sage: ›Großknecht‹ — das war er ja auch.«

»Großknecht ist unmöglich. Du sagst: Mein Vater ist gestorben; er war Müller in Oldhorst. Und mach die Stimme ein bißchen wacklig — ungefähr so!«

Teo sprach es ihm vor. Clamor war sowohl mit seinem Namen wie mit dem Vater zufrieden gewesen, sogar stolz auf beide — nun sollte das nicht mehr gelten, es sollte anders sein. Einmal waren sie spät durch die Heide gegangen; der

Vater hielt ihn an der Hand. Da war ein Fremder gekommen, ein Städter, der sich verirrt hatte. Er sprach sie an und fragte nach dem Wege; man hörte an der Stimme, daß er Angst hatte. Er wollte nach Oldhorst. Der Vater sagte: »Komm' Se man mit — ich bin der Großknecht bei Müller Braun.« Wie war der Städter froh gewesen, und auch Clamor hatte gefühlt: Solange der Vater da war und ihn an der Hand hielt, konnte ihm nichts widerfahren, kein Übel geschehen. Er sagte noch einmal:

»Mein Vater war Großknecht — Müller war Herr Braun.«

»Hör zu, Clamor, wie die Dinge liegen: Braun war der Mühlenbesitzer und dein Vater der Knecht. Aber Müller waren sie beide, das heißt, mit der Mühle beschäftigt — du kannst also ruhig sagen, daß dein Vater Müller war.«

Teo führte das näher aus. Er lag auf der Seite und flüsterte. Sein Mund berührte fast Clamors Ohr. Man konnte sagen, daß »Müller« in diesem Sinne sogar mehr als »Mühlenbesitzer« war. Die Schüler, und auch die Pauker, waren zu dumm, um das zu verstehen. Sie waren zu dumm, weil sie kein Deutsch konnten. Auch von Geschichte hatten sie keinen Dunst. Deshalb mußte man dummes Zeug reden. Man mußte immer wissen, an wen man das Wort richtete. Wenn er, Teo, zum Beispiel nach dem Beruf des Vaters gefragt werden sollte — es war ja nicht nötig, denn jeder wußte Bescheid — so würde er Bayer antworten: »Superintendent«. Zu Old Man dagegen würde er sagen: »Geistlicher«. Und endlich »Priester« zu Blumauer, doch nur im vertrauten Gespräch, wenn sie nach den Gewissenszweifeln noch ein Glas Wein tranken.

Dabei stand alles auf wackligen Füßen, denn wenn es bei der Quappe zum Superintendenten noch gerade gereicht hatte, war er als Geistlicher eine Niete, und von Priester konnte gar nicht erst die Rede sein. Die Leute wollten nicht die Wahrheit hören, sondern sie hielten das, was sie gern hörten, für wahr.

Kresebeck konnte sagen: »Mein Vater ist General«. Das wußte jeder, und daß er den Schwarzen Adler hatte, auch.

Besser klang daher: »Er ist Offizier«, und noch besser: »Er ist Soldat«. Jeder kannte ja das »det flutscht beter« der Landwehr, die der Ahn an der Katzbach kommandiert hatte. Das Pulver war im Regen feucht geworden — da hatten sie die Kolben umgedreht.

»Sieh, Clamor, wie Soldat mehr als General ist, so ist auch Maler mehr als Kunstmaler und Müller mehr als Mühlenbesitzer — du kannst also ruhig sagen, daß dein Vater Müller war. Knecht ist natürlich auch was Gutes, aber sie können kein Deutsch mehr — sie wissen es nicht mehr.

Du mußt dich präsentieren, wie sie es gern hören, dann nehmen sie es auch für wahr. Etwa: einfach, schlicht, bäuerlich, grad dör wie Klas Avenstaken — — — dann hast du bei Bayer eine große Nummer und kannst dir was rausnehmen.«

Er faßte Clamor an der Hand, als ob er ihm den Puls fühlen wollte, streichelte seinen Daumen und sprach ihm zu:

»Clamor, du bist zu ängstlich, bist zu weich. Das wollen wir ausmerzen. Du hältst dich schief, deine Stimme ist zu schlapp; du mußt jeden Abend dunkles Bier trinken. Sieh Buz an — der läßt sich die Butter nicht vom Brot nehmen.«

Was sollte überhaupt diese Ausfragerei bei der Aufnahme? Beruf des Vaters, Religion, Mädchenname der Mutter, Hochzeitstag. Schon war man als Siebenmonatskind, als mosaisch, als Sprößling eines Briefträgers entlarvt. Andere steckten sich dafür Pfauenfedern in den Hintern, und die Pauker, selbst Hungerleider, schwelgten in diesen Abwertungen. Ally, der Englisch gab und den Bonvivant spielte, entblödete sich nicht, wenn er »Kaufmann« hörte, zu fragen: »Export? — oder mit Heringen?«

»Also — du sagst morgen ›Müller‹, dann sind alle zufrieden, und sollte einer dich fragen, ob ihm die Mühle gehörte, dann sagst du: ›Mit Anteilen‹. Das stimmt auch, denn sein Anteil saß hier« — damit schlug er Clamor auf den Arm.

»Überhaupt mußt du hart werden. Dann kommst du mit auf Safari, wenn ich Ungers Garten ausräume. Du mußt auftreten. Fang gleich morgen an und gib dem Peerd die Schuhe zurück. Sag, daß sie nicht blank genug sind.«

Mit dem »Peerd« war Fiekchen gemeint. Buz hatte ihr den Namen angehängt. Wenn die Bauern sonntags nach der Kirche vor dem Krug saßen und die Mädchen »dreih-aaset«, also den Hintern drehend, vorbeischwenkten, konnte es anerkennend heißen: »Die hat'n Aasch wie'n Achtzigdalerpeerd.«

Das hatte Buz, dessen Sinnen und Trachten sich fast nur um Pferde und Reiten drehte, auf Fiekchen angewandt. Und in der Tat hatte das Mädchen, seit es bei der Professorin in Kost war, sich auch in dieser Hinsicht prächtig herausgemacht.

Clamor sagte: »Ich schmier mir die Stiefel selbst.«

»Das mußt du dir abgewöhnen. Ein Gymnasiast läßt sich die Schuh putzen. Und später, als Einjähriger, hast du deinen Putzer dafür. Übrigens habe ich vorhin bei Tisch gesehen, daß du schwarze Fingernägel hast.«

EIN MISSVERSTÄNDNIS

Clamor hatte einen langen Tag hinter sich. Er war müde und begann einzuschlafen, aber er hörte noch, daß das Messer nicht für die Nägel und die Zahnbürste nicht nur am Morgen benutzt würde.

»Hier im Haus ist in jeder Etage ein Lokus und dazu noch einer im leeren Flügel — du gehst auf den unten neben den Waschbecken. Und vergiß nicht, dich jedesmal gründlich zu waschen, wenn du fertig bist. Ich bin da heikel, und mit Leuten, die sich den Hintern nicht waschen, will ich nichts zu tun haben, besonders wenn ich mit ihnen schlafen soll.«

Er streckte die Hand aus und faßte ihn an. Es war ein Griff von orientalischer Unbefangenheit. So prüften die Köchinnen eine gerupfte Ente, wenn sie sonnabends auf den Markt gingen.

Clamor hielt jetzt den Augenblick für gekommen, in dem

er auch etwas beitragen konnte; er wiederholte, was ihm am Vorabend vom Superus eingeprägt worden war:
»Nun legen wir die Hände schön auf die Bettdecke.«
Gleich darauf schien ihm, als ob es doch nicht richtig gewesen wäre, was er gesagt hatte, denn ein tiefes Schweigen entstand.

Viel später erst bestaunte er die Präzision, mit der Teo auf den Versuch, ihn zu belehren, reagiert hatte, denn während der nächsten Tage lief er wie betäubt umher.
Teo hatte zunächst die Bettdecke gelüftet und Clamors Nachthemd hochgestreift, nachdem er ihn auf die Seite gedreht hatte. Dann gab er ihm einen kräftigen Tritt ins Gesäß. Clamor fühlte, schon in der Luft, wie sich Teos großer Zeh auf seiner Haut abspreizte. Dann schlug er auf die Dielen — schwer mit dem Ellbogen, doch auch noch mit dem Kopf. Als ob er in tiefem Wasser läge, hörte er von oben eine Stimme:
»Also die Quappe hat dich zum Spionieren hergeschickt? Na warte, Bursche, dich werd ich hochnehmen. Scher dich zu Buz ins Bett oder penn auf dem Fußboden.«

Der Lärm hatte Buz geweckt. Er begann in seinem Alkoven zu rumoren:
»Nein, nein — nicht zu mir in die Falle — der Kerl ist malpropper, der hat Filzläuse. Alle Müllerknechte haben Filzläuse.«
Nachdem er gehört hatte, daß Clamor, auf den er schon eifersüchtig gewesen, bei Teo in Ungnade gefallen war, legte Buz sich keine Schranken mehr auf. Er zog über ihn los, und Clamor hörte mit gesträubten Haaren, was da zutage kam. Das war, als hielte man über ihn Gericht.
Was hatte der denn auf der Hohen Schule zu suchen, der früher doch kaum ein Hemd auf dem Hintern gehabt hatte? Ja, das wußte man schon. Der Vater war für den reichen Müller eingetreten, als auf den das Los gefallen war. Und Müller Braun hatte ihm versprechen müssen, daß er für den Sohn sorge.

Buz kam mit einer der Versionen, die in Oldhorst über das Verhältnis des Müllers zu seinem Knecht umliefen. Nach der Rübenernte brannten die Bauern einen besonderen Schnaps, ein trübes Feuerwasser von alraunischer Kraft. Sie brauten es heimlich und tranken es auch so — spät, wenn das Gesinde zur Ruh gegangen war. Dann zogen Schwaden durch den Raum; es kamen der Haß und der Neid, es krochen alle Todsünden hervor. Da wucherte die Nachrede.

Der Müller also, das wußte man, war Freimaurer gewesen und hatte das böse Los gezogen; er mußte sich umbringen. Alle Jahr muß einer von ihnen sterben — das verlangt der Teufel, auf den sie eingeschworen sind. Sie ziehen Karten, oder ihr Meister spießt Zettel mit ihren Namen auf sein Schwert. Das hält er über die Flamme, und der ist dran, dessen Zettel nicht verbrennt. Manchmal greift er auch mit verbundenen Augen von ihren Bildern eins heraus.

Der so Getroffene kann seinem Schicksal entgehen, wenn er sich einen Stellvertreter kauft. Das eben war Müller Braun mit seinem Knecht gelungen, und zum Dank dafür hatte er für Clamor gesorgt.

Nur einmal freilich wird ein solches Opfer angenommen, beim zweiten wird der Verlierer in Person verlangt. Und so erklärte sich des Müllers Jagdunfall.

Unfall oder nicht — es ist nicht nötig, daß der Maurer sich entleibt. Will er das nicht, so durchsticht der Meister mit einer Nadel auf seinem Bilde das Herz.

Kein Freimaurer stirbt im Bette, und keiner wird über vierundsechzig Jahre alt. Beides traf zu, sowohl für den Herrn wie für den Knecht. Schon daraus sah man: es war etwas dran. Auch hatten, als Müller Braun begraben werden sollte, die Pferde gescheut. Nachts hatte man ihn in der Mühle ächzen und stöhnen gehört. Geld hatte er sackweis besessen, aber es hatte ihm nicht geholfen; sein Tag war gesetzt. Die Maurer wissen, wann ihre Stunde schlägt. Dann machen sie sich draußen zu schaffen, damit keiner Verdacht schöpft, denn wenn sie in ihrer Kammer sterben, hört man ein Poltern und Klagen, daß einem die Haare zu Berge stehen. Das war der Grund, aus dem der Müller zur Jagd gefahren und sein Knecht auf den Kornboden gestiegen war.

Solche und andere unheimliche Dinge wußte Buz zu berichten, und er schloß mit den Worten:

»Dja, Clamor, dein' Vadder, den hat de Dübel geholt.«

Clamor war von Natur aus willig, Kränkungen zu ertragen; das schien ihm in Ordnung wie einer Schattenpflanze der Lichtmangel. Nur den Vater — ihn durfte man nicht antasten. Er stieß ein Geheul aus und stürzte sich auf Buz, der ihn mit einem Fußtritt empfing. Doch bekam er zu spüren, daß er mit einem Wahnsinnigen zu tun hatte.

Solche Naturen gleichen scheuen Tieren, die jeden Konflikt vermeiden und sich ducken; sie sind sich ihrer Verwundbarkeit bewußt. Doch ausweglos gestellt, an die Mauer gedrängt, entfalten sie aus ihrer Angst und Ohnmacht heraus eine unheimliche Kraft. Schon ihr Schrei kann den Gegner lähmen, sie wüten mit Krallen und Zähnen und beißen sich unerbittlich fest. Man müßte sie eher töten oder ihnen die Kiefer aufbrechen, als daß sie losließen. Mit diesem Ingrimm fühlte Buz sich angegangen; er schrie um Hilfe — Clamor hatte ihn an der Gurgel gefaßt.

Teo sprang aus dem Bett und riß die beiden auseinander; er drosch auf sie ein, ohne sie in ihrer Verschlingung zu unterscheiden, als ob sie ein einziges Tier bildeten.

»Könnt ihr euch nicht leise prügeln, ihr Kanaken? Gleich hol ich den Kibo aus dem Kabinett.« »O nicht den Kibo«, rief Buz, dem das Wort böse Erinnerungen zu erwecken schien. Er mußte nun, ohne daß er mucken durfte, Clamor in seinem Alkoven Platz machen.

Alle drei waren wieder ganz wach geworden, und Teo suchte ins Lot zu bringen, was Buz unterstellt hatte. Zunächst die Filzläuse: Es war nicht zu leugnen: alle Müllerburschen hatten Filzläuse. Sonst wußten sie sich welche zu beschaffen; sie zahlten sogar Geld dafür. Sie glaubten nämlich, daß, wer da unten Läuse hege, sich beim Säckeschleppen keinen Bruch böre. Davor hatten sie bannige Angst. Die Müller kannten solche Mittel — sie schluckten auch Hammelläuse, wenn ihnen die Gelbsucht zusetzte.

»Aber bei Clamor hast du nichts zu befürchten, der hat nicht in der Mühle gearbeitet. Außerdem ist er unten noch glatt.«

Und dann die Freimaurer. Von denen wurde ebensoviel gemunkelt wie von den Tatern und Juden, und nur dummes Zeug. Die hatten den Teufel nicht nötig, um mächtig zu sein. Müller Braun war Freimaurer gewesen, und es war ihm bekommen — das stimmte, aber der König von Preußen war sogar Meister vom Stuhl. Und Ohm Freddy war auch einer — meint ihr denn, der hätte sonst Pensionäre aus England und Spanien? Die wissen von Kapstadt bis Chicago, wer dazu gehört. Der wird dann vorgezogen — das ist wie der Silberstempel auf einem Eßlöffel. Man weiß: der ist echt.

»Jetzt will ich schlafen — und mit dir, Clamor, rechne ich noch ab.«

DIE DAUMENSCHRAUBE

Es war der erste Freitag im neuen Heim. Am Nachmittag, es war noch hell, forderte Teo Clamor auf, ihn zu begleiten: »Ich nehme dich mit als Leibwächter.«

Draußen fiel seit dem Morgen ein feiner Regen; die Straßen waren kaum belebt. Teo kam das gelegen, denn zieht man auf Kundschaft aus, so ist es gut, wenn der Gegner schon mit dem Wetter zu schaffen hat. Wenn es stürmt, stöbert und nebelt, läßt sichs am besten anschleichen.

Teo wollte nun, koste es, was es wolle, die zehn Mark von Silverschmied eintreiben oder sich an ihm schadlos halten, falls es nicht gelang. Er hatte über verschiedene Möglichkeiten der Bestrafung nachgesonnen — man konnte etwa vom Garten aus die große Scheibe des Wintergartens einwerfen. Vorher mußte das Gelände inspiziert werden. Das Regenwetter und die Dämmerung waren günstig dafür.

Sie gingen langsam vom Grenadierplatz durch die Innenstadt und dann auf das Viertel der feinen Leute zu. Teo trug einen Mantel aus hellem Stoff, von dem das Wasser ablief, und Clamor das dunkle Cape, dessen Tuch sich allmählich vollsog und schwer wurde. Teo, der links von ihm ging, faßte durch den Schlitz des Umhangs nach seiner Hand. Er streichelte sie vom Gelenk bis zu den Fingerspitzen — das war angenehm. Es war, als ob die kalte Nässe heimisch würde; so müßte es sein, wenn man durch Zaubersprüche sich in einen Fisch verwandelte.

Doch plötzlich durchfuhr ihn ein Schmerz, wie er ihn noch nicht gekannt hatte. Teo hatte ihm mit einem schrägen Griff den linken Daumen eingeschlagen und hielt ihn wie in einem Schraubstock umspannt. Das gekrümmte Glied wirkte wie ein Hebel, und der Schmerz wurde unerträglich, wenn der Druck sich nur um ein Geringes steigerte.

»So, Freundchen, jetzt gestehst du, was Hannibal dir aufgetragen hat!«

Teo akzentuierte seine Fragen, indem er jedesmal ein wenig schärfer zudrückte. Die Straße war leer; Clamors Schreie wurden vom Regen verschluckt.

»Hannibal« nannte Teo den Vater, wenn er aus einem besonderen Grunde schlecht auf ihn zu sprechen war. »Die Quappe« — das war mehr der allgemeine Ausdruck seiner Nichtachtung, der Ablehnung jeglicher Familiarität. Er sagte auch nicht »mein Vater«, sondern »mein Erzeuger«; der Gedanke, daß der Alte die Mutter umfangen hatte, war ihm von Grund auf zuwider — er mochte sich das nicht einmal vorstellen. Es hatte keinen Sinn, die Sichel zu schleifen — Schlappschwänze entmannt man nicht. Das war nicht Fisch und nicht Fleisch.

Durch solche Gedanken pflegte er Blumauer zu erstaunen, wenn er »Gewissenszweifel« vorbrachte.

»Teo — daß Sie mir die innersten Falten Ihres Herzens öffnen, erkenne ich hoch an. Aber bedenken Sie, daß Sie Ihrem Vater schon darum verpflichtet sind, weil Sie ohne ihn nicht auf der Welt wären.«

Hatte er ihm damit einen Gefallen getan? Und hatte er überhaupt die Absicht dazu gehabt? Der stand noch bei der Mutter in Kredit. Es war doch eher so, daß viele Väter gerade deswegen gehaßt wurden. Das mußte ganz aus der Tiefe kommen, als Klage der Ungeborenen und der verpfuschten Existenz.

Immerhin, solide Kenntnisse der klassischen Geschichte und der Mythen hatte er dem Alten zu verdanken — daran konnte kein Zweifel sein. Dem Superus genügten Moses und die Propheten nicht. Das Alte Testament sollte den Unterbau, die Geschichte das Gerüst geben. In dieser Hinsicht dachte Blumauer ähnlich; sie teilten das Heimweh der Humanisten nach der von Göttern belebten Zeit.

Manche Stunde hatte der Vater auf die Punischen Kriege verwandt, die große Schicksalswende am Mittelmeer. Hannibal war seine Lieblingsfigur; ihn wollte er den Jungen ans Herz legen.

Endlich war er mit seinem Helden nach Bithynien zu Prusias gekommen, bis zu dem Augenblick, in dem der große Mann, vom Gastfreund im Stich gelassen, ja verraten, durch Gift seinem Leben das Ende gesetzt hatte — dieser Hannibal!

Viele Große enden einsam oder mit einigen Getreuen, die nicht mehr helfen können — auch sie sind allein. Noch einmal rollte der Superus in kurzen Sätzen den Weg des Heerführers auf: seine Flucht durch die Diadochenländer, die Schlacht in der Ebene von Zama, die Unterredung mit Scipio zwischen den kampfbereiten Heeren, eine der Schicksalsstunden der Welt. Zuvor kam der herrliche Tag von Cannae, der vernichtende Triumph. Hannibal ante portas — dieser Hannibal!

Wie Cäsar allen Kaisern, die nach ihm kamen, den Namen verliehen hatte, so war Cannae die Schlacht der Schlachten — dieser Hannibal!

Es kam die ewig denkwürdige Überquerung der Alpen mit dem Fußvolk, den Reitern, den Elefanten, es kamen Sagunt und die Kämpfe in Spanien. So ging es zurück bis zum Eidschwur, den der neunjährige Knabe dem Hamilkar geleistet hatte: ewiger Haß gegen Rom! Da nahm ihn der Vater mit in den Krieg — diesen Hannibal!

Der Superus war dabei im Studio hin und her gegangen, in dem er die Schüler unterrichtete. Das war bald nach Simmerlins Einzug gewesen, auch Clamor war dabei. »Dieser Hannibal!« — — — dabei hatte der Alte die Arme beschwörend aufgehoben, und die Schifferkrause hatte sich gesträubt.

Diese Darbietung war auch zu einem der Marksteine ihres Zerwürfnisses geworden, denn Teo hatte der Heiterkeit, die sie in ihm erweckte, keine Zügel angelegt. Er hatte kurz zuvor mit Simmerlin den »Raub der Sabinerinnen« gelesen, und im Alten schien ihm die Verquickung der beiden Possenhelden wohl gelungen: der Schulfuchs als Schmierenkomödiant.

Das rüde Gelächter mußte den Vater um so tiefer kränken, als er meinte, sein Bestes geboten zu haben, das so verunglimpft worden war. In unseren Helden trifft man uns besonders schwer.

Dabei war die Begeisterung des Alten echt, und auch am Willen, sie den Schülern mitzuteilen, konnte kein Zweifel sein. Dazwischen aber stand die Übertragung, der er nicht gewachsen war. Die Fackel erlosch ihm in der Hand. Sie weiterzureichen, war ihm nicht vergönnt.

Das ist, besonders in Zwischenzeiten, kein speziell pädagogisches, sondern ein weithin erotisches Problem. Der Freier, der Werber wird verlacht. Er naht sich mit einem aus der Mode gekommenen Bukett. Das sind Stilbrüche. Im Handumdrehen verwandelt sich die Respekts- in eine komische Person. Figaro tritt ein.

An Clamor war der Auftritt vorbeigegangen wie der Einschub in einer Fremdsprache. Zwar hatte auch er die Begeisterung des Lehrers nicht begriffen, doch angenommen, es müsse Großes an diesem Hannibal sein. Zudem war ihm, obwohl er wie jedes der Zärtlichkeit und Harmonie bedürftige Wesen nach Heiterkeit strebte, die Komik fremd.

Doch selbst wenn er Teos Scharfblick besessen hätte, wäre

ihm nie in den Sinn gekommen, sich über den Vater zu belustigen. Die Brücke war intakt.

Sie gingen langsam im Regen am Welfenplatz bei den Artilleriekasernen vorüber und bogen in die Breite Straße ein. Wie sie Schulter an Schulter dahinschlenderten, boten sie den Anblick eines Brüderpaars. Teo hielt noch immer die Hand im Ausschnitt des Umhanges, um Clamor mit seinem Griff zu knebeln, der sich kaum von einem Streicheln unterschied. Doch war der Schmerz durchdringend, wenn Teo nur ein wenig anzog, und es kam zu Spitzen, die Clamor ein Geheul auspreßten.

Das Verhör blieb insofern ohne Ergebnis, als es nichts zutage förderte, was Clamor nicht auch freiwillig erzählt hätte. Jedenfalls war er nicht zum Horchen bestellt worden — und von dem, wovor der Superus ihn gewarnt hatte, besaß er nur unklare Vorstellungen. Teo konnte daran nicht zweifeln, nachdem er ihn einige Mal in die Knie geschickt hatte. War der Verdacht auch nicht zu halten, so suchte er doch Nutzen daraus zu ziehen.

»Wirst du mir auch immer gehorchen, und unter allen Umständen?«

»Ja, Teo, das tu ich gern, auch ohne daß du mich peinigst — bitte, laß mich los.«

»Alles tun, was ich dir sage? Ehrenwort!«

»Ehrenwort.«

»Nein — schwöre!«

»Ich schwöre — Teo, laß mich los!«

EINE HANDVOLL KRABBEN

Die Breite Straße war geräumig; sie lag außerhalb der alten Stadtmauer. Die Häuser waren von Vorgärten gesäumt. Sie trugen schmale Schilder von Ärzten und Rechtsanwälten und breitere von Handels- und Versicherungsbüros. Offene

Ladengeschäfte dagegen fehlten; dafür war der Verkehr zu schwach. Die Delikateßhandlung von Viktor Dranthé machte die Ausnahme. Hier war der Vorgarten durch ein Pflaster ersetzt, in das ein Wasserbecken eingelassen war. Eine niedrige Brüstung sollte es nicht nur gegen die Hunde, sondern auch gegen die Kinder schirmen, die sich dort am dürftigen Strahl eines Springbrunnens ergötzten und in das Wasser hinabstarrten. Herrn Dranthés Kommis vertrieb sie mehrere Mal am Tage; das gehörte zu seinen Aufgaben.

Das Becken diente als Behälter für die Fische, die lebend verkauft wurden — und wenn die Lieferungen aus den Ostprovinzen kamen, bedeckten auch Krebse seinen Grund. Herr Dranthé nannte sein Geschäft ausdrücklich »Delikateß- und Austernhandlung« — er bezog Prachtexemplare aus Ostende und für Kenner die dünnschaligen natives der natürlichen Fanggründe. Sein Ehrgeiz zielte darauf, hier die Genüsse zu verfeinern, und gern hätte er nach Pariser Muster vor seinem Laden einen écailleur gesehen, der die Austern öffnete. Doch dazu langte trotz der günstigen Lage der Umsatz nicht. Außerdem machte Herr Dranthé nicht gern unnötiges Aufsehen. Aber ein Austernfrühstück in seiner Probierstube rühmten selbst die Engländer, wenn sie ihre Söhne zum Professor brachten oder sie von ihm abholten.

Herr Dranthé war Hoflieferant. Die großen Jagden hatten begonnen; ein Teil der Strecke hing vor seinen Schaufenstern. Als Prachtstücke flankierten ein Rothirsch und ein Keiler, beide aufgebrochen, dazwischen Hasen, noch in der Decke, und Flugwild jeder Art. Fasanen verdeckten mit ihren Stößen die Auslage zur Hälfte wie ein gefranster Baldachin. Ihre schillernden Krausen und das rote Spiel der Birkhähne glänzten im Regen nicht wie in der Sonne; es war ein gedämpftes Stilleben. Und da kaum Menschen vorüberkamen, machte es den Eindruck, als sei es weniger des Profits als um seiner selbst willen entworfen — ein wahres Kunstwerk — — — l'art pour l'art.

„Ich spüre Lust auf Krabben«, sagte Teo, als sie vorbeigingen. »Wir kehren nochmal um, und du besorgst mir eine Handvoll davon.«

»Dann mußt du mir Geld geben.«

»Für Geld kann jeder Krabben haben — du sollst sie mir so bringen.«

»Dann werd ich ins Gefängnis gesteckt.«

»Was — eben noch hast du geschworen und willst schon meutern — tu, was ich dir sage, und halt den Mund!«

Sie drehten um und schlenderten noch einmal auf den Laden zu. Teo ging langsam und blieb auch stehen, indem er ihn instruierte, doch Clamor schien die Zeit zu fliehen, die ihn von seiner Exekution trennte. Ihn wunderte, daß Teo seine Aufregung nicht teilte und sprach, als ob er eine Aufgabe erklärte oder eine Übung in der Turnhalle.

Die Krabben waren vor dem Laden in einer der Kisten ausgestellt, wie sie von der See kommen. Sie standen zwischen den aus Spaltbambus geflochtenen Austernkörbchen und anderem Angebot.

Die Aufgabe war nun ganz einfach: Clamor hatte langsam am Schaufenster vorbeizugehen. Dann fuhr er mit der Linken aus dem Schlitz des Umhangs und zog sie mit einer Handvoll Krabben zurück. Das ging wie's Katzenficken; selbst wenn jemand es sehen sollte, so traute er seinen Augen nicht.

Aber wer sollte es denn sehen? Die Straße war leer; der Regen fiel stärker noch. Und der Blick aus dem Laden war durch die Fasanen verhängt. Ein kleines Risiko mußte schließlich dabei sein — wo blieb sonst der Spaß?

»Also schieß los!«, und Clamor bekam einen Schubs. Mit großer Angst ging er über den Vorhof am Fischbecken vorbei. Er visierte die Krabben an, eine steingraue Masse mit rötlichem Anflug in der Kiste aus gelbfasrigem Holz. Gern wäre er ausgebrochen wie ein Pferd, das vor der Hürde scheut. Doch hinter ihm war der mächtige Teo, und es war auch der Schwur. Also griff er hinein in den Kasten und fühlte die Krabben, als ob ihn Nädelchen stächen — dann rannte er fort, als ob der Teufel hinter ihm her wäre.

Teo erwartete ihn an der Kreuzung, die zu Silverschmieds Villa abzweigte. Er war ungnädig.

»Bist du verrückt, ohne jeden Sinn zu laufen, als ob sie dir im Genick säßen? Du kannst von Glück sagen, daß kein Polyp in der Nähe war.«

Clamor war außer Atem; er bot ihm die Beute an. Doch Teo verzichtete. »Iß sie nur selber, obwohl du sie nicht verdienst. Mir sind die aus der Nordsee zuwider — das sind Schwindlinge.«

Es war eine gute Handvoll, eher eine Traube, denn es hingen noch Tiere herunter, die sich mit Fühlern und Beinen verfilzt hatten. Clamor kannte Krabben nicht einmal bei Namen; er war einfache Kost gewohnt. Doch hatte er eine unüberwindliche Scheu vor gestohlener Ware; sie brannte ihm in der Hand. Er warf sie in Silverschmieds Vorgarten, den sie inzwischen erreicht hatten.

Der Block wurde nur durch zwei Häuser gebildet oder eher durch die Gärten, die sich an ihrer Rückseite ausdehnten. Das Silverschmiedsche grenzte zur Linken an das Eckhaus der Breiten Straße, dem Dranthés Laden gegenüber lag. Rechts davon kam die Villa von Hinüber und dann der Wald. Dem Haus des Justizrats war später, und offenbar durch einen billigeren Architekten, eine Remise angefügt. Sie hatte neben einem kleineren auch ein großes Tor, hoch genug für die Heufuhren. Unten war Platz für einen Landauer und eine Kutsche, mit Stallung für zwei Pferde, darüber lagen die Kutscherwohnung und der Futterboden unter einem flachen Dach. Buz kannte sich dort aus wie überall, wo es nach Pferden, Reitern und Hunden roch. In diesem Viertel gehörte fast zu jedem Haus eine Stallung; der Wald mit den Reitwegen grenzte an.

Teo ging langsam zwischen dem Waldrand und Dranthés Laden auf und ab. Dann blieb er im Regen vor Silverschmieds Hause stehen. Clamor hatte immer noch Herzjagen. Er konnte sich nicht enthalten zu fragen: »Und wenn sie mich jetzt gefaßt hätten?«

Teo klopfte ihn auf den Rücken: »Dann kommt Teo ex machina.«

Er führte das näher aus: »Stell dir vor: der Kommis hat dich am Kragen gepackt und zu Herrn Dranthé in den Laden geschleift. Sie wollen dir die Ohren abschneiden, die Polizei holen. Wenn du denen was nimmst, auch nur für einen Fünfer, dann rührst du ans Heiligste.

Nun denk dir weiter — jetzt komme ich in den Laden: ›Herr Dranthé, die Wette hätte ich gewonnen — allen Respekt‹. Nun Dranthé: ›Herr Quarisch, was für eine Wette — mir ist nicht scherzhaft zumut.‹

›Herr Dranthé, nichts für ungut — ich hab mit Max Silverschmied gewettet, daß Ihnen bei Ihren Fischen und draußen vorm Fenster kein Hennepfitz entgeht. Da haben wir den Quartaner hergeschickt.‹«

»Weißt du, Clamor — man muß es aufs Spiel abdrehen. Natürlich versteht Dranthé keinen Spaß, wenns um die Kasse geht. Aber er muß gute Miene zum Spiel machen, sonst setzt es Ärger mit dem reichen Justizrat, der nebenan wohnt, und auch mit Ohm Freddy und seinen Engländern. Übrigens ist Dranthé auch Freimaurer.«

Während sie immer noch im Regen standen, setzte Teo die Belehrung fort: »Clamor — du mußt immer die Gesetze beobachten. Deshalb durftest du die Krabben nicht wegwerfen. So war es Mundraub — und dafür kannst du nicht bestraft werden.«

»Aber wenn ein Gymnasiast das tut, wird er trotzdem geschaßt.«

»Schau, Clamor, du entwickelst dich. Aber als meinem Leibschützen kann dir nichts geschehen.«

»Wir wollen also Trumpf spielen. Während sie dich im Laden verhören, komme ich zufällig herein. ›Das ist ja Clamor — was hat er denn angestellt? Krabben geklaut? Und gleich geschnappt worden? Gratuliere, Herr Dranthé — Ihre Augen reichen bis zum Hintersten.‹«

Das war eine sprichwörtlich gewordene Drohung des

Klassenlehrers der Sekunda, eines stadtbekannten Originals. Er pflegte sie auszustoßen, wenn die Schüler abschrieben oder zu laut wurden.

»Wenn ich das nun mit Betonung sage und dabei das rechte Auge zukneife, hat Herr Dranthé dich schon halb vergessen; er fixiert mich angestrengt, als ob ich ein Prophet wäre. Und wenn ich dann sage: ›Herr Dranthé — ich soll Sie auch schön von Fritzchen grüßen‹, und dabei das linke Auge zukneife, wird er blaß um die Nase und wackelt mit den Knien.

Ich nehme dich dann an der Hand: ›Schwamm drüber, Herr Dranthé — ein Dummerjungenstreich.‹ Und du wirst sehen — er begleitet uns vor die Türe: ›Gewiß, Herr Quarisch — ist nicht der Rede wert. Empfehlen Sie mich bitte Ihrem Herrn Onkel, und auf Wiedersehn.‹

Siehst du, Clamor, so wirds gemacht. Ich könnte täglich bei Dranthé frühstücken, und er würde mir noch Geld auf die Hand geben. Das wäre schäbig von mir, aber er soll sich wegen einer Handvoll Krabben nicht aufspielen. Wenn er mit Fritzchen badet, gießt er für zehn Mark Parfüm in die Wanne — das spielt keine Rolle bei dem. Deshalb riecht es dort auch immer halb wie beim Schlachter, halb wie beim Friseur.«

BESCHATTUNGEN

Von Kriminalgeschichten las Teo nur die ganz alten, so den Pitaval, daneben Fielding und Poe. Auch beschäftigte ihn weniger die Moral als die Logik der Verfolgung; nicht auf den »Sieg des Guten über das Böse«, sondern auf die Spielregeln und ihre Technik kam es an.

»Beschatten« etwa — das war ein gutes Wort. Dabei war Wissensdurst ohne Absicht, unbeteiligte Neugier auf die Verflechtungen. Merkwürdig, daß sie bei den Ermittlern so selten war. Sie mußten wie Maler dritten Ranges ein »Motiv« haben. Den Detektiv beschäftigte weit mehr das Verbrechen als der Verbrecher, der dessen Autor war. Aber der Künstler würde ihn erkennen, selbst wenn er keinem Kinde ein Härchen gekrümmt hätte.

Sah man es so, dann wurde jeder geheimnisvoll. In diesem Sinne war der Verbrecher flacher, vordergründiger als der Nächstbeste, dem man begegnete. Teo hatte schon in Kairo gern beschattet; er war Herr seiner Zeit gewesen und hatte trotzdem mehr gelernt, als wenn er sie auf der Schule verbracht hätte. Dort war jeder zugleich ein Fremder und ein Typus — der Wasserverkäufer, der blinde Bettler, der Eunuch, der die Herrin zum Bad begleitete. Am Schlangenbeschwörer war weniger sein Schauspiel faszinierend als das Weben und Wesen, dem es entsprang. Wohin ging er, was trieb er, wenn er die Kobra auf dem Markt zum Tanzen gebracht hatte? Mit wem verkehrte er, wohin trug er seine Tiere, war er verheiratet? Das war ungemein spannend, doch nur als Beispiel, denn es galt für jeden:

> Jeder Mensch, wert, es zu sein —
> Hat in sich eine gelbe Natter,
> Lauernd wie hinterm Gatter.

So hatte er früh schon viel gesehen vom Sonderbaren der Erscheinung und ihrem nur zu vermutenden Sinn. Wenn Simmerlin verreist war und auch während der Krankheit der Mutter hatte es ihn bis in die Nacht auf den breiten Promenaden und in den engen Gassen, im Gewimmel der Suks und im Labyrinth der arabischen Quartiere umhergetrieben — er hatte Arme und Reiche bis in die eleganten Vororte oder die Fellachenviertel verfolgt, scharfäugig und beutegierig wie die Milane, die über den Märkten der uralten Stadt in der Luft kreisten.

Wenn die Farben ihn geblendet, der Lärm ihn betäubt hatten, kam der Rausch der Stille über ihn. Er wurde blaß, begann zu zittern, verlor die Wahrnehmung, als ob das Blut sich aus dem Gehirn zurückzöge. Dann wich die Neugier, und es blieb nur Staunen — nichts war weniger wirklich, weniger wichtig als der Markt mit seiner Fülle, seinen Farben, dem Geschrei.

Übrigens war er in dieser Hinsicht und mit diesen Zweifeln Clamor ähnlich, von dem ihn sonst fast alles trennte — nur empfand er nicht Furcht dabei.

Das Beschatten trieb er als Kunst, also ohne Absicht und um seiner selbst willen. Eine bessere Vorschule konnte man sich kaum denken, als er sie in Kairo gehabt hatte, der seit den Zeiten der listigen Dalilah nicht nur als Handelsplatz berühmten, sondern auch wegen ihrer Gauner und Beutelschneider berüchtigten Stadt.

Hier war das Mißtrauen zu Haus. Doch Teo besaß ein angeborenes Talent für die Verfolgung; zudem trug er auf diesen Gängen Fez und Chalabija, so daß er als »Mann der Menge« durchgehen konnte oder, wenn man ihn ins Auge faßte, als junger Ägypter der Oberschicht. Als solcher konnte er auch in den Moscheen und an anderen, den Europäern verschlossenen Orten nicht auffallen.

Nach seiner Rückkehr fand er neuen Stoff für diese Leidenschaft. Dabei unterstützte ihn ein erstaunliches Personengedächtnis und das Gespür für soziale Differenzierungen. Was die Leute von sich hielten, wie sie sich rangierten und wie sie geachtet werden wollten, wußte er instinktiv.

Jemanden zu beschatten, war ein Genuß und eine Erholung für ihn. Er hatte damit wie über einer spannenden Lektüre manchen Nachmittag verbracht. Wenn er an einer fremden Tür klingelte oder im Hausflur angetroffen wurde, hatte er einleuchtende Erklärungen. Er war auch mit Listen für ein Hilfswerk unterwegs. Er wußte, wie es einem Strichmädchen gelingt, schon vor dem Mittagessen einen Freier aufzutreiben, kannte auch ihren Zuhälter. Einem Angetrunkenen zu folgen, war schier noch kurzweiliger, als wenn man selbst gezecht hätte.

Theo hatte auch Buz zum Beschatten angelernt. Der war sein Zuträger für manches, was in den Ställen und Kasernen getrieben oder hinter der Hand erzählt wurde. Auf diese Weise waren ihm auch Kenntnisse zugeflossen, die genügt hätten, Herrn Dranthé »das Handwerk zu legen«, wie es unter Brüdern heißt.

Wenn nach dem Schlußappell die Husaren durch das von Schilderhäusern flankierte Tor ausschwärmten, hatte sich dort schon eine erwartungsvolle Menge gestaut, vor allem Mädchen, die den Ihren zu einem Gang ins Grüne oder auch in die vier Wände abholten. Der Soldat in der Küche gehörte zum Dienstvertrag; er blieb bis kurz vorm Zapfenstreich.

Auch warteten dort Verwandte und Bekannte vom Lande — Väter, Onkel und Nachbarn, die Erinnerungen an ihre Dienstzeit auffrischten. Weiter entfernt standen ältere Herren; sie zogen Tage vor, an denen es nebelte. Daß sie nicht reiner Patriotismus trieb, junge Soldaten freizuhalten, war bekannt. Den Uniformen, besonders der Reiter, konnten sie schlecht widerstehen — dem knappen Dolman der roten und der schwarzen Husaren, dem gelben Lammfell der Dragoner, den weißen Röcken der Kürassiere, wie sie die schweren rheinischen Jungen trugen, die »Deutzer Mehlsäcke« mit ihren Stulpenstiefeln und Stoßdegen.

Bekannt war ferner, daß mancher auf diese Weise seinen Sold aufbesserte. Es hieß sogar, daß ein Primaner, später berühmter Indologe, damit den Grundstock zu seiner Bibliothek legte. Auch Fritzchen führte ein flottes Leben; er kam nicht vom Lande wie die meisten, sondern war Kellner im Leipziger »Merkur« gewesen und als Kasino-Ordonnanz beliebt. Herr Dranthé hatte ihm eine Extrauniform spendiert. Er verwöhnte ihn nach Strich und Faden, hielt ihn wie seinen Augapfel.

Buz wiederum hatte sich mit Fritzchen angefreundet und machte Botengänge für ihn. Auf diesem Wege und durch Beschattung hatte Teo Einzelheiten über Herrn Dranthés Umgang und Gewohnheiten ergründet, denen gegenüber er die Krabben en bagatelle behandeln konnte — das war für ihn, der Sprüche umzudrehen liebte: der Balken im Auge des anderen.

Zu Herrn Dranthés Liebhabereien zählte das Straminstikken. Ein kleiner Zirkel gestandener Männer versammelte sich dazu in seinem Salon. Sie hielten Rahmen mit gemustertem Leinen in der Hand und zogen bunte Fäden hindurch. Einmal stickten sie auch alle zusammen mit Seide an einer runden Tischdecke. Einer von ihnen las dazu Platens Sonette vor:

> Beim ersten Zeichen deiner künftgen Neigung
> Wird eine bange Wonne mich erfassen,
> Wie einen Fürsten vor der Thronbesteigung.

Fritzchen servierte Erfrischungen. Herr Dranthé hatte ihm Locken gebrannt; er trug mit Litzen besetzte Lackstiefel. Die Herren kamen mit Knöpfschuhen, die bis zur halben Wade reichten; die Sprache, in der sie sich unterhielten, war gewählt. Sie sagten »speisen«, »chambrieren«, »promenieren«, »Gemahlin« und so fort. Für Farben hatten sie einen zarten, empfindsamen Sinn. So wollte Herr Dranthé den Konrektor Zaddeck, der Paulchen die Nachhilfe gab, nicht mehr empfangen, weil er in Stiefeln mit roten Absätzen erschienen war. Der war nicht hasenrein. Jedenfalls hatte Buz, dem Fritzchen es erzählte, das so aufgefaßt.

Teo ließ sich von Buz über diese Gespräche und seinen Botendienst berichten; das Ergebnis behielt er für sich, speicherte es im Gedächtnis auf. Er hatte dabei den Genuß, mit dem man aus Splittern ein Bild zusammenfügt.

Beim Aufenthalt in Neapel war es ärmlich zugegangen, doch hatte es zu einem Abstecher nach Capri gereicht. »Il Tiberio« war dort noch immer präsent. Simmerlin hatte zu dem Ausflug gedrängt. Wie mancher Einzelgänger hatte er sich intensiv mit Tiberius beschäftigt; er sah hier Stirners Prinzipien auf hoher Ebene realisiert.

»Manches, was damals erlaubt war, ist heute verboten, so

die blutigen Schauspiele. Anderes, was nur als anrüchig galt, wird bestraft, so die Päderastie. Wenn dem nicht so wäre, müßte es erfunden werden als eine der wenigen Handhaben, mit denen der Einzelne die Mächtigen angehen kann. Da zittern auch die Nächsten am Throne, und selbst Kanonenkönige.«

Clamor spürte den Regen jetzt auf der Haut: »Teo, wollen wir nicht lieber gehen? Am Ende sieht uns Silverschmied noch.«

»Du Dummkopf, darum stehen wir doch gerade hier. Bin ich ihm etwas schuldig oder er mir? In Indien würde ich mich vor seine Tür setzen. Aber ich halte mich auf alle Fälle schadlos, drauf kannst du Gift nehmen.«

Aus dem Stegreif entwickelte er einen seiner Pläne dazu. Max Silverschmied verwahrte die Marken in einem Kasten, den er auszuschütten pflegte, wenn er sie zeigen wollte oder handelte. Eine davon, eine pyramidenförmige Ägypter, zehn Mark wert unter Brüdern, hatte Teo zur Enteignung vorgesehen.

»Du leckst dir mit der Zunge am Handballen. Und während ich mit ihm zu streiten anfange, zeigst du mit dem Finger auf eine Marke und backst den Ägypter an. Dann läßt du ihn verschwinden — und vigilinscher, als du es eben mit den Krabben geliefert hast!«

»Aber Teo, warum machst du das nicht lieber selber — du kannst es doch besser als ich.«

»Ich werd dir noch abgewöhnen, daß du mir Fragen stellst.«

Zur Rückkehr wählte Teo den Weg am Waldrande. Der Zugriff auf Dranthés Auslage konnte doch vielleicht Zeugen gehabt haben, und wenn es nur ein altes Weib war, das aus dem Fenster sah. Teo nahm ungern den gleichen Weg zurück, auf dem er gekommen war — das gehörte zu seinen Gewohnheiten. Ebenso fing er beim Ausspähen in Häusern beim obersten Stockwerk an.

Die Sache mit den Briefmarken kam Clamor schon nicht mehr so unerhört wie die mit den Krabben vor. Aber auch diese bedrückte ihn schon weniger als vor einer Stunde noch. Teo erschien ihm nicht mehr rein als Räuber, sondern auch als Herrn Dranthés Gegenspieler — als sein Richter sogar.

DAS PROBLEM

»Dürfen die Großen denn die Kleinen hauen?« Im Kabinett konnten sie Fragen stellen; Teo war dort umgänglich. Überhaupt war es im Kabinett behaglich — gemütlicher noch als im Alkoven während des Stündchens vorm Einschlafen.

Clamor knüpfte diese Frage an seinen Bericht über die Begegnung, die er auf dem Schulweg mit dem Gendarmen gehabt hatte. Teo hatte das zerrissene Hemd bemerkt.

Natürlich durften die Großen das. Die Kleinen durften ja auch die Großen hauen, aber dazu mußten sie sich zusammentun, und das dauerte oft lange Zeit. Dann konnte ein Großer noch mehr Schläge bekommen, als er verteilt hatte.

»Unser Teo macht immer bei den Großen mit.« Buz war davon überzeugt.

»Euer Teo macht überhaupt nicht mit. Der hat Besseres zu tun.«

Einmal, noch in Oldhorst, nach der Lektüre des noch nicht wiederentdeckten Max Stirner, hatte Simmerlin mit ihm über die »Chance« gesprochen, und zwar im Zusammenhang mit der Predigt, die er vorbereitete: »Wie ich mit dem Pfund wuchere.«

»Mit dem Pfund wuchert man schon, indem man atmet, und insofern ist jeder von vornherein absolviert. Das darf ich den Bauern natürlich nicht sagen. Ebensowenig: daß nicht nur Zeit und Raum, sondern auch Gut und Böse Formen der Anschauung sind.

Es wird immer Große und Kleine geben, auch Mächtige und Unterdrückte; das sind Stellenwerte, in die stets neue Inhalte einrücken. Erkenne die Gesetze, ohne sie anzuerkennen, wie einer, der auf schmaler Klippe die Wogen kommen und gehen sieht. Das ist der Einzige. Wichtiger als zu steigen und zu fallen ist ihm, daß er den Standort wahrt. Der ist sein Eigentum. Er läßt sich nicht einordnen, auch nicht in die Eliten; er bleibt allein.

Die Großen verfügen über den Raum, und daher haben sie Grenzen; die Kleinen wachsen mit der Zeit, sie müssen Geduld haben.«

Teo ließ sich noch einmal über die Begegnung mit dem Gendarmen berichten, bei der Clamor sich vor die Brust stoßen, das Hemd zerreißen ließ. Er war außer sich — nicht weil Clamor weinte und nicht über den Fausthieb, sondern über die Ohnmacht, mit der er empfangen worden war.

»Bei jedem dieser Transporte führt doch ein Oberer, ein Offizier. Du mußtest sofort hinlaufen, das Hemd zeigen, es noch aufreißen — das hat immer schon Eindruck gemacht. Du mußt schreien: dort wohnt der Professor, der ist mit dem Fürsten befreundet, der Gendarm hat nach Schnaps gestunken, du willst den Namen wissen, der wird angezeigt. Dann siehst du: die geben dir noch gute Worte und Geld dazu.

Oder: du mußtest dahinter herlaufen, immer laut schreien, daß viele dich hören, mußtest dich in der Schule krank melden und Blut spucken. Ich stifte dann Ohm Freddy an, den Transportführer zu verklagen — dabei kann eine Rente für dich herausspringen.

Das wäre das Mindeste. Besser ist noch der epileptische Anfall, du wälzst dich auf dem Boden, springst auf, fängst irrsinnig an zu schreien, so mußt du's machen:

U — — — A, U — — — Au, U — — — Au. Hi — Hi — Hi!«

Teo war aufgesprungen und stand mit nackten Beinen im Alkoven wie ein Apache, der sich am Kriegsruf berauscht.

»Wenn die Gefangenen das hören, wittern sie Morgenluft. Du steckst sie mit deiner Tobsucht an. Sie fallen über die Wächter her, bringen sie um, nehmen ihre Pistolen und Säbel, reißen Zaunlatten ab. Dann geht ihr zu den Spinnern, laßt Feierabend machen, steckt die Fabrik in Brand. Dann könnt ihr die Stadt plündern. Und du, Clamor, du trittst das dicke Schwein, wenn es am Boden liegt, noch mit dem Stiefel ins Gesicht.«

Als Teo zu toben begann, zogen Buz und Clamor sich die Bettdecke über den Kopf und brunzten vor Angst in die Nachthemden. Es wurde laut im Hause; die Professorin kam mit der Lampe herauf.
»Um Himmels willen, Teo, was ist denn los? Brennt es, oder wird einer umgebracht? Der Onkel liegt mit Zahnweh im Bett.«
»Tante Mally — du wirst dich geirrt haben. Das waren wieder die besoffenen Reservisten; wir sind selber davon aufgewacht. Das ist polizeiwidrig.«
Als sie gegangen war, dauerte es lange, bis sie einschliefen. Teo war erschöpft, als ob er den Anfall nicht nur gespielt hätte.
»Ich weiß nicht, warum ich mich euretwegen aufrege.«

Das war das Problem. Mit geringen Mitteln ließ sich viel ausrichten. Zahlen spielten kaum eine Rolle dabei. Wenn die vorhandenen Kräfte sich das Gleichgewicht hielten, und mochten sie noch so stark sein — dann konnten sie nicht mehr als ihre gegenseitige Zerstörung ausrichten. Arme und Reiche, Rote, Schwarze und Weiße, Spinner, Soldaten und Polizisten fielen übereinander her. Dann kam der Augenblick für kühne Handstreiche. Das mußte geübt werden.
Im Orient war das von jeher leichter gewesen — weil man dort noch den Sultan kannte, der in jedem verborgen lebt. Niemand erstaunte, wenn er in einem Lastträger erschien.
Aber auch hier begannen die Dinge sich zu ändern — ein Netz wurde über das Land geworfen — zunächst mit Ideen, die jedem einleuchteten. »Die Gemeinplätze mußt du studieren — die sind vor allem trächtig«, hatte Simmerlin gesagt. Man wurde auf andere Weise, in der Horizontale, gleichwer-

tig. Das war die Kanalisierung, wie Ohm Freddy es nannte und fürchtete. Ein Land ließ sich mit einem Griff erhellen, verfinstern, auslöschen. Der Einzelne wurde noch viel stärker; er konnte Gott werden. Das waren nicht Fürsten mehr — — — Sultane schon eher, doch gab es noch keinen Namen für sie. Vor Julius Cäsar hatte man auch Kaiser nicht gekannt.

Vom Saadi ließ sich manches lernen, doch war er kein Modell. Eher ein Nachzügler von den ganz Alten, ihr karikiertes Bild. Gerade der Mythos war die Klippe, die zu vermeiden war. Die neuen Götter lebten und verbrannten in konzentrierter Gegenwart. Geschichte und selbst Mythos hielten hier nichts mehr zusammen; es war, als zöge ein Magnetberg die Nägel aus dem Schiff.

DAS KABINETT

Teo wuße sich gut zu orientieren; er beurteilte jeden Weg, den er einschlug, und jeden Raum, in dem er sich aufhielt, nach dem, was sie für Angriff und Deckung hergaben. Tiere bewegen sich so, und auch Menschen in Lagen, in denen sie als Wild oder als Jäger auftreten.

Als er das Alkovenzimmer bezog, hatte er bemerkt, daß der Schrank, wie mächtig er auch sich bauchte, die Nische nicht völlig ausfüllte. Wenn oben auf dem Boden hantiert wurde, erschien das Möbel für Geräusche durchlässiger als die Decke und die Wand. Auch kam Zugluft aus ihm, wenn man das Fenster öffnete. Er mußte also wohl einen Durchgang abdecken.

Buz war in Handarbeit geschickt. Nachdem Teo ihn beauftragt hatte, der Sache nachzuspüren, ging er mit Eifer ans Werk. Er bohrte zunächst ein Loch in die Rückwand des Kleiderschrankes und leuchtete mit der Taschenlampe in einen Hohlraum; die Nische war in der Tat nur zur Hälfte gefüllt.

Buz hob nun ein Brett aus und eröffnete den Raum, der kaum größer als eine Speisekammer war. Er hatte als Zugang zu einer schmalen Treppe gedient, die auf den Boden führte und dort wiederum durch ein Möbelstück verstellt wurde. Es war ein Regal, in dem Frau Mally ihr Eingemachtes verwahrte und das sich ohne große Mühe beiseite schieben ließ. Alles hatte wohl so gestanden, längst ehe der Professor das Haus kaufte.

Diese Entdeckung war Teo höchst erfreulich — jeder hätte schließlich gern ein Versteck, in dem er allein oder mit wenigen Vertrauten sein Wesen treiben könnte und zu dem wie zu einer Höhle Sesam kein anderer den Zugang wüßte außer ihm. Das kann als Kabinett für geheime Anschläge dienen, dazu noch als Beichtstuhl und Schatzkammer.

Er ließ zunächst das Brett mit zwei krummen Nägeln wieder anheften. So konnte es leicht entfernt werden. Zudem war man im Kabinett durch die Schranktür abgedichtet und durch die Menge von Mänteln und Kleidern, die von den Bügeln herabhingen, so daß keine Überraschung zu fürchten war.

Der Zugang zu den Alkoven führte zunächst durch die Flur- und dann durch die Zimmertür. Der Professor kam nicht dahinter, warum beide so widrig knarrten, obwohl er sie oft geölt hatte. Er wußte nicht, daß Buz dann jedesmal die Zapfen und Angeln putzte und mit einer Prise Sand impfte. So hörten sie, wenn sie in ihren Betten plauderten oder im Kabinett berieten, beizeiten jede Annäherung.

Die Einrichtung ließ sich leicht bestreiten aus dem verstaubten Hausrat, der in vielen Jahren auf dem Speicher abgestellt worden war. Als Tisch diente eine Kiste, die Buz mit Stoffen aus dem Vorrat des Kleiderschranks bezog. Ein Lederpolster wurde auf die unterste Treppenstufe davor gebreitet; so waren zwei Stühle gespart. Dieses Polster hatte den Rücksitz einer Kutsche gebildet, die außerdem noch eine Laterne beisteuerte. Teo ließ immer etwas Öl aus der Lampe zapfen, die sie mit nach oben nahmen, und einmal hatte Buz aus dem Keller einen größeren Vorrat besorgt. Er wurde in einem Kännchen verwahrt, dessen Ausguß durch eine Messingkappe gesichert war. So konnte Teo sowohl »ad hoc« wie auch »in Permanenz« tagen.

Die Laterne war an der Wand befestigt; sie stand in einem Halter, der dazu schon am Wagen gedient hatte. Buz hielt sie in Ordnung; keiner wußte besser Metall und Leder zu putzen — es war ein Vergnügen für ihn. Er trug dazu eine blaue Schürze und schien in eine träumerische Stimmung zu geraten, wenn er mit verschiedenen Bürsten und Lappen über die glatte Fläche strich und sie dazwischen anhauchte, bis sie blank wie ein Spiegel leuchtete.

Natürlich trugen diese Künste bei den Husaren zu seiner Beliebtheit bei. Selbst wenn der Rittmeister schon aufgesessen war, lief Buz ihm mit dem Staubtuch nach. Auch sonst mußte alles in Ordnung sein. »Propper« war eines der Wörter, die er mit Vorliebe anwandte.

Im Kabinett verwahrte Teo die Dinge, die er gern für sich hatte, vor allem die Koffer, mit denen er von der Eskapade zurückgekommen war. Von den Waffen, die an der Wand hingen, hatte er die meisten in Oldhorst aufgetrieben, andere hatte er aus dem Orient mitgebracht, so auch den Kibo, vor dem Buz solchen Respekt hatte, eine Peitsche mit geflochtenen Riemen und inkrustiertem Stiel. Schußwaffen waren leichter zu beschaffen als Munition, an der es haperte.

Neben der Laterne hing das Bild eines eleganten Paares: Simmerlin und Sibylle, aufgenommen während einer Nilreise zur Zeit, in der es steil aufwärts gegangen war. Elephantine — Simmerlin hatte dort zu tun gehabt. Damals hatte er Teo mit Cissy bekannt gemacht.

Ein zweites Bild war an die Wand geheftet — ein nacktes Fellachenmädchen, das eine Amphore auf der Schulter hielt. Des Busens wegen hätte es der Geste nicht bedurft.

»Au Backe — die hat Titten wie Marzipan« — so Buz, als er das Bild zum ersten Male sah.

»Ich hab dir schon oft gesagt: es heißt nicht Titten, sondern Brüste — sonst ist es richtig; die haben anderes Fleisch als bei uns. Und außerdem den Vorteil, daß sie zu kaufen sind. Da gibts keine Sperenzien.«

Teo saß in dem Lehnsessel, den sie vom Boden heruntergeschleppt hatten. Buz hatte ihn ausgebürstet und die Lehne poliert. Es war, um mit Villon zu sprechen, »für Erzbischöfe eine Sitzgelegenheit«. Man hätte das Haus noch einmal möblieren können, und vermutlich geschmackvoller, mit den Stücken, die oben verdämmerten.

Außerdem verwahrte dort, wie gesagt, Frau Mally ihre Vorräte, soweit sie nicht im Keller besser am Platz waren. Ein besonderer Verschlag bildete die Wurstkammer; sie wurde nach Bedarf aus Oldhorst aufgefüllt. Immer noch war am Haushalt die Herkunft vom Lande zu spüren — so auch daran, daß der Professor den Schinken und Würsten hier eine zweite Räucherung angedeihen ließ. Birkenspäne verglommen mit Wacholderbeeren und anderen Zutaten nach einem besonderen Rezept. In Oldhorst schwur jeder auf sein eigenes, und wenn im Pfarrhaus eine Wurst aufgetischt wurde, so kannte man auch den Hof, aus dem sie nach dem Schlachten »for'n Paster« abgezweigt worden war.

Ein anderes Relikt vom Lande war das Kastenbrot, das die Hausfrau an jedem Freitag mit großer Sorgfalt buk. Daß Bäcker und Schlachter zur Hand waren — daran hatte man sich noch immer nicht ganz gewöhnt. Dazu kam das instinktive Mißtrauen des Konservativen gegen alles, was durch den Handel gegangen oder auf mechanischem Wege entstanden war.

Eines Tages hatte der Professor von seiner Zeitung aufgeblickt: »Donnerwetter — jetzt gibts auch'ne Brotfabrik!«

Sie saßen zusammen im Kabinett — Teo im violetten Sessel, ihm gegenüber Buz und Clamor auf der Treppenbank. Sie waren durch den Tisch getrennt. Heut brannte nicht die Lampe, sondern eine Kerze; es war Sonntagvormittag und eine Ad-hoc-Sitzung.

Eigentlich wäre Kirchgang gewesen; sie hatten ihn geschwänzt. Der Glocke zu folgen — das war auch eine der ländlichen Gewohnheiten, die abkamen. Der Professor war in dieser Hinsicht lässig — keiner mehr von den Alten, die mittags den Text der Predigt abfragten. »Die Zerstörung Jerusalems wißt ihr doch schon auswendig.« Er meinte damit den Bericht des Flavius Josephus, der als erbaulicher Anhang in das Gesangbuch aufgenommen und in der Tat bei weitem spannender als jede Predigt war. Fast zweitausend Jahre waren seit der Niederschrift verflossen; das nennt man Autorschaft.

Sie frühstückten. Auf dem Tisch stand eine Flasche Bier aus dem Keller, daneben lag eine von den strammen Oldhorster Mettwürsten, die Buz frisch vom Boden geholt hatte. Er hob sie mit einem Dreizack ab, der auch zum Arsenal gehörte und mit dem er durch die Lücken des Verschlages fuhr. Die Latten hatten Abstand, denn die Würste mußten Luft haben.

Teo nahm einen Schluck aus der Flasche und ließ sie rundgehen. Er schnitt mit dem Hirschfänger Scheiben von der Wurst. Mit Knoblauch hätte sie ihm noch besser gemundet, doch den scheuten sie hier wie die Pest.

Der Küche war noch ein Gebäck entfremdet — mit Zukker bestreute dunkle Kugeln, die sie »Prilleken« nannten und die nicht recht dazu paßten. Als Nachtisch mochten sie angehen. Es kam hier auch weniger auf Essen und Trinken als auf die Piratenstimmung an. Dazu gehörten die Waffen, die Heimlichkeit, der Raub.

Clamor freilich wollte es nicht schmecken, obwohl er es andererseits als Auszeichnung empfand, daß Teo ihn einweihte. Diesem wiederum war zuwider, was er als moralische Aufspielerei bezeichnete. Clamor sollte sich lieber die Fingernägel blank machen. Der zwang also ein Stück Wurst hinunter und lauschte dem Gespräch der beiden anderen. Er konnte sich nicht entsinnen, je einen Sonntag ohne Kirche verbracht zu haben; auch das bedrückte ihn.

WESTÖSTLICHE INTIMITÄTEN

»Ich wohne später nur in Ländern, wo man sich Frauen kaufen kann. Da wird die Rute noch geküßt. Wenn ich sehe, wie Silverschmied denen die Hand leckt, wird mir ganz eklig dabei.«

Buz teilte diese Abneigung, doch gab er zu bedenken: »Die Offiziere küssen aber auch die Hand.«

»Du mit deinen Offizieren. Das sind Mitgiftschlucker. Ich aber zahle und lasse sie mir ins Haus führen.«

»Aber Teo — ist denn auch Verlaß auf die?«

»Hauptsache, daß auf mich Verlaß ist — dann dreht sich das Karussell.«

»Und hast du denn auch das Geld dazu?«

»Geld hab ich dann nach Belieben — das ist nicht wie hier, wo ich um zehn Mark Theater machen muß. Das ist unwürdig.«

Sie waren stromaufwärts geritten bei lotrechter Sonne, links die alten Viertel mit den Moscheen, rechts der Dschebel Mukattam mit gelben Lichtern und violetten Schatten — so überdeutlich, daß man meinte, jedes Sandkorn zu spüren, und doch fern wie ein unzugängliches Gestirn.

Man konnte es kaum Reiten nennen; das Pferd schien sich fast ohne Mühe zu bewegen, und es bewahrte diese Ruhe durch alle Gangarten. Es war von der kleinen, zähen Rasse und trug die Wirbel an den rechten Stellen — die Glückszeichen.

Wenn die Palmen sich mehrten und ihre Wedel sich zu Galerien verdichteten, hinter denen die Taubentürme aufragten, dann sah man sie an den Brunnen und bei den Wasserrädern — die zwölf- bis fünfzehnjährigen Töchter der Fellachim. Es war seltsam, wie sich die Rasse erhalten hatte, trotz tausendjähriger Unterdrückung durch Diadochen und Römer, Araber und Türken, Mamelucken und Wesire bis zu Napoleon und den Engländern. Seit jeher waren die schönsten für die Reichen und Mächtigen erkoren worden, doch schien der Typus unvergänglich; er wiederholte sich wie die Überschwemmungen des Nils.

Canaris, ein alter Maler, hatte das gesagt, der neben ihm im Gefolge des Saadi ritt. Er hatte sich im Lauf der Jahre zu einem weißbärtigen Scheich entwickelt, der sich bald als Franzosen ausgab und bald als Griechen, so als Neffen des Admirals, den Victor Hugo besang. Nillandschaften, wie man sie seit langem nicht mehr malte, hingen von ihm noch in den Museen und verschwanden allmählich im Magazin. Das kümmerte ihn wenig; er war von sich und seinem œuvre überzeugt und konnte es ins beste Licht setzen. Malen ist eine Kunst; Bilder verkaufen eine andere. Der Saadi schätzte ihn auch als Porträtisten und fast mehr noch als vorzüglichen Golfspieler. Er hielt ihn als Hofmaler, dem es nicht an Arbeit fehlte, da die Favoritinnen häufig wechselten.

Canaris suchte und fand hier seine Modelle, die sich glücklich schätzten, wenn sein Auge auf sie fiel. Er ließ sie sich durch eine Alte zuführen, die auch die Virginität prüfte, denn er stellte Ansprüche wie ein Pascha mit sieben Roßschweifen. Er photographierte jetzt fast mehr, als daß er malte, und warb auch junge Burschen dazu an. Es war ein Geschäft, das sich auszahlte. Auch der Saadi hatte gern, wenn er ein Medaillon bestellte, dazu »la femme toute nue« unter dem Sprungdeckel.

Teo durfte im Atelier zugegen sein. Der Maler hielt es für gut, wenn junge Leute sich früh an den Akt gewöhnten — nicht nur durch Kunstwerke. Und nicht mit den Augen nur. Er verglich die Pariser Aufnahmen mit den seinen, bemängelte die durch das Schuhwerk verkrüppelten Zehen, die Schnürtaillen, die faden Brüste, auf denen sich die Fischbeinstriemen des Korsetts einprägten — — — Fleisch, das wie das der Engerlinge von keiner Sonne berührt und rings um die Place Pigalle konsumiert wurde. Und auch Vampyrisches, Fledermäusiges war dabei. Das war ansteckend wie die Pest. Auch hier war es eingesickert, schon unter Mehmed Ali — dann kamen die Baumwolle, die Dampfpflüge. Aber Oasen gab es noch.

»Teo — kannst du sie auch dot machen?«
Buz hatte das gefragt, während er sich wieder ein kräftiges Stück von der Mettwurst absäbelte.
»Du bist und bleibst ein Kommißknüppel.«
»Ich hab mit den Weibern nichts im Sinn. Fritzchen sagt das auch — er wartet sogar, wenn die gebadet haben, bis frisches Wasser eingelassen ist. Und der Bademeister — — —«
»Fritzchen macht noch'n Eulenburger aus dir. Das steht dir gar nicht zu Gesicht.«
»Was steht mir denn zu Gesichte, Teo?«
»Na — solche, die nach dem Füttern aus der Scheune gelaufen kommen und haben noch Stroh im Haar.«
»Nein, nein — da hätt ich Angst vor.«
»Warum denn Angst — die beißen dich doch nicht.«
Buz mußte berichten, was er in den Ställen gehört hatte. Das waren Sachen, die konnte man gar nicht laut sagen. Wer sich mit einer einläßt, und die hat den Roten König, ist geliefert, darauf kann er Gift nehmen. Dann wird das Ding abgeschnitten, bevor es wegbrennt, und er kann von Glück sagen, wenn er nicht draufgeht dabei. Buz wollte dafür die Hand ins Feuer legen; er hatte mit eigenen Ohren gehört, wie der Wachtmeister sagte: »Den Nölke kann ich noch nicht mal zum Stalldienst einteilen — der hat sich die Plempe verbrannt«, und der Rittmeister hatte geflucht.

Wie brenzlig das war, wußte man auch in Oldhorst genau. Kein Bauer ließ eine mit dem Roten König melken oder Obst eindünsten — die Früchte verdarben und die Milch wurde sauer, sobald sie den Melkeimer anfaßte oder auch nur auf den Rahm hauchte. Das war so gefährlich, daß der Spiegel blind wurde oder gar Löcher bekam, wenn sie hineinblickten. Wenn Gewitter aufzog oder Hagel drohte, stellten sie sich vor die Stalltür und hoben den Rock auf bis zum Nabel — dann kehrte die Wolke um. Nur vor den Langhänsen, die ihnen das Herz abstachen, hatten sie Angst.

Buz hatte mit solchen Sachen nichts im Sinn. Von Orten, wo sie getrieben wurden, hielt man sich am besten fern. Zum mindesten konnte man eine gehörige Tracht einpacken; die blieben dort am liebsten unter sich. Besonders vor Ungers Garten hatte Fritzchen ihn gewarnt. Dort trieben Schneppen, die sich bei Licht nicht sehen lassen konnten, ihr Wesen mit Pennbrüdern, die sie sich anschnallten. Kein Soldat, nicht mal ein Spinner wagte sich, wenn es Nacht wurde, dorthin. Schon der Hohlweg war unsicher.

UNGERS GARTEN

Teo hatte sich inzwischen unter den aufgespannten Planen der Muski in eine orientalische Menge absentiert. Als er von Ungers Garten hörte, wurde er aufmerksam. Was Buz da vorbrachte, berührte Pläne, die ihn seit Wochen beschäftigten.

Ungers Garten war zwielichtig. Zur Zeit des Schwarzen Herzogs hatte er weit vor den Mauern gelegen, vielleicht als Klosterpfründe; noch war dort ein verschilfter Karpfenteich. Wahrscheinlich hatten auch die Kleingärten an der Gegenseite des Hohlwegs dazu gehört. Inzwischen war die Stadt mit ihren Fabriken und Kasernen um ihn herumgewuchert und schloß die Fläche ein. Verfallene Zäune und schlechte Hecken umgrenzten sie.

Es gab dort die Ruine eines Freundschaftstempels mit hölzernen Säulen und Gedenksteinen. Einzelne Bäume hatten sich erhalten; sie waren von Holunder eingeschlossen, dessen Blüten in den warmen Nächten leuchteten. Die Amseln nisteten in seinem Zweigwerk; streunende Katzen schärften sich die Krallen an seinem Holz. Nur schmale Pfade führten auf den Querweg, den Buz als Lieblingstreff der Penner und Schicksen erwähnt hatte.

Solche Plätze im Weichbild großer Städte sind seltsam, doch nicht eben selten — sie sind nicht vergessenes Land, sondern Grund und Boden, an dem die Zeit unmittelbar arbeitet. Längst hätten die Erben ihn bebauen können, doch das hätte eher den Wert gemindert, der ständig anwuchs —

im Sommer wie im Winter, am Tage wie zur Nacht. Daß er verwildert, kann sogar von Vorteil sein.

Teo betrachtete Ungers Garten als sein Eigentum. Er bot ein gutes Gelände für Safaris, war auch geeignet, Dinge zu verstecken und wieder auszugraben — überhaupt eine Zone geringerer Legalität. Das merkte man schon, wenn man einem anderen unvermutet begegnete. Der erschrak dann, und meist auch mit Grund. »Das sind so Winkel, wo man die Hose runterläßt.« Der Garten war günstig für lichtscheue Dinge; er lag in der Stadt und war zugleich abseitig.

»Auf Kundschaft« pflegte Teo mit seinen Leibschützen, auf »kleine« Safari mit höchstens sechs Pfadfindern zu gehen. Zur »großen« Safari gehörten deren zwölf; die Pensionäre mußten noch Freunde mitbringen. Diese Gänge waren beliebt und kein Geheimnis; sie wurden von den Pädagogen sogar begrüßt, die sie als Erweiterung der Turnspiele betrachteten. Wißmann und Peters hätten sich darüber gefreut. Allerdings geschah auch manches am Rand.

Der Späher mußte mit geschärften Sinnen durch die Büsche schleichen, mußte auch das Geringste hören und sehen, während er selbst lautlos und unsichtbar blieb. Dann trat er überraschend in Erscheinung — etwa vor dem Husaren, der sein Mädchen ins Gebüsch geführt hatte, oder vor dem Lehrling, der Nester plünderte. Geeignet war das Gelände auch, um die jungen Spinner einzuschüchtern, die sonst meist in der Überzahl auftraten, doch hier sich vereinzelten. Wenn sie allein oder zu zwein im Dickicht ihre Dinge trieben und plötzlich Späher, die sich angeschlichen hatten, schweigend um sie herumstanden, dann kamen sie so bald nicht wieder an den Ort.

Es fehlte nicht an Schabernack dabei. Einmal hatten sie einem Herrn, der, um sich zu erleichtern, eilig in den Garten eingedrungen war, die Hose forteskamotiert, so daß der dikke Mann sich nicht auf die Straße wagte, bevor es dunkel geworden war. Ein andermal, als ein Spinner sich mit der gleichen Absicht in die Büsche schlug, hatte er sich eine Hecke ausgesucht, hinter der Buz mit dem Spaten beschäftigt war. Teo ließ nämlich, angeblich »um den Spürsinn zu prüfen«, Puppen ein- und ausgraben. Buz schob nun leise den Spaten durch die Hecke und nahm darauf die Opfergabe in Empfang. Als der Spinner, wie bei dem Geschäft üblich, das Ergebnis betrachten wollte, fand er die Stelle leer. Er stutzte, blickte sich um, dann nahm er die Beine in die Hand.

Buz liebte die groben Späße, die in den Ställen erzählt wurden. Wenn die Husaren beim Branntwein saßen, oft hatten sie schon früh angefangen, und einer sinnlos bezecht war, zogen sie ihm die Hose herunter und bestrichen sie mit Senf. Ein fatales Erwachen stand dem bevor. Beliebt war auch die Sache mit dem Stiefel: wenn ein Korporal sie tagtäglich bis aufs Blut geschliffen hatte, dann machten sie ihm hinein. Das geschah ganz am Ende der Dienstzeit, am letzten Tag des Manövers in den Zelten, und wenn sie dann als Reservisten von Kneipe zu Kneipe zogen, rühmten sie sich in jeder: »Dem hab ich in den Stiefel gekackt!«

Wenn Buz im Kabinett von solchen Heldentaten berichtete, rümpfte Teo die Nase: »Darin solltest du dich lieber an Fritzchen halten als an diese Unfläte.«

Buz sagte: »Das macht mir Spaß, gerade weil ich propper bin.«

Als er aber die Sache mit dem Spaten erzählte, wurde er gelobt: »Sieh an — da ist mal was auf deinem Mist gewachsen, das ich dir nicht zutraute.«

Die Einzelgänger störten nicht die Erkundungen und Safaris; sie belebten sie sogar. Als aber die Penner kamen und mit den Schicksen ihr Wesen trieben, war das Revier bedroht. Es wurde unsicher. Die Polizisten trauten sich nicht mehr bei Tage, die Nachtwächter nicht in der Dunkelheit hinein. Einmal war Razzia; die Penner wußten es schon vorher durch die Sechsgroschenjungen der Polizei.

Andererseits bot sich hier ein Modellfall, winkte eine Aufgabe. Wie ist mit minimalen Kräften ein Gebiet zu säubern und Schrecken zu verbreiten? Das konnte geübt werden. In solcher Lage bleibt das Problem das gleiche, in einem Garten wie in einer Stadt. Zuerst hatten die Spinner versucht, das Revier kommun zu machen; die Penner machten es unsicher. Das war zu überbieten, indem man es unheimlich machte: dann zogen sie aus.

Teo hatte darüber nachgesonnen — man konnte Schlingen legen und Drähte am Boden ausspannen. Man mußte Pfiffe und Rufe üben, die einschüchterten. Die Burschen waren trotz ihrer Frechheit ängstlich und glaubten an Gespenster, obwohl sie nie eine Kirche betraten, außer wenn sie den Opferstock plünderten.

Es sollte aber, wenn man den Spuk in Szene setzte und wüsten Fez machte, ein tätlicher Angriff hinzukommen. Nur wenn der Denkzettel schmerzte, kamen sie nicht wieder — sonst würden sie am Ende neugierig.

DIE ZWILLE

Teo dachte an eine Waffe, die weithin trug und keine Spuren hinterließ. Armbrüste, Pfeil und Bogen, Pistolen schieden damit aus. Am besten wäre eine Zwille, wie die Jäger sie benutzten; sie schossen damit Krähen und Eichelhäher und verleideten Hunden, die sie nicht töten wollten, das Revier. Blei- oder Nickelkugeln dienten als Munition, zur Not auch Knicker oder ein Kieselstein. Ein Treffer war äußerst schmerzhaft, doch ungefährlich, wenn er nicht gerade ins Auge ging.

Ein solches Instrument war im Fenster des Waffenhändlers Pingscher ausgestellt. Pingscher war Hoflieferant. Teo stand oft vor seiner Auslage, um die Waffen zu bewundern, die dort zur Schau lockten. Sie waren vor einem moosgrünen Hintergrund gruppiert, der eine Felswand vortäuschte. Pingscher, selbst passionierter Jäger, hatte ihn mit Trophäen geschmückt. Ein Eberkopf mit gebleckten Hauern und ein Auerhahn im Balzkleid bildeten die Prunkstücke. Davor waren die Flinten und die Büchsen mit Zielfernrohr gestellt, lagen Pistolen, Revolver, Waidmesser aus. Alles war ausgebreitet, was ein Jägerherz ergötzen konnte: Feldstecher, Jagdtaschen mit Lederfransen, mit bunten Kartuschen gespickte Leibgurte, sogar ein Muff aus Otterfell zum Handwärmen.

Es war ein Geschäft, in dem es ruhig zuging, doch das Waldherren und Gutsbesitzer von fernher aufsuchten. Ein jeder wurde von Herrn Pingscher gut beraten, gleichviel in welchen Revieren er jagte und auf welches Wild er anlegte. Sogar Williams Vater hatte hier einen Drilling gekauft. Mancher Förster sparte jahrelang für ein exquisites Gewehr. Die schossen wie Gift. Teo ging nie vorüber, ohne sich an dem Anblick zu weiden; der blaue Stahl übte eine beruhigende Wirkung auf ihn aus. Hier schlummerte der Tod.

Die Zwille lag zwischen den kostbaren Waffen als bescheidenes Zubehör. Sie konnte dem Jäger nützlich werden für heimliche Abstrafungen. Ein Streuner, der sich nachts am Holzstall oder am Bienenstand zu schaffen machte, kam nicht wieder, wenn er auf diese Weise bedacht wurde. Ein Star, der sich im Kirschbaum gütlich tat, fiel stracks zur Erde, wenn ihn die abgeschnellte Kugel traf.

Die stählerne Gabel ließ sich bequem in die Tasche stecken; an ihre beiden Zinken waren Doppelstränge von vierkantigem Gummi geknüpft. Eine lederne Schlaufe nahm die Kugel auf, die zwischen Daumen und Zeigefinger der rechten Hand zu halten war. Die Linke umspannte den Bügel; ihr Daumen stand aufrecht, über ihn wurde gepeilt. Nach einiger Übung traf man den Sperling in der Luft.

Vor allem auf das Lautlose der Wirkung kam es an. Wenn im Herbst die Bohämmer einfielen und zu Tausenden in den Wäldern über Nacht blieben, konnte man einen nach dem andern vom Zweige schießen, ohne daß der Schwarm aufwachte. In dieser Hinsicht war nur das Blasrohr ähnlich, doch weniger gefährlich, wenn man nicht die Pfeile vergiftete.

Um mit den Pennern aufzuräumen, war die Zwille das

ideale Instrument. Für zehn Mark war es bei Pingscher zu haben — mißlich war nur, daß es eben daran haperte. Das Geld war also von Silverschmied einzutreiben — — — in dieser Woche noch.

Ein solches Gelüst ist weniger absurd, als es auf den ersten Blick erscheint. Wir begegnen ihm alltäglich, und zwar in der Sache wie in der Person. Man kann nicht die Zeitung aufschlagen, ohne daß man darauf stößt.

Zudem war Teo ungeduldig; was er begehrte, mußte er sofort haben. Und es mußte vom Besten sein. Dabei war er intelligent, doch seine Ungeduld stellte die Intelligenz in den Schatten, wie bei allen ungestümen Liebhabern. »Wer langsam reit't, kommt grad so weit« — dies Sprichwort war für ihn nicht gemacht.

Oft sind es winzige Dinge, auf die sich die Leidenschaft richtet und in denen große Pläne sich verdichten wie im Kegel eines Brennglases. Das Halsband der Marie-Antoinette paßte in eine Rocktasche. Es sind auch winzige Dinge, die große Pläne gelingen oder scheitern lassen — die Geschichte der Attentate gibt dafür eine Fülle von Beispielen.

Der Ladendiebstahl, der Einbruch bei Juwelieren und Apothekern unterscheiden sich in der Vorgeschichte, doch treffen sie sich darin, daß etwas unbedingt besessen werden muß. Natürlich sind Sammler in dieser Hinsicht stark gefährdet, Liebhaber überhaupt. Die Gegenstände gewinnen den Glanz von Fetischen. Eine besondere Sparte bildet der Einbruch im Waffengeschäft.

Im Kabinett weihte Teo Buz und Clamor in seine Pläne ein. Buz, vorlaut wie immer, wollte gleich Rat wissen. Eine Zwille zu beschaffen, konnte nicht schwierig sein. Zwillen waren bei der Oldhorster Jugend Mode gewesen; während der Händel mit der Vechelder Hütejungen hatte fast jeder eine in der Tasche gehabt. Man schoß mit Kieseln, die saftig trafen; es hatte wegen eines ausgeschossenen Auges eine Untersuchung gegeben, die im Sande verlaufen war.

Man ging in den Wald und suchte eine handfeste Astgabel aus. Die schnitt man zurecht und kerbte die Zinken ein. Mit Bindfäden wurden der Gummizug und das Leder daran geknüpft. Das Gummi schnitt man aus alten Schläuchen oder aus den Ringen von Rexgläsern zurecht.

Teo ging gar nicht erst darauf ein. Passionierte Schützen und Angler brauchen das Allerbeste, das beinah so Gute kommt für sie nicht in Betracht. Er wollte Pingschers Luxuszwille, und keine andere.

»Das wird für dich und Clamor ausreichen. Sieh gleich heut nachmittag die Hecken danach durch. Am Rand von Ungers Garten steht ein Kornelkirschenbusch.«

DER ANGRIFFSPLAN

Sie saßen wieder im Kabinett — Buz und Clamor auf der blinden Treppe, Teo im violetten Stuhl. Buz hatte einen Rollschinken aus der Wurstkammer geangelt, und Teo ermahnte ihn, nicht zu scharf über die Vorräte zu gehen. Tante Mally hatte schließlich Augen im Kopf. Dann fuhr er fort in der Instruktion.

Er entwickelte nun den Plan im einzelnen. In Ungers Garten gab es überall ausgetretene Pfade; von ihnen war einer auszusuchen, der auf den Querweg zuführte — am besten ein wenig schräg. Er, Teo, würde sich damit beschäftigen. Dann sollten Buz und Clamor die Zweige kappen, damit sie die Treffer nicht ablenkten. Bevor das Unternehmen anlief, würden Drähte dicht über den Boden gespannt. Am besten würde ein schwacher Mondschein sein.

»Ich gehe vor und beobachte. Ihr müßt dann Spuk machen. Ich schieße dorthin, wo es aufblänkert. Bin ganz gemütlich dabei und lasse es ein Dutzend Mal sausen; die Schicksen kreischen, die Penner laufen fort, als ob der Teufel käme, und halten sich die Hosen fest.«

Clamor hörte das mit Unbehagen; er fragte:

»Teo — wenn sie nun aber doch kommen?«

Auch dafür war gesorgt. Da sie nicht wußten, woher der Angriff kam, konnten sie nur aus Versehen auf den Pfad laufen. Dann stürzten sie über die Drähte, die dort gespannt waren.

»Ich habe mich inzwischen auf euch zurückgezogen, und jetzt greift ihr auch mit den Bauernzwillen ein. Die kommen nie wieder — — verlaßt euch drauf!«

Clamor blieb zaghaft: »Es sind so viele, daß wir sie nicht bören können, und es sind auch Tatern dabei.«

Vor den Zigeunern hatte man in Oldhorst eine abergläubische Angst. Es hieß, daß sie spurlos erscheinen und verschwinden könnten und sich überhaupt auf Zauberei verstünden; man durfte sich mit ihnen nicht anlegen. Einmal hatten sie in einer Scheune mitten im Stroh um ein offenes Feuer gesessen — das hatte man gesehen.

»Clamor, du wirst es nie zu etwas bringen — dein Vater war Großknecht, und du taugst nicht einmal zum Kleinknecht — dir fehlt einfach der Mumm. Siehst du denn nicht, daß in solchen Fällen möglichst viele besser sind als einer oder zwei?«

Einen Einzelnen anzugreifen, war schwieriger, als es mit einer Menge aufzunehmen — das lag auf der Hand. »Wenn ich etwa einen Waldgänger beschieße und er hört es sausen oder wird getroffen, dann zieht er sich wie eine Schlange zurück. Er nimmt Witterung, schlägt einen Bogen und greift mich von hinten an. Wahrscheinlich aber kommt es gar nicht erst so weit, denn ein Waldgänger hat scharfe Sinne und hat mich wahrgenommen, ehe ich zu Schuß komme.

Die Vielen aber, noch dazu, wenn sie balzen, sind so im Trubel, daß sie nichts anderes hören und sehen. Wenn dann die ersten Treffer kommen, gibt es Tumult. Sie rennen irre, stoßen sich um, fallen übereinander her. Das ist wie mit dem Wolf und den Schafen: wenn der nur an der Hürde vorbeistreift, treten sie sich gegenseitig tot. Clamor, hast du's kapiert?«

Clamor hätte gern gefragt, was man denn tun solle, wenn

man nicht zu den Wölfen, sondern zu den Schafen zählte — doch ihm fehlten die Worte dazu. Das schlimmste war wohl, wenn man sich als Wolf aufspielte.

Das kam nicht zur Formulierung; es blieb ein vages Gefühl. Etliche Jahre später hätte er gut repostiert. Er wußte nichts einzuwenden, auch wenn er es gewagt hätte. Er fühlte sich vielmehr schuldig, weil er sich nicht zutraute, was Teo von ihm erwartete. Außer der Treue hatte er nichts zu bieten; er war ein schlechter Leibwächter.

An Treue konnte er es mit Buz aufnehmen. Wenn es zur Pennerschlacht kam, würde er die Dinge eher noch in Verwirrung bringen, aber er würde nicht fortlaufen. Er würde Beistand leisten — dabei stehen. Buz war kein Schaf, aber er war auch kein Wolf. Der war ein großer Bernhardiner, war ein Hund. Er war nicht nur willig, er war anstellig. Die Hunde beißen und werden gebissen; die Schafe zahlen mit dem Fell.

In einer Hinsicht, nämlich im »Beschatten«, war Clamor sogar geschickter als Buz. Clamor fiel weniger auf. Zudem war er ängstlich und hielt sich vom Auszuspähenden entfernt, dem Buz auf den Fersen blieb. Der fühlte sich eher als Verfolger denn als Schatten, und das widersprach der Aufgabe. Der Ängstliche beobachtet besser als der Verwegene.

Diese Gänge nahmen viel Zeit in Anspruch; Teo verlangte genauen Bericht. Wenn jemand, über dessen Tun und Lassen er unterrichtet werden wollte, etwa in einem Haus verschwand, um einen Besuch zu machen, so konnte es Abend werden, ehe er wieder erschien. Dann war zum mindesten zu ermitteln, wen er besucht hatte.

Teo war kein Detail zu gering. Es konnte ihm dienen, sich Distanz zu schaffen, indem er im Gespräch Überraschungseffekte ausspielte. Besonders günstig war das, wenn ihm durch seine Wächter etwas Ungehöriges zur Kenntnis gekommen war.

Clamors Freistunden wurden durch Teo fast gänzlich in Anspruch genommen; er mußte ihn als Leibschütz in die Stadt begleiten, mußte beschatten, Gänge machen, in Ungers Garten ausspionieren, was ihm im Kabinett befohlen worden war. Das war anstrengend.

Erholsam war dagegen die Zeit vorm Einschlafen. Teo erzählte von fremden Städten, die er gesehen hatte, oder er knüpfte an die Lektüre an, die ihn beschäftigte. Zur Zeit las er Kriminalgeschichten — nicht Romane, sondern Prozeßberichte vieler Zeiten bis zur Gegenwart. Sie sollten wie das Schießpulver sein: je trockener, desto zündender. »Abschmecken will ich selber« — damit meinte er, daß er auf phantastische Zutaten verzichtete. Er sagte auch: »Ich bin bei Cäsar, nicht bei Cicero.«

Günstig war es für Clamor, daß der Professor streng auf die Arbeitsstunden hielt, während deren die Pensionäre mit den Externen bei ihren Heften am langen Tisch saßen. Die Einrichtung hatte sich bewährt. Es kam selten vor, daß einer nicht versetzt wurde. Zum mindesten konnten die Hausarbeiten nicht geschwänzt werden.

DIE TURNSTUNDE

Dank diesen beiden Nachmittagsstunden blieb er notdürftig auf dem Laufenden. Mit dem Latein ging es noch am besten; hier hatte der Superus Grund gelegt. So hörte Clamor wenigstens nicht gleich am Anfang, was Doktor Raabe, der Altphilologe, für die hereingeschneiten Dörfler auf Lager hatte, wenn er ihnen auf den Zahn fühlte. Er fragte ihnen einige gängige Vokabeln ab und sagte, wenn er ohne Antwort blieb: »Remettamus asinum in patriam suam« — »Schicken wir den Esel auf sein Dorf zurück.« Des Lacherfolges durfte er sicher sein.

Weit schwieriger war es im Deutschen; über Wendungen, wie sie die anderen spielend abrollten, mußte er nachdenken. Das Gefühl, nicht dazu zu gehören, wurde ihm bei diesem Bemühen besonders spürbar — er sprach wie jemand, der in der Tasche das Eintrittsbillett sucht.

In den Nebenfächern ließ sich durch Fleiß manches einrichten. Geschichte und Geographie hatten ihm beim Superus besser gefallen als hier; alles war neu für ihn gewesen, als ob er Meere und Länder, Völker und Zeiten entdeckt hätte. Der Superus hatte davon berichtet wie von Oasen und Gewürzinseln. Er reiste zur Nacht in Büchern, wie viele, die in ihren engen Kreis gebannt sind; ein Hauch von Sehnsucht färbte auch seinen Unterricht. Dem Sohn war das zuwider; Clamor nahm daran teil. Er hätte nie über Hannibal gelacht.

Mez hieß der Turnlehrer. Er hielt die Stunden entweder in der Halle oder auf dem Hof. In der Halle trug man helle Trikots und blaue Turnschuhe. Herr Mez hatte eine breite Brust und starke Muskeln; er turnte vor, besonders an den beiden Geräten, die er vor allen liebte: dem Barren und dem Reck. Obwohl er ein wenig Bauch hatte, war die Haltung immer noch vorzüglich; er konnte auf jedem Turnfest Ehre damit einlegen. Auch der Bauch übrigens war schieres Fleisch, war strammer Muskel, kein aufgeschwemmtes Fett. Nach den Übungen hob und senkte er sich wie eine Kugel, der Brustkorb trat mächtig hervor.

Wenn Herr Mez an das Gerät trat, verharrte er einen Augenblick, bevor er die Übung ausführte. Auch wenn er absprang, verweilte er noch ein wenig, während die Holme des Barrens oder die Reckstange nachschwangen. Sie waren aus Eschenholz gedrechselt, von der Wetterseite, hell, biegsam und von schöner Maserung. Wenn Clamor sie ansah, wurde ihm leichter, als ob er in ein Licht blickte. Holz war ihm lieb, wie alles, was von den Bäumen kam. Auch er war ein Waldgänger, doch in ganz anderem Sinn als jenem, in dem Teo das Wort verwendete.

Das Holz gab freilich den einzigen Lichtblick in diesen Turnstunden. Wenn Herr Mez eintrat, verbreitete sich eine frische und wache Stimmung, als ob die Luft sich auflüde. Er teilte die Riegen ein, bestimmte die Vorturner. Das waren Jungen mit langen blonden Haaren und mit Bewegungen, die ebenso sanft wie bestimmt waren. Sie blickten Herrn Mez frei ins Gesicht; er liebte keine Duckmäuser. Wenn sie auf das Gerät zuschritten, schwenkten sie die Arme mit nonchalance, doch so, daß man die überschüssige Kraft ahnte.

Wenn Herr Mez nun eingeteilt hatte und die Riegen sich auf die Geräte verteilten — das Reck, den Barren, den Bock, das Pferd, die Sprungbretter, die Kletterstangen, die Strickleitern — dann war im Nu die Halle von geschäftigem Lärmen erfüllt. Alles sprang, kletterte, drehte sich nach Leibeskraft. Der Tumult vermehrte noch Clamors Ängste; ihm war, als wäre er in ein Tollhaus gesteckt. Er fühlte sich inmitten der Geschäftigkeit wie eine Landratte zwischen den Matrosen, wenn die Anker gelichtet und die Segel gesetzt werden. Der Boden beginnt zu schwanken, wir sind im Wege — einer tritt uns auf die Füße, ein anderer stößt uns an die Schulter, ein dritter schreit »Wahrschau« und wirft uns ein Seil an den Kopf.

Zuweilen holte Herr Mez die Riegen wieder zusammen; dann gab es Freiübungen, oder es wurde mit Hanteln, Stökken und Keulen geturnt. Draußen wurden Gleichschritt, Schrittwechsel und Dauerlauf geübt. Die Stunde pflegte nicht zu vergehen, ohne daß Clamor Herrn Mezens Stimme hörte: »Ebling — du könntest wenigstens aus Versehen einmal Schritt halten.« Dabei gab es einen Knuff in den Rücken oder »eins hinter die Löffel«; Herr Mez hatte eine schwere Hand.

Clamor fühlte Angst auch vor den Turnstunden. Dabei meinte Herr Mez, daß bei ihm eine besondere Liberalität herrsche. Ihm behagte, wenn gelärmt und gelacht wurde. Das kam mit der Bewegung; die meisten turnten gern, auch wenn sie sich nicht besonders hervortaten. Wer da nicht mitmachte, war eine Transuse oder ein Nieselpriem.

Einige konnten die Riesenwelle; sie traten mit wiegendem Armschwingen vor das Reck. Dann rieben sie sich die Hände mit Kolophonium ein. Wenn ihr gestreckter Körper wie die Speiche eines Rades um die Reckstange kreiste, herrschte achtungsvolles Schweigen; Herr Mez selbst gab Hilfestellung und lächelte.

Es gab auch die Trampoline, ein Gerät, das den Sprung federn ließ. Makako kannte sich damit aus. Er schlug den doppelten Salto, konnte auch auf den Händen gehen. Herr Mez lobte diese Sprünge mit reservierter Achtung; er zog dem die Riesenwelle vor.

Andererseits hielt er vom Drill der Soldaten wenig; die Bewegung mußte leicht, frei und ungezwungen sein. Die Offiziere mit ihrem Taillenschnitt und den hohen Kragen waren ihm ein Greuel. Allerdings griff der freie Mann zur Waffe, wenn das Land bedroht war; im Frieden übte er sich darin.

> Tretet an, Mann für Mann,
> Wer den Flamberg schwingen kann.

Herr Mez schätzte die Lützower Jäger, Körner, Karl Friedrich Friesen, Arndt und natürlich den Turnvater Jahn. Dagegen haßte er Gamaschen und alte Zöpfe, Metternich, die Zensur — und wahrscheinlich noch manches, was er den Schülern verschwieg. Gern wanderte er mit ihnen durch die Heide; er war bei den Rettungsschwimmern und im Eisbärenklub. Das war ein Bund von Männern in mittleren Jahren und auch von Weißbärten, die bei Bärenkälte ein Loch in das Flußeis hauen ließen und sich zwischen den Schollen tummelten.

Clamor hatte einmal bei Tisch gehört, wie der Professor zu Teo sagte: »Der Mez — das ist noch ein letzter Achtundvierziger«. Clamor wußte nicht, was das war, doch es mußte etwas Gewichtiges sein, denn der Professor hatte es mit Achtung betont.

Im Grund mochte Clamor Herrn Mez nicht ungern, obwohl er ihn fürchtete. Das war ja sein Verhältnis zu den Menschen, vor allem zu deren aktiven Vertretern, überhaupt. Der Vater machte eine Ausnahme. Der hatte ihn an der Hand geführt, hatte unter seiner Schwäche mehr gelitten als an der eigenen. Clamor hatte die Mutter gefehlt. Oft mußte er daran denken, wenn er bei den Weberknechten hockte und an die gekalkte Wand starrte.

Etwas vom Vater mußte fast in jedem Großen sein. Sie waren nicht wie die Mitschüler, die lachten oder einfach zuschlugen, wenn man schwächer war. Die Großen wurden freundlich, wenn sie sahen, daß man sich Mühe gab — die meisten jedenfalls.

Das Leiden lag eben darin, daß er nicht zureichte, wie sehr er sich auch Mühe gab. Dann konnte es, wie hier beim Turnen, sogar schlimmer werden — er warf den Bock um, wenn er gegen ihn anrannte, verwickelte sich in die Schnur beim Hochspringen. Er sah dann die anderen, wie sie über das Pferd setzten. Die Haare wehten, wenn sie die Arme vorstreckten. Den Besten war das Pferd noch zu kurz; sie ließen sich den Bock vorstellen. »Die Burschen springen wie die Isländer Lachse«, sagte dann Herr Mez, »wie Ingo und Ingraban«.

Wenn Clamor sie sah, mochte er gar nicht erst anfangen. Er stand mit zwei linken Füßen dabei. Gern hätte er sich hinter die Kletterstangen verkrochen oder in die Vorkammer geflüchtet, wo sie die Turnschuh anzogen. Doch er stand in der Riege und mußte warten, bis an ihn die Reihe kam. Dann mußte er anlaufen. Buz schlug schon, bevor der Sprung mißglückte, sein Gelächter an.

Herr Mez war zufrieden mit sich und der Welt. Er meinte es nicht böse — das fühlte Clamor, selbst wenn er, mit einem »Brust raus, du Döskopp«, einen derben Hieb auf die Schulter bekam. Herr Mez hatte auch nichts gegen die Bauernjungen, er zog sie sogar den Städtern vor. Er las Arndts Märchen mit den Zeichnungen von Ludwig Richter, auch »Sigismund Rüstig«; er begleitete den »wackren Seume« auf der Wanderung nach Syrakus. Schiller war für ihn schlechthin der Dichter, lange Passagen aus dem »Wallenstein« wußte er auswendig.

Herr Mez wurde von engbrüstigen Kandidaten zum Stamm der Proleten gezählt. Das focht ihn nicht an. Unangenehm aber konnte er werden, wenn man ihn »Mäz« nannte. Das war aus der Mode gekommen seit dem Rencontre, das er mit einem seiner ehemaligen Schüler, einem Studenten, gehabt hatte. Der hatte ihn auf der Straße mit einem jovialen »Guten Tag, Herr Mäz« begrüßt und dafür außer dem »Guten Tag, du Fläz« noch eine Ohrfeige als Gegengruß bezogen, die ihn in den Rinnstein warf. Herr Mez lehnte das Duell ab, doch wehe, wenn einer ihm dämlich kam.

Wenn Herr Mez guter Laune war, ließ er eine große Kiste öffnen, in der Hunderte von Bällen verwahrt wurden. Ein hoher Filzhut, wie ihn die Pierrots tragen, wurde auf den Bock gestellt, und wem es gelang, ihn mit dem Ball herunterzuholen, hatte gesiegt.

Dann gab es »Völkerball«. Die Schüler tummelten sich dazu auf einem begrenzten Mittelstreifen, und Herr Mez schoß mit dem Ball einen von ihnen ab. Der mußte sich dann nach außen begeben und seinerseits ein Opfer mit dem Ball treffen. Von beiden Seiten wurde nun einer nach dem andern aus dem Felde geholt. Zuletzt blieb eine Gruppe übrig, dann drei, dann zwei und endlich ein Einzelner.

Hier konnte es geschehen, daß Clamor sich auszeichnete. Er blieb als Letzter übrig, er überlebte — nicht etwa auf Grund seiner besonderen Wendigkeit, sondern weil es seiner Natur entsprach, die unbestrichene, die Schattenseite aufzusuchen, an der er nicht bemerkt wurde. So zog er auch in Oldhorst die alte Mühle und hier in der Residenz den Weg durch die Gärten vor.

Der Vorletzte wurde getroffen; Clamor blieb auf dem Feld allein. Herr Mez schlug ihn auf die Schulter: »Ebling hat gesiegt!«

Herr Mez war stramm, aber nicht bösartig. Er sog tief Luft ein und pustete sie genußvoll aus. Er war pausbäckig. In seinen Stunden herrschte ein munteres Treiben — etwa als ob Maurer und Zimmerleute bei guter Laune einen Bau anfingen oder Matrosen in See stächen. Zwei, drei lahme Hengste gab es immer, die Angst um ihre Brille hatten oder denen, wenn sie ein Sprungbrett nur ansahen, die Luft knapp wurde. Bei anderen hatten schon die Eltern dafür gesorgt, daß sie vom Turnen dispensiert wurden.

Wenn man den Bock umrannte, mit dem Bauch gegen das Pferd prallte oder wie eine Wurst am Reck hing, war man der Dumme August für die anderen. Das stand unentrinnbar bevor, wenn die Glocke zur Turnstunde rief.

Allerdings war Clamor mit dem quitt, was er in der Stunde auszustehen hatte — die Angst hing ihm nicht nach. Es blieb, als ob er durchgepustet wäre, kein Bodensatz, nichts Stickiges zurück.

MATHEMATIK

Strenger war es in Doktor Hilperts Mathematikstunden. Die gingen ihm nach bis in den Traum. Vor dem Doktor hatte er eine unüberwindliche Angst seit jenem ersten Morgen, an dem er zu spät gekommen war. Dabei rührte Hilpert, obwohl durchaus gallig, kaum jemand an. Nur wenn er den Ingrimm nicht mehr bezwingen konnte, kam es vor, daß er einen am Ohr oder an den Schläfenhaaren langsam vom Sitz emporzog, bis der auf den Zehenspitzen stand. Meist begnügte er sich mit der Eintragung ins Klassenbuch, wie Clamor sie erfahren hatte, oder er überwies die Faulpelze dem äußerst gefürchteten Kollegen Zaddeck zum Nachsitzen. Dann rieb er sich auf seinem Pult die Hände: »Wird wohl wieder eine schöne Prügelsuppe geben heut nachmittag.«

Er hielt auch Selbstgespräche, um seinen Grimm zu besänftigen. Etwa: »Auf dem sollte ich meinen Regenschirm zerhauen, wäre er mir nicht zu schade dafür.« Diesen Schirm verwahrte er am Morgen neben seinen Galoschen und dem grauen Umhang im Klassenschrank.

War einer eingetragen, so harrte er in peinlicher Erwartung des Augenblicks, in dem Herr Bayer das Klassenbuch öffnete, denn dann gabs Hiebe, entweder in die Hand oder hinten vor. Herr Bayer bewahrte dabei seine Jovialität. Er machte das ab wie ein Handwerker, der gewisse Prozeduren zur Zeit verrichtet, in der sie anstehen. Es war vergessen, wenn die Stunde beendet war.

Bei Doktor Hilpert war das anders; es gab keine akute Gefahr. Clamor wußte nicht, warum er während dieser Stunden zitterte. Am besten ging es noch, wenn Herr Hilpert sich an der Tafel beschäftigte und dort seine Winkel und Kreise zog. Er stand dann seitlich, damit er die Klasse nicht aus den Augen verlor. Wenn er sprach, hob sich ein schlecht befestigtes Toupet über der Stirn empor.

Zu erfassen, was dort demonstriert oder bewiesen wurde, war Clamor außerstande; die Figuren wirkten fremd und sogar feindlich auf ihn. Außerdem war die Angst zu groß. Schlimmer wurde sie noch, wenn der graue Mann sich an den Ofen stellte und aus der Schräge die Klasse beobachtete. Dann begannen die Knie von selbst zu weben wie bei den Kankern auf dem verlassenen Gang.

Dabei tat der Gefürchtete wenig — man könnte sagen, daß er sich darauf beschränkte, fürchterlich zu sein. Wenn man im Dickicht ein Tier weniger sieht als vermutet, mag es ähnlich sein. Doch traf der Strahl der grauen Augen unerbittlich; Clamor sah feinste Staubkörnchen in ihm wirbeln, wenn er sich auf ihn richtete.

In einem freilich — nämlich darin, daß Hilpert ihn haßte — irrte er sich nicht. Wohl hatte der keinen, den er, wie die anderen Lehrer, liebte oder vorzog — selbst glänzende Begabungen wie die Teos nötigten ihm nur eine widerwillige Anerkennung ab —, doch Clamor gegenüber kam noch etwas Ungewöhnliches dazu. Vielleicht war Hilpert selber davon überrascht.

Wie kommt es, daß zwei Tiere, die einander nie gesehen haben, bei der ersten Begegnung wissen, daß nichts sie verbindet als der Tod? Das eine mag dem anderen zur Nahrung dienen, doch das erklärt die Tiefe des Ingrimms nicht.

Clamor war ohne Zweifel der Harmloseste der Klasse — trotzdem oder vielleicht gerade deshalb mochte Hilpert ihn am wenigsten leiden, am unliebsten sehn. Dennoch konnte er oft für Minuten die Augen von ihm nicht losreißen. Und wiederum mußte Clamor, der sonst den Blicken auswich, ihn wie gebannt anstarren.

Wenn er im Alkoven lag und schon vor dem Morgen bangte, sann er darüber nach. Warum haßte der Doktor ihn? Er kam darüber nicht klar. Es mußte doch einen Grund haben. Wahrscheinlich hatte er gleich damals, als er zu spät in die Klasse gekommen war, etwas verkehrt gemacht. Aber was konnte es sein?

Und wie kam es, daß, wenn einer im Raum ist, der uns haßt, wir es spüren und uns ihm zuwenden: daß wir an keinen anderen mehr denken als an ihn? Und wie kam es, daß ihm, Clamor, die Knie schlotterten, obwohl gar nichts geschah? Wenn der Doktor ihn an den Haaren reißen, wenn er ihn rechts und links ohrfeigen würde, so wäre das viel weniger schlimm als dieses lautlose Anstarren.

Wie war diese Spannung überhaupt möglich, ohne daß sich etwas ereignete? Der Doktor zog ihn kaum heran; so sehr haßte er ihn. Das war wie ein lautloser Schrei. Magister Lohse, der Geographie gab, hatte gesagt, daß der Mond allein deshalb, weil er am Himmel steht, Fluten erzeugt, die Schiffe und Häfen bedrohen. Clamor hatte die Erklärung nicht verstanden; das mußte ein Wunder sein. Und einmal hatte er gelesen, daß der Vogel, den eine Schlange anstarrt, ihr Sprung um Sprung entgegenhüpft. Vielleicht bedurfte es dessen nicht einmal — er konnte tot umfallen.

Die Mathematik — das war ein Berg, der sich vor ihm auftürmte. Doch selbst wenn er diesen Berg durch unermüdliche Arbeit abtrüge, ja wenn er Erster würde — auf der anderen Seite würde der Doktor wie ein eisensteinernes Standbild stehen.

Clamor fühlte, wie ihm der Schweiß auf der Brust perlte und sich in der Herzgrube sammelte. Er griff hinüber zu Teo, doch wagte er nicht, ihn zu wecken, sondern berührte ihn nur ganz leise am Arm. Teo fürchtete weder den Doktor noch sonst irgend jemand — er meinte vielmehr, daß diesen die Furcht zustünde. Er würde gewiß einen Ausweg kennen, doch ebenso gewiß war, daß er, Clamor, unfähig wäre, ihn zu begehen.

Auch die anderen sahen der Mathematikstunde freudlos entgegen; selten verlief sie ohne widrige Zwischenfälle, nie gab es ein Lob. Nie wurde Unfug getrieben wie bei fast allen anderen Lehrern, selbst bei denen, die eine lose Hand hatten.

Sowie der Doktor eintrat, herrschte eine trockene Stille, die bis zum Ende der Stunde anhielt und die peinlich wurde, wenn er die Hefte mit den Hausarbeiten aufschlagen ließ. Der Unterricht war sachlich; er verlief wie zwischen zwei Geleisen, denn Hilpert duldete kein Wort, das nicht Zahlen oder Linien betraf. Wenn einer, der vor die Tafel gezogen wurde, etwa, um Zeit zu gewinnen, sagte: »Ich nehme den Zirkel in die Hand«, dann war das fast, als ob er ein Verbrechen verübt hätte.

Indessen teilten die anderen nicht Clamors ungemeine Angst. Sie hatten vor Hilpert Druck, Dampf, Schiß oder wie sie es sonst ausdrückten — er konnte ihnen aber nicht viel anhaben, wenn sie halbwegs mitkamen. In den Pausen machten sie sich sogar lustig über sein Toupet. Clamor hörte dem zu, als ob sie mit Schrecklichem Scherz trieben. Nichts Heiteres konnte sich auf diesen Mann beziehen; auch das Toupet war fürchterlich. Wenn Hilpert ihn fragte, konnte er nicht einmal antworten, als würde ihm die Kehle zugeschnürt. Ganz unbegreiflich war ihm, was manche sich herausnahmen.

WILLY BREUER

Willy Breuer saß auf einer der Mittelbänke, ein blasser Junge mit nervösem Gesicht. Obwohl er sich wenig hervortat, hatte er ein flottes Auftreten. Clamor hatte ihn schon einmal in

Oldhorst gesehen; Willy erinnerte sich dessen noch. Sein Vater hatte ihn mitgenommen, als er die Domäne inspiziert hatte. Da er bei Müller Braun in der Frühe noch einen Bock schießen wollte, blieben sie auch zur Nacht.

Clamor wunderte sich, daß Willy ihn ins Gespräch zog, und dazu noch auf wohlwollende Art. Sie teilten auf eine kurze Strecke den Schulweg, dann bog Clamor in die Gärten und Willy mit Max Silverschmied zum Villenviertel ab. Auch morgens begegneten sie sich oft.

Willy war das einzige und spätgeborene Kind. Er war sonst kaum aus der Stadt gekommen; daher verknüpfte sich die Erinnerung an jenen Besuch mit seinen Vorstellungen über das Landleben. Diese Erinnerung war angenehm, sie hatte sich angereichert, und auch auf Clamor fiel ein Strahl davon.

Willy unterschied offenbar, was in der Stadt erlaubt war und was auf dem Lande — dort konnte man sich viel mehr herausnehmen. Clamor hatte es dick hinter den Ohren — das unterstellte er ihm. Wenn er sich mit Max Silverschmied unterhielt, verhandelten sie über unverständliche Dinge — Willys Mutter hatte sich darüber aufgehalten, daß die Majorin im Herrensitz ritt, und Max Silverschmied sagte: »Das tut eine Dame nicht.«

Willy machte dabei ein altkluges Gesicht. Wenn er sich Clamor zuwandte, wurde er munter: »Bei euch in Oldhorst, wenn die Mädchen in die Kirschen steigen — da gibts was zu sehen.«

Dann boxte er Clamor mit der Faust auf den Tornister: »Clamor, gestehe: ihr treibts dort schon, wenn ihr noch nicht laufen könnt — — — wenn euch die Mutter in der Kiepe trägt.«

Clamor wußte nicht recht, was er da getrieben haben sollte, und vermutlich hatte auch Willy darüber unklare Vorstellungen. Doch eben diese verband er mit dem Lande; wahrscheinlich hatte auch Clamor eine Schwester, die in die Kirschbäume stieg. Die roten Früchte in den dunklen Schatten: das war das Land.

Auf Buz hätte diese Rolle des Teufelskerls besser gepaßt, doch der fuhr mit dem Rad über den Bohlweg mit Teo und den anderen. Clamor fühlte sich auf diesen kurzen Gängen halb geehrt und halb verschüchtert, besonders wenn Max Silverschmied dabei war, und ihm fiel ein Stein vom Herzen, wenn Willy ihn mit einem »Tschüs, Clamor« in den Heckenweg entließ.

Wieder einmal begann die Stunde mit dem gefürchteten Augenblick, in dem Doktor Hilpert, um den Hausfleiß zu prüfen, die Hefte aufschlagen ließ. Damit wurde Clamors Hoffnung zunichte; sie gründete sich darauf, daß der Doktor auch manchmal darauf verzichtete. Nun würde er wieder das wirre Zeug erblicken, das Clamor in der Nacht zusammengezeichnet und -gekleet hatte und das an eine Übersetzung ins Chinesische erinnerte.

Clamors Erwartung dabei war die des Schuldigen, der dem Gericht entgegensieht. Fieberhaft suchte er nach einer Entschuldigung. Der Doktor mußte wenigstens die Mühe sehen, die zwei, drei Seiten voll Schrift und Zeichen ihn kosteten. Dazu die unaussprechliche Angst dieser Stunden, der nächtliche Alb.

Ja, es gab andere, die sich leger vor ihr Heft setzten, und nach einer Viertelstunde stand dort ein Dreieck mit lateinischen Buchstaben an den Seiten und mit griechischen in den Winkeln, daneben eine Reihe von Zeichen und das »Ut erat demonstrandum« unter dem Strich. Das flog denen zu, als ob ein Zauberer ihnen die Hand führte. Oft waren es dieselben, die wie die Pfeile über das lange Pferd setzten. Aber er, Clamor, der sich mit Angstschweiß in der Nacht die Mühe gegeben hatte, während die Feder in der Hand zitterte — wer rechnete das an?

Lange hatte er auf das leere Papier gestarrt und es dann, als die Zeit knapp wurde, mit Zeichen bedeckt, wie sie ihm einfielen. Längst hatte Hilpert aufgegeben, das Ergebnis zu studieren — er sah es als ausgesuchte und wiederholte Bosheit an.

Dies Mal gabs eine Galgenfrist. Clamor hörte, wie hinter ihm Herr Hilpert fragte: »Wo ist das Heft?«, worauf Willy Breuer antwortete: »Ich habs vergessen, Herr Doktor — in der Eile nicht eingepackt.«

»Die Eile kann ich mir vorstellen — wo gestern nachmittag Radrennen war.«

»Ich hab's vergessen — bestimmt.«

»Gut — bis zur Waldstraße sinds genau zwölf Minuten. Du holst jetzt das Heft; in einer halben Stunde bist du wieder hier.«

Herr Hilpert zog seine Uhr aus der Tasche und legte sie auf das Pult, während Willy Breuer verschwand. Der Zwischenfall hatte das Gute, daß der Doktor auf die weitere Prüfung der Hefte verzichtete. Er ging gleich an die Tafel und begann zu demonstrieren, wobei ihm einige Male die Kreide zersplitterte.

Pünktlich nach einer halben Stunde kam Willy wieder, und zwar mit dem Heft, was keiner geglaubt hatte, der Doktor am wenigsten. Er schien auch, kaum daß er es geöffnet hatte, Unrat zu wittern, denn Clamor sah ihn plötzlich an die Decke starren wie jemand, der dort Unglaubliches erblickt. Dann sprang er auf und eilte mit vorgestreckten Armen auf Willy zu. Offenbar wollte er ihn nicht nur mit einer, wie es ihm in der Erregung vorkam, sondern mit beiden Händen an den Haaren ziehn.

»Ah, Bursche! Das Heft ist eben erst gekauft. Du hast bei Mietling rasch eine Seite vollgeschmiert. Die Tinte ist noch ganz frisch!«

Mietling war der Papierhändler in unmittelbarer Nähe des Gymnasiums. Herr Hilpert hatte schon die Hände an Willys Ohren, als etwas Unerwartetes geschah. Willy stand auf; er streckte den Zeigefinger gegen den Wüterich aus und rief mit seiner noch ungebrochenen Knabenstimme:

»Mein Vater hat Ihnen doch verboten, mich anzufassen« — dann setzte er sich wieder hin.

Das war die Katastrophe; Clamor suchte sich hinter Buzens Schulter zu verkriechen; der Doktor stand neben ihm.

Er hatte breite, kurz geschnittene Nägel; ein Ruch nach Seife, der fast die Augen tränen machte, ging von ihm aus. Clamor wußte nicht, was sich ereignen würde; es konnte nur dem Einsturz des Hauses vergleichbar sein. Es war still wie vor einem Erdbeben.

Doch wieder geschah etwas Unerwartetes. Der Doktor zog sich in die Ecke zurück, die dem Fenster gegenüber lag. Er stellte sich mit dem Rücken an den Ofen und setzte den Unterricht nicht fort. Er murmelte dort vor sich hin. Clamor verstand nicht, was er sagte; nur einmal kam ein Aufschrei: »Lieber Steine klopfen« — dann läutete die Glocke, die Pause begann.

Der Auftritt hatte Clamors Angst vor dem Doktor und seinen Stunden nicht gemildert — im Gegenteil. Er wußte nicht, was da vorgegangen war, konnte sich davon kein Bild machen. Willy erschien ihm wie einer der Pagen im Geschichtsbuch, die den Großen aufwarten. Sie wissen, wie man bei Hofe spricht und wie man sich verhält. Sie lassen sich nicht anrühren. Auch Paulchen Maibohm war von dieser Art. Aber vielleicht waren auch sie in Gefahr, obwohl sie es weniger wußten oder wahrhaben wollten, und übel würde es ihnen ergehen, wenn des Doktors Stunde kam. Dann würde er sie zu Ziffern machen, das war noch schlimmer als auf den Exerzierplätzen.

So ungefähr ließen sich Clamors Ängste übersetzen; er nahm Machtdifferenzen, Unterschiede von Kraft und Schwäche, nur in Bildern wahr. Er sah den feinen Jungen mit zerrissener Bluse am Boden liegen; das Blut floß dunkel aus seinem Mund.

Als der Doktor am Ofen stand, hatte Clamor wie immer den Strahl seiner Augen gesehen, die graue Lichtbahn, in der Stäubchen flimmerten. Sie durchbohrte lautlos das Holz der Pulte, traf schärfer als jeder Schlag. Trotzdem mußte er in diese Augen starren, und es war seltsam, daß, als die Blicke sich kreuzten, der Strahl die Farbe änderte. Er wechselte vom Grau in ein sattes Gelb.

Gelb war für Clamor von jeher ein Vorbote großer Gefahr. Dem folgte ein eisiges Blau. Es war merkwürdig, daß, wenn sich die Reihenfolge umkehrte, beide Farben einen ganz anderen Sinn zeigten. Sie kehrten die Lichtseite hervor.

Wie sehr der Doktor auch über Willy Breuer sich erregte, so stand doch auf einem anderen Blatte, was er mit ihm, mit Clamor, vorhatte. Ihn haßte er. Das wurde eben jetzt in seinem höchsten Zorne offenbar. Willy hatte ihm Anlaß zum Zorn gegeben, doch der Haß braucht keinen Anlaß; er steigt aus einer anderen Tiefe auf.

Herr Hilpert und Willy hatten beide Anhang; wenn es zwischen ihnen Ernst wurde, mußten Konferenzen stattfinden, selbst der Fürst würde vielleicht einschreiten. Im schlimmsten Falle kam Willy auf eine andere Schule, oder der Doktor würde versetzt. Er, Clamor, aber mußte auf alle Fälle die Zeche zahlen; er hatte nichts als seine Haut. Ein kümmerliches Erbarmen war vielleicht sein Lohn. Er war allein.

Für Clamor bedeutete die Niederlage des Doktors keine Einbuße des Gefürchteten. Das Treffen hatte auf der Oberfläche stattgefunden und eher seine Macht gezeigt. Die Angst vor seinen Stunden drang nun tief in Clamors Träume ein.

Nachmittags, wenn sie unter Teos Aufsicht mit den Externen beisammensaßen, langte es gerade für die Sprachen, und für die Nebenfächer zur Not. Dann kamen Gänge für Teo und die Professorin, Beschattungen und anderes mehr. Im Alkoven hörte er Teos Ausführungen über die Pennerschlacht. Auch das war unheimlich. Das Geld für die Zwille fehlte immer noch.

Bald fiel er in einen unruhigen, von Träumen gepeinigten Schlaf. Der Doktor kam und zog ihn an die Tafel vor. Er war nicht zu sehen, war wie ein Schatten hinter ihm. Die Kreide verfärbte sich, sie wurde gelb. Und plötzlich merkte Clamor, daß er dort ganz nackt stand, während alle ihn anstarrten. Die Klasse högte sich.

DIE NACHTARBEIT

Clamor wußte im Schlafe immer, wie spät es war. Die Zeit war ein Funke, der sich durch eine Zündschnur fraß. Jede Sekunde führte näher an den Augenblick, in dem der Doktor in die Klasse trat. Er ließ die Hefte öffnen — die Aufgabe fehlte, sie war nicht gemacht worden. Die Seite war leer; dort stand keine Ziffer, kein lateinischer, kein griechischer Buchstabe, keine Linie, kein Winkel, kein Kreis. Und Clamor konnte sich nicht wie Willy auf den Vater berufen; sein Vater war tot.

Die Aufgabe konnte nicht geleistet werden; das war das Gewicht in der Nacht. So sollte denn wenigstens die Angst ihr Opfer bringen, auch wenn es kein Korn war, sondern nur Spreu, die der Wind zusammenfegt.

Der Wecker lief gegen sieben Uhr. Doch schon um fünf, ja manchmal selbst um vier Uhr erhob sich Clamor und öffnete behutsam den großen Kleiderschrank. Nachdem er durch die Vexiertür ins Kabinett gelangt war, entzündete er die Lampe und breitete auf dem Tisch sein Heft und das Lehrbuch aus. Dann setzte er sich auf die Treppenbank und begann zu »arbeiten«. Er bedeckte das weiße Papier mit Zeichen ohne Sinn und Zusammenhang. So wurden in Oldhorst noch Runen in die Torbalken geschnitten, obwohl niemand mehr ihrer kundig war.

Wenn ihm nichts mehr einfiel, schloß er das Heft. Der Inhalt sollte für ihn Zeugnis geben in der Stunde des Gerichts. Daß er nicht genügte, ja daß er das Urteil noch verschärfen würde, war ihm bewußt. Trotzdem zwang es ihn zu diesen Nachtstunden — als ob in ihrer dahingequälten Zeit, in ihrem Absitzen ein Verdienst läge. Etwas mußte er doch als Entschuldigung oder zur Anrechnung vorweisen.

Dies Mal war es besonders drückend, als stünde ein Wettersturz bevor. Die Natur hatte ihm immer wieder eine Mütze voll Schlaf abgezwungen, doch dann kam der Ruck, als ob er auf das Lager herabstürzte. Er fuhr im Zuge, der nach kurzer

Anfahrt plötzlich gebremst wurde — doch nach dem Schock gab es ein Aufatmen: das Ziel war noch fern, und die Nacht war tief.

Er versuchte, leise zu atmen, um Teo nicht zu wecken, der neben ihm lag. Von Buz war nichts zu befürchten; der schlief fest und mit eisernem Gewissen, gleichviel ob er bei Hilpert etwas vorzuweisen haben würde oder nicht. Er träumte selten, und dann nur von Pferden; jeder Tag brachte ihn dem Augenblick näher, in dem er zum zweiten Mal backen blieb. Dann würde er die Schule nur noch von außen sehen. Und bald mußten ihn die Pauker grüßen, wenn sie ihre Übung machten und an ihm vorbeikamen.

Um drei Uhr wurde das Herzjagen unerträglich; Clamor stand leise auf und schlich sich in das Kabinett. Es war kalt; er fror an den bloßen Füßen, zitterte in dem dünnen Hemd. Nachdem er die Lampe angesteckt hatte, breitete er auf der Kiste das Handwerkszeug aus: Tintenfaß, Feder, Zirkel und Lineal. Er schlug das Heft auf, das einen schäbigen Eindruck machte, suchte die Eselsohren auszuglätten und nahm die Feder in die Hand. Das linke Blatt war beschrieben und mit Rotstift quer durchstrichen — darunter stand »Unsinn« von Hilperts Hand. Das Urteil schien ihm noch nicht genügt zu haben, denn er hatte noch »Unfug« daneben gesetzt.

Der Anblick war nicht ermutigend. Clamor nahm die Kladde vor, die er während des Unterrichts benutzt hatte, und las die Notizen über »das Dreieck« durch. Das war »eine Verbindung von drei Punkten, die nicht durch eine Gerade verbunden sind.«

Warum wollte Herr Hilpert, daß das so gesagt würde? Und dann: »Jeder Außenwinkel eines Dreiecks ist gleich der Summe der beiden nicht anliegenden Innenwinkel.« Der Satz war rätselhaft. Überhaupt, wenn Herr Hilpert »der Satz« sagte, dann klang das anders, als Clamor es beim Superus gehört hatte — schärfer, gefährlicher.

Ein solcher Satz soll betrachtet, hin- und hergewendet, auseinandergenommen — mit einem Wort: studiert werden.

Clamor kam über das Betrachten nicht hinaus. Der Satz war wie ein Stück Eisen, undurchdringlich, fugenlos. Auch ein lateinischer Satz war schwierig bis zum Kopfzerbrechen, doch wenn man ihn auflöste, kam etwas anderes heraus. Hier nur dasselbe — Clamor konnte sich den Unterschied nicht klar machen.

Ein solcher Satz war nicht nur undurchdringlich; er war auch abstoßend. Er kam an wie die Lokomotive eines unendlich langen Zuges, der ganz mit Eisen beladen war. Er lief auf blanken Schienen — das waren Herrn Hilperts Parallelen; sie legten die Tangente an die schweren Räder, die sich über sie hinwegdrehten. Und dann die Lichter — das waren Herrn Hilperts Augen; sie vernichteten.

Der Zug fuhr lautlos, obwohl er eine ungeheure Last bewegte; die Räder, die Kolben, die stählernen Gelenke griffen nach tödlichen Gesetzen ineinander ein. Clamor stand zwischen den Parallelen; gleich würden die Räder ihn überfahren, Herrn Hilperts Augen bannten ihn an den Platz. Ein grelles Pfeifen der Lokomotive schreckte ihn empor.

Clamor sprang auf; die Augen waren ihm zugefallen, kaum daß er sich gesetzt hatte.

Er mußte jetzt an die Arbeit gehen: Konstruktion eines Dreiecks mit Lineal und Zirkel, entsprechend den fünf Hauptfällen. Das Pensum der Klasse war schon viel weiter fortgeschritten, doch Clamor war im Verzug, weil jeder Ansatz dem Rotstift zum Opfer gefallen war. Er mußte ganz von vorn, bei der Konstruktion des Dreiecks aus drei Seiten, anfangen. Die Nacht war noch lang. Er begann, aus den schon oft durchstrichenen Seiten sinnlose Sätze auszuziehen. Dazwischen zeichnete er ein Dreieck ein. Damit war immerhin schon ein Blatt bedeckt.

Plötzlich begann das Licht zu schwanken, als ob es angehaucht würde — Clamor erschrak und blickte vom Hefte auf. Die Schrankwand verschob sich leise, als ob sie sich von selbst bewegte, dahinter erschienen zwei Hände, die den

Vorhang der Kleider und Mäntel teilten, und zwischen ihnen eine bleiche Maske: Teos Gesicht.

»Was hast du hier rumzuschnüffeln, hab ich dich endlich erwischt? Also deshalb hat dich die Quappe hierhergeschickt?«

Teo war nackt bis auf den roten Umhang, in dem er sich zu rasieren pflegte und der ihm, am Hals von einer Kordel gehalten, über die Schulter fiel. Er sprang in den winzigen Raum mit allen Zeichen des nach Gewalttat lechzenden Zorns. Hinter ihm zog eine Wolke von Kampfer und Lavendel aus dem Schrank.

»Knie nieder — wir rechnen jetzt ab!«

Zunächst wandte er sich einem Koffer zu, den er von der Flucht mitgebracht hatte und hier verwahrte; das Leder war auf langen Reisen vernutzt und in lotrechter Sonne grau geworden, das Schloß noch intakt. Am Handgriff hing Simmerlins Visitenkarte in einer Ledermanschette, daneben eine Banderole des Hafenzolls.

Der Koffer war verschlossen; nachdem Teo ihn mit großer Sorgfalt geprüft hatte, fragte er:

»Hast du einen Nachschlüssel?«

Clamor wußte nicht, was das bedeuten sollte:

»Ich mache hier Schularbeiten — Mathematik.«

»Das soll ich glauben? Dazu reicht wohl die Arbeitsstunde aus. Oder hast du Allotria getrieben — — — an Weiber gedacht?«

»Ich bin nicht fertig geworden, Teo, habe auch noch für dich beschattet und für die Tante Gänge gemacht. Jetzt muß ich nachholen, glaub es mir doch.«

Teo schien wenig davon überzeugt.

»Wenigstens hast du dich nicht in meinen Sessel gefleezt. Steh auf und zeig mir das Zeug her; ich will sehen, was du treibst.«

Nachdem er dem Schrank zwei Mäntel entnommen hatte, von denen er den einen anzog, den anderen um seine Beine schlang, setzte er sich in seinen Sessel und studierte das Heft. Clamor sah, daß er den Kopf schüttelte, zuweilen lachte, dann aber sorgfältig Satz für Satz prüfte. Endlich hörte er ihn sagen: »Das ist ja chinesisch — — — um nicht einfach mit Hilpert zu sagen: Mist. Elaborate eines Windmüllers ohne Muck in den Knochen, ohne Korn im Sack.«

Er lehnte sich in den Sessel zurück und blickte Clamor wohlwollend an. Dem wurde warm ums Herz, obwohl er vor Kälte zitterte.

»Setz dich. Dein Heft sieht übel aus. Du bist ein Schafskopf, das ist nicht zu ändern — man stellt sich aber nicht gleich als solcher vor. Wenn etwa die linke Seite durchgestrichen ist, fängt man nicht gleich auf der rechten wieder an. Das heißt ja, auf den ersten Blick zur Mißgunst einladen.«

Er sah Clamor wieder, und zwar mit wachsendem Wohlwollen, an:

»Ihr seid doch beide trübe Lichter — du, Müllerjunge, der von Geometrie keinen Dunst hat, und er, dieser Hilpert, der dich zwiebelt, weils nicht mal zum Privatdozenten ausreichte.«

Es war ihm warm geworden; er streifte den Mantel ab. Noch war die Bräunung der ägyptischen Sonne, der Bäder im Meer und in dem großen Strom nicht verblaßt. Er wies mit der Hand auf das Heft:

»Du schlägst dir also deine Nächte um die Ohren, um bei der Prüfung zu bestehen. Dabei weißt du in jeder Sekunde, daß deine Arbeit keinen Pfifferling wert ist — — — du bietest dem miesen Pauker Nonsens mit Eselsohren an.«

Draußen schlug es vier Uhr. Die Töne drangen matt durch den wattierten Schrank. Bald würde vor den Kasernen die Reveille blasen und sie wie Ameisenhaufen aufstöbern. Teo schloß ab:

»So — jetzt schleich dich hinunter und bring mir ein neues, sauberes Heft!«

Er blieb zurück und nahm noch einmal das Heft mit den Eselsohren in die Hand. Verschiedenere Charaktere als der Clamors und der seine waren kaum denkbar, nur im Nichthandeln gab es Vergleichbares, im jähen Ausrasten der

Wahrnehmung. Dann schob sich, hier in die Gedankenkette, dort in den Fluß der Bilder, etwas ganz anderes ein. Die Uhr stand still; sie waren, vielleicht nur in der Mitte eines Tick-Tacks, abwesend.

Teo war wieder auf der Reise, in ihrer Mitte, als Simmerlin noch große Hoffnung auf ihn gesetzt hatte. Ein tiefes Rotbraun wachte auf. Die Sonne grüßte die Götterheimat; sie wärmte bis in die tiefsten Grabkammern. Sie duldete kein Grünes — grün war das Delta; hier waren das Herz und der Stein. Hier nur das Herz und der Fels, den Moses noch einmal erweckt hatte. Er regte sich wieder, das reichte tief unter das Leben hinab.

Hier war es friedlich — das hieß für Teo, daß der Wille keinen Widerstand fand. Die Dinge griffen nun ohne Bewegung ineinander wie die Glieder einer Kette, die, vor dem Bade abgestreift, am Boden lag. Am Abend würde der Freund zur Mutter eingehen, die Harmonie bestätigen. Damals hatte er mit Freude, ja fast mit Rührung daran gedacht. Zuvor, als sich die Spannung im Pfarrhaus auflud und die Funken übersprangen, war er mit Lust dabei gewesen, weil es den Vater demütigte.

Die Mutter lag auf dem Totenbett. War er es gewesen, der ihr den tödlichen Keim gebracht hatte? Das drängte sich ihm zuweilen auf. Die Krankheiten haben einen weiten Fächer; der eine zahlt mit dem Leben, während sie dem anderen nur einen Schnupfen anhängen. Was in der Luft liegt, macht jeden mitschuldig.

Auch Cissy war unberührt geblieben, während der Captain über Nacht gestorben war. Die Kamelreiter hatten ihm oben am Strom ein prächtiges Grabmal gesetzt, aere perennius: Rosengranit von Assuan. Vielleicht kam es von ihm über sie. Wer konnte es wissen — damals grassierte die Cholera.

Cissy hatte ihn auf den ersten Blick bezaubert — so stark, daß ihn ihre Gegenwart verstört hatte. Scheu und Anziehung machten ihn zum Trabanten, hielten ihn zugleich gefesselt und entfernt. Simmerlin, noch sein Freund, hatte das beobachtet. Er hatte ihn ihr zugeführt. Das war ein Kapitel für sich.

Damals las er Flauberts »Versuchung« — um sie recht zu genießen, muß man den Durst und die Wüste gekannt haben. Darin, im Katalog der großen Erfüllungen: »Die nackt zu sehen, die du in der Gesellschaft geachtet hast.«

»To be made a fool by a young woman« — — — der Freund hatte die Stufen der Kristallisation verfolgt. »Teo, du bist ein Glückspilz, nicht nur weil ich dir das Stirnauge zur Transzendenz geöffnet, sondern auch die Irr- und Umwege in der Immanenz erspart habe, und das auf hoher Ebene. Das heißt, die Fata Morgana mit dem Überfluß zu paaren, das Bild mit dem Spiegelbild.«

Es war eine der Ideen, die Simmerlin beschäftigten: Die Verwandlung des Adepten, seine Einweihung durch die wissende Frau. Darauf ließ sich ein Orden gründen, der mit seinen Riten die Gesellschaft durchflocht wie der Stern den Rubin, wie das Moos den Achat. Die Vorweisung beschränkte sich nicht auf das bloße Gleichnis, auf entleerte Symbole — — — das Geheimnis wurde entschleiert, das Mysterium erfüllt. Der Kelch und der Wein wurden in Einem gereicht. Auch entfiel das unruhige Kreisen in den Vorhöfen mit der Enttäuschung, den Selbstmorden, dem lebenslänglichen Defekt. Nun konnte man sich getrost den Niederungen zuwenden.

Simmerlin hatte schon in Oldhorst mit den Konfirmandinnen Anstände gehabt. Er meinte allerdings, daß er vor jener Nacht auf dem Friedhof in dieser Hinsicht Analphabet gewesen sei. »Danach hätte er doch auch nicht gerade — — —?« Ja, trotzdem: Sibylle hatte ihn befreit.

Dem Saadi sagten solche Projekte wenig zu, die Pädagogik überhaupt. Er lachte jedesmal, wenn sie an den Koranschulen vorbeiritten und den Gesang hörten. In diesem Falle freilich schien das Experiment geglückt.

Simmerlin hatte ihn denken gelehrt. Doch dann kam die Enttäuschung; sie entsprach der Faszination. Die Thesen trafen doch nur am Rande:

Der Göttersturz, anfänglich als Befreiung empfunden, würde ein namenloses Brachland zurücklassen. Zunächst würden sich dort Ideen wie Flughafer ansiedeln; das machte die Wüste noch trostloser. Wer jetzt mit Wasser kam, ja wer nur vom Wasser wußte, der hatte sie in der Hand.

Dann hatte er sich auf die indischen Dinge eingelassen — . — — das hieß doch, vom nahen auf den fernen Orient zurückweichen. Dort ragte ein Block in die Moderne, der in der Schmelze noch nicht aufgegangen war. Findige Amerikaner konnten das ausmünzen.

Blumauers Gedanken waren ähnlich — wie überhaupt die eines jeden, der etwas nachdachte — doch mit ganz anderen Hoffnungen verknüpft. Wenn Teo nach der Gewissenserforschung bis in die Nachtzeit bei ihm weilte, ließ er sich wie sonst keinem ihm gegenüber dazu aus. Hinter der glänzenden, von ungeheuren Heeren geschirmten Fassade bereitete sich eine halb fellachoide, halb alexandrinische Herrschaft vor — geschichts- und kulturlos, der Natur feindlich, doch sie mit unheimlichem Witz ausbeutend. Die Kenntnis der Natur als Offenbarung, der profanen und der Heilsgeschichte als Exempel, der alten Sprachen als Akkumulatoren würde dem Klerus als Privileg anheimfallen, und damit die Voraussetzung zur Wandlung der Elementarstrukturen in höhere Ordnungen. Nur das gab Sicherheit.

Blumauer war sowohl an der Fassade tätig wie hinter ihr. Einen Verstoß in mores, wie er ihn offiziell schwer ankreidete, billigte er zwar nicht an Teo, doch billigte er ihn ihm zu. Keine doppelte, sondern eine gleitende Moral. Simmerlin würde es schneller voranbringen; er war mit dem Gesetz der schiefen Ebene vertraut. Der würde auch der Klerus anheimfallen.

Keine Gedanken und kaum Namen — — — eher das Abschleudern noch unbenannter Partikel, die sich wortbedürftig vor den Toren der Wahrnehmung sammelten und dann zu Bildern zurückwichen.

Hatte er sie in Heliopolis, in Karnak oder im Museum von Kairo gesehen? Oder auf einem der Papyri, die man den Toten als Vademecum mitgab, als Reiseführer durch die Regionen der Nacht?

Sie trugen die Grabgaben, tief gebeugt mit erhobenen Armen: dunkelrotbraune Amphoren in Herzform; Schriftkundige hatten die Losungsworte für die schrecklichen Torhüter darauf gemalt. Der mit dem grauen Krokodilskopf war Hilpert, und Clamor als demütiger Sklave präsentierte ihm sein Heft, die kümmerliche Ernte magerer Jahre, Spreu und zusammengekratzter Staub. Es konnte als Ausweis nicht genügen, doch trug es die Eselsohren: die Spuren in Verzweiflung nutzlos verbrachter Nachtwachen.

Als Clamor zurückkam, hatte Teo bereits das Handwerkszeug zurechtgelegt. Er begann, schnell und exakt zu konstruieren: »Drei Seiten sind gegeben«, dann »zwei Seiten mit dem von ihnen eingeschlossenen Winkel« und so fort. Für den Begleittext und die Überschriften ließ er Raum. »Das Kind muß Luft haben.« Clamor staunte, wie leicht die Arbeit vonstatten ging. Teo hieß ihn die Buchstaben einsetzen: »Im Uhrzeigersinn um das Dreieck herum«, diktierte die Formeln und die Prozedur. Kurz nach sechs Uhr war die Arbeit geschafft.

Teo versuchte nun, seinen Leibschützen auf die zu erwartenden Fragen vorzubereiten und, als er damit ohne einen Schimmer von Erfolg blieb, wenigstens den Boden zu erkunden, der so steril sowohl für konkrete wie für abstrakte Messungen blieb. Er ging auch auf die Einwände ein. Etwa: wenn aus drei Seiten ein Dreieck zu fixieren war — warum nicht aus drei Winkeln, die zusammen sogar sechs Seiten einbringen?

Damit wurde der Unterschied zwischen dem Gleichen und dem Ähnlichen berührt. Clamors Bedenken war nicht übel — doch wie war ihm klar zu machen, daß einer Figur zwar unendlich viel ähnliche, doch nur *eine* kongruente sich zuordnen? Und daß die Strecke das Bestimmte ausdrückt, der Winkel jedoch das Mögliche? Die Linie visiert, der Winkel schließt ein. Man sagt: »ich sehe das unter einem anderen Winkel«, aber »das liegt auf meiner Linie«.

Stupide wie Hilpert waren auf das Gleiche eingeschworen; sie fühlten sich sicher in der ausgestanzten Welt. Clamor sah mehr und besser; die Fülle verwirrte ihn. Ihm war die Farbe Wesen, jenem die Linie Gesetz.

Clamor hatte Angst vor Hilpert, und mit Grund. Beide wußten voneinander nichts oder nur wenig, doch sie erkannten sich als Todfeinde.

»Clamor — du bist ein hoffnungsloser Dummkopf — doch wenn du als Leibschütz Stich hältst, kann Hilpert dir nichts anhaben.«

Clamor bedankte sich. Auch darin war er unbeholfen; das Wort fiel ihm schwer. Als sie in das Alkovenzimmer traten, begann der Wecker zu läuten, und Buz sprang aus dem Bett. Er sah sie halb mit Erstaunen, halb mit Mißtrauen aus dem Schrank steigen, denn er witterte eine Geheimverhandlung, von der er ausgeschlossen war.

Unten war es schon lebhaft; sie gingen ins Souterrain, wo sich die Engländer mit ihren Bastschwämmen scheuerten, und dann an den Frühstückstisch. Fiekchen trug auf, und Teo klopfte sie auf die »Kruppe«, wie Buz den Hintern nannte — die Professorin war in der Küche; sie sah das nicht gern.

Clamor brach wie gewöhnlich früher auf als der Haupttrupp, der zu Rad über den Bohlweg fuhr. Ihm stand der ungewisse Gang durch die Gärten und dann der schreckliche Hilpert bevor. Die Stimmen der anderen klangen munter wie die einer Vogelhecke; ihn hatte die Nacht erschöpft.

»Clamor, halt dich wacker; heut habe ich noch eine Beschattung für dich!« So hörte er Teo hinter sich her rufen.

CRIMINALIA

»Detektiv«, vom englischen »detective« übernommen, führt sich auf das lateinische »detegere« zurück. Das ist »aufdecken«. Die Aufdeckung der Tat, und zwar der Untat, soll zur Entdeckung des Täters führen, der sie begangen hat. Er wird versuchen, sich zu verstecken oder zu verstellen, also muß er aufgespürt und entlarvt werden. Es gibt kein Vergehen, das nicht zugleich ein Begehen ist, also Spuren hinterläßt.

Jeder Versuch, die Spuren zu verwischen, wird sie vervielfältigen. Hat einer Blut an den Händen, so wird er versuchen, sie zu reinigen. Er braucht Wasser, Seife, Handtuch, ein Bekken oder einen Ausguß — und so reiht sich einem einzigen Indiz gleich einer Kette ein Dutzend weiterer an.

Der Täter eröffnet mit einem einzigen Zug und in der Hoffnung, sie damit zu beenden, die Partie. Doch nun beginnt erst, wie beim Schachspiel, die Kombination. Im Grunde spielt er gegen sich selbst. Jede Handbewegung muß durchdacht werden, auch wenn nur ein Streichholz fortgeworfen wird. Von Anfang an ist er im Zweifel: soll ich es tun oder nicht? Er beginnt mit dem Angriff — nach Clausewitz mit der schwächeren Form.

Wenn der Detektiv auftritt, fängt schon das Endspiel an. Der Täter wird nun zum Hasen, doch noch gibt es verschiedene Wege — Ausflüchte, von denen die eine mehr, die andere weniger sicher scheint. Der Detektiv dagegen bleibt wie der Hund auf der Fährte; er folgt der Witterung.

Und wenn der Täter gefaßt ist, wird die Partie zurückgespielt. Jede Ausrede muß begründet, jedes Alibi muß erhärtet werden, und zwar durch Tatsachen.

»Sie waren also zur Tatzeit im Theater? Die Eintrittskarte haben Sie wohl weggeworfen — welches Stück wurde gespielt? ›Othello‹ — richtig — und die Desdemona wie immer unübertrefflich von Wilma Kranzdörfer. War allerdings gerade an diesem Tag unpäßlich und wurde vertreten — tja, das ist Künstlerpech.«

Intelligenz ist dabei eher schädlich; die raffinierten Fälle sind leichter aufzudecken als die absurden und sinnlosen. Ein verbummelter Student fuhr hin und wieder gegen Monatsende, wenn das Geld knapp wurde, von Berlin in den Harz, um dort auf die Jagd zu gehen. Das Wild, dem er nachstellte, waren einsame Wanderer in reiferen Jahren, die es vom Mai an, doch auch im Winter, immer wieder ins Gebirge zieht. Oberlehrer Bayer zum Beispiel läßt kaum einen Sonntag aus. Er kennt auch die wenig begangenen Täler und die Richtwege. Solche Touristen haben, wenngleich in bescheidenen Beträgen, Geld nicht nur in der Börse, sondern auch in der Brieftasche. Es sind auch Engländer dabei.

Andererseits: wird ein beliebtes Gebirge unsicher, hört man von Überfällen und Raubmorden, so breitet sich Beunruhigung bis in die Zentralen aus. Offenbar ist ein intelligenter Einzelner am Werk. Er provoziert die Polizei, die nun den Faden aufnimmt und zu kombinieren beginnt.

Ein starkes Indiz schafft schon die Wiederholung: der Täter verfährt nach einem Schema; er hat sein »poncif«, seine Masche — — — und ihre Webfehler. Je öfter sich sein Schema bewährt, desto sicherer wird er sich fühlen, doch wiederholt und verstärkt er damit auch den Hinweis; er webt und wickelt sich ein.

Zunächst bestätigt er sich als »der Gleiche« — etwa als einer, der dieselbe Waffe benutzt. Sodann ist zu vermuten, daß er anreist, wahrscheinlich Sonntagsbilletts löst. Er wird auch übernachten, und zwar in einer der kleinen Harzstädte. Kämmen wir also die Fremdenbücher durch. Gegeben sind: ein einzelner Gast, männlich, ein Sonnabend, die Entfernung des Tatortes.

Immerhin: die Arbeit ist enorm. Hunderte von Eintragungen sind zu überprüfen, darunter solche von Ausländern. Unter den Reisenden sind immer einige, die Gründe haben, ihre Personalien zu verbergen; sie tragen sich mit anderem Namen ein. Diese »Lehmänner« sind natürlich nicht aufzufinden, wenigstens nicht am Wohnort, den sie angaben. Sie versprechen jedoch eine besondere Ausbeute. Schon die Portiers haben meist ein Auge auf sie.

Gab es an den Stichtagen Zechpreller? Jemandem, der wie unser Student die Regeln verachtet, macht es nichts aus, sich französisch zu empfehlen und durch die Hintertür davonzugehen. Das wäre freilich ein grober Webfehler.

Unser Berliner war viel gewitzter; er wollte nicht nur unter falschem, sondern auch unter fremdem Namen reisen, also unter einem solchen, dessen Träger es wirklich gab. So würde er die Verfolger auf eine Vexierspur setzen, indem er sich aus dem Adreßbuch einer Großstadt unter den Müllers einen herausfischte. Dem winkte Ärger mit dem Alibi.

Das war kein übler Schabernack. Vielleicht ließ sich dem noch eine Pointe ansetzen. Wie etwa, wenn der Name zwar einer Person entsprach, die damit nichts zu schaffen hatte, doch zugleich nicht vorhanden, nicht zu verhaften war? Da würde eine Täuschung sich nochmals in Rauch auflösen.

Als Kommissar von Tresckow gemeldet wurde, daß unter den zu überprüfenden Adressen kurioserweise auch die eines seit zwei Jahren Verstorbenen geraten sei, war ihm, als ob es an der Tür klingelte. Er ließ den Kreis, in dem der Tote sich bewegt hatte, unter die Lupe nehmen, und damit war der Kopf des witzigen Studenten schon zur Hälfte ab.

Er war eben kein Mathematiker gewesen, sonst hätte er gewußt, daß aus einem doppelten Minus ein Plus werden oder, einfacher gesagt, daß allzu scharf schartig machen kann.

Es ist übrigens merkwürdig, daß, wenn man sich in einem Kreise wie dem dieses Verstorbenen vertraulich erkundigt, wem dies oder jenes zuzutrauen sei, Gutes oder Schlechtes, man meist recht zuverlässige Auskunft gewinnt. Die Menschen sind unterschwellig übereinander gut informiert.

Das konnte Buz bestätigen. Wenn bei den Husaren etwas vermißt wurde, wußte man gleich, wer es geklaut hatte. Da hatte man noch keinen zu Unrecht über die Futterkiste gelegt. Geld kam übrigens nicht weg, aber sonst mancherlei.

Für Buz war überhaupt die Art, in der Teo die »Fälle« behandelte, zu kompliziert. Der sagte »die Tat« und »der Täter« — — — »eck segge: de Buhmann, de Swienskierl, de Dotmaker«.

»Du sollst doch nicht Platt sprechen. Sonst ist es richtig: du mußt das anders nennen als ich. Ihr seid ja auch als Unholde bekannt.«

»Jawoll — — — zu uns kommt so bald keiner wieder«, sagte Buz. Er spielte damit auf einen widrigen Vorfall an, dessen auch Clamor sich wie einer Wunde erinnerte. Ein alter Zuchthäusler, dem die Zähne ausgefallen waren, hatte einen Abstecher nach Oldhorst unternommen in der Hoffnung, dort leichter auf seine Rechnung zu kommen als in der Stadt. Er hatte sich in die Wirtschaft von Ehlers eingeschlichen und im Schlafzimmer versteckt. Die Tür stand offen, und als die Wirtin treppauf stieg, sah sie den klassischen Alb verwirklicht: den fremden Mann unter dem Bett. Sie kehrte um, als ob sie etwas vergessen hätte, und alarmierte die Nachbarschaft. Die Bauern strömten zusammen und zogen den Kerl ans Licht. Sie fanden bei ihm ein Messer mit festem Griff, einen Standhauer. Vielleicht brauchte er ihn nur zum Brotschneiden, doch machte der Anblick der Klinge sie rasend; sie schlugen mit allem, was ihnen zur Hand kam, auf ihn ein. Die Ehlerssche biß sich sogar an ihm fest. Er wurde zum Spritzenhaus geschleift; es war ein Wunder, daß er die Nacht überstand. Clamor hatte ihn gesehen, als der Gendarm ihn abholte.

»Ich möchte zum Arzt« — das hatte geklungen, als ob ein Gespenst es gesagt hätte auf einer hoffnungslosen Welt — nicht einmal demütig. Es hatte Clamor inmitten der Gaffer getroffen, als ob das Messer ihn durchdrungen hätte — schmerzhafter, nachhaltiger auch. Das war noch schlimmer gewesen als der Anblick des dicken Mannes, der auf dem Heckenweg nach Atem rang.

Clamor hatte die Nacht über geweint. Er konnte die andere Nacht nicht aus dem Sinn verdrängen — die im Spritzenhause, vor dem die Wächter sich ablösten. Ja, da war Einsamkeit wie auf einer Klippe im Meer des Schweigens — kein Freund, kein Mitleid auf der Welt. Allein — — — die Mutter war gewiß seit langem tot.

Auch bei den Weberknechten dachte Clamor an den Mann. Er behielt es für sich — er war mit ihm und gleich ihm: allein. Es kam ihm auch vor, als ob er mit ihm Schuld hätte. Es war eine Zuneigung, die man verbergen mußte; das fühlte er wohl. Über den Missetäter wurde Gericht gehalten; zwischen ihm und den anderen gab es nichts Teilbares. Es gab auch zwischen seiner Untat und seinem Leiden etwas, das Clamor nicht lösen konnte — — — oh Gott, warum hatte er das getan?

In Oldhorst sprach man noch lange davon. Für Clamor war es auch der Tag gewesen, an dem der Superus in der Römischen Geschichte bei der Opfertat eines Ritters angekommen war. Als ein Riß die Stadt zu verschlingen drohte, hatte dieser Ritter sich zu Roß und in voller Rüstung hinabgestürzt. Die Erde hatte ihn verschlungen; daraufhin hatte sich der Spalt geschlossen; die Stadt blieb verschont. Das war ein großer Gedanke, vielleicht der einzig richtige, von dem alle anderen lebten, ob schuldig oder unschuldig. Doch um ihn auszuführen, mußte man wohl ein Großer sein.

Übrigens war der Superus mit der Gewalttat nicht einverstanden gewesen; er hatte sie auch in der Predigt gerügt. Was das Eigentum anging, da verstanden die Bauern keinen Spaß. Daß nächtlich Holz abgefahren oder eine fremde Miete geöffnet wurde, wenn das Futter knapp war, konnte vorkommen. Das wurde unter der Hand und zwischen Nachbarn abgemacht. Von den Gerichten hielt man nicht viel. Kam aber ein Fremder, und wäre er nur ein Handwerksbursch, der die Wäsche schief anguckte, dann waren sie mit Bengeln und Heistern rasch tohope und standen wie eine Mauer gegen ihn. Früher hatte ein solcher bald gebaumelt; das war ein Festtag für Alt und Jung.

Clamor entsann sich auch des Gespräches zwischen dem Superus und seinem Bruder, der bald darauf zum Schlachtfest gekommen war. Der Professor hatte gemeint, diese Dörfer am Moor müßten noch durchchristianisiert werden; wenn man nur etwas ankratze, schimmere gleich das blanke Heidentum durch. Das wollte der Superus auf den Heiden nicht sitzen lassen; die Bestialität habe zugenommen, seitdem der Schwede im Land gewesen sei. Ein Stand der Kultur wie vor dem Dreißigjährigen Krieg sei nie wieder erreicht worden. »Das siebzehnte Jahrhundert hat uns ruiniert.« Dazu nun die Nähe der Großstadt, die Maschinen, der Schnaps, die neuen Ideen. Darin waren beide sich einig: wenn es so weiter ginge, würde man bald seines Lebens nicht mehr sicher sein. Die mußten immer in der Furcht des Herrn stehn, so wie es die Fabel lehrte:

    Bär: Was heißt du mich gnädig, Vieh!
             Wer sagt dir, daß ichs bin?
    Fuchs: Sah Dero Zahn, wenn ich es sagen darf,
             Und Dero Zahn ist lang und scharf.

Das war das zoologische Fundament. Dann konnte man ihnen mit Moral kommen.

Das Gespräch über Mörder und Detektive, mit dem sich Teo und Buz vorm Einschlafen unterhielten, ging über Clamor hinweg. Ihm waren solche Winkelzüge fremd. Von Gespenstern, Wiedergängern, Mordbrennern, Räubern hatte man auch in Oldhorst gern gesprochen, abends am Ofen, wenn das Vieh gefüttert und die Tür verriegelt war. Draußen mochte es umgehen. Dafür fühlte man sich drinnen um so heimischer.
    Es gab dabei wenig zu kombinieren; wie sollte man an etwas ganz Fremdes ansetzen, das aus den Wäldern kam? Man hockte zusammen und war auf der Hut. Vor allem in den Mühlen war es nicht geheuer; zum Glück lag die von Müller Braun nicht weit vom Ort.
    Der Vater hatte von Sternickel erzählt, das war ein Müllergesell, der um Arbeit vorsprach und gern behalten wurde,

weil er sich auf das Handwerk verstand und mit dem Vieh eine gute Hand hatte. Eines Nachts ging dann die Mühle in Flammen auf; man fand den Müller und die Seinen erschlagen unter dem Gebälk.

Der Mann war daran zu erkennen, daß er einen verkrüppelten Finger hatte und ein Taubennarr war. Er hielt sich bald, nachdem er eingestanden war, ein Pärchen oder mehrere. Das stand im Steckbrief, aber in den einsamen Mühlen liest man kaum Zeitungen. Ein stattlicher Mann, dem es nicht schwer gefallen wäre, redlich zu verdienen, doch zog er die Gewalttat vor. Wenn er die Ansässigen erschlagen hatte, blieb er noch zwei, drei Tage in der Mühle und war dort König — weder Kauf noch Ehe geben dieses Gefühl der Macht. Einheiraten wäre ihm nicht schwer gefallen, denn die Mädchen sahen ihn gern, und in der ersten Woche hatte er schon eine an der Hand; er brauchte deswegen nicht über die Straße zu gehen. Er kam im Spessarthut mit einer Hahnenfeder; das war vielleicht das einzige Zeichen, das den Müller hätte warnen können, denn abgesehen davon, sprach der Mann mit »Gott zum Gruß« ein, bevor er geziemend, wie es das Handwerk verlangt, auf die Fragen des Meisters antwortete. Das ist die Art, wie sie eintreten. Solange sie sich verstellen, sagen sie »die Axt« und »das Beil«; dann aber »der Mühlkracher« und »der Totmacher«, wenn sie ihr Gesicht zeigen.

Clamor wagte kaum auszudenken, wie still es dann geworden war. Das war ein Schweigen, dem kein anderes glich. Der Mann war jetzt sehr stark geworden; das Blut stand hinter ihm. Ihm war verfallen, wer immer die Mühle betrat. Sie gehörte nun ihm, mehr als von Rechts wegen. Er konnte in ihr tun und lassen, was ihm beliebte, konnte sie anzünden. Er ging auf und ab über die Dielen, öffnete Schapp und Schränke, warf das Zeug auf den Boden, das die Müllerin gehegt hatte. Er holte den Schinken aus dem Rauchfang, schnitt mit dem Messer dicke Scheiben davon ab. Er aß kein Brot dazu. Zuweilen lauschte er, ob sich in der Mühle etwas rührte, dann stieg er in den Keller hinab.

Hier wurde die Angst des Knaben zum Entsetzen — es

wurde dunkel, als ob er den Strom, der die Bilder führte, zurückdrängte. Er sah den Mann erst wieder, als er den Waldrand erreicht hatte und auf die Mühle zurückblickte. In den Dörfern huhlten nun die Feuerhörner; der Himmel war brandig, der Rote Hahn stand auf dem Dach.

Solche durften nicht sein; man durfte sie nicht einmal vor Gericht stellen. Man sollte sie wie in den ganz alten Zeiten steinigen und tief, tief einkuhlen. Die Untat durfte nicht ruchbar werden, sonst würde sie sich verbreiten wie ein Brand. Warum hörte man dennoch von ihr so gern?

Die Gespräche in den Alkoven waren anders als jene, die in Oldhorst geführt wurden. Teo entwickelte Probleme wie Schachaufgaben: »Schwarz zieht an, Matt in drei Zügen«, oder wie geometrische Konstruktionen, und Clamor hatte dabei das dumpfe Gefühl einer feindlichen Welt, wie sie dem Doktor Hilpert behagt hätte.

Vom Zeitvertreib abgesehen, wollte Teo damit den Spürsinn seiner Leibschützen schärfen, ihren Instinkt für Beschattungen. Das Thema hatte eine Vorgeschichte insofern, als es auf eine gemeinsame Lektüre zurückführte. Buz hatte sich noch als Quintaner mit dem Lesen schwer getan. Er folgte den Zeilen mit dem Finger und bewegte den Mund dabei. Teo hatte das schon in der ersten Arbeitsstunde gerügt und nahm sich ihn privatim vor — zwar nicht ohne Kopfnüsse, doch auch mit pädagogischem Pfiff. Er bediente sich dazu der Groschenhefte, in denen von Pferden, Trappern, Indsmen, Jagd und Skalpieren die Rede war. Das erste Kapitel las er vor, das zweite mit Buz zusammen, der nun nach dem Fortgang lüstern wurde und sich aus eigenem Antrieb anstrengte.

Noch jetzt zog Buz die Abenteuer des Texas Jack jeder anderen Lektüre vor. Schon Buffalo Bill war ihm zu kompliziert. Sein Lieblingsheld beschränkte sich auf die Hauptsache: Reiten, Verfolgen, Schießen — auch Weiber kamen nicht vor.

Oft, und besonders, wenn er beschattet hatte, fielen Clamor die Augen zu, kaum daß er im Alkoven lag. Dann hörte er im Halbschlaf Buz rühmen, was dem Rauhreiter nun wieder gelungen war. Strauchdiebe hatten Pferde abgetrieben, und der Verdacht war auf einen Indsman gefallen, der mit der Sache nichts zu tun hatte. Ein Unschuldiger, aber man würde ihn ohne Zweifel aufknüpfen. Texas Jack hatte davon erfahren und ritt los, um den Mann zu retten, galoppierte auf Leben und Tod. Nun erreicht er den Marktplatz der mexikanischen Grenzstadt — — — zu spät, denn wie er um die Ekke sprengt, hängt der Unglückliche schon in der Luft; sie zogen ihn eben hinauf. Texas Jack reißt die Rifle an die Backe und feuert; er durchschießt den Strick. Der Gehenkte stürzt auf das Pflaster; er schlägt mit den Armen und beginnt wieder zu atmen — es war noch Leben in ihm. Im gleichen Augenblick bricht der treue Mustang zusammen und verendet; sein Herr, der ihn sonst wie einen Bruder umsorgte, hat ihn zu Tode gehetzt.

Clamor hatte vom Wilden Westen und seinen Sitten noch nie gehört. Es mußte sich um wichtige Dinge handeln — das schloß er aus der Sorgfalt, mit der Teo auf Buzens Bericht und seine Einzelheiten einging, als ob er mit der Prärie und ihren Bräuchen von Grund auf vertraut wäre.

Hatte Texas Jack etwa geweint, als er vor seinem toten Mustang stand? So fragte Teo und kam mit Buz überein, daß er es auf offenem Markte nie getan hätte — vielleicht aber still für sich, wenn er einsam am Feuer lag.

Diese Gespräche waren streng und ernsthaft — ja, so schien es Clamor, von entschiedenerem Ernst, als ihn die Großen aufbrachten, wenn sie in Geschäften ihre Meinung austauschten. Hier gab es nichts auszutauschen; man kannte die Münze, und die war echt.

Teo war dabei gelassen und wohlwollend wie ein Gutsherr, der einen Kleingärtner besucht. Er hatte Cooper und Sealsfield gelesen, aber er hütete sich, Texas Jack zu verkleinern; vielmehr behagte ihm die Begeisterung seines Leibschützen. Er sprach mit ihm sparsam und gewichtig wie mit einem erfahrenen Waldläufer.

Clamor nahm beklommen als Zuhörer teil. Ihm war dabei wie in einem Wald von hochschäftigen Stämmen — dazwischen kein Unterholz, keine Schonung, kein Gebüsch. Es gab senkrechte und waagrechte Linien, auch Gitter, doch kaum Farbe außer einem grünlichen Grau, das Clamor an die Zinnschüsseln erinnerte, die in Oldhorst auf dem Bört standen. Dann kam die leere Prärie. Hier war das Grün frischer, doch konnte es im Augenblick in Rot umschlagen.

Die beiden liebten diese Stimmung, das lautlose Beschleichen, den jähen Überfall. Das erhofften sie auch von der Pennerschlacht. Das Spurenlesen, Witterung-Aufnehmen, Kundschaften, Verfolgen war wichtig; Teo stellte dazu Aufgaben und konstruierte Fälle oder zog sie nach wie jenen des Studenten, dem die Aufbesserung seines Monatswechsels zum Verhängnis geworden war. Er ärgerte sich über Buz und die plumpe Art, in der er beschattete. »Bei dir langt es noch nicht mal zum Polizisten, höchstens zum Dorfbüttel.« Als Schatten jedenfalls war Clamor geeigneter.

Der Hauptteil der Gespräche im Alkoven ging über Clamor hinweg und an ihm vorbei. Er träumte anders als Teo und behielt eher die Farben als die Form und die Inhalte. Unter den Bruchstücken, die er am besten behalten hatte, war das mit dem Tigerkopf. Es war wie die Scherbe eines Kruges, auf der ein Bild herausgesprungen war, und wirkte stärker als Gedanken auf Clamors zur Farbe drängende Natur.

Es hatte immer solche gegeben, die nicht nur ihre Miene, sondern auch ihren Kopf verändern konnten, wie man es auf den Gemälden der Grabkammern sieht. Das war eine Transmutation, die schon damals als Geheimnis gehütet, doch an deren Möglichkeit kein Zweifel gewesen war. Daher jene Bilder im Schatten der Tempel, und auch heute noch gab es Andeutungen.

Wenn man nachts im Coupé fuhr, etwa von Kairo nach Asiud, konnte Ähnliches vorkommen. Der Herr im Frack gegenüber zog das Plaid über die Knie. Er hatte eben noch eine Zigarre geraucht. Aber nun hatte sich sein Gesicht verändert; im Halbdunkel leuchteten grüne Augen über hellen Tasthaaren: er trug einen Tigerkopf. Ganz still fuhr der Zug durch die Nacht.

»Da kriegt ich'n Dalschlag«, hatte Buz gesagt. Und Clamor hatte an Doktor Hilpert gedacht.

Doch Teo hatte sie beruhigt: »Als meine Leibschützen braucht ihr keine Angst zu haben — — im Gegenteil.«

PAULCHEN MAIBOHM

»Ich hab heut beim Waschen den Hintern von Paulchen gesehn. Er wollt ihn nicht zeigen — der war blitzeblau. Darf der denn den so hauen?«

Es war spät geworden, doch Clamor wachte bei dieser Frage wieder auf. Buz hatte sie gestellt, als alle schon im Halbschlaf waren, doch Teo wurde durch sie wieder munter und ging ausführlich darauf ein. Mit »Paulchen« war Maibohm gemeint, und »der« war Konrektor Zaddeck — das verstand sich von selbst. Das Duschen war in der Pension erst mit den Engländern aufgekommen; nun war es üblich geworden und hatte sich bewährt. Selbst der ewig fröstelnde Makako bequemte sich wohl oder übel dazu. Vordem hatten die jungen Briten sich in Gummitubben erfrischt, indem sie Badeschwämme über ihre Schöpfe ausdrückten. Das war nicht gut für die Fußböden.

Der Professor hatte die Erfahrung gemacht, daß seitdem weniger Erkältungen aufkamen. Er selbst blieb mit der Gattin bei der alten Schule und wegen jeder Zugluft besorgt, selbst wenn sie durchs Schlüsselloch kam. Das entsprach seinem Standort, den man als den eines liberalen Konservativen bezeichnen konnte — wohlwollend Neuerungen gegenüber, die er als nützlich erkannte, obwohl er nicht mitmachte.

Durfte nun der Konrektor Paulchen in dieser Weise hauen? Sicher durfte er es nicht. Aber viele taten, was sie nicht durften, und fuhren gut dabei, wenn sie die Grenzen ihrer Macht kannten. Schließlich tut jeder täglich etwas, das er nicht darf.

Förster Trümm etwa hatte sich Ähnliches geleistet wie der Konrektor; er war aus Mönchhagen, einem der Nachbardörfer von Oldhorst. Buz und Clamor hatten ihn noch gekannt. Wenn dieser Grünrock durch sein Revier spazierte und Jungens traf, die dort Beeren suchten, sich ein Feuerchen gemacht hatten oder einfach umherstreiften, pflegte er zu unterstellen, daß er sie bei Verbotenem ertappt hätte. Er zog dann sein Notizbuch und fragte: »Soll ich euch anzeigen? Oder soll ichs so abmachen?« Natürlich zogen sie das vor. Er schnallte dann seinen Riemen ab.

Das hatte er jahrelang so getrieben, und es war fast offiziell geworden, bis er an den Sohn vom Doktor Richter geriet. Auch der hätte geschwiegen, wenn nicht die Mutter, als sie ihn badete, die Striemen entdeckt hätte. Da mußte Trümm den grünen Rock ausziehen und kam noch ins Kittchen dazu. Er war jetzt gestorben, und wäre ihm nicht der Doktorssohn begegnet, dann hätten ihn die Vereine mit Musik und der Salve unter die Erde gebracht.

Man mußte die Grenzen kennen; für die meisten waren sie eng gezogen, andere konnten sich viel herausnehmen — Jupiter mehr als der Ochs. Mit der Provokation mußte man sich zurückhalten, ganz ähnlich wie mit den Trümpfen beim Skat. Sonst konnte man Geister hervorrufen, die man nicht los wurde. Teo kannte noch andere Fälle, die das bestätigten. Er hatte dafür ein Gedächtnis wie eine Registratur.

In einem Städtchen zwischen Leipzig und Dresden wurde ein Direktor für die Höhere Mädchenschule gesucht. Der Posten wurde ausgeschrieben und dem Bewerber zugewiesen, der die besten Zeugnisse einsandte. Alles, was der Mann auf Schulen, Universitäten und auch beim Militär geleistet hatte, war vorbildlich. Er hieß Zieger und hatte nicht wie der Förster oder der Konrektor eine Vorliebe für Jungens und ihre Hinterteile, sondern für halbreife Mädchen, die sich durch ihren Cupidobogen auszeichneten. Die bestellte er zuweilen zur Nachhilfe.

Man hatte also den Bock zum Gärtner gemacht. Das wurde im Städtchen auch allmählich ruchbar, doch da die Sachsen, wie sie selbst sagen, »hübsche Leute« sind, allzeit gefällig, wurde es nicht an die große Glocke gehängt. Wenn in einer solchen Kleinstadt »etwas aufkommt«, kann es sich wie ein Beben ausbreiten. Da hilft man lieber zudecken. Übrigens ging der Direktor nicht bis aufs Letzte, wenngleich ziemlich weit. Aber ich will eure Phantasie nicht aufregen.

Das, wie gesagt, hätte er ähnlich wie Förster Trümm bis zu seiner Pensionierung treiben können; die Mädchen hielten auch den Mund, ließen sich wahrscheinlich nicht ungern anfassen. Nur als es aufkam, wußte jede von seinen Griffen zu berichten und log noch was dazu. Das machen sie immer so.

Direktor Zieger mußte aus anderen Gründen, und zwar durch einen ärgerlichen Zufall, nach Waldheim, wo der Spaß aufhört. Einmal, als König Albert durch die Stadt kam, gab er im Rathaus Audienz. Die Honoratioren warteten ihm auf: Frack, weiße Binde, große Ordensschnalle, wie es sich gehört. Dabei war der Direktor aufgefallen, und zwar angenehm. Der Blick des Königs ruhte wohlgefällig auf dem Eisernen Kreuz an der linken Frackseite.

»Wo haben Sie sich denn diese hohe Auszeichnung verdient?«

»Bei Gravelotte, Euer Majestät.«

Der Monarch stutzte: »Dort waren aber keine Sachsen im Gefecht.«

Und seiner angeborenen Höflichkeit folgend, bevor er sich dem Nächsten zuwandte: »Sie waren also zu Manstein kommandiert.«

Das hatte den Umstehenden zu denken gegeben; man zog Erkundigungen ein. Dabei kam heraus, daß Zieger weder bei den Sachsen noch bei den Preußen, sondern überhaupt nicht gedient hatte, weder im Krieg noch im Frieden; auch seine Zeugnisse waren gefälscht. Er war irgendwo als Dorfschulmeister geschaßt worden. Dort schon hatte er es mit den Konfirmandinnen gehabt.

Das war kaum zu glauben — alle hatten sich an die Maske gewöhnt, nicht zuletzt der Mann selber, dem sie zur zweiten Natur geworden war. Urkundenfälschung wird mit Zuchthaus bestraft. Das Eiserne Kreuz war zuviel gewesen, überforciert. Da war die Phantasie zu stark ins Kraut geschossen; das war, wenngleich ein künstlerischer Zug, ein Fehler, dem viele Hochstapler anheimfallen. »Im Grunde« spielen sie ihre Idealfigur.

Für jede Fälschung galt, was er Clamor über die Ähnlichkeit und die Kongruenz von Dreiecken gesagt hatte. Obwohl beliebig viele Blüten möglich sind, gibt es nur *eine* echte Banknote.

So etwa Teo. Doch Buz, der wieder schläfrig wurde, erinnerte ihn an Paulchen Maibohm, und Teo sagte: »Ich bin schon dabei.«

Als die Eltern auf Weltreise gingen, hatten sie den Konrektor gebeten, dem Jungen nichts durchgehen zu lassen; er sei bequem und zu weich. So hatten sie gehofft, daß während ihrer Abwesenheit nachgeholt würde, was sie versäumt hatten, und dem Pauker einen Freibrief ausgestellt.

Mit diesem verhielt es sich so: Er konnte bei den Weibern nichts ausrichten. Aber so einen Jungen privatim einen Nachmittag vorzunehmen — es gab nichts Schöneres für ihn. Nicht jeden Jungen freilich — wenn er etwa Buz prügelte, was vorkam, so war das von Amts wegen und ohne Genuß für ihn.

Mit Paulchen war es anders — der war ein Marzipanjunge. Solche werden für das feine Leben geboren; man sieht es schon an den Zähnen, daß sie für Weißbrot bestimmt sind, und nicht für grobe Kost. Das sind für Molche wie diesen Zaddeck Leckerbissen, und man muß zugeben: ganz unverständlich ist das nicht.

»Wenn ich zum Beispiel über den Flur komme und sehe den in seinem Matrosenhöschen am Fenster stehen, möchte ich ihm gern eins überziehn. Zum Spaß natürlich, und er lacht dazu.«

Nicht also Zaddeck. Der will, daß Paulchen vor ihm auf die Kniee fällt und ihn anwinselt. Und er kann nicht aufhören.

Buz sagte: »Au verflucht — das is'n Schlimmer.« Und zu Teo: »Den sollste dich vorknöppen.«

Was Buz vorbrachte, war Clamor meist zuwider, doch hier stimmte er von Herzen bei. Auch er hatte es am Morgen gesehen, und es hatte ihn gegraust wie die Spur eines schändlichen Tieres, das vor Tau und Tag in seine Höhle schlüpft. Die mußte man zustopfen, durfte nicht nachgraben. Des feinen Jungen Angst ging auf ihn über, aber zugleich auch Furcht, als ob er an der Untat teilgenommen hätte; eines Tages würden sie ihn dafür vor Gericht ziehen. Wenn Teo sich nun der Sache annähme, würde er sie in Ordnung bringen, denn Teo war ebenso stark, wie er, Clamor, ohnmächtig war.

Indessen schien Teo wenig berührt zu sein. Wenn Paulchen es schon so weit hatte kommen lassen, anstatt seinem Peiniger beim ersten Zugriff das Tintenfaß an den Kopf zu werfen — so hinge es doch nur von ihm ab, mit einem Wort sich Luft zu schaffen und Zaddeck in den Rang zu stellen, der ihm gebührte: den eines Frettchens, eines widrigen Insekts.

Etwa: »So, jetzt gehe ich zu Sanitätsrat Rönne« — das war der Hausarzt der Familie — »und zeige es ihm vor«.

Im Augenblick würde sich der Handel umkehren: der Konrektor würde vor Paulchen auf den Knien liegen und um Gnade flehen.

Er, Teo, könnte auch mit dem Professor sprechen; es war übrigens seltsam, daß weder der noch Tante Mally etwas von Paulchens Zustand bemerkt hatten. Allerdings war dieser von Natur aus heiter; die Angst kam in schweren Schüben über ihn.

Oder: man könnte dem Konrektor einen anonymen Brief schicken, etwa als Vorladung zur Polizei. Vorerst war er hin und wieder zu beschatten; da würde noch mehr herauskommen. Teo wollte abwarten, wie sich die Sache entwickelte.

Inzwischen konnte es nichts schaden, wenn man Zaddeck die Scheiben einschösse. Er wohnte gleich auf der anderen Seite des Platzes in einem der neuen Häuser; Paulchen hatte nur einen kurzen Weg zu ihm, obwohl er sich lange darauf abquälte. Der Konrektor bewohnte ein Zimmer im zweiten Stock; er war Junggeselle — solche Burschen sind selten verheiratet.

Buz sollte seine Fenster ausmachen. Hier bot sich zugleich eine gute Gelegenheit, die Zwille zu erproben; bevor es dazu kam, mußte sie allerdings verfügbar sein. Das brachte Teo wieder auf Max Silverschmied. Übermorgen wollte er, von seinen Leibschützen begleitet, koste es, was es wolle, das Geld aus ihm herausschinden. Außerdem wollte er ihm für den gehabten Ärger eine seiner Briefmarken pfänden, die dreieckige Ägypter, eines von Maxens Wertstücken. Clamor wußte, daß er die Pfändung vollziehen sollte — das kam zu seinen Ängsten noch hinzu.

Buz war dazu geschickter, doch den wollte Max nicht im Zimmer leiden; es war ja richtig, daß er immer strenger nach Pferden roch. Jetzt hatte er sich auch noch den Kniff mit der Mütze angewöhnt. Wenn der Wachtmeister die Stallwache revidierte, dann mußte der Gang wie geleckt aussehen. Falls nun eines der Pferde stallte, dann fing ein flotter Husar die Äpfel im Vorbeigehn mit der Mütze auf und brachte sie in Sicherheit. Das hatte Buz ihnen abgeguckt. Obwohl er sonst kaum bis fünfe zählen konnte, war er in solchen Dingen ungemein anstellig.

»Da kann ich ins Gefängnis kommen«, hatte Clamor zu Teo gesagt. Doch der hatte nur gelacht.

Clamor konnte sich nicht zusammenreimen, warum Teo Buzens Bericht über Paulchens Nachhilfestunden so aufmerksam anhörte, obwohl ihn dessen Schicksal kaum zu bekümmern schien. Das war eher das Wittern eines Schäferhundes während einer Verfolgungsjagd. Er schien hier etwas ganz anderes zu sehen als das Leiden und den Schmerz. Das war mehr Zutat, war Pfeffer für ihn.

»Teo, wozu willst du das alles wissen?«, hatte Clamor ihn einmal gefragt, als er wieder den Auftrag zu einer Beschattung bekam. »Willst du die angeben?«

»Angeben ist ausgeben«, hatte Teo geantwortet. »Das wird auf die hohe Kante gelegt.«

BESCHATTUNGEN

»Wissen ist Macht« und »Schweigen ist Gold«. Zwei triviale Sprichwörter. Teo wußte sie zu kombinieren; Paulchens Leiden waren dabei Spielgeld für ihn.

Clamor wußte nicht, wozu die Beschattungen dienten, die ihm viel Zeit nahmen. Teo verlangte große Sorgfalt; er hatte schon einmal, um ihn zu prüfen, Buz hinter ihm hergeschickt. Zur Zeit galt seine Aufmerksamkeit Dranthés Laden; über das, was in der Probierstube und im Salon vor sich ging, hielt Fritzchen ihn auf dem Laufenden.

Clamor ging ungern an dem Geschäft vorüber, seitdem er dort die Krabben hatte stehlen müssen; das hing ihm noch immer nach. Allmählich dämmerte ihm, daß Teo damals einen Krawall nicht ungern gesehen hätte, um Herrn Dranthé zu weisen, »was eine Harke war«. Teo war unangreifbar; dem konnte nichts geschehen.

An Sonntagnachmittagen und in mancher Dämmerungsstunde hatte Clamor den künftigen Indologen, der die teuren Bücher brauchte, vigilieren müssen; Teo wollte wissen, ob der wirklich auf den Strich ginge. Die Kunden waren unter sich verschworen; sie hatten kleine, unmerkliche Kennzeichen. Es war nicht leicht, ihnen auf die Sprünge zu kommen; sie waren vorsichtig.

Das Spionieren war Clamor zuwider, obwohl er gerade wegen seiner Ängstlichkeit besser als Buz dazu geeignet war.

Auch hatte er Sinn für Details. Was Teo als bewegtes Spiel sah, erschien ihm als Komposition, vor allem als farbiges Bild.

Dagegen, daß er Fiekchen, »dat Peerd«, beschatten sollte, hatte er sich gesträubt. Sie war das einzige Wesen im Hause, das Anteil an ihm nahm. Doch Teo verstand hier keinen Spaß. Er hatte in diesen Wochen eine Veränderung an ihr bemerkt, nicht nur im Äußeren, sondern auch im Wesen – – – Unruhe, Zerstreutheit, Tagträumerei. Da standen Dinge bevor. An diesem Sonnabend hatte Fiekchen Ausgang; er hatte Clamor auf die Spur gesetzt.

Teo war spät in den Alkoven gekommen und gleich eingeschlafen; sie hatten Kommers gehabt. Bier, und noch dazu in Mengen, trank er ungern, doch konnte es hin und wieder, »um die Intelligenz zu dämpfen«, dienlich sein. Der Andrang der Assoziationen verebbte in einer dumpfen Behaglichkeit.

Auch mußte man sich immer wieder »auf die Gemeinplätze einschwingen«. Es gab nichts Wirksameres. Man durfte, wenn überhaupt, nur angenehm auffallen. Es gab Primaner wie Rudolf Möller, die große Rosinen im Kopfe hatten und sich als Künstler kostümierten, mit Sammetjacke und langer Mähne; die waren für den Stammtisch prädestiniert. Wer phantastische Pläne hegte, mußte sie auf das Futter beschränken, nach außen grau und korrekt auftreten. Wollte er reüssieren, so mußte er wissen, was alle anderen dachten; das gab dann Rückenwind.

Am nächsten Morgen, nach der Kirche, war Kabinett. Teo war unwirsch; Buz mußte Bier holen. Dann wurde er zur Wurstkammer geschickt. Dort war Ebbe; es wurde Zeit, daß der Superus wieder schlachten ließ. Buz hatte nach einem schon stark angeschnittenen Schinken geangelt, der aber nicht durch die Latten gegangen war. So kam er mit der vorletzten Mettwurst zurück. Das würde auffallen. Außerdem hatte er, weil er sich wieder in der Kaserne herumgetrieben hatte, nicht für Brot und Pfeffer gesorgt.

Endlich kam es zu Clamors Bericht. Fiekchen war in der Dämmerung aus dem Haus gegangen; Clamor war ihr mit Abstand gefolgt. Teo wollte genau wissen, in welchem Staat sie gewesen war.

Und wohin war sie gegangen? Nicht in die Stadt, wie Teo gemeint hatte, sondern an Ungers Zaun entlang, dann durch die Kleingärten. Wie war sie denn gegangen? Rasch, wie eine, die erwartet wird? Oder langsam, wie eine, die angesprochen werden will? Nein — so, wie man eben geht.

An die Gärten grenzte ein Friedhof mit alten Gräbern, der aber noch benutzt wurde und den eine niedrige Mauer einfaßte. Dorthin war sie gegangen; sie war dort geblieben und hatte ihre Arme auf die Mauer gestützt. Clamor hatte hinter der Kapelle Posto gefaßt.

War die Kapelle offen gewesen? Ja, offen — das hatte er aber erst später bemerkt. Inzwischen war der Mond aufgegangen und hatte die Kreuze beleuchtet, zwischen denen der Kuhlengräber noch an der Arbeit gewesen war.

»Das heißt ›der Totengräber‹, und nicht ›der Kuhlengräber‹, selbst wenn es der Hinkefuß vom Ägidienfriedhof gewesen ist. Hatte wohl wieder gekümmelt und mußte noch bei Nacht das Grab für den Vormittag herrichten.«

Ja, der war es gewesen und war dann auch bald mit der Schippe auf der Schulter vorbeigehinkt. »Na, Mäken — so alleene?«, hatte er gerufen, doch Fiekchen hatte nicht geantwortet.

»Na ja — — — so'n Totengräber: der kommt zuletzt.«

Teos Laune begann sich zu beleben; er fragte, was Fiekchen dann gemacht hätte.

Kuriose Bewegungen, aus denen Clamor nicht schlau geworden war. Der Mond stand voll über den Gräbern, und sie tat, als ob sie ihn gegrüßt hätte.

Wie denn genau? Das konnte er schlecht sagen — ungefähr so, als ob sie eine Zigarette geraucht hätte. Sie führte die Hand an den Mund und schwenkte sie ganz langsam nach oben, eben auf den Mond zu, als ob sie dabei ausatmete.

Hatte es gut gerochen dort? Ja, gut, der Jasmin hatte geblüht, fast weißer als die Kreuze noch. Aber auch etwas nach alten Kränzen, und ein Käuzchen hatte gehuht.

Dann war noch einer gekommen, hatte sich neben sie gestellt. Er hatte eine Schülermütze aufgehabt.

Ob er ihn erkannt hätte? Erst an der Stimme: es war Otto Linck gewesen, der aus der Prima, der Sohn vom Domprediger.

»Sieh an — deshalb ist er nicht beim Kommers gewesen; er hat ihr nachgestellt. Hat ja auch Ringe unter den Augen wie zwei Mondfinsternisse — ein läufiger Hund. Was gab er denn an?«

»Er hat ›Du‹ gesagt.«

»Und dann?«

»Hat er ›Du‹ gesagt.«

»Ja, gut — und dann?«

»Eben ›Du‹.«

»Wenn er jetzt nochmal ›Du‹ sagt, dann gibts eins hinter die Löffel, du Trantute.«

»Er hats aber immer wieder gesagt, mindestens sechs Mal, und immer röhriger.«

»Also, geschenkt. Und wie gings weiter? Hat er sie angefaßt?«

Das nicht, er hatte sie etwas gefragt.

»Aber das sag ich nicht. Da genier ich mich.«

»Das werd ich dir abgewöhnen. Ich will dir sagen, was er gefragt hat: ›Du — hast du's schon mal getan?‹«

»Nein, noch was Schlimmeres.«

»Dann hat er gesagt: ›Du — hast du schon Haare dran?‹«

Ja, so wars gewesen, oder fast so; Clamor staunte, wie Teo das gewußt hatte. Und was hatte Fiekchen geantwortet? Sie hatte gerufen: »Ich bin bei Professor Quarisch in Dienst.« Dann war sie weggelaufen, und um besser rennen zu können, hatte sie die Röcke hochgenommen — so hoch, daß die Beine bis oben hin blänkerten.

Ja, das war zünftig, und gut beobachtet. Und Otto? Der hatte noch eine Weile an der Mauer gestanden, dann war er in die Kapelle gegangen; eben daher wußte Clamor, daß sie offen gewesen war.

Den Hinkebold sollte man einlochen. Und Clamor? Der war nach Haus gegangen — es war auch schon spät.

»O du Beschatter«, rief Teo, »jetzt, wo die Sache spannend wird, gehst du nach Haus?«

»Au Backe«, sagte Buz, der bislang mit offenem Munde gelauscht und sogar vergessen hatte, der Mettwurst zuzusprechen, »da hätt ich auch in'n Sack gehauen. Da lag gewiß 'n Doder in«.

Teo rieb sich die Hände: Otto Linck war für ihn kein unbeschriebenes Blatt. Dem mußte man auf die Finger sehen und bei Gelegenheit auch draufklopfen. Er hatte ein Theaterperspektiv, ein kleines, mit Perlmutt ausgelegtes Glas für intime Beobachtungen. Damit fuhr er nach Richmond; er kannte dort eine Stelle, ein moosiges Polster, auf dem Liebespaare, die sich im Wald ergingen, unfehlbar rasteten. Sie lag in einer Schonung, und Otto lauerte dort schon mit dem Glas. Es war noch ein anderer dabei, auch ein Primaner, und bei schönem Wetter fanden sie dort immer ihr Pläsier.

Nun gut, sie waren eben neugierig und wollten es ganz genau wissen. Aber was trieb sie, wenn das Pärchen zum Bahnhof ging, sich ihm anzuhängen und es mit Zoten anzupöbeln, als ob es in ihrer Schuld stünde? Die spielten sich als Sittenpolizisten auf.

Das war kein Geheimnis; sie rühmten sich dessen in der Klasse wie einer Heldentat. Da war ein Denkzettel fällig; Buz sollte ihr Revier ausmachen. Er sollte einen zweiten Rang erkunden, von dem man sie ihrerseits unter Augen hätte, wenn sie in ihre Studien vertieft waren. Ja, wenn erst die Zwille da wäre. Das gab ein Lustspiel, wenn die Sehmänner mit ihren Schmerzensschreien das Pärchen aufschreckten und sie dann zu viert übereinander herfielen.

MISSGLÜCKTE PFÄNDUNG

Wieder war eine Woche verstrichen; die Penner richteten sich immer unverfrorener in Ungers Garten ein, den Teo als sein Revier betrachtete. Es mußte aufhören, daß sie ihn verstänkerten. Sie machten auch den Heckenweg unsicher. Zu ihrer Vertreibung fehlte immer noch die Ausrüstung — die Masken, das Feuerwerk und vor allem die Zwille, die Teo jedesmal in die Augen stach, wenn er vor Pingschers Schaufenster stand. Max hatte immer noch nicht berappt.

Die Pennerschlacht war eine Hürde, die Teo vor sich errichtet hatte und die unvermeidlich geworden war. Sie war ein Modellfall: wie man mit drei Mann oder eigentlich nur als Einer, den zwei Leibschützen deckten, eine Gesellschaft anging, die lästig geworden war. Wollte er einmal mit einer Großstadt aufräumen, so würde es im Prinzip das gleiche sein. Es änderte sich der Einsatz, nicht die Partie.

Er mußte lange klingeln, als er mit seinen beiden Leibschützen vor Silverschmieds Villa anrückte. Dann schlug er mit den Fäusten an die Tür und warf Kies vom Gartenweg gegen die Glasfenster. Buz lachte, Clamor wurde ängstlich zumut. Der Kies war schön; er war in kleine Würfel gebrochen und von so hellem Schimmer, daß er die Augen blendete. Goldbrocken lagen in ihm verstreut.

Endlich öffnete sich die Tür um einen Spalt, in den Teo sogleich den Fuß stellte. Max blickte heraus.:

»Was soll der Überfall bedeuten? Ich bin allein zu Haus und darf nicht aufmachen.«

»Rück die Zechinen heraus — dann bist du uns los. Aber nicht vorher — darauf kannst du Gift nehmen.«

»Faß mich nicht an — — — ich bin jetzt nicht bei Kasse, in drei Tagen bekommst du dein Geld.«

Sie waren nun in den Flur gedrungen; Max mußte sie wohl oder übel in sein Zimmer hinaufführen.

»Laß wenigstens den Buz draußen; du weißt, daß ich ihn nicht riechen kann. Er soll zum Kutscher in den Stall gehen.«

Buz fletschte die Zähne und verschwand: »Da bin ich auch lieber — die Pferde riechen besser als du.«

Max war in Hausschuhen; er hatte gearbeitet. Er saß fast immer bei den Aufgaben und repetierte darüber hinaus. Vor allem suchte er herauszufinden, »was dran kam«, um es heimlich zu präparieren; Seilers »Griechisches Wörterbuch zum Schul- und Privatgebrauch« lag auf dem Tisch.

Teo kannte die Bude, obwohl er die Nachhilfe meist im Alkoven gab. Wenn er hierher kam, mußte Max den Spieß umdrehen, indem er im Vater die Meinung erweckte, daß Teo es wäre, der Rat und Belehrung erfuhr. Über das Taschengeld mußten er und seine Brüder Buch führen.

Die Einrichtung war spartanisch: Ein Bücherregal, drei Stühle und ein Tisch. Keine Lampe; man hatte elektrisches Licht. An der Wand gerahmte »Laudationes«, wie sie zu Ostern verteilt wurden. Wenn Direktor Blumauer die Noten vorlas, herrschte in der Aula halb Gerichts-, halb Feststimmung; es wurden Buchpreise verteilt. Mancher der Beglückten trug dann einen Stoß von Büchern, über den er kaum hinwegblicken konnte, an seinen Platz zurück. Max Silverschmied war immer dabei. Dazu gab es diese gedruckten Auszeichnungen. Zwischen ihnen hing das Bild des Justizrats — im Frack mit dem Hausorden. Das Land hatte wieder einen Fürsten bekommen, und zwar durch Heirat; klassische und moderne Probleme hatten sich auf höchster Ebene gestellt.

Augenscheinlich war Max daran gelegen, sich des fatalen Besuches auf möglichst glatte Weise zu entledigen. Die Eltern waren mit den beiden Brüdern auf dem Lande; das war noch ein Glücksfall dabei. Er war zu Haus geblieben; so lange der Einser in Mathematik nicht geschafft war, gab es keinen Sonntag für ihn.

»Teo — das ist keine Manier, mit deinen Bauernjungens hier einzubrechen — ich sage dir: in drei Tagen hast du dein Geld.«

Teo hatte sich bequem gesetzt und die Beine auf den freien Stuhl gelegt. Clamor stand hinter ihm.

»Ich wills aber jetzt haben. Wieviel hast du dabei?«
»Keinen Pfennig, nimm Vernunft an — ich sage dir doch: in drei Tagen hast du dein Geld.«
Das mußte stimmen; er sprach jetzt wie einer, dem das Wasser am Halse steht. Teo sah sich im Zimmer um und fragte plötzlich:
»Wieviel Uhr ists genau?«
Das war ein Hoffnungsstrahl; wahrscheinlich wollte er aufbrechen. Max beeilte sich zu antworten:
»Es schlug eben halb vier.«
»Sieh doch mal nach.«
»Du kannst es glauben; die Kirche ist gleich nebenan. Meine Uhr ist beim Uhrmacher.«
»Die lernt wohl hebräisch? Wir gehn jetzt nach draußen und kommen gleich wieder, mit Buz — auch wenn du ihn nicht riechen kannst. Mach inzwischen den Kies flott — ich will auch noch deine Briefmarken sehen.«

Clamor folgte ihm auf das flache Dach über dem Stall und der Kutscherwohnung; dort war wieder Wäsche gespannt, obwohl es Sonntag war. Der Justizrat sah das nicht gern.
Teo war zornig; er lief zwischen den Bettlaken hin und her wie einer, der Luft schnappen muß. Daß er sich zwischen Wunsch und Erfüllung keine Frist gönnte, war einer seiner Fehler; die gestaute Begier richtete Unheil an.
Das Dach war mit Steinen beschwert, mit Rollkies vom Nordstrand; die grünen und schwarzen Brocken waren enteneiergroß. Teo begann sie aufzunehmen und in der Hand zu wiegen, dann schleuderte er sie in hohem Bogen über das Nachbardach. Clamor wagte zu sagen:
»Wenn das einen trifft, das kann aber schlimm werden.«
Er wurde mit einer der Antworten abgefertigt, die er nicht verstand: »Der denkt dann, daß es von drüben kam.«

Sie holten Buz ab, der bei den Kutschersleuten saß, und stiegen wieder zu Max Silverschmied empor, der sich inzwischen gefaßt hatte.

»Die Marken kann ich euch leider nicht zeigen; ich sehe, daß mein Vater den Schlüssel mitgenommen hat. Aber du kannst ganz unbesorgt sein, Teo, sowie er zurück ist, am Dienstag, rechnen wir ab.«

. Er hatte also auch die dreieckige Ägypter in Sicherheit gebracht. Hier war nichts herauszuschinden, weder Geld noch Faustpfänder. Teo mußte sich damit abfinden. Er schlug mit der Faust auf den Tisch und wies mit dem Finger auf seinen Schuldner:

»Wenn ihr hier denkt, daß ihr mich bejuden könnt, seid ihr auf dem Holzwege.«

Clamor erschrak über die Art, in der sich Maxens Gesicht verwandelte. Es wurde blaß, die Haare wurden dunkler, die Augen stachen wie aus einer Maske hervor:

»Das sollst du mir büßen; ich will dafür sorgen, daß mein Vater sich beim Direktor beschwert. Das wird dann eklig für dich.«

Teo lachte: »Wetten, daß du's deinem Alten nicht sagst? Und wenn doch: daß der nicht zu Blumauer geht? Und wenn doch: daß Blumauer sich drüber amüsiert?«

Es entspann sich nun eins der Gespräche zwischen Großen, von denen Clamor kein Wort begriff. Er verstand davon nicht mehr als ein Heizer, der durch seine Luke zwei Kapitäne belauscht, die sich an Deck wegen einer Kollision streiten. Oben stand Buz als Teerjacke in drohender Haltung dabei.

Wußte Teo etwa nicht, daß der Justizrat seit vielen Jahren im Domvorstand war? Natürlich, das wußte jeder; der stand bei den Lutherischen im ersten Glied. Und was war er früher gewesen? Kalvinisch — der Großvater kam aus Amsterdam.

»Na also — was schreist du denn, als ob ich dir einen Zahn zöge?«

»Du hast mich ›Betrüger‹ genannt.«

»Das nehm ich zurück — aber erst, wenn ich mein Geld kriege. Ich will dich nicht gratis zum Primus getrimmt haben.«

So trennten sie sich, zu Clamors Erleichterung. Er hatte befürchtet, was Buz erhofft hatte.

Teo schritt verdrossen zwischen seinen beiden Leibschützen zur Stadt zurück. Er wollte sich noch einmal am Anblick der Zwille erlaben, die vorerst in Pingschers Laden hinter der Glasscheibe blieb.

Eine kleine Erheiterung nach dem Fehlschlag sollte ihm jedoch zuteil werden. Nach den wenigen Schritten, die Silverschmieds Villa von der Breiten Straße trennten, sahen sie, daß auf der anderen Seite sich Passanten angesammelt hatten, und hörten Stimmengewirr. »Au Backe«, sagte Buz: »Hier is was los.«

Vor seinem Laden stand Herr Dranthé inmitten von Neugierigen. Er war in einen roten Schlafmantel gekleidet und trug einen Fez auf dem Kopf. Offenbar war er aus der Siesta aufgeschreckt. Was war geschehen? Sein Kommis war hereingestürzt und hatte gemeldet, daß es Steine regnete. Sie waren heruntergepfiffen, als ob sie vom Himmel kämen, und auf das Pflaster geknallt. Zum Glück hatten sie keinen Schaden angerichtet bis auf den einen, der in das Bassin gefahren war. Dort schwamm ein stattlicher Karpfen auf der Seite; er bewegte nur sanft die Flossen und zeigte den goldenen Bauch.

»Ich konnte tot sein«, rief Herr Dranthé, ohne zu bedenken, daß dieses Schicksal doch eher dem Kommis gedroht hatte als ihm in seinem Kef. Er hob die Arme, ein dicker, weinerlicher Eunuch. Manche der Zuschauer lachten, andere schüttelten den Kopf. »Ein Bubenstreich — man sollte die Polizei holen.«

Doch davon wollte Herr Dranthé nichts wissen; er murmelte etwas vom Neid der Konkurrenz. Das schien ihm besser, als wenn Buben es getan hätten. Zu seinen Angstträumen gehörte, daß eines Tages Männer kämen und eine Leiter vor dem Geschäft aufstellten. Sie holten dann das Schild mit dem vergoldeten Wappen und dem »Hoflieferant« herab. Die Liebe kam ihn teuer zu stehn.

Er machte eine Bewegung mit den Armen, als ob er etwas glätten wollte, und ging in den Laden zurück. Sein Kommis kam mit einem Fischnetz und hob den Karpfen heraus. Der hatte die Zeche gezahlt.

EBBE IN DER WURSTKAMMER

An jedem Sonnabend nachmittag war das große Haus wie ausgestorben; die Pensionäre hatten sich zerstreut. Die Oldhorster waren für sich gegangen; Teo würde auf die beiden Jungen aufpassen. Die anderen waren beim Radrennen, das jetzt große Mode war. Daß sie wie früher botanisieren gingen, war leider abgekommen, höchstens sammelten sie Briefmarken. Nur Paulchen Maibohm schlich irgendwo umher. Er wirkte melancholisch, hatte wohl Heimweh nach den Eltern; sie waren auf der Rückreise.

Man mußte sie unter Augen halten, doch sollte man sie nicht zu scharf abrichten. Mit dem Prinzip hatte der Professor gute Erfahrungen gemacht. Ein Spielraum mußte gewährt werden. Man sollte nicht zu genau wissen wollen, was sie in ihrer Freizeit trieben, wie sie das Taschengeld ausgaben. Nicht alles konnte man verrechnen; zur Freiheit gehören Geheimnisse. Und Freiheit konnte nur im Freien gelernt werden. Die Weide war nicht minder wichtig als der Stall.

Natürlich trieben sie Dummheiten. Wenn sie unter sich waren, sprachen sie anders als bei Tisch. Das mußte man hinnehmen. Was hatte denn der Bruder mit seiner Ängstlichkeit erreicht? Nur daß in Oldhorst alles drüber und drunter ging. Da war seine lächerliche Furcht vor der Onanie, typisch für Schlappschwänze. Dem Sohn war es offensichtlich gut bekommen, daß er sich ausgelüftet hatte, wenn man das auch nicht billigen konnte — — — aber sonst hätte der Alte ihn zum Duckmäuser gemacht.

Der Professor war in Laune; der Kegelabend stand bevor. Er streichelte den goldenen Kegel an seiner Uhrkette — den Preis der Meisterschaft. Ein jedes Spiel, auch jede Kunst und jedes Handwerk, hat Finessen, die zwar den Eifer krönen, doch nicht erlernbar sind. Daher dringt auch nicht jeder zu ihnen vor. Hier war es eine Drehung, die, fast unwägbar, sich in eine langgestreckte Kurve umsetzte. Die Kugel hatte ihr Gewicht; sie war den Muskeln, doch auch

der Fingerspitze hörig — sie rollte nicht nur, sondern rotierte in sich.
 Sie kegelten in Hemdsärmeln und legten die Manschetten ab. Der Professor trug gleich seinen jungen Kollegen den Cut, den langen Rock mit ausgeschnittenen Schößen; er folgte überhaupt der Mode, soweit sie mit der Würde vereinbar war. Am Bart hielt er fest. Er war einige Male in London gewesen; daß der Neffe ihn »Ohm Freddy« nannte, war ihm nicht unangenehm. Er war ein liberaler Konservativer; seit dem Tode des alten Herrn war es vorgekommen, daß er nationalliberal gewählt hatte. Gegen den Kanal aber hatte er, obwohl das höchsten Orts unbeliebt machte, mit den Junkern gestimmt. Den technischen Fortschritt bewunderte er theoretisch, in praxi war er ihm suspekt. Das zehrte an Grund und Boden, der Eigenart, am Eigenen überhaupt.

Frau Mally kam aus der Küche, sie hatte Ärger gehabt. Auch sah sie den Gatten lieber im Gehrock; dabei wußte sie nicht einmal, daß die Primaner für den Cut ein höchst obszönes Wort hatten. Der Professor kannte es, denn es war nicht zu vermeiden, daß ein Sextaner, der es aufgeschnappt hatte, es naiv herausplapperte. So erfuhren die Herren auch ihre Spitznamen.
 Daß sie ihn »Rübezahl« nannten, behagte ihm. Mühlbauer, der Zeichenlehrer, war schlichthin »der Prolet«. Das war allerdings weniger ein Spitzname als eine Klassierung, die auch für den Turn- und den Singlehrer galt. Die jungen Kandidaten hatten das aufgebracht; sie setzten sich auf diese Weise gegen die Unstudierten ab. Direktor Blumauer ärgerte sich über diese Unsitte, die mit den hohen Kragen aufgekommen war. Dabei wurde das Latein immer dürftiger.
 Das Wort für den Cutaway hätte die Hausfrau ruhig hören dürfen; solche Ausdrücke pflegten ihr zu entgehen. Alles Obszöne war chinesisch für sie. Doch ein innerer Widerspruch wurde in ihr rege, als sie den Professor behaglich auf und ab spazieren sah. Während der Bauch sich stattlich

wölbte, wippten die Schöße nach hinten — das rief in der Gattin Ideen an einen stolzierenden Gockel wach.

Emilie hatte soeben berichtet, daß in der Wurstkammer Ebbe war. Der Oldhorster Vorrat war eher, als erwartet, erschöpft. Ob eine zweibeinige Maus sich dort gütlich tat? Für Emilie legte die Professorin die Hand ins Feuer, sonst kam nur Fiekchen in Betracht. Doch schließlich war hier im Hause noch jeder satt geworden und konnte nach Belieben zugreifen. Es müßte schon die reine Lüsternheit oder der Hang zum Verbotenen sein. Frau Mally sträubte sich gegen den Verdacht. Dem Professor kam er weniger abwegig vor.

»Die platzt bald aus den Nähten — da wächst Holz vor der Tür. Du solltest dem Kind ein Korsett kaufen.«

Er war schon halb bei den Kegelbrüdern und nahm es mit Humor auf — wenn die Mädchen erst ihren Soldaten hatten und ihn mit in die Küche nahmen, gab es ganz andere Einbußen. Das mußte geduldet werden und war immer noch besser, als wenn sie sich in der Stadt herumtrieben. Die Professorin ließ sich darauf nicht ein:

»Ich werde ihr noch Lackschuh und seidene Strümpfe anschaffen — man weiß, wohin das führt. Das Mieder genügt.«

Jedenfalls mußte Aufschnitt besorgt werden; das Abendessen stand heran. Natürlich war wieder keine Seele im Haus. Fiekchen hatte Ausgang und Emilie in der Küche zu tun. Zum Glück hörte man jetzt unten Stimmen; die Oldhorster kamen zurück.

Buz wurde die Besorgung anvertraut. Er sollte aber nicht in den kleinen Laden am Platz gehen, sondern zu Schlachter Ferchland in die Stadt. Dazu war noch Zeit. Ferchland war der Beste in seiner Gilde; das wollte viel sagen in dieser durch ihre Wurst berühmten Stadt. Sogar die Maurer kauften bei ihm ein. Wenn der Professor morgens an ihnen vorbeikam und sie beim Frühstück sah, schüttelte er den Kopf. Sie säbelten von kopfgroßen Sülzen mächtige Scheiben herunter, und die Lehrlinge trugen schon Bier heran.

Bei Ferchland also sollte Buz zwei Pfund gemischten Aufschnitt einholen. Die Professorin gab ihm noch Ratschläge. Es sollte nicht zuviel »schwarze Wurst« dabei sein, und auch keine Zuwaage.

Die Ausgabe fiel unter das Wirtschaftsgeld, das bei dem Haushalt beträchtlich war. Doch der Professor war großzügig. Er zog die Börse, die Frau Mally ihm zum Geburtstag gestrickt hatte. Zwei seidene Beutelchen waren in der Form eines Quersackes verbunden und durch einen Ring getrennt. Die eine Hälfte war für die gängige Münze, die andere für die Goldstücke bestimmt. Da das Kleingeld nicht reichte, wurde Buz ein Zehnmarkstück anvertraut. Die Professorin hatte Bedenken:

»Aber paß gut auf, daß du's nicht verlierst. Und zähl das Wechselgeld nach.«

Damit war Buz entlassen; der Professor rief ihm noch nach: »Schwing mir die Krücken, nimm die Beine in die Hand!«

Das Kegeln begann sine tempore um neun Uhr.

ÜBER DEN ZUFALL UND DAS WAHRSCHEINLICHE

Inzwischen bereitete Emilie in der Küche weiter das Essen vor. Große Mengen von Broten wurden bestrichen; sie blieben bis zu Buzens Rückkehr ledig; das Teewasser wurde aufgestellt.

Unten schrillten die Klingeln; die Pensionäre kamen zurück. Sie hatten für sich noch ein Rennen gemacht. Makako und William gerieten sich auf der Treppe in die Haare; sie spielten ihre Favoriten gegeneinander aus. Das Haus war von Lärm und Gelächter erfüllt. Auch Paulchen Maibohm tauchte aus dem Winkel auf, in dem er den Nachmittag hinter sich gebracht hatte. Alle versammelten sich um den langen Tisch, der schon gedeckt war, oder setzten sich auf die Stühle, die noch an der Wand standen.

Teo erzählte von dem Mißgeschick, das den großen Karpfen getroffen hatte, und von Herrn Dranthés exotischem Kostüm. Ohm Freddy hielt das zunächst für ein Märchen, ließ sich dann aber überzeugen — das würde zur Erheiterung der Kegelbrüder beitragen.

Ganz unmöglich, so meinte er, wäre es nicht, daß der Stein vom Himmel gefallen sei. Das kam vor, wenngleich nur selten; es gab sogar Steinregen. Ein Gespräch über den Zufall schloß sich an. Man konnte von einem Ast getroffen werden, den der Sturm vom Baum riß, oder in den Tropen durch eine Kokosnuß. Ein griechischer Philosoph war durch eine Schildkröte erschlagen worden, die ein Adler, um sie zu zerschmettern, aus der Höhe herunterfallen ließ. Der Vogel hatte die Glatze des Philosophen für einen Felsbrocken gehalten — ein ausgesuchtes Pech. Ein solches Ende war höchst unwahrscheinlich, und es würde noch seltsamer, wenn es einem kuriösen Typ wie diesem Dranthé zustieße. Würde ein Bolide, der sich durch Jahrmillionen aus dem Universum der Erde genähert hatte, ausgerechnet auf diesen roten Fez treffen, so wäre das Unwahrscheinliche noch potenziert.

Hier meldete der Neffe Bedenken an. War es nicht so, daß jede Abweichung von der Norm die Möglichkeit phantastischer Begegnungen einbrachte? So schon im Walde, wenn man die Holzwege verließ. Man scheuchte Vögel auf, die sonst nie zu Gesicht kamen, und die Gefahr, auf eine Schlange zu treten, wuchs.

Das Abenteuer mit der Schildkröte war eher dem Philosophen zuzutrauen als einem anderen. Da war die Gewohnheit, einsam zu meditieren, das Wandeln am menschenleeren Strande, die hohe Denkerstirn. Das alles freilich nur als Gerüst des Zufalls, ähnlich wie die Aufrichtung einer Guillotine — ob man nun vom Fallbeil, einer Schildkröte oder einem Meteor getroffen wurde, das blieb schließlich ein Unterschied im Skurrilen, eine der mathematischen Verbrämungen. Auch die Guillotine war schließlich nicht jedem bestimmt.

Das Unwahrscheinliche, das dem Einzelnen zustieß,

schloß immer den Hinweis auf ein allgemein Mögliches ein — sei es ein Unglück oder Glück. Kam ein Bolid von hinreichender Größe, um alle Menschen auszulöschen, so würde, was sich im Hinblick auf Herrn Dranthé als höchst absonderlich darstellte, für jeden und für alle katastrophal. Ein solcher Treffer würde eines Tages kommen; das ließ sich vermutlich ausrechnen.

Und was war schließlich das Große Los? Ein Treffer unter Millionen, ein höchst unwahrscheinlicher Gewinn. Doch warum florierten die Lotterien mit dieser Verheißung des Unwahrscheinlichen? Nur darum, weil ein jeder von Millionen im Grunde glaubte, daß der Treffer für ihn bestimmt sei, gerade ihm zustehe. Das Unternehmen zog aus diesem Glauben den sicheren Gewinn. Das galt auch für die Leviten; sie lebten von den »Söhnen des Trostes«, wie von jenem Barnabas aus Zypern, den die Apostelgeschichte erwähnt.

»Barnabas war aber selbst ein Levit, mein Junge«, warf der Professor ein. Bibelfest war er nicht minder als sein Bruder; das lag in der Familie seit der Reformation.

Der Neffe ließ sich jedoch nicht einschüchtern. Auch die Leviten fielen, wenngleich mit ihrer besonderen Lesart, unter die Millionen, die an das Große Los glaubten. Daher kassierten sie mit Recht. Sie würden vielleicht den Zehnten noch mehr verdienen, wenn sie nicht glaubten.

Im Grunde waren die absonderlichen Lose, die von den Einzelnen gezogen wurden, doch nur Modelle des Schicksals überhaupt. Letzten Endes würde jeder vom Boliden getroffen werden, würden alle das Große Los ziehen.

Teo hatte den Onkel schon öfters mit solchen Reden erstaunt. Wo mochte er sie eingesogen haben? Nicht bei den Monisten — dafür war er zu intelligent. Dem Professor war das unbehaglich:

»Du willst also mit Judas am Tisch sitzen?«

»Why not, Ohm Freddy? Zwischen Judas und Petrus ist auch nur ein Gradunterschied. Das kommt drauf an, wie scharf die Schrauben gesetzt werden. Jeder ist einmal Judas gewesen oder wird es sein.«

»Es ist noch gar nicht so lange her, daß sie Burschen wie dich für solche Sprüche verbrannt haben.«

»Einer muß Sündenbock sein. Von dem leben die anderen.«

Clamor hatte kein Wort von Rede und Gegenrede begriffen, während sie um den Tisch standen. Ihn verwunderte etwas ganz anderes — nämlich die Unbefangenheit, mit der Teo auf des Professors astronomische Ideen übergegangen war und seine Untat gewissermaßen der Vorsehung in die Schuhe schob. Dieses Erstaunen ergriff ihn immer wieder, wenn Teo etwas von seinen Rencontres durchsickern ließ. Das geschah selten und nur, wenn er im Alkoven in Stimmung war. Er fand für seine Eigenmächtigkeiten, wie jetzt für den Steinwurf, immer eine Wendung, die ihn ins Recht setzte, ja durch die sein Ansehen erhöht wurde. Auch fehlte es ihm nie an einer Anekdote zum Beleg.

So war er vorige Woche nach Wolfenbüttel gefahren, was fast in jedem Monat vorkam — selbst der Professor wußte nicht, was er dort trieb. Er gab dem Neffen das Fahrgeld, ohne daß er ihm Erklärungen abforderte. Periodische Reisen in diesem Alter waren ja ziemlich eindeutig. Sie konnten auch der Bibliothek gelten; der Onkel wußte, daß Teo für sich arbeitete. Jedenfalls setzte er dem Bruder die Beträge unter diesem Titel (Besuch der Bibelsammlung) auf die Abrechnung.

Dies Mal war ein Corpsstudent eingestiegen, ein Obotrite, natürlich nicht in Couleur, aber man sah es am Bierzipfel. Der war gleich unverschämt geworden, hatte seinen Koffer über Teos Platz auf das Gepäcknetz gelegt. Das war zwar frei, doch Teo, selbst gegen kleine Anmaßungen empfindlich, hatte protestiert. Der Student hatte ihn sofort »gedeckelt« und während der Fahrt fixiert.

In solche Händel einzusteigen und sie hochzutreiben, hat wenig Sinn. Als der Student, der sicher schon voll Bier steckte, für einen Moment verschwunden war, hatte Teo sich bereits einen Denkzettel zurechtgelegt. Jedes Abteil hat eine Notbremse, deren Griff durch eine Kordel gesichert ist. Entfernt man sie oder löst ihren Knoten, so passiert weiter nichts, aber die Bremse ist scharf wie ein gestochenes Pistol. Diese Schnur hatte Teo aufgeknüpft und den Koffergriff mit dem der Notbremse verschlungen; nahm der Student nun sein Gepäck herunter, kurz bevor der Zug hielt, dann gab es Skandal. Als Ulk war das nicht zu entschuldigen. Grober Unfug zum mindesten.

»Aber er ist doch unschuldig«, hatte Clamor gesagt.

»Das ist doch gerade der Witz.«

Außerdem würde sich die Unschuld herausstellen, allerdings erst nach gräßlicher Schererei. In solchen Dingen verstehen die Preußen keinen Spaß. Und: war der Bursche denn unschuldig? Da sollte Clamor etwas schärfer nachdenken.

So herum war vielleicht auch der große Karpfen von Herrn Dranthé nicht unschuldig. Und noch ein anderer Umstand, der auch den Superus beunruhigte, versetzte Clamor in dumpfes Erstaunen: daß diese Dinge so gut ausgingen. Das war wie bei den Seilspringern: Ehe man sich von Furcht und Zittern erholt hatte, hoben sie nach ihren Volten zum Gruß die Hand auf und schritten leichtfüßig davon.

DER EINKAUF MISSGLÜCKT

Der Professor zog immer häufiger die Uhr, an der das goldene Kegelchen hing. Der Neffe konnte spekulieren, in dem verbarg sich ein künftiges Kirchenlicht. Erst mußte er sich die Hörner abstoßen. Das meinte Blumauer auch.

Doch nun begann die Zeit zu drängen, und Buz war immer noch nicht zurück. Es war ein Fehler gewesen, ihn zu schikken; wenn der einen von seinen Husaren getroffen hatte, würde man ihn vor Nacht nicht wiedersehen. Der Professorin schwante Ähnliches. Jedoch:

> Eine Hausfrau wohlbeflissen
> Muß sich stets zu helfen wissen.

Zwei Termine waren dem Gatten heilig, die Loge und das Kegeln, das wußte sie aus langer Erfahrung und hatte vorgesorgt. Emilie mußte den Rest des Schinkens in die Pfanne schneiden und Eier drüber schlagen; für ham and eggs hatte der Professor eine Vorliebe mitgebracht. So würde er noch zur Zeit kommen. Er rief aus dem Flur zurück, indem er den Schirm schwenkte: »Knöpf mir den Burschen gehörig vor!«

An Buzens Rad war die Kette gerissen, sonst wäre er über den Bohlweg gefahren; nun wählte er der Eile wegen den Heckenweg. Seit einiger Zeit hatte er diese Abkürzung gemieden; er war damit sogar vorsichtiger als Clamor, obwohl er weniger Angst hatte. Für Clamor war der Heckenweg unter mehreren Ausflüchten die gangbarste.

Andererseits war Buz angriffslustig, und Teo hatte ihn angeheizt. Er witterte hinter jeder Hecke Penner, die ihm auflauerten. Auch jetzt glaubte er ein Rascheln zu hören, kaum daß er den Abweg erreicht hatte, der zur Spinnerei führte. Vielleicht würde es auch an der Brücke unsicher sein. So recht geheuer war es da nie. Es wäre gut, wenn er sich bewaffnete. Er nahm in der Abzweigung Deckung und klaubte sein Messer hervor.

Die Hosentaschen waren unergründlich; ein Sammelsurium — ausgebreitet, hätte es einen Tisch bedeckt. Neben den Dingen, die er täglich brauchte, verwahrte Buz dort auch Fundstücke. Ein Taschentuch war entbehrlich, Mengen von Bindfaden aber nicht. Jedes Stück Zucker, das er ergattern konnte, wurde für die Pferde verstaut. Hufnägel, die er auf der Straße fand, behielt er als Glückszeichen. Auch eine Roßkastanie war gut in der Tasche; das wußte jeder in Oldhorst. Ein Band Lakritze, etwas klebrig, zum Abbeißen, besonders in der Schule, wenn er sich langweilte: fast so gut wie ein Priem. Dazu dann die Spielsachen; sie wechselten mit der Jahreszeit. Bald waren es ein Pindopp, bald Dipsebohnen, bald Knicker, darunter eine Glaskugel, in die eine bunte Spirale eingegossen war. Im Dipsen war Buz der Meister; dabei mußte man die Bohne möglichst dicht an die

Mauer werfen — dann kassierte man alle anderen ein. Das gelang ihm mit seinem Glücksbringer, einem Mohren, den er plattgedrückt hatte; der rollte nicht, sondern er glitt an die Wand.

Endlich hatte er das Messer herausgekramt. Es hatte nur eine Klinge, doch die war stark und stand fest, wenn sie einschnappte. Ein Standmesser — er klappte es auf und steckte es behutsam in die rechte Tasche, wobei er die Hand am Griff behielt. Jetzt konnten sie ankommen.

Eilig schritt er den Gartenweg entlang, ohne daß ihm einer begegnete. Zuweilen piekte ihn die Messerspitze in den Schenkel — das war ein beruhigendes Gefühl. Auch die Brücke war frei.

»Das kommt«, dachte Buz, »weil ich das Heft in der Hand habe.«

Bei Schlachter Ferchland wurde noch für den Sonntag eingekauft. Im Laden war schon Licht. Der Meister, die Meisterin und die Gesellen waren in Weiß gekleidet; das Geschäft ging gut. Der Meister schwang die Axt mit der gebogenen Schneide; die Meisterin hob mit der doppelzinkigen Gabel Würste vom Haken ab. Dazwischen klingelte die Registrierkasse.

Es war Feierabendstimmung, und heute mußte noch etwas dazukommen. Vor dem Schaufenster drängten sich Neugierige. Dort hing ein Kranz, der eine große »25« umschloß; sie war aus Nelken gesteckt. Er krönte ein Panorama, das die Gesellen zu ihres Meisters Ehrentag ausgeheckt hatten: eine Parade von Schlachtopfern. Sie war um einen gewaltigen Eber gruppiert, ein Mühlenschwein, wie es selbst Müller Braun in Oldhorst nicht zu mästen gelungen war. Zu beiden Seiten war es von kleineren Tieren bis zur Größe eines Spanferkels umrahmt. Man sah weder Hammel noch Kälber; dem Schwein als Glückstier gebührte dieser Tag.

Sie hingen Kopf an Kopf nach unten, jedes mit einer Zitrone im Maul. In jedes Gatloch hatten die Gesellen einen

Nelkenstrauß gesteckt. Das war, als ob rote Fontänen hochspritzten. Das Stilleben war prächtig; davor verblaßten die Oldhorster Schlachtfeste. Neben Buz stand ein Herr, der den Kopf schüttelte: »Kolossale Schweinerei.«

Es wurde nun Zeit, an den Auftrag zu denken; Buz gründelte in seinen Taschen nach dem Geld. Er fischte einen Uniformknopf, den Fritzchen ihm geschenkt hatte, und dann ein Pfennigstück heraus. Der Goldfuchs war nicht dabei. Buz fühlte einen Druck am Hals, der ihm die Luft abschnürte — aber es konnte ja nicht sein. In der Nähe stand eine Bank, dort breitete er seine Schätze aus. Mit steigendem Entsetzen kam ihm die Gewißheit: das Goldstück hatte sich nicht verkrümelt; es war verschwunden, einfach weg. Jetzt wurde ihm kalt am Rücken, eisig sogar.

Es war verloren — daran war jetzt kein Zweifel — wo konnte es aber geblieben sein? Er wußte nicht einmal, in welcher Tasche er es gehabt hatte. War es in der rechten gewesen, dann mußte es durch das Loch gefallen sein, das er mit dem Messer gebohrt hatte. Das konnte während des ganzen Weges geschehen sein. Sonst war es am Abweg gewesen, als er den Knief herauskramte.

Gut nur, daß er Hufnägel dabei hatte. Die bringen zum Wiederfinden Glück. Aber er mußte sich sputen; es dämmerte schon. Langsam und ängstlich spähend schlich er den Weg zurück, indem er jedes Blättchen, jeden Stein mit den Augen abtastete. Es konnte auch sein, daß jemand inzwischen den Fund kassiert hatte. War es ein Penner gewesen, dann war es Essig, zappenduster, aus und vorbei. Der hatte noch nie im Leben so viel Geld auf einmal in den Händen gehabt.

Endlich erreichte er das letzte Ziel der Hoffnung, den Weg zu den Spinnern; dort mußte das Wunder geschehen. Es war dunkel geworden, in Ungers Garten riefen die Käuzchen, kaum war die Hecke noch zu sehen.

Er nahm die Mütze ab und kniete nieder, dann patschte er mit der Hand den Boden ab. Dort lagen noch welke Blätter; die Hainbuche warf erst im Frühling ab. Er scheuchte eine

Drossel auf, die in der Hecke brütete. Dann kam ein Betrunkener, der ihn fast gestreift hätte. Es wurde still und unheimlich so im Alleinen; endlich mußte er die Hoffnung aufgeben.

DAS WUNDERBARE VOGELNEST

Inzwischen hatte die Hausfrau auch für die Pensionäre gesorgt. William, der an der Reihe war, hatte das Gebet beendet: »— — — Dir Herr sei Dank für Speis und Trank«. Das war das Zeichen zum Aufstehen. In diesem Augenblick sah sie Buz hereinschleichen und hatte sogleich das Unheil erfaßt.

»O Lümmel, du hast das Geld verloren, hast dich herumgetrieben — das hab ich mir doch gedacht!«

Zwei Schwalben waren fällig, die Hand rutschte ihr aus. Die eine streifte die Mütze, die andere traf genau.

»Warte nur, bis der Professor nach Hause kommt!« Das war eine leere Drohung; ihr Gatte hatte noch nie einen der Pensionäre angerührt. Buz greinte stärker, doch war ihm schon leichter ums Herz, wie nach dem ersten Blitz, wenn der Regen fällt. Er ließ sich ausfragen.

Jetzt mußte etwas geschehen. Zehn Mark — das war kein Pappenstiel. Die Professorin schickte Buz in den Keller nach dem Windlicht; Teo holte aus dem Kabinett die Taschenlampe, ein viereckiges Kästchen mit einer Schlaufe zum Einknöpfen. Dann machten sie sich zusammen auf den Weg. Sie leuchteten ihn ab bis zur Stelle, an der Buz nach dem Messer gekramt hatte. Dort war keine Aussicht; er hatte sie schon Zoll für Zoll durchforscht.

Teo ließ ihn die Tasche umkehren und prüfte das Loch, das entstanden war. Es schien ziemlich knapp; das Goldstück konnte es mit Mühe, aber eben nur mit Mühe passiert haben.

Die Tante war dem Neffen dankbar für die Umsicht, mit der er die Operation leitete. Das Gros sollte in Tuchfühlung den Weg bis zum Schlachter absuchen und das Windlicht mitnehmen; er würde auf alle Fälle hier mit Clamor zurückbleiben. So geschah es denn auch.

Während die Professorin sich mit den anderen entfernte, überlegte Teo, wie weit ein Goldstück rollen könnte, wenn es auf die Kante fiel. Buz hatte ihm seinen Standort genau gezeigt. Dort mußten sie mit der Suche beginnen und den Radius ausdehnen. Er ließ Clamor die Mütze abnehmen, dann sammelten sie Blatt um Blatt hinein. Gleich am Anfang entdeckten sie eine Dipsebohne — ein Zeichen dafür, daß Buz nicht geschwindelt hatte; das war ihm auch nicht zuzutrauen.

Sie gingen sorgfältig Linie um Linie vor. Außer den welken Blättern kamen Schneckenhäuser und ein Zigarrenstummel in die Mütze, dann erschien ein Phantom, das an die Plasmen spiritistischer séancen erinnerte. Clamor hielt es für eine Schnakenhaut. Er sah, daß Teo es angewidert betrachtete und mit einem Stäbchen fortschleuderte. Endlich war eine Fläche, auf der sich keine Stecknadel hätte verbergen können, ratzekahl.

Da war kaum Aussicht mehr. Teo erwog noch eine letzte Möglichkeit. Wenn nun der Goldfuchs in die Hecke selbst geraten war? Dann konnte er freilich nicht aus Buzens Tasche gefallen — er mußte herausgesprungen sein, denn der Weg wallte an. Buz konnte ihn herausgeschleudert haben, als er in seinen Schätzen herumwühlte. Clamor mußte also noch den Fuß der Hecke säubern, und Teo leuchtete ihm vor. Dort lag das Laub dichter; sie hatten lange zu tun. Schon hörten sie von der Brücke her die Stimmen der anderen, die zurückkehrten. Das war das Halali.

Zum Abschied gab es für Clamor noch ein Bild: Als Teo die Lampe hob, um die Gesellschaft anzuwinken, fiel ein Strahl auf das Amselnest. Dort saß das Weibchen und starrte sie an mit Augen wie Jettperlen, die ein Goldrand einfaßte. Dann flatterte es durch die Hecke und strich mit dem Warnruf »tzick-tzick-tzick« davon. Es ließ sein Gelege zurück.

Vier grüne Eierchen, rostbraun gestrichelt, ruhten auf dem nestwarmen Grund. Ein Glückskleeblatt, das sich um eine goldene Mitte rundete, als hätte es ein Juwelier erdacht.

— — —

Teo hatte das Goldstück sofort erkannt. Dann sah es auch Clamor und begriff das Wunder; er stieß einen Jubelschrei aus. Noch hatte er ihn nicht beendet, als sich Teos Hand auf seinen Mund preßte:

»Du hältst jetzt den Rand und tust keinen Mucks, bis wir im Alkoven sind!«

Nun kam der Haupttrupp an. William sagte: »Non est inventum«, und Teo: »Das ist die Tücke des Objekts«. Buz strich noch eine Tachtel ein. Alle waren jetzt müde und froh, daß die Suche beendet war.

Es war still im Alkoven. Clamor lag neben Teo unter seiner Decke; er zitterte immer noch am ganzen Leibe, als käme er aus dem Eiswasser. Er hielt sich den Mund fest, damit sie nicht hörten, wie die Zähne klapperten. Immer von neuem speicherte sich die Angst in ihm an, bis sie unerträglich wurde, dann durchfuhr ihn ein Stoß, als ob er auf das Bett hinabstürzte. Endlich hörte er Teos Stimme neben sich. Sie klang lässig, als führe er im Einschlafen ein Selbstgespräch:

»Ein seltsamer Tag. Schon die Sache mit dem Karpfen gab mir zu denken, und dann dieses Vogelnest. Das sind keine Zufälle, es sind Zuschneidungen. Erst beginnt es zu rauchen — das kündet die Flamme an. Man merkt, daß man in Ordnung ist.«

Und nach einer Weile:

»Ich wußte ja, daß ich dazu kommen würde, und zwar heute noch. Nur wie sich die Objekte fügen und geschmeidig werden — das bleibt wunderlich. Nun gut, das Geld ist da, gewissermaßen ausgebrütet, und morgen kommt die Zwille aus dem Schaufenster.«

Clamor wurde es leichter um die Brust. Nun war das Geheimnis nur noch halb so drückend; es war gelüftet, wenigstens zum Teil.

Aus Buzens Ecke kam ein Gezeter, als würde ein Huhn geschlachtet: »Teo, du hast mein Geld gefunden und nichts gesagt? Das hätte ich nicht von dir gedacht. Das gebe ich an!«

Die Drohung schien auf Teo wenig Eindruck zu machen; er hatte sie wohl vorausgesehen. Was hieß denn hier »mein Geld«? Der Goldfuchs hatte Ohm Freddy gehört und dann Buz, der ihn verbummelt hatte; er würde dem Schultes auf die Rechnung kommen — für den war es ein Pfifferling. Nun gehörte er Teo und seinen Leibschützen; er war requiriert. Bald würde das Geld von Max Silverschmied hinzukommen und Buz sein Teil abhaben. Und schließlich war die Sache ausgestanden, Ohrfeigen verschmerzte Buz wie kein anderer. Das war seine tägliche Kost. Wozu also das Geschrei?

»Natürlich kannst du das Geld auch wiederfinden und abliefern — das steht dir frei. Aber als Leibschütz bist du abgemeldet, ich ziehe die Hand von dir ab.«

Und als Buz weiterhin meuterte:

»An dir bleibt nichts hängen — — — verlieren kann jeder, besonders wenn er ein Döskopp ist.«

»Aber doch nicht klauen.«

»Das kann sich nicht jeder erlauben — da hast du recht. Aber, Hundling: wer hat denn die Würste vom Boden geklaut? Daher kommt doch der ganze Zimt.«

DRITTER TEIL

ZIELÜBUNGEN

IN BÖTTCHERS TONGRUBE

Wieder war eine Woche dahin. Die Pensionäre hatten sich zerstreut. An den Sonnabenden pflegten die Pläne Frucht zu tragen, die in der Woche heranreiften. Der Nachmittag stand dem Belieben frei. Am Sonntag gab es Kirchgang, Elternbesuche und andere Verpflichtungen. Nur für das Kabinett fiel hin und wieder ein Stündchen ab.

Teo hatte seine beiden Leibschützen an den Maßbruch bestellt. Warum hielt er sich deren nur zwei, obwohl er im Haus und in der Schule den Ton angab? Weil sie wie er Oldhorster waren und er sie auch während der Ferien Tag und Nacht im Visier hatte. Sie standen ihm zu Gebote am rechten und am linken Arm.

Der Maßbruch war eine aufgelassene Tongrube im Weichbild der Stadt. Sie hatte zu Böttchers Ziegelei gehört. Die Fabrik war eingegangen; der Name haftete noch der Ruine an. Der Ziegelton darf nicht zuviel Kalk, Gips oder Schwefel führen, sonst splittern die Steine, oder sie wittern aus. Auch Häuser haben ihre Leiden, die sich langsam entwickeln, und Schäden, die unter dem Verputz versteckt werden. Der Mauerfraß kann wie ein Krebs, der lange im Verborgenen brütet, erst nach Jahrzehnten ausbrechen. Er hatte, neben anderen Erinnerungen an die Gründerzeit, auch Böttchers Häuser in Verruf gebracht. Nun waren die Formen, in die man die Ziegel gestrichen, und die Schuppen, in denen man sie getrocknet hatte, in Verfall. Noch lagen die Feldbahngleise, rosteten die Loren, die den Ausstich transportiert hatten. Die Gruben waren nun kleine Teiche, von Schilf umgrünt. Weiterhin kam mooriges Gelände und dann der Wald.

Die Weiher hatten Sumpf- und Wasservögel angezogen, die dort fischten und im Schilfrand nisteten. Daß in den leeren Schuppen und Brennöfen nicht nur Eule und Iltis hausten, versteht sich; sie boten auch Tippelkunden und ihren

Schicksen Nachtquartier. Die Zinken fanden sich am Eingang zu Ungers Garten wieder; der Ort war zwielichtig.

Vor einer der Gruben war ein Schild »Schutt Abladen verboten« aufgestellt. Die Warnung schien genau das Gegenteil bewirkt zu haben, denn gerade hier hatten sich Massen von Unrat gehäuft. Eine Krähenwolke flog auf, als die Knaben sich dem Platz näherten.

Der Trieb, beliebige Objekte in Spielzeug zu verwandeln, beschäftigt dieses Alter; nachdem sie sich umgesehen hatten, gaben sie ihm nach. Buz versuchte die Loren in Gang zu setzen, um sie an die Böschung zu rollen und ins Wasser hinabzustürzen, doch da die Räder eingerostet waren, stand er bald davon ab. Indessen stieg Clamor den Hang hinunter, um Rohrkolben zu pflücken, und als er sie nicht mit der Hand erreichte, setzte er sich auf den Boden, hart am Schilf.

Lange hatte er nicht so in der Sonne gesessen; er fühlte, wie ihm das einging — die Erde war gut. In der Stadt war sie nur hinter Zäunen und Gittern zu sehen oder unter dem Pflaster versteckt.

Müller Braun hatte die Erde geliebt. Damals, als er das Kind an der Hand durch die Felder führte, hatte er zuweilen eine Handvoll aus der frischen Furche geschöpft. Er zerkrümelte sie mit dem Daumen, roch daran, kostete sogar davon. Dann sagte er etwa: »Wie Biskuit« oder »Junge — das schmeckt wie Titt«. Er hatte Grund zu dieser Freude — da kam sein Reichtum her. Der Müller und sein Großknecht kannten das Geheimnis; Krume der Erde verwandelten sie in Brot.

Auch Clamor hatte gern mit der Erde zu tun. Das mochte ihm vom Müller überliefert sein. Wenn er der Magd im Garten beistand — das begann in guten Jahren schon in den ersten Märztagen — dann war der Boden oft linder als die Luft. Die Hand fühlte sich wohl in ihm, wenn sie die Furchen entlangglitt, die Gruben scharrte oder ein Unkraut aushob, das bleich zu grünen begann. Sie kam wärmer und trockener zurück und, so schien es Clamor, auch reiner als nach dem Wasserbad.

In Oldhorst freilich war die Erde besonders gut. Vor tausend Jahren war dort schierer Sand gewesen, aus dem, allherbstlich angereichert, goldbrauner Grund geworden war. Auch um Hildesheim, selbst in der Börde fand man besseren Boden nicht. Das hatte er oft von Müller Braun gehört.

Hier in der Grube dagegen war dürftige Erde, aus der sich hin und wieder ein Lattich hervorwagte. Sie war rotbraun und rissig, kein Korn-, nicht einmal Buchweizenboden; aus ihr wurden Krüge, Töpfe und Ziegel gebrannt. Doch Erde auch hier.

Die Grube war steil abgestochen; das Wasser stand tief. Nur am Rande, wo das Schilf wuchs, hatte sich eine schmale Bank gebildet, auf der die vorjährigen Halme zerbröselten. Einige Stückchen schienen sich langsam zu bewegen; als Clamor schärfer hinblickte, sah er, daß winzige Wesen, die sich in ihnen eingenistet hatten, Kopf und Füße aus ihnen hervorstreckten. Dort bleichten auch Schneckenhäuser von mancherlei Gestalt.

Ein Ruch nach Mudd erinnerte an die Weiher von Oldhorst. Er war dort aufgestiegen, wenn sie mit nackten Füßen gefischt hatten. Das war unheimlich gewesen, als ob vertraute Bilder sich auflösten und verfielen, während Ungestaltetes aus ihnen kräuselte. Am hohen Mittag wurde das sehr stark.

Auch die Wasserjungfern, wie eine sich hier am Schilfrohr sonnte, kannte er von zu Haus. Die Flügel waren wie Netze aus gläsernem Flor gesponnen und trugen in der Mitte ein dunkelblaues Band. Das war, als hätte man alle Farbe herausgefiltert und dann, verdichtet, mit einem Stoße wieder zugeführt.

Farbe — sie wirkte auf ihn wie ein Anruf, der Antwort forderte. Es war ein zwingender Ruf — doch wie sollte er befolgt werden? Clamor war von Natur aus ängstlich, doch dieser Anruf bannte ihn stärker als die Gefahr.

In seinen Träumen wurde das deutlicher. Einmal, auf schmalem Pfade, hatte ein Leopard sich ihm gestellt, ein Tier von solcher Schönheit, daß die Bewunderung die Furcht auslöschte. Das war der Anruf; würde man die Antwort finden, so hätte man das Losungswort. Man könnte an dem Pardeltier nicht nur vorbei-, man könnte durch es hindurchschreiten. Es würde seine Schabracke ausbreiten.

Ein andermal war er aus großer Höhe auf die Erde herabgestürzt, wie es ihm häufig in Träumen begegnete. Auf einer Wiese blühten Blumen, die er auf keinem Feld, in keinem Garten je gesehen hatte. Sie wurden größer und schöner — ja ihre Schönheit schien den Sturz zu hemmen, ihn umzuwandeln, und endlich war es, als blühten sie über ihm. Er hob die Arme zu ihnen auf.

Ähnliches konnte ihm selbst bei Tage zustoßen. Schon dieser Libellenflügel ließ ihn erstarren, entrückte ihn der Zeit. Die Schönheit bannte die Gefahr. Vielleicht trugen deshalb die Soldaten bunte Uniformen und spielten die Kapellen im Gefecht.

Wie man angesprochen wurde, mußte man antworten: mit Worten, Melodien, Tänzen, auch mit Stillschweigen. Etwas drängte in ihm, so auch der Farbe zu antworten. Aber es mußte ein Reim, kein Echo sein. Die freien Minuten waren spärlich; er verbrachte sie, indem er malte und zeichnete. Je näher er dem Objekt kam, desto weniger war er zufrieden, und je weiter er sich von ihm entfernte, desto mehr verlor er das Zutrauen.

Herr Mühlbauer, der Zeichenlehrer, war schon in der ersten Stunde auf Clamor aufmerksam geworden; er war außer Teo der Einzige, der sich wirklich mit ihm beschäftigte. Ebenso wie den Turnlehrer Mez nannten ihn die Primaner, wenn sie unter sich von ihm sprachen, den Proleten; Clamor hielt das für einen Titel von Lehrern, die kein Latein konnten. So ungefähr hatte Teo es ihm erklärt. Professor würden sie auf jeden Fall.

Clamor trug Herrn Mühlbauer die Mappe ins Haus; das war eine Auszeichnung. An der Tür empfing ihn Frau Nanna und lud ihn, um ihn zu bewirten, in den Raum ein, den ihr

Mann das Atelier nannte. Auch ihr gefiel der Junge auf den ersten Blick.

Des Lehrers Lieblingsbuch war Fechners Betrachtung »Über das Seelenleben der Pflanzen«; er schöpfte wie mancher andere seinen Trost aus ihm. »Nur von meiner eigenen Seele weiß ich und werde ich je erfahrungsmäßig wissen können. Jede andere stellt sich mir im bloßen leiblichen Scheine dar, und kein Experiment läßt mich im Scheine das Scheinende selber erkennen. Der anderen nähern wir uns nur durch Analogien, durch Ähnlichkeiten, auf denen unsere Hoffnung beruht.« Ja, das war es; der Mensch ist allein.

Nach dem Titel des Buches hatte er seine Frau »Nanna« getauft, den Kandidaten des Höheren Lehramts, die dabei an Zolas »Nana« dachten, zum Gaudium. Derartiges pflegt durchzusickern; Mühlbauer, hochempfindlich, litt darunter nicht minder als unter seinem Spitznamen.

Herr Mühlbauer war anders gekleidet als die akademischen Kollegen; er hielt sich in den Pausen meist für sich. Einmal war es ihm gelungen, in der Turnhalle eine kleine Ausstellung von Bildern zu arrangieren, über die der Direktor den Kopf schüttelte.

Zeichnen gab es nur einmal in der Woche, und zwar eine Doppelstunde; es war die einzige Spanne, während deren Clamor sich in der Schule wohl fühlte. Er verbrachte auch die Pause im Zeichensaal. Wie mochte es kommen, daß Herr Mühlbauer sogleich auf ihn aufmerksam geworden war?

Gleich vielen Zeichenlehrern litt auch dieser unter seiner Tätigkeit. Wenn Doktor Hilpert meinte, daß er an eine Universität gehöre, so fühlte Mühlbauer sich aus der musischen Welt verbannt. Die Leistungen seiner Schüler waren dürftig, im besten Falle akkurat. Es kam vor, daß er dahinter ein Talent sah oder gar eine höhere Anlage. In dieser Raupe steckte vielleicht ein Apollo, ein Segelfalter, ein Schwalbenschwanz. Bald folgte die Enttäuschung, denn das bildhafte Sehen erlischt gemeinhin mit der Pubertät.

Hier aber wirkte eine Sympathie mit, die keiner Darbietung bedarf. Es kann geschehen, daß wir einem Oberen begegnen, der auf uns setzt. So hatte er auch Nanna gefunden, im Ungesonderten erkannt. Im Haus des Zeichenlehrers war es wie in einem Garten, in dem die Blumen sich wohlfühlen.

Buz stieß ihn an; er kam vom Schuttplatz zurück. Seine Stiefel waren mit Schlamm überzogen, die Hosen feucht und bespritzt. Clamor mußte lange am Wasser geträumt haben, denn Buz hatte inzwischen ein Spiel ausgeheckt. Er hatte am Rand eines Tümpels eine Festung gebaut, die Mauern aus Flaschen, die er dicht an dicht mit dem Hals in den Boden gesteckt hatte. So waren im Schulzengarten zu Oldhorst die Beete eingefaßt. Auch das Innere der Festung war mit Flaschen ausgestattet, dazu mit Türmen und Türmchen aus Einmachgläsern und Lampenzylindern, mit Kuppeln aus irdenen Schüsseln, Blumen- und Kochtöpfen, überhaupt mit zerbrechlichem Gut, wie es im Abraum zu enden pflegt.

Vor dieser Festung gab es wiederum Flaschen, die das Panorama erweiterten. Die meisten schwammen flach auf dem Tümpel; andere ragten zum Teil oder nur mit dem Halse heraus, je nachdem, wieviel Wasser sie geschluckt hatten. Manche waren farbig, manche durchsichtig, viele waren rund und einige eckig, wiederum andere dickbäuchig und mit Bast umhüllt. Clamor hätte nicht gedacht, daß es so viel Sorten gab. Während er staunte, stand Buz in der Haltung eines Großbauern neben ihm.

»So, Junge, nu paß ens up!« Sie sprachen immer noch Platt, wenn sie unter sich oder mit Fiekchen allein waren. Buz erklärte das Spiel, dem diese Zurüstungen galten, und die Rolle, die er Clamor dabei zudachte.

Die Festung war zu Wasser und zu Lande eingeschlossen, und zwar durch General Nogi, der sie belagerte. Der General Nogi: das war Buz. Clamor dagegen war General Stössel; er sollte die Festung verteidigen.

Jetzt mußte jeder einen Haufen Steine sammeln: das war die Artillerie. Wenn Buz das Zeichen gab, dann ging es los. Nogi würde versuchen, die Festung zu zertrümmern; Stössel mußte die Schiffe in den Grund bohren. Waren alle versenkt, so würde er, falls in der Stadt noch ein Turm stand, gesiegt haben. Sonst würde Nogi der Meister sein.

Das Gefecht konnte beginnen, nachdem beide sich munitioniert hatten. An Steinen war kein Mangel; Buz preßte einen ganzen Arm voll an die Brust und schmiß mit der Rechten, als schlüge er mit dem Dreschflegel. Clamor war ungeübt im Werfen; er schwenkte dazu die Steine wie ein Mädchen, als ob er sie in der Hand wöge. So schoß er langsamer als Buz, doch auch nicht ungenau: die waagerechten Flaschen mitschiffs, so daß sie explodierten, die senkrechten an den Aufbauten und Schornsteinen. Solche, die sich auf der Kippe hielten, kamen ins Schaukeln und gurgelten langsam ab. Immerhin schwamm noch eine stattliche Flotte, als in der Festung kein Stein mehr auf dem anderen stand. Nun machte sich Buz, der keine Parteien kannte, wenn es nur krachte, mit an das Aufräumen.

DIE SCHIESSPROBE

Teo kam an, als General Nogi in den letzten Zügen lag. Er war mit dem Rad im Wald gewesen, hatte dort rekognosziert. Ein grüner Zweig schmückte die Lenkstange. Die Art, in der sich seine Leibschützen die Zeit vertrieben, schien ihm zu behagen; sie konnten der Flotte gleich mit besseren Waffen den Rest geben.

Er holte die beiden Zwillen hervor, die Buz im Kabinett gebastelt hatte — gute Arbeit; er hatte sie im Walde probiert. Nun mußten sie wieder Steine suchen, dies Mal kleine — sie sollten nicht größer als eine Bohne sein. Mit dem ersten Schuß wetterte Buz der vorletzten Flasche den Hals ab, so daß sie gurgelnd versank. Jetzt war Clamor an der Reihe; er zog den Strang bis zum Ohr.

»Mensch, du hältst sie ja schief«, schrie Teo; aber schon war das Unglück geschehen. Der Stein schnellte mit voller Wucht auf den Daumen, der im Augenblick anschwoll und blau wurde. Buz grinste, während Clamor am Boden kniete und den Daumen in den Mund steckte: »Au Backe, das hat er mit Absicht getan. Der will bei den Pennern nicht mithalten.«

Teo verbot ihm den Mund. Er zog sein Taschentuch durchs Wasser und wickelte es Clamor um die Hand. Bis zu den Pennern würde sie wieder in Ordnung sein. Dann war das Schießen nicht mehr ganz so wichtig; Teo hatte sich noch andere Überraschungen ausgedacht. Er war guter Laune; Max Silverschmied hatte geblecht.

»Dafür habe ich ihn, um mich in seiner Sprache auszudrücken, ›wieder ehrlich gemacht‹. Das sind Bankiers.«

Jedenfalls konnte in Ungers Garten nun das Exempel statuiert werden, auch wenn er für die Schießübung hier nur einen Mann hatte.

Buz war mit Eifer dabei. Nachdem die Flotte versenkt war, schlug er andere Ziele vor. An dem Tümpel, vor dem Clamor gesessen hatte, war eine große Pogge ins Wasser gehopst. Bei gutem Wetter sonnen die Frösche sich gern am Ufer, doch sie entfernen sich nur um einen Sprung vom Wasser, in dem sie verschwinden, wenn sie einen Schritt hören oder ein Schatten sie streift. Sie sind ja immer, sei es vor dem Storch, der Natter oder dem Menschen, auf der Hut. Geht man im Sommer an einem Teich entlang, so scheucht man sie im Stakkato vor sich auf.

Als sie sich angeschlichen hatten, sahen sie den Grünen wieder an seinem Platz. Er wärmte sich den Rücken in der Sonne, den Bauch am roten Ton. Schon etliche Winter mußte er im Schlamm verträumt haben, denn sein Rock war blau verschossen; die tintigen Flecken verschmolzen fast in der Montur.

Ein Kapitaler, der sich des Lichtes freute — Teo gab das Zeichen, Buz spannte die Zwille und zielte sorgfältig. Der Stein fuhr scharf über den blauen Rücken und ließ das Wasser aufspritzen. Der Frosch tat einen mächtigen Satz und verschwand zu Clamors Freude unter den Laichkräutern.

Sie hatten den Schuttplatz fast verlassen, als sich eine neue Ergötzung bot. Eine Ratte spähte aus einem Loch an der Böschung hervor und verschwand in einem anderen. Hier war der Steilhang abgebrochen und ein Teil des Ganges, in dem die Tiere ihren Wechsel hatten, freigelegt. Sie tauchten auf und wieder unter wie die bewegten Ziele in den Schießbuden. Obwohl Buz über den Tümpel hinweg schießen mußte, erwischte er bald eine dicke Alte in vollem Lauf. Sie quittierte den Treffer quiekend mit einem Satze, doch warf er sie nicht aus der Bahn.

»Die Biester sind zäh«, sagte Teo — »die fallen höchstens, wenn du sie an der Nase erwischst.«

Clamor wunderte es, daß Teo auf diese Beute, die sich so lockend präsentierte, nicht seine Herrenwille richtete. Übrigens war auch die von Buz nicht zu verachten; das hatte er an seinem Daumen gespürt, der immer noch schwoll. Jetzt wurde ein Jungtier getroffen; es fiel ins Wasser und rührte sich nicht mehr. Ein Nachzügler; der Pfiff der Alten hatte die Sippschaft gewarnt. Kein anderes Tier weiß Mut und Vorsicht so zu vereinen, keins ist gefährlicher.

Am Waldrand verbarg Teo sein Fahrrad im Gebüsch und führte die Leibschützen durch das Unterholz. Er schien sich hier auszukennen und hatte offenbar ein Ziel.

Obwohl die Schmerzen wuchsen, fühlte Clamor sich im Walde wohl. Es war ein Ort, an dem er leichter atmete, an dem ihn die Furcht verließ. Wie kam es, daß er ihn rauschen hörte wie eine Harfe, obwohl sich kein Blatt regte? Das mußte im Blut liegen.

Vor einer Lichtung ließ Teo anhalten. Hier war im Vorjahr Holz geschlagen worden; die Stämme waren schon abgefahren, die Braken aufgeräumt. Inzwischen war Kraut gewuchert, Kletten und Tollkirschen. Eine morsche Eiche war auf der Fläche geblieben; sie zu fällen, hatte sich nicht gelohnt. Die Rinde war abgemodert, an das Gerippe hatten sich weiße Baumschwämme gesetzt. Narben und Löcher verrieten, daß Vögel hier Nahrung suchten und nisteten.

Grünes und totes Holz in Menge, dazwischen Lichtung: in solchen Wäldern fühlen sich die Spechte wohl. So war es auch hier; sie waren nah und fern zu hören und zogen über den Kahlschlag ihre Bahn. Das Holz ist des Spechtes Heimat, in ihm findet er Nahrung, Wohnung und Lust. Es dient ihm als Trommel und als Xylophon. Wenn er den Larven nachstellt, hämmert er bedächtig, und mit trillerndem Wirbel lockt er das Weibchen an.

Die Oldhorster kannten den Vogel und seine Gewohnheiten. Sie nannten ihn Schreiheister und Windracker. Sie wußten, daß er die Tannenzapfen nicht ringelt wie die Eichhörnchen, sondern daß er sie auf Baumstümpfen zerklopft. Das sind die »Spechtschmieden«. Sie glaubten auch, daß er Regen ankünde.

Teo schien auf ein bestimmtes Ziel zu warten; er stand mit ihnen zwanzig Schritt vor der toten Eiche in guter Deckung, die Zwille in der linken Hand. Er hielt sie unter der Jacke, damit ihr Metall nicht blitze, und fühlte zwischen Daumen und Zeigefinger seiner Rechten die Bleikugel durch das Leder der Schlaufe hindurch. Er war schußfertig.

Nicht lange hatten sie so gelauert, als der Vogel anflog — behende, doch nicht ohne Mühe: als ob er ruderte. Sie hörten sein Spechtsgelächter »glück-glück-glück«, dann sahen sie ihn unter dem Nistloch kleben; er trug den Jungen Futter zu. Der moosgrüne Rücken und die Feuerhaube hoben sich scharf vom morschen Splintholz ab.

Teo spannte die Zwille, zielte, schoß — das währte nur einen Augenblick. Der Vogel fiel und schlug zu Boden, lautlos und ohne Flügelschlag. Er mußte mit Wucht an einer empfindlichen Stelle getroffen worden sein.

Der Schütze wog seine Beute zufrieden in der Hand. Er lobte die Waffe und verwahrte sie sorgfältig. Wahrscheinlich hatte er schon gründlich mit ihr geübt. Der Specht hatte den Einstand gezahlt. Nun konnte man weitersehen.

Buz mußte den Vogel einstecken. Der Schädel würde als Trophäe das Kabinett zieren. Bald sollten andere hinzukommen. Teo schwang sich aufs Rad; er war mit einem Sprung im Sattel wie die Rennfahrer. Zuvor nahm er den Leibschützen die Zwillen ab. Heut abend würde er sie wieder austeilen, mit Bleikugeln.

»Dann schießen wir Zaddeck die Fenster ein!«

DAS ERSTE SCHARFSCHIESSEN

In den späten Nachmittagsstunden gab es noch Appelle, Nachexerzieren, Parole, dann lag der Platz leer. Das Leben spielte sich an seinen Rändern ab, lärmend an der Kasernenseite, wo in der Kantine und den kleinen Wirtschaften der Nebenstraßen gezecht wurde, leise an Ungers Garten und im Heckenweg. Dort standen die Soldaten bei ihren Mädchen bis zum Zapfenstreich. Im Sommer leuchteten die leichten Kleider, während die Uniform im Dunkel unterging. Man hörte kaum ein Flüstern, einen unterdrückten Schrei. »Uranos steigt herab«, sagte Ohm Freddy zu Teo, wenn es dort still wurde.

Die Penner hielten sich tiefer im Garten auf. Zwischen ihnen und den Soldaten gab es wenig Zusammenstöße – – – die waren rasch zuhaufe und zogen blank, wofür sie von ihren Chefs noch gelobt wurden. Die Penner und das Militär verkehrten auch nicht in den gleichen Wirtschaften. Die ausgekochten Kunden tranken nicht im Sitzen; sie trugen Blechflaschen, die eben noch in die Tasche paßten, und ließen sie auffüllen. Die Schankwirte hatten ein besonderes Fenster zum Durchreichen dafür. Die Mädchen hatten Angst vor den Pennern; sie gingen mit den Soldaten und den Spinnern, beim Ausgang trugen sie gestärkte Wäsche, doch keinen Hut. Sie hatten harte Hände, aber waren frisch wie aus dem Ei gepellt. Die Soldaten waren stattlicher, die Spinner zuverlässiger; bei denen wurde es ernst. Doch nach der Heirat war die beste Zeit vorbei.

Der Platz mit seiner teils lauten, teils heimlichen Geschäftigkeit an den Rändern bot günstige Deckung für Überraschungen. Im Dunkel stand man auf seiner leeren Fläche wie unter der Tarnkappe. Von dort konnte man sich ungesehen verkrümeln, um sich in einen Passanten zu verwandeln, sei es bei Ungers Garten, sei es bei den Kasernen oder auch an einer der beiden Schmalfronten. Dort standen Bürgerhäuser; auf der einen Seite die Pension des Professors, auf der anderen ein eleganter Etagenbau. Die Mieter waren erst zu Ostern eingezogen, unter ihnen Konrektor Zaddeck, dem das Unternehmen galt.

Buz hatte ihn beschattet und war ihm bis in den Hausflur gefolgt. Weiter hatte er sich nicht getraut, denn dort hing ein Schild: »Aufgang nur für Herrschaften«. Aber er hatte gesehen, wo der Konrektor den Schlüssel zog.

»Merkwürdig«, sagte Teo, »daß der Stinker, und dazu noch als Junggeselle, in der Beletage wohnt.« Es war aber möglich, daß es dort auch möblierte Zimmer mit separatem Eingang gab, wie sie von Mietern gesucht wurden, die auf eine ungenierte Wohnung erpicht waren.

Teo wollte an diesem ersten Abend nur einmal »ans Fenster klopfen«, und dann am Sonntag und am Montag scharf schießen. Das barg, wie er seinen Leibschützen im Kabinett erklärt hatte, kein Risiko. Typen wie Zaddeck und Dranthé, die keine saubere Weste haben, verhalten sich in solchen Fällen anders als die Normalen, die gleich die Polizei rufen. Das hatte man schon bei dem Karpfen gesehen. Wenn denen etwas Ungewöhnliches zustößt, bringen sie es sofort mit ihrer schwächsten Stelle in Relation. Die tut ihnen immer weh. Wenn es also bei Zaddeck anklopfte, würde der es zunächst für Zufall halten – – – wenn es sich aber zwei, drei Mal wiederholte, dann bekam er es mit der Angst, als ob das Gericht vor der Tür stünde. Er dachte nicht daran, die Polizei zu rufen – – – im Gegenteil; er ging in die Knie. Und noch auf andere Weise wollte Teo ihn weich machen. Das würde auch Paulchen zugut kommen.

Das Eckzimmer war erleuchtet; der Neubau hatte elektrisches Licht. Sie näherten sich vorsichtig auf Schußweite. Zunächst mußte Buz einige Kugeln abschnellen. Sie hörten die Aufschläge, doch kein Splittern; die Scheiben hielten stand. Ein Schatten erschien am Fenster; sie zogen sich weiter zurück. Sie standen nun in der Mitte des Platzes, doch auch von dort aus das Fenster zu treffen, war mit Teos Zwille ein Kinderspiel. Das Klappern war nicht zu vernehmen, aber das Licht erlosch. Unten öffnete sich die Haustür; ein Mann mit heller Jacke erschien im erleuchteten Flur. Offenbar hatte der Konrektor es sich schon bequem gemacht. Er ging auf dem Trottoir, als ob er etwas suche, nahm auch einige Schritte Abstand und blickte zum Fenster hinauf.

»Soll ich ihm jetzt eine aufbrennen?«, fragte Buz und spannte die Zwille dabei.

»Nein, laß das. Morgen gehen wir schärfer ran — dies war das Ankegeln.«

Teo war mit dem Vorspiel zufrieden; es sollte sich nicht ausdehnen. Er schickte die Leibschützen auf getrennten Wegen zur Pension zurück. Buz ging an den Kasernen, Clamor an Ungers Garten entlang. Teo deckte den Rückzug und kam geradewegs.

FARBIGE SÄUME

Der Tag war lang und anstrengend gewesen und, von der Schule abgesehen, fast ganz in Teos Diensten verbracht, zuerst in der Tongrube, dann im Walde und endlich beim Anschlag gegen den Konrektor auf dem verlassenen Platz. Dazu die Angst, in Strudel hineingezogen zu werden, denen er nicht gewachsen war. »Du darfst dich nicht mit an den Tisch setzen, wenn du die Zeche nicht zahlen kannst.« Das hatte der Vater ihm gesagt. Für Teo war das nur ein Spiel; er, Clamor, zahlte mit der Haut.

Der Daumen schmerzte jetzt nicht mehr so schlimm. Teo hatte ihn der Tante gezeigt und gesagt, daß Clamor sich in der Tür geklemmt hätte. Fiekchen hatte ihn verbunden; es hatte wohl getan, wie sie mit der Hand über die Schwellung strich. Gern hätte er sie vor den Beschattungen gewarnt, doch wagte er es nicht.

Teo war unzufrieden mit ihm. Morgen würde er ihn wieder auf den dunklen Platz führen, am Montag auch. Dann ließ er scharf schießen. Er wollte das vornehme Haus mit den hellen Lichtern angreifen; der Gedanke daran schien Clamor kaum erträglich, erfüllte ihn mit Furcht. Selbst wenn die Hütejungen in Oldhorst Dummheiten trieben, hatte er sich zurückgehalten — — — nicht *mit* ihnen würde ihn die Schuld treffen, sondern ihn allein. Weder oben noch unten gehörte er dazu.

Die Gedanken durchkämmten noch einmal den Tag, der nun verflossen war. Sie brachten auch Bilder wieder, die erheiterten — so das der blauen Libelle, der Florjungfer am Schilf. Das war wie der Riß in einer grauen Mauer gewesen, der Einblick in einen Garten gab. Dann hatte Buz ihn zur Seeschlacht geholt.

Clamor hätte lieber ein Spiel getrieben, das er für sich erfunden und in das er sich schon bei der alten Mühle vertieft hatte. Wenn er auf Wegen und Straßen ging, pflegte er zu träumen; er hielt den Kopf gesenkt. Dabei erfreuten ihn kleine Funde, die er in einem Kästchen sammelte: Knöpfe, kupferne Münzen, Glasperlen, Steinchen; sie sollten nicht größer als eine Briefmarke sein. Einmal hatte er ein Glückshörnchen gefunden, ein andermal eine rote Koralle; sie mußte aus einer Brosche gefallen sein. Schuttplätze waren ihm Fundgruben. Dort hatten es ihm vor allem die Scherben angetan. Wenn sie zu groß waren, klopfte er sie auf sein Maß. Auf dem Oldhorster Berge hatte ihm ein Mühlstein als Amboß und ein Faustkeil als Hammer gedient.

Die Scherben waren aus Ton, Steingut, Glas, Porzellan; sie hatten verschiedenen Wert. Allein vom Glas gab es viele Spielarten, selbst wenn man das grüne Flaschenglas nahm. Besonders köstlich war ein blaues Stückchen aus einer Öllampe. Er hatte auch bemerkt, daß Gläser, die lang vergraben waren, sich mit einer Regenbogenhaut überziehen. Das war wohl die Sehnsucht nach dem Licht. Sie träumten im Verließ. Der Ton dagegen war matt, selbst unter der Glasur. Das war noch traumhafter. Oft war die Innenseite schöner gefärbt, wie bei den Perlmuscheln. Ein Porzellanstück, das zum Geschirr von Müller Braun gehört hatte, war von einem fast schmerzenden Weiß. Es war so aus dem Teller herausgesprungen, daß ein Gotteslämmchen mit sieben Punkten unversehrt geblieben war.

Clamor konnte sich an seinen Schätzen nicht satt sehen. Dazu mußte er allein sein wie oben bei der alten Mühle, wo es ganz still war, während die Erwartung — oder war es die Hoffnung? — sich steigerte. Er saß am Ufer eines Meeres, das Proben aus seiner Tiefe heraufspülte — ja, Proben nur. Sie aber streiften schon das Unerträgliche.

Dann begann er die Splitter zu ordnen, indem er sie ausbreitete. Er war mit einer Spannung am Werk, als ob sie es forderten. Erst hatten ihn Gegenstände angezogen, die noch Form zeigten, wie ein Perlmuttknopf, eine Glaskugel, oder auch solche, die ein Motiv aufwiesen — etwa eine Scherbe, auf der ein Ornament oder eine Blume erhalten war. Dann hatten sie begonnen, ihn zu stören; er hatte sie beiseite gelegt. Geformtes einzufügen, war erst leichter gewesen, dann schien es fast wie eine Ausflucht oder eine Notlüge, als sich das Spiel verfeinerte. Später mußten ganze Garnituren ausscheiden, entweder weil sie sich dem Stoffe oder weil sie sich der Farbe nach nicht einfügten. Er hatte bemerkt, daß beides sich bedingte; Ton duldete viel sanftere Farben als das Glas. Ton war wie Erde, Glas wie Feuerstein.

Er hatte früh mit dem Spiel begonnen, hatte einen Trieb dazu empfunden, ähnlich dem eines Kindes, das sich mit drei Jahren an ein Klavier stellt, um die Tasten zu berühren, und das eine seltsame Freude, ein Wiedererkennen erlebt, wenn sie antworten. So gab es auch hier ein Rückleuchten. Schon als es noch nicht sprechen konnte, griff das Kind nach farbigem Spielzeug und wurde heiter, als ob es ein Glück ahnte.

Aus Oldhorst hatte er ein Beutelchen voller Steine mitgenommen, doch fand er hier selten einen unbewachten Augenblick. Auch heute an der Tongrube nicht. Buz hatte ihn an das Wasser, Teo ihn in den Wald geführt. Die beiden waren Schützen und Jäger, Clamor fehlte dafür der Sinn. Ihm war die Spannung zuwider, mit der sie die Flugbahn verfolgten, und ihr Aufatmen, wenn sie getroffen hatten, als ob sie von einem Bann erlöst würden.

Auf den Jahrmärkten waren ihm die Schießbuden von jeher unheimlich gewesen; die Schützen setzten durch ihre Treffer Mechanismen in Bewegung — ein Bär begann zu brummen, eine Eule mit den Flügeln zu schlagen, ein Affe stürzte von der Blechpalme. Das war ein Treiben wie im Tollhause. Man ging verwirrt nach draußen und sah die Welt als Schießbude.

Als Teo im Wald geschossen hatte, war sein Gesicht streng, wie aus Feuerstein geschnitten; es hatte geleuchtet, als der bunte Vogel fiel. Clamor dagegen war der Erstarrung anheimgefallen, die farbige Phänomene bei ihm auslösten. Diese, und nicht die Mechanik, schienen die Bewegung zwingend zu beherrschen; so war ihm hier, als ob nicht die bekrallten Füße das Tier hinauftrügen, sondern als ob es der Lichtstrahl höbe, der auf seinen Scheitel fiel. Das Rot war von furchtbarer Kraft; es mußte sparsam verwandt werden.

Wie mochte es jetzt im Nest aussehen? Wenn die jungen Spechte noch nackt waren, würden sie verhungern, denn um diese Zeit konnten sie weder Vater noch Mutter entbehren, das wußte er aus Oldhorst. Eins von den Eltern deckte und wärmte sie mit Brust und Fittich, das andere trug zu. Später, wenn die Nestlinge flügge wurden, wagten sie sich aus der Höhle und bekletterten den Stamm. Der Vater hatte ihm ihr Spiel gezeigt. Sie umkreisten den Baum so eng, als ob sie an ihm hafteten. Der Altspecht schaute dabei mit seiner roten Haube aus dem Nistloch hervor. Es waren heitere Tiere; wenn sie mit ihrem Wirbel und Gelächter im Walde gaukelten, den sie mit Farben schmückten, so war das, als ob sie ihn zur Hochzeit rüsteten. Das war Vorfreude.

Im Moos zu liegen und dem Spiel zu lauschen — das war viel schöner, als es mit einem Schusse zu beendigen. Und wieder kam die Trauer, als er an die Jungen dachte; sie waren nackt wie die Spinnerinnen, die der Schlachterbursch ausziehen wollte, und hilflos wie der dicke Mann, den sein Wärter am Kragen gepackt hatte.

Clamor hatte das dunkle Gefühl, daß er mit diesem Nachsinnen etwas in Ordnung bringen oder wieder gutmachen könnte — morgen bei den Weberknechten wollte er dafür hinknieen. Ihn fröstelte.

»Sie müssen sterben«, sagte er.

MORALISMEN

Teo fuhr auf, als ob er ein Stichwort gehört hätte:
»Wer soll jetzt sterben? Was faselst du da?«
»Ich meine die jungen Spechte im Nest.«
»Du machst dir wohl ein Gewissen draus? Das ist nicht nötig — *ich* habs getan. Oder willst du mir dumm kommen?«

Clamor vermochte darauf nicht zu antworten. Er war nicht imstande, auszuführen, daß es ihn schmerze, gleichviel, wer es getan hatte. Und daß es ein Unterschied war, ob er sich ein Gewissen daraus machte oder es sich zu Herzen nahm. Er sah in Bildern, synoptisch, und nicht in Konsequenzen, die sich in der Zeit folgen. Und da froren und schmachteten die Jungen im Nest. Da war mehr Trauer als Schuld. Und wenn er Schuld fühlte, so eher bei sich.

Außerdem war er Teo geistig nicht gewachsen; der konnte anstellen, was er wollte, er ging ohne Verletzung davon, während auf ihm, Clamor, sich die Schuld verdichtete. Wenn er ihm zuhörte, wie eben jetzt, so sah er ihn die Zwille spannen als Schütze, der des Zieles sicher war. Er, Clamor, verletzte sich an ihr.

Der Buntspecht galt als nützlicher Vogel; das wußten die Waldwirte, sie schonten ihn. Aber war nicht auch die Ameise ein nützliches Tier? Clamor mußte es zugeben.

»Dann habe ich also hunderttausend Ameisen das Leben gerettet, indem ich ihn niederschoß. Die sind sein Lieblingsfraß. Ich bin ein Völkerfreund, ein Wohltäter. Übrigens erkennst du die Dummköpfe daran, daß sie von Nutzen faseln, sowie sie den Mund auftun. Walldorf und Piepmeier sind klüger als der liebe Gott.«

Walldorf war der Biologe, Piepmeier der Chemiker.

»Du bist kein Dummkopf, du bist ein Idiot. Der Specht hat dir leid getan, doch nicht die Ratte, weil der eine schön, die andere häßlich ist. Aber der Schwalbenschwanz — — — ist der nicht schön?«

Ja, der war schön, wenn er im Pfarrgarten auf den Dolden die Flügel breitete.

»Und der Trauermantel?«

Auch der war schön, wie er am Moorweg auf der Birkenrinde ausruhte. Die war sein Untergrund.

Da hatte Teo also wiederum Gutes getan, und zwar im Dienst der Schönheit, denn auch die Raupen der Schwärmer, die im Holz bohren, und die Puppen der Falter, die sich dort verbergen, fallen dem Specht zum Raub.

So ähnlich hatte auch Müller Braun gesprochen, wenn er mit seinen Gästen im Krug beim Schüsseltreiben saß. Es gab kein besseres Gewissen als das der Jäger; die hatten nicht nur ihre Lust am Treffen, sondern taten damit auch noch ein gutes Werk.

Wenn Teo Ähnliches sagte, schien er es selbst nicht ernst zu nehmen oder gar noch sich über Clamor zu belustigen, der neben ihm mit dem Gefühl lag, daß der Große ihm etwas vormache. Nicht etwa so, als ob es nicht stimmte — eher als ob er wie Doktor Hilpert eine Figur an die Tafel zeichnete und sie wieder fortwischte. Ein Zirkusdirektor ritt seine Nummer und ging dann zum Abendessen oder mit seiner Frau ins Bett. Er hatte noch ganz andere Pferde im Stall. Passagen reihten sich einander an.

Wenn er in Oldhorst nicht zurecht gekommen war, hatte er den Vater und später den Superus nach Recht und Unrecht gefragt. So damals, als sie den Einbrecher fast zu Tode geprügelt hatten — — — durften sie das denn?

Der Vater war schweigsam, aber es war schon gut gewesen, wenn er ihm den Arm um die Schulter gelegt oder ihn an der Hand gefaßt hatte. Da mochte es dunkel sein. Auch zum Superus hatte er ein schüchternes Vertrauen gehegt — der nahm auf, was er ungelenk vorbrachte. Er sagte dann etwa: »Junge, darüber haben schon andere gegrübelt als du. Auch das kann etwas gut machen.«

Er wußte dazu auch immer einen Bibelspruch oder einen Vers:
> Bist du doch nicht Regente,
> Der alles führen soll!
> Gott sitzt im Regimente
> Und führet alles wohl.

Das gab einen kleinen Vorrat, der besser diente als Belehrungen. Wenn Clamor auf dem Schulweg nach Luft rang, weil ihm das Wasser bis zum Hals stand, klammerte er sich an eines dieser Worte wie an einen Rettungsring. Und noch mehr, wenn er bei den Weberknechten Trost suchte.

Clamor konnte nicht leisten, was von ihm verlangt wurde. Es häufte sich bei ihm an; er blieb in Verzug. Er konnte den Andrang nicht linear ordnen, nicht in Ziffern, Ketten und Winkeln; daher war Teo sein Herr, und Hilpert war sein Feind. Er sah in Bildern, die farbig ineinander einspielten, nicht gegensätzlich, sondern innerhalb der Komposition.

Auch im Kalender reihten sich die Tage nicht im Gleichmaß aneinander an. Sie hatten nicht die gleiche Dauer — lang war der Tag gewesen, an dem der Vater gestorben war, und kurz der Monat, in dem Jasmin und Rosen zusammen geblüht hatten. Es gab weniger Daten als Bilder in seinem Leben — da war der Tag, an dem die Katze Junge bekommen, und jener, an dem der Superus geweint hatte. Er tat, als ob er aus dem Fenster blickte, aber Clamor hatte es an seinen Schultern gemerkt.

Er war unpünktlich; auch das empfand er als seine Schuld. Schon am ersten Schultag hatte er die Stunde versäumt. Er schlief unruhig; vom Gefühl, etwas vergessen zu haben, wurde er bis in die Träume verfolgt. Es kam vor, daß er nachts einige Male aufstand, weil er meinte, den Wecker überhört zu haben, und daß ihn dann ein bleierner Schlaf übermannte, aus dem Teo ihn emporrüttelte.

Besonders die Montage hatten es in sich; als ob das Unheil Zeit gefunden hätte, sich zu verdichten, und sich entlüde über seinem Haupt. Übermorgen war wieder Montag, und es war an Clamor, die Sicherung zu übernehmen, wenn Teo zum dritten Mal die Zwille erprobte, bevor er zur Säuberung von Ungers Garten ansetzte.

DER MONTAGMORGEN

Die Pausenglocke läutete. Auf den Fluren und Treppen des grauen Kastens begann es zu summen wie in einem Bienenkorb. Herr Bayer, der Ordinarius, war guter Laune gewesen wie immer, wenn er im Harz frische Luft geschöpft hatte. Sein Wohlwollen verließ ihn auch nicht, wenn er zwischendurch eine Hose abstäubte. Dann trat er ans Fenster und kämmte sich das Haar.

Die Stunde bei Doktor Hilpert war überstanden; sie dehnte sich besonders lang. Seit Teo Clamors Konstruktionsheft überwachte, fand der Doktor weniger zu beanstanden. Dadurch wurde die grundlos-abgründige Mißgunst, mit der Clamor sich von ihm beobachtet fühlte, noch spürbarer. Der Doktor entzog ihm das Letzte, woran der Verhaßte sich noch klammern konnte: die Schuld — — — oder er führte sie auf dessen bloße, ihm unerträglich werdende, Existenz zurück.

Bei alledem wunderte es Clamor, daß die anderen nicht zu merken schienen, was da vorging — daß es nicht laut wurde. Gefürchtet wurde der Mathematiker von allen; das zeigte sich schon daran, daß bei ihm kein Unfug getrieben wurde —

es war ganz still vom Augenblick an, in dem er die Klasse betrat. Den Meisten war er auch widrig — »das ist ein Stinktier« hatte Willy Breuer in der Pause gesagt, nachdem es den Auftritt gesetzt hatte.

Gewiß, sie hatten Angst vor ihm; er gab ein Hauptfach und konnte ihnen etwas tun. Aber mit ihm, mit Clamor, verhielt es sich anders; ihm sollte nicht »etwas« geschehen — — — er sollte überhaupt nicht mehr sein. Vernichtung strahlte aus den grauen Augen in Wellen auf ihn zu. Das wurde so stark, daß die Beine zu weben begannen und der Mund austrocknete. Die Haare sträubten sich; er wurde an den Abgrund gedrängt.

Der Doktor begann dann monoton zu sprechen, als ob er, mit ganz anderem beschäftigt, den Vortrag mechanisch fortsetzte. Die beiden wußten nicht, warum und worum, doch sie wußten, daß hoch gespielt wurde. Aber die anderen merkten es nicht. Das war, als ob er in ihrer Mitte wie in der Wüste allein wäre.

Trotzdem hatte der Vormittag eine gute Umrahmung, mit der Andacht zu Beginn und dem Zeichnen am Schluß. Wie an jedem Montag stand Direktor Blumauer am Pult, vor sich auf leicht ansteigenden Reihen die Klassen von der Sexta bis zur Oberprima, im Rücken auf Stühlen das Kollegium.

Der Direktor trug ein bequemes, von einer dunklen Borte gesäumtes Jackett, dazu einen flachen Kragen mit breit geschlungener Krawatte, keinen Schlips wie die jüngeren Herrn. Ein Sonnenstrahl fiel durch das hohe Fenster der Aula, als ob er bestellt wäre, auf sein schlohweißes Haar. Die Stimme war eher leise, doch kam ihr Erwartung entgegen; sie wurde bis zu den letzten Bänken gehört. Alle standen auf, wenn der Pedell die Tür öffnete und der Direktor eintrat; mit einer Handbewegung forderte er zum Hinsetzen auf. Zu Beginn und am Schluß der Andacht ließ er ein Lied singen, zuweilen nur Verse davon. Heut war es wieder eines von denen gewesen, die Clamor seit den Oldhorster Gottesdiensten besonders vertraut waren: »Lobe den Herren, den mächtigen

König der Ehren.« Herr Denner, der Gesanglehrer, schlug die ersten Takte auf dem Harmonium an. Das war, als ob ein Anruf, ein Pochen von unten käme und unterdrückt würde. Dann öffneten sich die Tore; Clamor mußte die Augen schließen, der Glanz wurde zu stark. Jetzt war er sicher, an beiden Armen geleitet, der Doktor konnte ihm nichts anhaben. Doch gab es auch Farben nicht mehr.

Die Andacht war beendet; die Schüler standen auf und verteilten sich in die Klassen, während der Direktor inmitten der Kollegen zurückblieb, bis wieder Ruhe eingezogen war. Das Kollegium war zahlreich, der Unterschied im Alter groß. Old Man, der Theologe, war über achtzig, der jüngste Kandidat nur wenig über zwanzig Jahre alt.

Die Älteren, wie Professor Quarisch, trugen Vollbärte über hochgeschlossenen Westen, die jüngeren flotte Schnurr- oder auch Kinnbärte, wie es in der Marine üblich geworden war. Sie zeichneten sich durch messerscharfe Bügelfalten und hohe Kragen aus, die ihnen wie ein Schraubstock am Hals saßen und dem Gesicht einen halb hochmütigen, halb gequälten Ausdruck verliehen. Die ganz Jungen gingen meist glattrasiert. So trug sich auch der Direktor, doch war das ein Anklang an eine entferntere Zeit. Es hieß, daß sein Kopf an Altersbilder von Schelling erinnere.

Im Ordnungsgefüge herrschte noch Übereinstimmung. Hier mußten die Jungen eher gebremst werden. Manche hielten diese Andachten für überholt. Was sollte man an ihre Stelle setzen, wenn man sie aus dem Lehrplan strich? Das würde ohne Zweifel geschehen, wenn Blumauer den Abschied nahm. Er hielt zusammen, konnte die Form noch ausfüllen. Clamor hatte es erfühlt, als er sein Haar leuchten sah. Zu diesem Kopfe konnte man noch »das Haupt« sagen. Er bestimmte unmerklich die Bewegung, die im Bewährten kreiste, ohne daß sie nachließ oder sich beschleunigte.

Wenn Clamor sah, wie das auf die Minute pünktlich zusammenströmte, sich vereinte und wieder verteilte, ergriff ihn eine Art ungläubiger Verwunderung. Mit solchem Staunen könnte ein jeder Mechanik Fremder das Raffinement einer Maschine oder ein Taubstummer die Bewegungen eines Dirigenten und seines Orchesters sehen.

Clamor staunte freilich auch über Tiere, einen Frosch, eine Libelle; doch das war etwas anderes — wie ein Echo, ein Wiedererkennen, Verwandtschaft, Heiterkeit. Hier war es neben dem Respekt das Fremde, das Unbegreifliche, und immer wieder die Frage: »Wie bin ich hierhergekommen?«; vielleicht war es auch nur ein Traum.

Daß er nicht mittun konnte, empfand er als seine Schuld. Auch schon in Oldhorst hatte er nicht dazu gehört, außer zum Vater und zum Wald. Das blieb sich gleich, unter Tagelöhnern, unter Bauern, auf der Hohen Schule, vielleicht überhaupt auf der Welt.

DIE ZEICHENSTUNDE

Die beiden letzten Stunden, Zeichnen und Malen — das war die Erholung für ihn. Herr Mühlbauer malte für sich, vor seiner Staffelei. Er setzte mit der Pinselspitze aus den ungemischten Farben ein Mosaik von Punkten zusammen und trat zuweilen zurück, um mit zugekniffenen Augen den Eindruck zu beurteilen.

Herr Mühlbauer malte ohne Vorlage. Den Schülern hatte er kleine Objekte ausgeteilt. Hin und wieder ging er durch die Reihen, lobte und tadelte, doch ohne Passion, wie jemand, der ein lästiges Pensum absolviert. Wie viele Zeichenlehrer war er der Meinung, daß ein Künstler an ihm verloren gegangen sei. Er wohnte mit Frau Nanna in der Altstadt nahe dem Hause, in dem Eulenspiegel einstens Eulen und Meerkatzen buk. Im Flur war neben anderen Visitenkarten auch die seine angeheftet, mit der Unterschrift »Kunstmaler«. Er hatte schon einmal eine Ausstellung beschickt, bei den Juryfreien, und war von der Kritik verrissen worden; das ging ihm in den Träumen nach.

Bei den Konferenzen wurde er, der Vollständigkeit halber,

als Letzter gefragt, nach dem Turnlehrer Mez. Während der alte Achtundvierziger, wie der Professor ihn nannte, seine Meinung zwar ungeschliffen, doch höchst energisch vortrug — er hatte immerhin mit den Turnspielen Erfreuliches vorzuweisen — brachte Herr Mühlbauer nur einen dürftigen Gemeinplatz hervor, den er zudem mit der überflüssigen Floskel: »ich würde sagen« einleitete. Der Irrealis war den Philologen ein Dorn im Auge, und Direktor Blumauer hatte ihn schon einmal unterbrochen: »Sie brauchen Ihr Licht nicht unter den Scheffel zu stellen, Herr Kollege — — — immer frisch von der Leber weg!«

Zum Zeichnen, Turnen und Singen waren jeweils mehrere Klassen vereint, wie sich das bei Fächern ergibt, die musische und natürliche Begabung voraussetzen.

Wenn den Schülern symmetrische Objekte vorlagen, zeichneten sie zunächst mit Blei ein Linienmuster als Hilfskonstruktion, die nach beendetem Werk dem Gummi zum Opfer fiel. Fast in jedem Kursus gab es unter den älteren Schülern einen, der eine unbestreitbare Perfektion erreichte und von dem Mühlbauers Vorgänger, Herr Obermaier, wußte: »Dem muß ich eine Eins geben«. Daß sie ihm zustand, wußte der also Belobte selbst.

Der Anblick von Symmetrien ging Clamor, als ob ihm Widriges aufgezwungen werden sollte, gegen die Natur. Warum, das hätte er auch später nicht begründen können, denn mit solcher Anlage verbindet sich meist die Unfähigkeit zu Systematik und Theorie. Gesichter und Figuren gefielen ihm weniger en face und im Profil als in einem bestimmten Winkel, der schwer zu ermitteln war. Wenn er um sie herumging oder wenn das Licht sich änderte, gab es Augenblicke, die ihn zugleich erschreckten und beglückten, als träte, flinker denn der Gedanke, aus dem Angeschauten ein Wirkendes hervor. Die Symmetrie barg ein Geheimnis, das sich hinter ihr versteckte; Türen und Tore waren symmetrisch, damit die Flügel sich leichter öffneten. Und wohl die Menschen, Frauen und Männer, auch.

DIE ZEICHENSTUNDE

Wenn Herr Mühlbauer die Reihen des Zeichensaales abschritt, um den Schülern über die Schulter zu blicken, verweilte er jedesmal lange an Clamors Platz. Daß hier etwas Ungewöhnliches anhub, vielleicht sogar im zaghaften Spiel die Klaue des Löwen sich vorschob, war ihm nicht entgangen, obwohl er es nicht begründen konnte, da er kaum mehr erfaßte als das Phänomen.

Rein pädagogisch sah er sich durch Clamors Leistung in einen unlösbaren Konflikt versetzt. Für Herrn Obermaier hätte es keinen Zweifel daran gegeben, daß es sich hier um Pfuschwerk, vielleicht sogar um Unverschämtheit handelte. Ein Fünfer war zu verantworten.

Ein schändliches Urteil — andererseits: wie sollte man begründen, daß hier nur eine Eins in Frage kam? Das würde gleich in die Theorie führen. Etwa: das Bild eines gespannten Schmetterlings, wie es von Herrn Obermaier prämiiert wurde, kam in der Natur nicht vor, selbst wenn das Tier seine Flügel auf einer Blüte breitete. Gut, das würde der Kollege noch akzeptiert haben; trotzdem blieb seine Spielweite gering. Bitte, wie sollte man auch unterrichten ohne Maßstäbe? Die Symmetrie war unentbehrlich zum Vergleich.

Das war wohl richtig, und eben deshalb war für Clamor weder die Eins noch die Fünf angebracht. Er fiel aus dem Rahmen, gehörte nicht hierher. Gab man ihm eine Fünf, so würde man freveln, durch eine Eins würde man die Perfekten beleidigen; sie würden Zeter und Mordio schreien.

In Berlin war eine neue Zeitschrift erschienen; Herr Mühlbauer erwartete ihre Nummern mit Ungeduld. Selbst wenn er die Bilder nicht bewältigen konnte, faszinierte die Kühnheit ihn. Indem er sie betrachtete, dachte er über seine Lage nach. In keinem anderen Fache, selbst nicht in den musischen, erschienen ihm die Probleme so verworren wie in dem seinen, vor allem, da die Wertungen von Form und Farbe ins Wanken geraten waren wie eben jetzt. Beim Turnen und Singen gab es Voraussetzungen, die unbestreitbar in der Leistung hervortraten, und auch in den Wissenschaften wußte man mehr oder minder deutlich, woran man war. Hier war ein Gauß schon als Knabe erkannt worden.

Insofern als auch er nicht in den Rahmen paßte, fühlte Herr Mühlbauer sich Clamor verbunden, ihm verwandt. Auch Nanna hatte den Jungen sogleich ins Herz geschlossen, als er zum ersten Mal ins Haus gekommen war. Der hatte die Mutter stets entbehrt, obwohl er sie nicht gekannt hatte. Doch hatte er in der Mühle ihr Bild gesehen, an das die Frau des Lehrers ihn erinnerte. Es war das gleiche blasse, abwesende Gesicht. Mondschein auf einer Lichtung; man mußte den Atem anhalten.

Es war nicht die Leistung, nicht die Vorweisung, die den Lehrer an diesen Schüler fesselte — — — eher blindes Vertrauen, Zuneigung, Instinkt. Das spielt sich in der Aura ab und mag enttäuschen oder bestätigt werden auf wunderbare Art. Doch immer, auch jenseits des Erfolges, ist Wichtiges geschehen.

Hinzu kam das Problem des Lieblingsschülers, dessen Gefährdung sich auf den Lehrer überträgt. Es mündet in ein konspiratives Geheimnis, oft mit erotischen Anklängen. Wenn Herr Mühlbauer hinter Clamor stand, sein Blatt betrachtend, legte er ihm die Hand auf die Schulter oder strich ihm über das Haar. Das blieb nicht unbemerkt.

DIE KATASTROPHE

Die Schlußglocke läutete, viel zu früh für Clamor, der gern bis zum Abend im Zeichensaal geweilt hätte. Die Schüler umstanden im Halbkreis des Lehrers Staffelei. Aus den zahllosen Punkten begannen Figuren zu gerinnen, als ob sich Konfetti verdichtete. Herr Mühlbauer trat zurück; er war zufrieden, obwohl er wußte: für die von der »Brücke« war das alter Schnee. Wie viele Epigonen verfügte er über ein gutes Urteil bei schwacher Kapazität. Er klatschte in die Hände:

»So, Jungens — — — wer trägt mir die Staffelei nach Haus?«

Da war Clamor als erster zur Stelle; er drängte sich vor und hob den Finger:

»Darf ich es — — — Herr Prolet?«

Plötzlich wurde es still. Warum starrten alle ihn an, als ob er etwas Unglaubliches gesagt hätte — etwa eine Zote, ein Wort, das jeder kennt, obwohl er es nie in den Mund nähme? Clamor fühlte sich schuldig: er, der am Rande lebte und kaum beachtet wurde, hatte sich vorgedrängt und ein Vorrecht beansprucht; das stand ihm nicht zu. Nun starrten sie ihn an, zunächst befremdet, dann feindselig, einige lachten auch.

Das war wie in einem der Träume, die er kannte: er wurde aus großer Entfernung in eine Gesellschaft versetzt. Es war sehr hell, die Lichter brannten, und plötzlich sah er, daß er nackt unter den feinen Leuten stand.

So starrten sie ihn an. Herr Mühlbauer war bleich geworden, als hätte ihn ein giftiges Insekt verletzt. Zunächst schien er es nicht zu fassen, dann fühlte er den Stich. Er holte aus und schlug dem Schüler ins Gesicht. Es war keine Ohrfeige, wie sie sonst Lehrer austeilten. Es war ein direkter Stoß mit der geballten Faust auf den Mund. Er traf Clamor an der Lippe, die heftig zu bluten begann. So schlägt man, wenn man auf der Straße angepöbelt oder in einen Raufhandel verwickelt wird. Clamor hielt die Hand vor die Augen; er hörte Herrn Mühlbauer hinter sich die Tür zuschlagen. Auch die Schüler zerstreuten sich. Er blieb im Zeichensaal allein.

Der Vorfall hatte sich schnell herumgesprochen; die Pensionäre brachten die Nachricht mit. Zu Mittag gab es wie an jedem Montag Erbsuppe mit Beutelwurst. Die Professorin hielt sich an einen festen Küchenplan. Die schwarze Wurst wurde ausgebacken und in kleine Würfel geschnitten, die erst bei Tisch in die Terrine gestreut wurden, denn es kam darauf an, daß sie kroß blieben.

Ein ländliches Gericht, zu dem nur der Löffel gedeckt

wurde. Clamor hatte sich immer schon während der Schule darauf gefreut. Heute mußte er es hinunterwürgen und war froh, als er den Teller geleert hatte. Die Lippe war aufgesprungen, und auch der Daumen war stärker geschwollen; er hatte gestern abend beim zweiten Scharfschießen auf Zaddecks Fenster die Zwille wieder schief gehalten und die Antwort der Symmetrie verspürt. Fiekchen hatte den Verband aufgefrischt.

Buz, der neben ihm saß und mächtig vorlegte, beobachtete ihn schadenfroh. Endlich konnte er nicht mehr an sich halten und unterbrach die lastende Stille: »Au Backe, mein Zahn!« Offenbar wollte er die Aufmerksamkeit auf Clamors Heldentat und ihre Folgen lenken, doch der Professor ging nicht darauf ein. Er löffelte schweigsam die Suppe und strich sich mit dem Mundtuch den Bart. Daß auch er sich mit dem Fall beschäftigte, kam in Bruchstücken eines Selbstgesprächs zutage, etwa: »Schuster, bleib bei deinen Leisten« oder: »Auch in Oldhorst ist schließlich nicht alles Gold, was glänzt«. Dabei schüttelte er das Haupt. Daraus ließ sich der Gang seiner Gedanken ablesen. Alle, und Clamor am besten, wußten, auf wen sie gemünzt waren. Fiekchen streifte merklicher seine Schulter, während sie das Geschirr abnahm, und Frau Mally sagte: »Laß gut sein, Friedrich«.

Nur Paulchen Maibohm hatte von alldem nichts wahrgenommen und kaum gegessen; der Konrektor hatte ihn auf den Nachmittag bestellt.

Auch Teo war unzufrieden; er stellte Clamor auf dem Flur: »Du sollst doch nur sagen, was alle sagen — — — hast du's nicht kapiert? Ohm Freddy ist fuchtig auf dich. Nun halt mir heut abend beim Schießen die Ohren steif. Dann will ich dich rauspauken.«

Daß es so schlimm war, hatte er nicht gewußt.

Der Montagnachmittag verlief wie üblich; der Mittagspause schlossen sich die beiden Arbeitsstunden an. Ein Quintaner hatte im Auftrag von Konrektor Zaddeck ausgerichtet: Paulchen Maibohm solle erst um neun Uhr mit seiner Arbeit kommen; das war eine ungewöhnliche Zeit.

Nach dem Appell und dem »Weggetreten« war der Platz frei geworden; die Pensionäre spielten dort bis zum Abendessen Schlagball oder jagten mit den Rädern umher. Sie ließen sich durch einen Regenguß nicht stören; vom warmen Boden stieg leichter Nebel auf.

Teo prüfte das Wetter; es war günstig — das Unternehmen konnte früher als am Vortag stattfinden. Gestern, am Sonntagabend, hatte es Bruch gegeben, gleich den ersten Schuß hatte eine Scheibe quittiert. Wieder war dann das Licht erloschen, und der Konrektor in der hellen Jacke hatte die Straße abgesucht. Daß er aus solcher Entfernung beschossen wurde, kam ihm wohl nicht in den Sinn. So hatte Teo es ausgedacht.

Gleich nach dem Abendessen teilte er die Zwillen aus. In der Mitte des Platzes waren sie durch den Nebel wie in einen Mantel gehüllt. Sie gingen vor, bis sie den Lichtschein des Fensters sahen. Der eine Flügel war verblendet; der gestrige Schaden war also noch nicht repariert. Jetzt sollte er sein Pendant finden.

Teo ließ Buz zwei Schüsse abgeben. Dann spannte er selbst die Zwille bis zum Ohr. Diesmal mußte er besonders gut getroffen haben; sie hörten nicht nur den Klack der Kugel an der Scheibe, sondern auch das Klirren der Scherben auf dem Trottoir. Das Unternehmen war geglückt. Wahrscheinlich hatte der Konrektor es mit der Angst bekommen, denn er schaltete weder das Licht ab, noch erschien er auf der Straße wie an den Vortagen.

»Der hat sein Fett«, sagte Teo, »jetzt, Leibschütz, paß auf!«

Damit verschwand er, diesmal in Richtung auf Ungers Garten, während Buz zu den Kasernen lief.

Clamor war auf dem Platz zurückgeblieben; er hatte kaum wahrgenommen, was vorgegangen war. Immer noch suchte er zu begreifen, warum Herr Mühlbauer so zornig gewesen war.

Plötzlich fühlte er sich von hinten gepackt. Eine derbe Faust fuhr ihm ins Genick:

»Du Nachtfetzer – – – jetzt haben wir dich geschnappt!«

Der Häscher drehte ihn um und faßte ihn am Halse, dann riß er ihm die Zwille aus der Hand. Es war ein stämmiger Kerl in einer gestreiften Leinenjacke; so gingen die Offiziersburschen.

Der Mann war sehr stark; er ging mit Clamor wie mit einer Puppe um. Er drehte ihn wieder und riß ihm den linken Arm hinter den Rücken: »Du bist verhaftet!« – – – damit schob er ihn vor sich her. »Pirunje, jetzt gibts Kademm.«

»Verhaftet« – das Wort genügte schon, Clamor zu lähmen; er konnte kaum noch die Füße regen, doch wenn er stockte, gab es einen Knuff mit dem Knie. Die Hoffnung auf ein Entrinnen konnte gar nicht erst aufkommen. Halb geschoben, halb gestoßen wurde er durch den Eingang des Hauses bugsiert, dem der Anschlag gegolten hatte, und dann ging es die Treppe empor. Sie war mit einem roten Läufer bekleidet: »Nur für Herrschaften«. Das war, als ob sich ein Rachen öffnete.

DIE BERNSTEINSPITZE

»So, Herr Major, jetzt haben wir ihn.« Clamor fühlte, daß sich der Griff lockerte. Sie standen in einem Raum, den ein Kronleuchter erhellte; das Licht von spitzen Lämpchen fiel auf einen rosa Teppich, in den Seerosen gewebt waren. Das war in Ordnung; oben glühten die Knospen, und unten waren sie geöffnet und erblüht. Auch tat Rosa den Augen besser als das grelle Rot im Flur. Clamor sann wieder darüber nach, wie er hierhergekommen war.

Auch ein kleiner Tisch war merkwürdig. Die Platte war in weiße und schwarze Quadrate aufgeteilt; Figuren standen darauf. Auf den breiten Rand waren andere Figuren gelegt; er bot noch Raum für eine Flasche, ein Weinglas und einen Becher, aus dem Fidibusse ragten, wie sie auch von der Professorin zur Bequemlichkeit des Hausherrn geknifft wurden.

Vor diesem Tisch saß ein Offizier in silbergrauer Litewka, die vorn geöffnet war. Er rauchte eine halblange Pfeife mit braunem Türkenkopf. Das war der Major, dem Clamor oft auf dem Heckenweg begegnete und der jedesmal einige Worte mit ihm wechselte. Clamor kannte auch die Dame, die dem Major gegenübersaß und erschreckt von der Partie aufblickte. Es war die Majorin; sie sahen sie oft mit einem leichten Wagen in die Stadt fahren. Sie durften die Zügel halten, wenn die Majorin in einem Geschäft einkaufte.

Der Major erhob sich, um den Delinquenten zu mustern; er hatte die Litewka zugeknöpft und die Pfeife aus dem Mund genommen, er hielt sie schräg vor der Brust.

Clamor präsentierte sich ungünstig. Die Lippe war aufgesprungen und geschwollen, der Verband um den Daumen beschmutzt. Auch war ein Ärmel zerrissen, als der Bursche ihn gepackt hatte.

Wieder befiel ihn die völlige Trennung der aktiven und der betrachtenden Fähigkeiten — — — sie lähmte ihn um so stärker, je mehr es zu handeln, zu reden, sich zu bewegen galt. Dafür wurde die Wahrnehmung empfindlicher. Hier wurde sein Blick durch den Türkenkopf gebannt. Er war aus Meerschaum geschnitzt und der Stolz des Majors, der ihn außer Dienst kaum aus der Hand legte. Im Lauf von Jahren hatte er ihn kunstvoll in schwarzen und braunen Tönen angeschmaucht, nur oben war noch ein heller Rand. Es war das Farbenspiel, das Clamor schon am ersten Schultag an Herrn Bayers Haupthaar aufgefallen war. Schön waren auch die Hand, die das Pfeifenrohr hielt, und der Siegelring, in dessen blauen Stein ein Wappen eingeschnitten war. Es trat hellgrau hervor.

Vor allem die Bernsteinspitze blendete; das Licht verdichtete sich in ihr. Der Major bewegte sie beim Sprechen in kleinen Kreisen, und Clamor folgte mit dem Blick. Das Gelb war aufgeladen und fast knisternd; obwohl es sich bis zum Schmerz verstärkte, konnte Clamor sich nicht von ihm abwenden.

»Sieh da — ein Pennäler. Mir fällt ein Stein vom Herzen — ich konnte ja auch kaum glauben, daß einer von meinen Leuten dahinter steckt. Allerdings ist es nicht mehr wie früher.« Der Major nahm die Zwille in die Hand.

»Unglaublich, was so ein Ding anrichten kann. Das ist kein Spielzeug mehr. Und dann gleich drei Mal hintereinander. Das ist doch bösartig.«

»Soll ich ihn in die Sattelkammer nehmen?« Der Bursche machte eine Handbewegung dazu. Die Majorin fuhr auf, doch der Major winkte ab.

»Oder soll ich ihn auf die Wache bringen, Herr Major?«

»Nein, Franz — wen die erst in den Fingern haben, der kommt auf keinen grünen Zweig mehr; das ist keine Polizeisache. Ein Dummerjungenstreich.«

Er wandte sich an Clamor: »Oder hab ich dir was getan?«

Wie alle Truppenoffiziere hatte er ein gutes Personengedächtnis; er wußte, daß der Schüler, der ihm beinah an jedem Morgen begegnete und seine Mütze zog, bei Professor Quarisch wohnte und daß dessen Bruder, der Superintendent, sein Vormund war.

Clamor fühlte, daß er etwas antworten mußte, aber der Hals war ihm zugeschnürt. Er brachte nur »Der Herr Konrektor — — —« heraus. Doch das genügte, die Stimmung des Majors weiterhin aufzubessern: aha — der wollte seinem Pauker einen Streich spielen. Hatte wohl auch seine Gründe, denn dieser Zaddeck war ein widriger Typ, der ihm auf der Treppe begegnete, eine Art von Stallmeister. Nur hatte der Junge die Fronten verwechselt; der Lehrer wohnte nach hinten hinaus. Ein Zimmer mit separatem Eingang, abgelegen; der Major hatte es ihm vermietet, zwar ungern, doch man mußte mit der Mark rechnen.

Der Major lachte; er tippte Clamor mit dem Mundstück der Pfeife vor die Brust: »Du Gauner« — — — die Farbe des

Bernsteins war überwältigend. Dann: »Franz, geh doch mal rüber zum Lehrer: ich lasse ihn bitten in einer persönlichen Angelegenheit.«

»Achim — ist denn das nötig?« fragte die Majorin; der Bursche wiederholte den Auftrag und trat ab.

Als es klopfte, durchfuhr den Konrektor von neuem der Schreck. Ihm war nicht wohl in seiner Haut; er fühlte sich unsicher, bedroht. Den ganzen Nachmittag war er in seinem Zimmer, an das ein Schlafkabinett, eher eine Koje, grenzte, auf und ab gegangen und hatte nachgedacht. Immer wieder zog er den Schnurrbart durch den Mund, um ihn anzufeuchten, und zwirbelte ihn wieder auf. Es war kein Schnurrbart, wie ihn die Offiziere und die jungen Kollegen trugen, sondern länger und dünner, eben der eines Stallmeisters.

Der Konrektor hatte Grund zu seiner Unruhe. Als er mittags nach Haus gekommen war, hatte ein Brief im Kasten gelegen: eine Vorladung zur Polizei. Ohne zum Essen zu gehen, war er auf das Revier geeilt. Dort wußte man von nichts, verwandte auch andere Formulare; es mußte sich um eine Mystifikation handeln. Immerhin hatte ihn der Kommissar nicht ohne Mißtrauen angeblickt.

Dazu nun die Sache mit den Fensterscheiben des Majors. Sie hatte sich natürlich im Haus herumgesprochen; es gab Nachfragen, Vermutungen. Wie alle, die etwas zu verbergen haben, war auch der Konrektor gegen das Ungewöhnliche empfindlich; selbst wenn zwei Kollegen auf dem Hof beisammenstanden, befiel ihn ein Unbehagen, als berieten sie über ihn.

Nun klopfte es an der Tür. Das war nicht das zaghafte Klopfen von Schülern, die zur Nachhilfe oder mit ihren Strafarbeiten bestellt waren. Vor allem Paul Maibohm berührte so zart die Füllung, fast unhörbar; er kratzte nur wie ein Mäuschen an. Der Konrektor vernahm es wohl; er hatte ein feines Gehör. Das konnte eine Viertelstunde währen; er saß im Lehnstuhl, biß auf den Schnurrbart, die Tasthaare sträubten sich. Verflucht, warum konnte es nicht dabei bleiben; man mußte wie beim Opiumrauchen die Dosis steigern — — — Enttäuschung folgte auf jeden Fall, Vernichtungsangst sogar.

So fordernd klopften Polizisten und Militärs. Der Konrektor dachte ungern an seine Dienstzeit zurück. Es hatte eine Sache gegeben, die grad noch vertuscht worden war — nicht um ihn zu schonen, sondern um den Journalisten ein gefundenes Fressen zu entziehen. Er öffnete.

Draußen stand der Majorsbursche. Der Unfug mit den Fensterscheiben war aufgeklärt. Es war kein Penner, kein Spinner und auch kein Soldat gewesen, wie man vermutet hatte, sondern ein Gymnasiast. Beim dritten Mal hatte Franz sich in Ungers Garten auf die Lauer gelegt. Widerwillig folgte ihm der Konrektor; er wollte nichts damit zu tun haben.

Das betonte er auch gleich im Salon. Er hatte keine Schwierigkeiten mit den Schülern, war sogar bei ihnen beliebt. Und diesen kannte er nur als einen von des Professors Pensionären; er hatte ihn flüchtig auf dem Schulhof gesehen. Ein stiller Junge, hielt sich immer nur am Rand. Gewiß eine ärgerliche Sache, aber sollte man sie aufbauschen?

Die humane Art gefiel der Majorin: »Achim, der Junge steht da wie ein Häuflein Unglück, laß Gnade vor Recht ergehen.«

Das kam nicht in Frage, würde dem Unfug Tür und Tor öffnen. Der Major wollte morgen, wenn er vom Schloß kam, mit dem Direktor sprechen; der würde ihm den Kopf nicht abreißen. Aber zwei Stunden Karzer — die waren angebracht.

»Außerdem muß dein Vormund bluten — — — zwei große Scheiben, das macht zehn Taler, und den Glaser dazu. Fünf Paar Handschuh: das ist kein Pappenstiel.«

»Und nun geh nach Hause« — dabei tippte er Clamor wieder vor die Brust. Der Bernstein war jetzt noch heller, er sprühte Funken, er blendete.

Der Konrektor zog die Uhr aus der Tasche; es war Viertel vor neun, also eben noch Zeit:

»Bestell dem Paul Maibohm: er braucht nicht zu kommen — vergiß mir das nicht. Die Stunde fällt aus.«

Der Platz war ganz dunkel geworden; Clamor überquerte ihn, als ob die Beine sich an den Weg erinnerten und von selbst gingen. Schon strebten die ersten Angeheiterten zu den Kasernen zurück, darunter drei Fähnriche, die draußen im »Grünen Jäger« gezecht hatten. Sie gingen untergehakt und sangen; ihre Lieder waren gewählter als die der Unteroffiziere, aber immer noch zotig genug:

> Sie saß auf meinem Schoß,
> War vorn und hinten bloß.
> Aber nein, aber nein, sprach sie:
> Vor zwölf Uhr nie.

Clamor sah und hörte sie nicht, ging geradewegs auf sie zu. »Ein Knote — — — der will uns anrempeln.«
Ein Stoß mit dem Ellbogen warf ihn zur Seite; auf einen mehr oder minder kams heut nicht mehr an. Die durften blank ziehen. Sie gingen weiter und nahmen ihr Lied wieder auf. Sie ließen die Säbel auf dem Pflaster nachschleifen, was streng verboten war. Es stand dafür, daß sie noch einmal in die Stadt gingen. Die Nacht fing erst an.

MITTERNACHTSBLAU

Der Glanz des Bernsteins, halb Wachs, halb Schwefel, war brennend gewesen, als ob sich der Salon in ihm konzentriert hätte. Clamor spürte die Nachwirkung, als er den Flur erreicht hatte. Die Lampe, die an der Wand hing, lag in den letzten Zügen; Fiekchen hatte wohl schon die Schuhe geputzt. Über dem Docht pulsierte ein blaues Flämmchen und sandte sein Licht aus — das war kein gewöhnliches Blau. Es war lebendig wie die Haut eines atmenden Tieres, die den

Flur und die Treppe galvanisch bekleidete. Auch Clamor wurde von diesem Strom ergriffen und durchtränkt. Er sah seine Hand: sie schimmerte hell phosphorisch; die Venen waren mit Tusche darauf gemalt. Hell wurde das Blau, wenn er ausatmete. Aber das war kein Blau mehr — — — was war es denn sonst?

Die Treppe war eine gläserne, flimmernde Röhre; sie sog ihn hinauf. Jetzt gab es nur eins noch: hin zu den Weberknechten, hin zum Gebet.

Vom Gang, der zum verlassenen Flügel führte, zweigte die Treppe zum Alkovenzimmer ab. In der Tür stand Teo; er hatte Fiekchen vor sich aufgestellt. Er hielt sie aufgeschürzt und hatte ihr das Mieder abgestreift. Die dunklen Sammetbänder zwängten die Oberarme, als ob sie an den Pfosten gefesselt wären — wie an einen Pfahl. Die Brüste waren bloß, die Spitzen vom dunklen, fast schwarzen Blau der Brombeeren. Das Mädchen sprach wie beim Einschlafen oder schon im Traum.

»Nicht doch, Herr Teo, nicht — — — doch.«

Auch Clamor glaubte zu träumen; es war so still auf dem Flur. Nur Teo hatte ihn bemerkt. Er schien nicht erschrocken, nicht einmal überrascht.

»Mach, daß du fortkommst. Buz hat dich beschattet, wir rechnen noch ab.«

Clamor stürzte den Gang hinunter, riß wie ein Ertrinkender die Tür zu den Weberknechten auf.

Nun wurde das Blau majestätisch — von den gekalkten Wänden sich verdichtend, einströmend in die Puppe, die an der Decke hing.

Die Puppe war drollig; ein Hampelmann. Sie war in den gestreiften Matrosenanzug Paulchen Maibohms gekleidet; sie trug die kurzen Hosen und die Lackschuh mit den breiten Schleifen, die er so oft bewundert hatte, wenn auch nur von fern. Hier sah er sie ganz nah. Auf dem Abtritt lag Paulchens Aufgabenheft.

Es war so still, wie er es noch nie gehört hatte — — — ja, diese Stille hörte er. So rauschte der Wald, auch wenn kein Wind wehte. Er wagte den Kopf zu heben — — — die Puppe wies ihm die Zunge; sie war blitzblau.
Das war Paulchens Gesicht.

Die Weberknechte lagen abseits, und vielleicht hatte Clamor nicht laut geschrieen. Doch gibt es Laute, die sich von allen anderen unterscheiden und die nicht nur mit den Ohren gehört werden. Wir gehen auf der Straße und hören ein Murmeln: ein schwerer Kummer kam an uns vorbei. Wir hören ein Lachen im Gewühl des Marktes und verhoffen: das war ein Wahnsinniger.

Ein Schrei, wie Clamor ihn ausstieß, dringt nicht durch die Mauern; es ist, als ob sie leitend geworden wären: er teilt sich ihnen mit. Wie fern und auch wie leise der Sohn rief — — — die Mutter fährt aus dem Schlaf empor. Die Mütter sind immer wachsam, selbst im Tiefschlaf, und immer in Sorge, selbst in friedlichster Zeit.

Frau Mally erwachte — — — es war etwas Fremdes im Hause, etwas war eingetreten, war geschehen. Dann schlugen die Türen; es wurde Licht in den Stockwerken.

DER DIENSTAG

Herr Bayer gab Unterricht in der dritten Stunde, lustlos, und auch die Schüler waren nicht bei der Sache, obwohl keiner von dem leeren Platz sprach, der in der Klasse entstanden war. Auch Herr Bayer, der immer gleich sah, ob einer fehlte, hatte ihn nicht erwähnt. Paulchen war nicht mehr anwesend, doch gegenwärtiger denn je. Alle hatten ihn gemocht.

Die Nacht war unruhig gewesen; Clamor hatte, wie auch die anderen Pensionäre, kein Auge zugetan. Die Ärzte waren gekommen, zunächst Doktor Vollmer, der Hausarzt, dann der vom Gericht. Er hatte Clamor ausgefragt. Auch Buz mußte aussagen. Dann hatten sie Paulchen abgeholt.

Doktor Vollmer mußte sich auch mit dem Professor beschäftigen. Das Haus roch nach Kampfer und Melisse; die Mädchen trugen Eis und immer neue Kompressen herauf. Als der Arzt ging, hatte er zur Professorin gesagt: »Gnädige Frau, mit dem Kegeln und den schweren Zigarren sollte es jetzt aufhören.«

Bevor der Professor sich hinlegte, hatte er noch telegraphiert. Vor allem an Paulchens Eltern; ihr Schiff wurde in der Nacht noch erwartet; die Weltreise war vorbei. Das Telegramm würde ihnen bei der Landung gebracht werden. Und dann nach Oldhorst, an den Superus.

Es war merkwürdig: wenn im sozialen Bereich, etwa mit der Frau, dem Sohn, der Gemeinde etwas schief ging, mußte der Professor einspringen. Wenn es aber ernst wurde, wenn, wie es in dem Lied heißt, »die Lüfte des Todes wehten«, war der Bruder stärker; er fußte noch wie die Väter auf altreformatorischem Grund. Was in den Stockwerken auch stürzte: es konnte nur das Fundament bestätigen. Das fühlten auch die Bauern, wenn er am offenen Grab stand, beinah mit Heiterkeit. Sie fanden dann in den alten Liedern ihren Trost.

> Was pocht man auf die Throne,
> Da keine Macht noch Krone
> Kann unvergänglich sein?
> Was Menschen hier besitzen,
> Kann für den Tod nicht nützen;
> Dies alles stirbt uns, wenn man stirbt. —

Doch sie vergaßen es bald. Schon bei der Teilung fing es wieder an.

Es war Gerichtsstimmung. Clamor fühlte durch die Wände, daß sie über ihn verhandelten. Während der zweiten Pause hatte er den Major gesehen. Er kam aus dem Direktorzimmer, trug einen Helm mit hoher, goldener Spitze und weiße

Handschuhe. In der Linken hielt er den Degen, damit er nicht auf die Stufen stieß. So schritt er wie ein Verkündigungsengel die Treppe hinab.

Im Gymnasium wurde seit Wochen renoviert. Die Quarta war in einen Behelfsbau umgesiedelt, zu dem vom Hof eine hölzerne Stiege hinaufführte. Als Herr Bayer den Unterricht beinah beendet hatte, öffnete sich die Tür um einen Spalt. Der Direktor stand draußen:

»Herr Kollege Bayer, bitte für einen Augenblick.«

Jetzt war es so weit. Die Tür hatte ein Oberlicht in Augenhöhe; Clamor konnte die Köpfe nicht sehen. Doch war zu erkennen, daß draußen gesprochen wurde, denn in der schon kühlen Luft stiegen die Atemwölkchen hoch. Das war wie das Spiel einer Waage, deren Schalen auf- und abschwangen. Zuerst gab es lange, dann immer knappere Ausschläge. Die blassen Wölkchen erschienen grau in grau und doch sehr deutlich auf der matten Scheibe, das mußte die Bewegung ausmachen. Wenn im Winterwald, obwohl es ganz still war, eine Flocke von den Zweigen wehte, war es ganz ähnlich — — — Schnee gegen Schnee an den Rändern der farbigen Welt. Weiß war unwägbar. Aber die Rußflocken? Da mußte mehr sein als Gewicht. — — —

Herr Bayer kam wieder und setzte sich auf seinen Platz. Es war nicht nach seinem Sinn, doch der Direktor hatte darauf bestanden, daß es vor versammelter Klasse geschah. Er sagte:

»Ebling — du bist entlassen. Pack deine Bücher und geh nach Haus!«

Der Major hatte eine milde Bestrafung befürwortet. Hinsichtlich der Fensterscheiben hätte der Direktor mit sich reden lassen, doch kam die Unverschämtheit vom gleichen Vormittag dazu. Sie stieß dem Faß den Boden aus. Und das dem Zeichenlehrer, der so empfindlich war. Der Mann fühlte sich in seiner Haut nicht wohl. Für solche Fälle gab es den »Professor«, aber es fehlten die Dienstjahre. Jedenfalls, ungestraft sollte man ihn nicht beleidigen.

Zu viel war über den Direktor hereingebrochen; es wankten die Grundfesten. Die Vorgänge in der Pension Quarisch waren ihm schon in der Nacht berichtet worden — wie konnte Derartiges gerade dort geschehen? Dann kam der Befund des Amtsarztes.

Er hatte den Konrektor vom Dienst suspendiert. Der war ihm schon immer unangenehm gewesen; nun wurde es ruchbar: ein Frettchen im Taubenschlag. Da war nichts zu vertuschen, es gab keine Ausflüchte. Es war nicht zu vermeiden, daß es in die Presse kam. Mangelnde Dienstaufsicht. Er hatte diesen Zaddeck mit Teo Quarisch konfrontiert, der ihm schon auf der Spur gewesen war. Der hatte gesagt: »Wenn Sie nicht so dreckig wären, würde ich Ihnen jetzt eine runterhauen.«

Der Direktor hatte dazu geschwiegen — — — ein starkes Stück immerhin einem Lehrer gegenüber, aber: ein künftiger Herr. Und dann der Major.

»Der Kalif legte den roten Mantel des Zornes an.«

Während Clamor die Bücher packte, hatte keiner etwas gesagt. Sie hielten sich eher geduckt. Er ging die Stiege hinunter auf den leeren Hof. Auch der Weg zu den Weberknechten war nun versperrt.

Am Fuß der Stiege stand Doktor Hilpert; er mußte, um dort zu warten, früher Schluß gemacht haben. Sein Gesicht war verändert, schien freundlich, milde fast. Er hatte den graustählernen Blick verloren, mit dem er Clamor aus der Ofenecke heraus durchbohrt hatte. Es war das Gesicht eines Menschen, dem frohe Botschaft wurde, dem Wonne widerfuhr. Er beugte sich herab und flüsterte ihm ins Ohr: »Ich kann dir nicht sagen, wie ich mich freue, daß ich *dich* losgeworden bin.«

Clamor erstarrte und fuhr zurück. Zum ersten Mal konnte er dem Doktor in die Augen sehen, bis auf Grund hinab. Das war nicht die Begegnung zwischen Hund und Katze; es war die zwischen der Schlange und dem Ichneumon, die sich im Nilschilf treffen, wenn die Sonne senkrecht steht.

Der Doktor erblaßte; sein Blick wurde unsicher. Er wandte sich ab und ging eilig davon.

FINALE

In der Pension war immer noch Unruhe. Paulchens Eltern waren eingetroffen, auch der Superus weilte im Haus. Es wurde kaum bemerkt, daß Clamor nicht zu Tisch gekommen war. Er hatte für Stunden im Alkoven Zuflucht genommen; nun mußte er Luft schöpfen. Er ging ans Fenster und blickte auf den Platz.

Unten war Buz beim Fußball, ohne Gegner und Mitspieler. Er suchte ein Tor zu treffen, das er durch zwei Steine markiert hatte. Das mit Paulchen war gräsig gewesen, aber es ging ihm nicht nach. Zudem verstieß in Oldhorst, wer sich erhängte, gegen ein ungeschriebenes Gesetz. Es kam vor; Schäfer Wilke hatte seine Tochter beschlafen: Blutschande. Er hing im Weidestall; die Schafe hatten die Nacht durch geblökt, die Hunde gebellt. Da faßte man ungern an den Sarg. Das Jagdgewehr war besser; die volle Ladung ins Herz oder in den Mund. Unfall am Hochstand; die Vereine traten an.

Buz blickte nach oben; als er Clamor erkannte, ließ er vom Ball ab und stieß mit dem Fuß in die Luft. Er klopfte sich auf den Hintern: der Müllerbursche war geschaßt.

Teo war eingetreten; er war Ohm Freddy und der Tante jetzt unentbehrlich, hatte viel zu tun. Die Arbeitsstunde würde er wie gewöhnlich beaufsichtigen. Er war kurz angebunden:

»Bei aller Dummheit hast du wenigstens dicht gehalten — das will ich dir anrechnen. Das Gegenteil hätte auch nicht viel ausgemacht. Morgen will ich dich bei Blumauer herauspauken. Da sieht die Sache schon anders aus.«

Er setzte sich neben Clamor auf das Alkovenbett. Buz hatte schon seine Senge bekommen, wegen lässiger Aufklärung. Hätte er den Konrektor besser beschattet, so würde sich der Knoten schon am Sonnabend, spätestens am Sonntag geschürzt haben und Paulchen am Leben sein. Um einen Tag, vielleicht nur um eine Viertelstunde, hatte es sich gedreht.

Bei Zaddeck lag jetzt der Schwarze Peter, und damit wurde der Anschlag fast zur Heldentat. »Wenn der Verfolgte nirgends Recht kann finden« — — — und stünde ihm auch nur eine Zwille zu Gebot. Das würde einleuchten. Aber es war nicht einmal notwendig.

Der Superus hatte recht: der Ägypter, wie er den Sohn jetzt nannte, war ein Spieler, der immer noch einen Trumpf im Ärmel trug. Obwohl er ihn nicht zückte, sicherte das die Partie. Aus diesem Grunde vermied der Vater seit langem die Diskussion. Sie konnte Dinge zutage fördern, denen er nicht gewachsen war, Wahrheiten. Der spielte Herz aus, wenn es darauf ankam; für ihn ein Trumpf wie jeder andere.

Das mochte übertrieben sein. Es fällt schwer, der Verachtung nicht mit Haß zu antworten. Doch soviel war richtig: Teo war ein Spieler, wie Clamor ein Träumer war.

Übrigens saß der Superus im Salon, zusammen mit den Eltern und dem Bruder, der aufgestanden war. Auch Teo mußte wieder hinunter; er klopfte Clamor auf die Schulter: »Das geht vorüber; da unten verhandeln sie über dich.«

Er blickte noch einmal durch die Türe: »Was ich noch sagen wollte: bei den Pennern bist du überflüssig. Ich dispensiere dich als Leibschütz, du kannst die Zwille abgeben.«

»Ich will aber auch nicht mehr zur Schule«, rief Clamor ihm nach. Schon war ihm ein wenig leichter zumut.

Kaum war Teo gegangen, als der Zeichenlehrer eintrat und sich auf seinen Platz setzte. Er legte Clamor die Hand auf die Schulter:

»Ich muß dich um Verzeihung bitten; ich bin in deiner Schuld.«

Er strich ihm über die Lippe, als wollte ers fortwischen. Sie schwiegen. Dann sagte der Lehrer:

»Das Wort — — — du kannst es doch nur von den Großen gehört haben. Du wolltest mich nicht beleidigen?«

Clamor weinte. Er hatte gedacht: Herr Prolet, das sei etwas Gutes, mehr als Professor sogar. Herr Mühlbauer war von allen Lehrern der beste und klügste, davon war Clamor überzeugt.

So hatte der es sich auch in der Nacht zurechtgelegt. Er war gleich nach der Schule in die Pension gegangen und in den Wirbel geraten, der im Haus wogte. Inzwischen war der Junge geschaßt worden. Es traf sich aber, daß sein Vormund aus Oldhorst gekommen war. Doch es war nicht der Vormund, der ihm fehlte, es war der Vater, und vielleicht die Mutter noch mehr. Mühlbauer schloß ihn in die Arme und ging wieder hinab.

Der Superus fühlte sich von stillen, verletzlichen Naturen angezogen, daher gefiel ihm der Lehrer auf den ersten Blick. Hinsichtlich des Mündels waren sie einig, was den Charakter anging — man konnte nicht einmal von schlechtem Einfluß sprechen, dem er zum Opfer gefallen war, vielleicht mehr von einer erstaunlichen Unkenntnis der Welt und ihrer Spielregeln. Er mußte auf einer frühen Stufe der Entwicklung stehen geblieben sein, bei wachsender Empfindsamkeit. Daß es mit dem Gymnasium ein Ende hatte, war eher ein Glück für ihn.

Der Superus hielt den »Türmer«; an Bildern sprach ihn vor allem das Thema an. Sein Meister war Thoma; schon was sie in Worpswede machten, hielt er für Schlendrian. Ihn selbst erstaunte, daß er zu Munch Zugang hatte; freilich war dort figürliche Thematik, und er ahnte, daß sein eigenes Schicksal in der Tiefe berührt wurde. Von Norden strahlte die Schwächung aus! Vielleicht wurde sie dort am ehesten gefühlt.

Was nun Herr Mühlbauer an Clamors Begabung rühmte, als ob er in einen Goldtopf blickte, war ihm unverständlich; immerhin mußte man es ernst nehmen. Ein vager Lichtblick — es konnte nicht in Müller Brauns Weisung liegen, daß man den Jungen nach Oldhorst zurückbrachte. Wie wäre es, wenn man ihn nach Meißen oder nach Karlsruhe schickte — etwa zur Ausbildung im Dessin-Zeichnen?

Dem widersprach der Lehrer: es wäre nicht einmal gut, ihn auf eine Akademie zu geben, selbst nicht in ein Meisteratelier. Was dort an Form gewonnen würde, müßte an Natur zugrunde gehen.

Der Superus war ratlos; der Mann kam ihm vor wie jemand, der sich von einer Niete das Große Los verspricht. Aber es war auch einer, der einsprang, der etwas auf sich nehmen wollte, das den anderen lästig schien oder vor dem sie zurückwichen. Der Superus verstand nichts von der Sache, aber er sah den Mann, der vor ihm im Sessel saß. Das Gesicht war etwas zu weich, er war zu salopp gekleidet; das mochte für einen Künstler angehen. Aber die Augen waren gut. Wenn der es sich zutraute — — —

Das Weinen der Eltern wurde allmählich schwächer; Frau Mally ließ zum dritten Mal Kaffee heraufbringen. Der Professor nahm eine neue Zigarre aus dem Kasten; die Hand, in der er das Streichholz hielt, zitterte. Er hatte frische Falten im Gesicht. Teo sprach ihm auf eine fast gönnerhafte Weise zu. Den Alten hatte er kaum begrüßt. Er hatte sicher die Hand im Spiel. Bald würde er hier mit Auszeichnung bestehen. Daß er immer noch Theologie studieren wollte, war dem Superus ein Rätsel; es freute ihn nicht. Auch Fiekchen schien ihm verändert; die Stadtluft tat dem Kind nicht gut.

Der Lehrer meinte, man solle den Jungen erst einmal frei lassen und auch auf keine andere Schule tun. Daß er eingezogen werden würde, sei schon der Augen wegen kaum anzunehmen, es wäre auch Gift für ihn. Er hatte weibliche Augen, Augen zum Empfangen, nicht zum Zielen und Schießen; er sah, doch er visierte nicht. Es konnte sich auch manches ändern — die lassen mit sich reden, wenn einer was vorzuweisen hat.

Mein Gott, was sollte der Junge denn vorweisen? Das waren Hirngespinste; der würde niemals anerkannter Künstler sein. Auch was das Dienen anging, dachte der Superus anders als Herr Mühlbauer. Wenn die Bauernjungen vom Hof gingen, für zwei Jahr zu den Grenadieren oder noch lieber für drei zu den Husaren, und wenn dann Reserve Ruh hatte, dann war aus den Hirten- und Schäfergesichtern gerade das geschwunden, um das der Lehrer offenbar für Clamor bangte und das doch mehr Zweifel, mehr Zwielicht, mehr

Schmerz ins Leben einbrachte. Der Superus wußte das nur zu gut.

Gewiß, er war ein besonderer Fall. Der Professor wußte auch keinen anderen Rat. Der Lehrer würde sich da viel aufladen — — — vielleicht einen tatlosen Haussohn auf Lebenszeit. Doch auch die Toten forderten ihr Recht. Sie kamen näher, der Großknecht und sein Müller, die blasse Mutter, die so früh gestorben war. Das Geflecht war stark, nicht zu entwirren. Man durfte auch nicht alles in Maß und Regel zwingen; letzthin war für jeden gesorgt. Der Vormund ging noch einmal hinüber zum Bruder, der einverstanden war. Clamor konnte noch heute ausziehen.

Mit dieser Vollmacht stieg der Zeichenlehrer zum Alkoven hinauf, zur Verkündung der Lossprechung.

Es gibt einen Augenblick des Glückes, der uns jäh überfällt. Er verdrängt die Gedanken wie das absolute Licht den Schatten; die Sterne müssen günstig stehen.

Er wußte nicht, wie es werden sollte; er hatte keinen Plan. Aber es würde gut werden. Es würde glücken, selbst ohne vergänglichen Ruhm. Auch Nanna würde sich freuen, gerade sie. Sie hatten keine Kinder, immer schon hatten sie sich eines gewünscht — allerdings eine Tochter; aber so war es vielleicht schöner noch. Was er nicht erreicht hatte und nicht erreichen konnte — es würde sich im Sohn verwirklichen: im Sohn seiner Wahl. Er würde teilhaben, denn das Schöne gehört uns allen; an ihm gibt es kein Eigentum. Es ist unteilbar; wir finden uns in ihm. Wir finden und vergessen uns im Anderen; wir sind nicht mehr allein.

Aladins Problem

ERSTAUSGABE 1983

ERSTER TEIL

1

Es wird Zeit, daß ich mich meinem Problem zuwende. Wer hat kein Problem — jeder hat eines, und sogar deren mehrere. Sie haben ihren Stellenwert; das Hauptproblem rückt in die Mitte der Existenz, es verdrängt die übrigen. Unablässig begleitet es uns wie ein Schatten und verdüstert den Sinn. Auch wenn wir nachts erwachen, ist es gegenwärtig; es springt uns an wie ein Tier.

Ein Mann hat hin und wieder Kopfweh; das ist nicht angenehm, doch gibt es Hilfsmittel. Ernst wird es, wenn er eines Tages vermutet, daß etwas dahinter steckt — ein kleiner Tumor vielleicht. Nun wird die flüchtige Sorge zur ständigen; sie wird zur Hauptsorge.

2

Immerhin zählt auch eine solche Hauptsorge zum Alltäglichen. Das leuchtet ein, wenn wir an die Statistik denken — denn während unser Mann über seinen Tumor grübelt, bedrückt zur gleichen Stunde auf dem Planeten dieselbe Sorge tausend und abertausend andere. Also teilt er sie mit ihnen? Gewiß, doch bleibt sie trotzdem sein eigenstes und unteilbares Problem. Es geht ums Ganze — hinter dem Kopfweh verbarg sich der Tumor, doch hinter diesem steckt vielleicht noch anderes, etwa ein Karzinom.

Zu bedenken ist auch, daß NICHTS dahinter stecken kann — das Problem beruht auf Einbildung. Auch die Angst hat ihre Mode — heute bevorzugt sie den Atomkrieg und das Karzinom, also den kollektiven und den persönlichen Untergang.

Früher, als die Paralyse grassierte, besonders in den oberen Schichten, und dort wiederum unter den Künstlern, bildeten viele sich ein, von diesem Leiden befallen zu sein, und mancher brachte sich deswegen um. Aber gerade, wenn nichts dahinter steckt, wird das Problem noch unheimlicher. Der Schrecken droht nicht mehr als dieser oder jener, sondern in seiner ungeteilten Macht.

3

Wenn ich beim Frühstück in meiner Tasse rühre und das Kreisen der Schlieren verfolge, so spricht mich das Gesetz an, nach dem sich das Universum bewegt — im Wirbel der Spiralnebel, im Strudel der Milchstraßen.

Daraus lassen sich geistige und auch praktische Schlüsse ziehen. Der Anblick erinnert mich an den Apfel des Newton oder an den Dampf, den Watt als Knabe dem Teekessel entströmen sah, längst bevor er seine Maschine erfand. »Das gibt zu denken«, sagen wir. Offenbar geht dem Denken der Einklang mit der Materie voran; ihm folgt die traumhafte Stimmung, die den Gedanken erzeugt und der er entspringt.

Aber was hilfts? Mag das Universum kreisen oder zerfallen — dahinter bleibt das Problem.

4

Das Problem ist unteilbar; der Mensch ist allein. Letzthin ist auf die Gesellschaft kein Verlaß. Obwohl sie meist schädigt, ja oft vernichtet, kann sie auch helfen, doch nicht mehr als ein guter Arzt — bis zur unvermeidlichen Grenze, an dem seine Kunst versagt.

Vor allem keine Melancholie. Der Einzelne kann sich Trost spenden, indem er seine Lage erkennt. Früher trugen die Religionen dazu bei. Ihre enge Verbindung mit der Kunst ist nicht zufällig, denn sie sind deren höchste Erfindungen.

Nun, da die Götter uns verlassen haben, müssen wir auf ihren Ursprung, die Kunst, zurückgreifen. Wir müssen eine Idee von dem gewinnen, was oder wen wir darstellen.

Irgendwo muß eine Werkstatt sein. Ein Töpfer bildet Vasen, Krüge, gewöhnliches Geschirr. Ton ist sein Werkstoff; alles entsteht im Wandel der Gezeiten, zerfällt dann zu Staub und wird wieder Werkstoff für uns.

Unsere soziale oder moralische Stellung spielt keine Rolle dabei. Wir mögen ein Fürst oder ein Tagelöhner sein, ein Schafhirt, eine Hure, ein Taschendieb — meist aber, wie ich, ein gewöhnlicher Mensch.

Jeder hat sein Amt, seine Aufgabe. Was war unser Schöpfungsgedanke, wozu sind wir berufen — wer uns davon auch nur eine Ahnung vermittelt, hat uns nobilitiert.

5

Nun bin ich kein Dichter; das muß ich zugeben, obwohl ich, »was ich leide«, ausdrücken kann — freilich nur im Selbstgespräch. »Ausdrücken«: das ist schon das Wort dafür, wie immer es gelingen mag. Es läuft also auf eine Befreiung hinaus, auf eine Art von Beichte in der Hoffnung auf Selbstabsolution. Kein andrer Richter, kein Priester über mir.

Meine Zeit ist beschränkt, doch jeder kann sich für einen Monat in den Wald oder die Wüste zurückziehen. Dort kann er sein Problem beschreiben oder, eher: umschreiben — dann ist es fixiert, wenngleich nicht gelöst. Vielleicht wird er es besingen, oder er entdeckt eine Höhle und vertraut es den Wänden mit schwarzen, gelben und roten Erdfarben an. Dort mag es schlummern, bis ein Ausgräber es findet und daran rätselt; doch besser bleibt es für immer verdeckt.

6

Nun zur Sache, zunächst zur Person. Ich blicke in den Spiegel oder in meinen Liegnitzer Steckbrief: Geschlecht männlich, Alter siebenunddreißig Jahre, von mittlerer Größe, braune Augen, dunkles, an den Schläfen ergrautes Haar. Besondere Kennzeichen: leichte Verkürzung des rechten Beines wegen eines Unfalles. Keine Vorstrafen. Daß ich wegen Insubordination einige Wochen im Arrest gesessen habe, wurde nicht vermerkt.

Religion protestantisch, doch besuche ich seit meiner Konfirmation die Kirchen nur aus besonderen Anlässen. Dennoch achte ich sie in ihrem innersten Wesen, also als Kunstwerke.

Zuweilen war ich versucht, aus der Kirche auszutreten, aber es kam nicht zum Entschluß. Weniger bewog mich dabei der Gedanke, daß sich die Vorfahren im Grabe umdrehen würden, als mein Beharren am Hergebrachten — ich bin konservativ durch Geburt und Neigung, vor allem aber aus Bequemlichkeit. Außerdem würde es mich im Beruf schädigen. Auch meine Manieren kann ich nicht ablegen, doch dosiere ich sie je nach Gesellschaft und Umständen.

Ich verhalte mich unauffällig in Kleidung und Auftreten, trage graue Anzüge aus gutem Stoff. Gedränge jeder Art ist mir zuwider; im Theater bevorzuge ich das mittlere Parkett und einen Randsitz, aus dem ich mich schnell und ohne Aufsehen entfernen kann. Vor den Schaltern und beim Einstieg in das Flugzeug schließe ich mich hinten an. Beim Fechten weiche ich lieber aus als zurück.

Händeln und Diskussionen gehe ich aus dem Wege, doch bin ich unermüdlich im Gespräch mit einem Freunde oder einer Freundin, auch wenn sie nicht meiner Meinung sind, die ich in Gesellschaft zurückhalte. Dabei bin ich ein guter Zuhörer.

7

Seit einigen Wochen habe ich morgens ein leichtes Gesichtszucken; das linke Augenlid hat sich ein wenig gesenkt. Bevor ich schwierige Wörter wie »Phänomenologie« ausspreche, muß ich kurz nachdenken, mich konzentrieren wie ein Läufer vor dem Start. Dann kommen sie sogar besonders gut heraus.

Das sind Bagatellen; ich nehme an, daß sie nur mir allein auffallen, aber ich beobachte meine Gesprächspartner mit einer Aufmerksamkeit, die mir bislang fremd gewesen ist. Wenn wir eine Lücke entdecken, reden wir uns leicht hinein. Sie stört uns wie ein Fleck am Anzug, der immer größer wird, je mehr wir daran herumreiben.

Ich schlafe unruhig; die Träume werden plastischer. Nach dem Aufstehen betrachte ich mich im Spiegel, um meine Identität festzustellen und mich zu vergewissern, daß ich es noch bin. Wo mag ich geweilt haben? Vielleicht werde ich eines Tages nicht zurückkehren. Man emigriert aus seinem Körper und siedelt sich in einer neuen Heimat an. Damit begänne ein Abenteuer, das halb beängstigt, halb verlockt.

Das alte Kleid ist abgetragen; ich sollte es wechseln, fühle mich nicht wohl. Es ist der Zustand der Schlange vor der Häutung — das Tageslicht wird lästig; sie zieht sich in ihre Höhle zurück.

8

Meine Familie war begütert im reichsunmittelbaren Fürstentum Liegnitz in Schlesien. Ihr Besitz war bedeutend, ihr Name bekannt. Wenn ich ihn in einem alten Lexikon nachschlage, finde ich eine Reihe seiner Träger, die sich in Krieg und Frieden, in Armee und Verwaltung, bei Hofe und selbst in den Wissenschaften auszeichneten. Mehr noch stehen im Gotha und in den Ranglisten. Fünf Mal wurde der Pour le Mérite, drei Mal der Schwarze Adler verliehen. Wie überall, gab es auch Versager, die nach Amerika gingen, sich als Sonderlinge einen Namen gemacht haben oder durch Selbstmord endeten. Einer verewigte sich sogar im Pitaval, jener Sammlung berühmter Kriminalsachen. Man hat also manches in der Erbmasse.

Das ist lange vorbei. Kriege und Revolutionen, Liquidierungen und Vertreibungen trennen uns von jener Zeit. Ich blicke auf zwei Generationen von Ausgewanderten, Vertriebenen, Ermordeten zurück. Heut kennt man unseren Namen nicht mehr. Wer weiß noch etwas von der Katzbach, an der wir hausten und an der Vater Blücher bei strömendem Regen den Franzosen einen Denkzettel gab. Sie trägt nun einen anderen Namen, wie auch ich.

Wenn ich in unserer Familiengeschichte blättere, kann ich mir vorstellen, wie ich damals gelebt hätte: nach häuslichem Unterricht entweder zum Kadettenkorps oder in das evangelische Gymnasium, die Ritterakademie. Dann ohne Zweifel Meldung als Fähnrich oder als Einjährig-Freiwilliger beim Liegnitzer Königsgrenadier-Regiment. Dem wäre die militärische Karriere oder das Studium, am besten der Kameralwissenschaften, gefolgt. Der Name war dabei eine gute Sache, doch konnte man auf ihm nicht ausruhen; die Zucht war streng. Bis zur Majorsecke langte es in der Regel noch. Es gab auch den Polizeileutnant, den Bezirkskommandeur, den Weinreisenden. Schließlich konnte man sich als Onkel auf das Majorat zurückziehen. Die Güter boten eine mehr oder minder behagliche Existenz.

Ausgesprochene Begabung führte zur Residenz: in den Generalstab, die Ministerien. Ein alter Romancier hat jene Berliner Zirkel liebevoll geschildert; ich vertiefe mich in seine Werke mit einem Heimweh, als ob ich das Glockenspiel einer Kirche hörte, die nicht mehr besteht oder wie die von Vineta versunken ist.

Ich lese viel, vielleicht zuviel, seitdem meine Sorge mich bedrückt. Das ist auch eine Verschränkung: zunächst kommt die Sorge, ihr folgt die Schlaflosigkeit, dann wird die Schlaflosigkeit zur Hauptsorge. Wie sind die Glieder der Kette gefügt?

9

Hier könnte der Irrtum entstehen, daß ich mir auf meine Herkunft etwas zugute täte; das ist nicht der Fall. Im Gegenteil, ich halte sie verborgen, habe sie abgestreift.

Der Adel ist eine Last geworden, die unter Umständen gefährlich werden kann. Das begann schon mit dem »Ça ira«

der großen Revolution. Es gab Erholungen, Reaktionen, größere und kleinere Inseln wie Preußen, Japan, das Baltikum, doch am Verfall kann kein Zweifel sein.

Wer bei solchen Niedergängen eine Schuld sucht, was ich ablehne, muß bei sich anfangen. Dem Abstieg ging eine innere Schwächung voraus. Sie läßt sich an den Charakteren, zunächst der Monarchen, ablesen. Es gibt eine Grenze, an der die Moral der Aktion nicht mehr innewohnt, sondern sich von ihr zu lösen und sie zu schwächen beginnt. Zugleich verblaßt das Charisma.

Auch innerhalb meiner Familie kann ich das verfolgen: Die Zahl der Versager, der müßigen Existenzen, der Spieler, Sonderlinge und Schöngeister nahm zu. Man wird gutmütig, steigt vom Pferde, verkauft die Wälder, wendet sich Nebendingen, wie Handelsgeschäften, zu, wird Tennisspieler oder Rennfahrer. So lebt man noch hundert Jahr vom Erbe und muß dann immer deutlicher erkennen: »Für das Gehabte gibt der Jude nichts.«

10

Es versteht sich, daß ich das abstreifte. Freilich ist noch ein Haken dabei: ich meine die Schicht, in der die Gene konstant bleiben. Die Ahnen sitzen tiefer, als man denkt. Der Satz verdient, daß er zwei Mal gelesen wird.

Dazu kommt etwas, das ich nur andeuten will: das Schlesische. Von unseren alten Provinzen sind Schlesien und Westfalen jene, die sich dem Charakter eigentümlich aufprägen. Das läßt sich nicht abstreifen.

Wie gut es mir auch gelang, nicht aufzufallen — ein Hauch von Land und Leuten, von der Atmosphäre des schlesischen Gutshofes blieb zurück. Ihn zu erkennen, bedurfte es freilich einer besonderen Witterung. Zum Glück bin ich ihr nur selten begegnet; die unangenehmste Erinnerung knüpft sich an meinen Dienst in der Volksarmee.

11

Ich wurde einem Schützenregiment zugeteilt; es war in meiner alten Vaterstadt garnisoniert. Die Kaserne hatte die Stürme der Zeit überdauert; wohlweislich verschwieg ich, daß sie einst den Namen eines meiner Vorfahren getragen hatte — das behielt ich für mich. Auch war ich der einzige, der bemerkte, daß unter dem bröckelnden Verputz des Torbogens der Umriß unseres Wappens zum Vorschein kam.

Von meinem Irrtum, daß in diesen Heeren eine besondere Brüderlichkeit herrsche, war ich bald kuriert. Harte Disziplin pflegt die Kameradschaft nicht zu berühren, wenn sonst die Dinge in Ordnung sind. Nelson meinte, um einen Deserteur zu hängen, sei der Sonntag ein so guter Tag wie jeder andere. Schließlich habe der Mann gewußt, daß er um seinen Kopf spiele. Solche Sprüche konnten seine Beliebtheit bei den Blaujacken nicht erschüttern; andererseits hielt er es für grausam, einem Gefangenen den Tabak zu entziehen.

In den Volksarmeen ist das anders; es herrscht kein Korpsgeist, sondern Konformismus; sie haben keine Geschichte, sondern eine Idee. Jeder beobachtet den anderen und lauert auf den geringsten Verstoß. Selbst ein Lächeln kann schon suspekt machen. Dabei ist die Idee nicht, wie in den Monarchien, an die Person gebunden; sie ist ebenso abstrakt wie unklar, eine Art von kollektivem Gefühl, das Moden und Strömungen hervorbringt, die wohl zu beachten sind. Ihm unterstehen auch die Kommandeure; persönliche Beliebtheit wird nicht gern gesehen.

Den konkreten Zugriff auf die Person will ich nicht schildern, weil mir das Thema zuwider ist. Er findet im geheimen, hinter den Mauern der Gefängnisse, dem Stacheldraht der Lager statt. Trotzdem liegt es im Interesse der Führung, daß etwas davon durchsickert.

Ich leide an einer übertriebenen Objektivität. Obwohl ich stark in Mitleidenschaft gezogen wurde, ja um ein Haar liquidiert worden wäre, konnte ich mich in meinen schlaflosen Nächten einer gewissen Bewunderung nicht entziehen. Dort kannte man vielleicht das einzige Rezept, nach dem die anschwellenden Massen in Zucht zu halten sind — und das mit ihrer Zustimmung. Sie verlangen nach Uniformierung, und sie bekommen sie. Das strahlt selbst auf die liberalen Staaten aus: ihre Furcht schiebt der Dekadenz den letzten Riegel vor.

Für den intelligenten Einzelnen gibt es nur zwei Möglichkeiten: entweder das Bündel schnüren oder in die Führungsschicht aufsteigen.

12

In der Kaserne roch es nicht wie einst nach Brot und Leder, sondern nach Chemie. Mir fiel sogleich auf, daß nicht gelacht wurde. Das Lachen scheint überhaupt auf dem Planeten zu verschwinden — ausgelöscht zu werden wie bei einer Sonnenfinsternis. Die Leute waren gut genährt, doch schlichen sie auf den Korridoren wie Schemen aneinander vorbei. Meine bescheidene Hoffnung, hier ein Jährchen vergammeln zu können, wurde sogleich enttäuscht.

Mein Plagegeist, der mich gewittert hatte, war Stellmann, der Feldwebel. Schon beim ersten Appell fiel ich ihm auf. Es war ein Bekleidungsappell, Prüfung der Ausrüstung vom Helm bis zu den Stiefeln, zunächst eigentlich nur auf deren Vollständigkeit. Immerhin hatten wir die zum Teil schon stark getragenen Sachen am Vortag noch nach dem Zapfenstreich geflickt und in Ordnung gebracht. Ich hatte darin wenig Erfahrung und ließ mich von den alten Leuten der Korporalschaft einweisen. Sie wußten, worauf es Stellmann besonders ankam, und kannten, wie sie sagten, seine »Dollpunkte« — so etwa hinsichtlich der »Trittlinge«. Daß diese alle zweiunddreißig Nägel aufweisen mußten und kein Stäubchen haben durften, war selbstverständlich, auch sollten sie gut eingefettet sein. Wenn Stellmann seinen Daumen darauf drückte oder nur drauf pustete, mußte sich eine Delle einbiegen. Schwierig war es mit den Nähten; sie sollten nicht gelb oder gar braun sein, sondern glänzen wie frisch gebrochener Hanf. Mit Bürste und Seife war der Glanz nicht zu erreichen; man mußte mit einem Geldstück nachwienern.

Ich dachte, als zum Appell gerufen wurde, daß ich es ganz gut geschafft hätte. Wir traten in Korporalschaften auf dem Kasernenhof an. Nachdem wir längere Zeit gestanden hatten, kam Stellmann aus der Schreibstube. Der älteste Unteroffizier meldete. Stellmann schritt die Abteilungen ab. Das währte ziemlich lange, denn er ging gründlich vor. Wer auffiel, wurde notiert und mußte am Abend wieder antreten. Endlich kam er zu uns, und dann auch zu mir.

Ich sah ihn zum ersten Mal — einen zierlichen Mann in adretter Uniform. Er mußte ein guter Fechter sein — einer von denen, die plötzlich auch mit dem Fuß ausfallen. Das Gesicht war bleich; die Blässe wurde durch ein schwarzes Bärtchen noch betont. Eine gewisse Eleganz war ihm nicht abzusprechen: weiche, wiegende Schwünge, die an die eines Vogels erinnerten, dazu die überlegene Sicherheit eines Mannes, der sein Handwerk beherrscht.

Ich nahm Haltung an; er ließ sich die Sachen vorweisen. Dabei fixierte er mich; er hatte mich auf den ersten Blick durchschaut. Und auch ich wußte, mit wem ich es zu tun hatte. Es ist ein seltsames Gefühl, wenn man mit den Augen ausgezogen wird; das geht der Vergewaltigung voraus.

Schon das Hemd gefiel ihm nicht. Obwohl ich mich am Vorabend vergewissert hatte, daß die Knöpfe fest saßen, fand er, daß sie nur an einem Faden hingen, und riß einen davon heraus — zugleich mit einem Fetzen der mürben Leinewand.

In solchen Fällen muß unsereiner vermeiden, auch nur einen Hauch von Ironie zu zeigen; ich hütete mich zu widersprechen, behielt Haltung, machte den toten Mann. Doch gibt es Lagen, in denen alles zum Fehler wird.

Stellmann zog das dicke Notizbuch, das zwischen dem zweiten und dem vierten Uniformknopf steckt und zum Dienstanzug des Etatmäßigen gehört. Er fragte mich nach meinem Namen und notierte ihn.

»Um fünf Uhr zur Flickstunde!« Damit verzichtete er auf

weitere Prüfung, drehte eine Pirouette und wandte sich dem Nächsten zu.

Nun hatte ich einen Verfolger, der mir nachspürte und mich nicht aus den Fängen ließ. Gab es auf dem Dienstzettel ein unangenehmes Extra, etwa eine Wache an der Schweidnitzer Bahn, dann konnte ich wetten, daß ich dran war — natürlich suchte er dazu den Sonnabend-Sonntag aus. Was half es, daß ich mich bei der Parole ins zweite Glied verkrümelte — er durchforschte die Lücken, bis er mich erspäht hatte.

13

So ging es weiter, doch will ich mich nicht auf die Widrigkeiten einlassen, die sich verschlimmerten. Offenbar war es Haß auf den ersten Blick, Haß ohne Anlaß — unsere Horoskope mußten durchaus verschieden sein. Oder witterte er in mir noch den Aristokraten, den ich längst abgestreift und aus der Erinnerung verdrängt hatte? Obwohl ich mich davon frei zu halten suchte, kam es dazu, daß ich Tag und Nacht über meinen Peiniger grübelte; er blieb der Pfahl im Fleische, ob er anwesend war oder nicht. Ein Mal, als wir uns auf der Treppe begegneten, hörte ich ihn flüstern: »Dich bring ich ins Zuchthaus« — es war ein Selbstgespräch und nicht für meine Ohren bestimmt. Wir gingen wie zwei Schlafwandler aneinander vorbei.

Der Mann war allgemein gefürchtet und von mir im besonderen. Es war etwas Unheimliches in ihm; der Dienst gab nur den Anlaß, durch den er es befriedigte. Er wäre unter allen Umständen gefährlich gewesen, auch ohne Befehlsgewalt. Das zeigte sich in der Dunkelheit. Wenn die Kompanie im Winter auf dem Kasernenhof antrat, war es oft so finster, daß man die Hand vor Augen nicht sah. Nach dem Aufrufen hatte Stellmann noch eine Viertelstunde, um den Haufen in Ordnung zu bringen, bevor der Hauptmann erschien. Er ließ zur Kolonne abbrechen und trieb uns im Laufschritt um das Viereck, dann kam »Rechts und links aufmarschieren!« und

»Hinlegen!« Das mußte dröhnen wie ein einziger Fall. Er ließ es wiederholen, bis es klappte: »Verdammt — ich schmeiße euch den Kasernenhof ins Gesicht!«

Wir hörten die Stimme; keiner sah ihn, doch jeder zitterte. Er war der Dompteur; wir waren die Bestie.

Nach dieser Einstimmung war der Felddienst eine wahre Erholung für uns. Der Hauptmann war zufrieden — alles lief wie am Schnürchen; Stellmann war ein vorzüglicher Feldwebel.

14

Im Rückblick sinne ich darüber nach, warum ich, als er uns zu Boden warf, nicht einfach stehen blieb? Es war dunkel; er hätte mich nicht gesehen. Wir alle hätten stehen bleiben können, bis er sich heiser geschrien hätte; dann wäre der Spuk vorbei gewesen, doch so einfach liegen die Dinge nicht.

Davon abgesehen, habe ich gegen den Drill an sich nichts einzuwenden; das mag eine rudimentäre Erinnerung sein. Es gibt Momente einer allgemeinen Zustimmung, wenn alles klappt.

Auch meine Vorfahren haben sich darin manches geleistet, vor allem im Barock. Spießruten sind schließlich kein Schleck. Aber es war noch etwas anderes daneben, darunter und darüber, das, wenigstens im Rückblick, das Leiden mildert, wenn nicht sanktioniert. Die Zeit hatte es in sich; das weisen Bauten und Kunstwerke aus — das Lied und das Bild bis hin zum Handwerk: dem Zinn, dem Silber, dem Porzellan. Das tröstet noch heute in Klang und Anblick; dazu der freie Gedanke von den großen Systemen bis zur Selbstironie. Der Alte Fritz fragte einmal vor der Potsdamer Wachtparade einen der Generale: »Fällt Ihnen dabei nicht etwas auf?« Der wußte keine Antwort, und der Alte sagte: »Daß die so viele und wir so wenig sind.« Vielleicht war das der Tag, an dem James Boswell, einen schottischen Liberalen, eher noch Anarchen, das Schauspiel begeisterte.

Demgegenüber sind unsere Uniformen, verglichen mit jenen, die auch den Damen so gut gefielen, häßlich und grau. Wir leben in Zeiten, die des Kunstwerks nicht würdig sind; wir leiden ohne Entschuldigung. Nichts wird zurückbleiben als das Geräusch des Scheol. Auch heut findet der Zwang Zustimmung. Doch zugleich wächst die Trauer, die sich bis zu den Negern ausbreitet, und meine Melancholie nimmt daran teil.

15

Es versteht sich, daß ich darüber nachsann, wie ich meinen Quälgeist loswürde. An einen Krieg war nicht zu denken — da lösen viele Probleme sich von selbst. Ich stellte mir vor, wie wir mit Musik ausrückten und an die Front kämen. Sobald wir in Schützenlinie ausschwärmten, würde ich Stellmann umlegen. Das war ein Genuß — man muß seinen Feind kennen. Aber mit Krieg war nicht zu rechnen, obwohl alle davon sprachen — außerdem bleiben im Ernstfall die Etatmäßigen hinten auf Schreibstube. Sie können am wenigsten entbehrt werden.

Natürlich dachte ich auch ans Desertieren, aber es gab Haken dabei. Die Grenzen waren fast undurchdringlich, und viele Hindernisse waren zu überwinden, ehe man an die Minengürtel kam. Nur ausgesuchte Männer wurden als Posten dorthin kommandiert. Zum mindesten mußte man einen Kameraden finden — doch wem war zu trauen? Hinter jedem konnte ein Agent stecken. Ich verwarf den Gedanken; Tollkühnheit ist meine Sache nicht.

Davon abgesehen, hat das Wort Desertion für mich keinen guten Klang. In solchen Fragen bin ich rückständig — freilich nicht deshalb, weil ich Verträge achten würde, die mit Atheisten geschlossen sind. Selbst diese, auch wenn sie ihn anders nennen, verzichten nicht auf den Fahneneid. Das war mir gleichgültig, nicht aber meine Selbstachtung.

Endlich konnte ich mir auf dem Schießstand oder beim Gewehrreinigen einen Schuß beibringen. Ohne Zweifel hätte Stellmann, worin er nicht fehlgegangen wäre, eine Selbstverstümmelung daraus gemacht. Sie zählt zum Schlimmsten nach dem Selbstmord, dem Gipfel der Fahnenflucht. Daher gibt es besonders infame Vorschriften über die Verscharrung von Selbstmördern.

Wer kennt sie nicht, die kummervolle Nacht? Während ich mich auf meinem Strohsack wälzte, wurde ich zum Schatten meiner selbst. Der physischen Vernichtung ging die moralische voraus. In solcher Lage wird letzthin unvermeidlich das Gebet.

16

Ob es genutzt hat, kann ich nicht beurteilen. Jedenfalls gab es eine Wendung, durch welche Fügung es auch sei.

Das Eskaladieren war einer der Dollpunkte unseres Hauptmanns; es verging kein Exerzieren, ohne daß wir über eine Reihe von Hindernissen gejagt wurden. Der Hauptmann stand mit der Stoppuhr dabei. Wir sprangen über Hürden und Gräben, erkletterten Sturmleitern, zwängten uns unter Stacheldraht hindurch. Zuletzt kam die Eskaladierwand; sie war hoch. An jenem Vormittag hatte ich eine gute Zeit. Für gewöhnlich hangelt man sich an der Wand hinunter; ich wollte ein übriges tun und sprang hinab. Der Erfolg war ein Beinbruch; die Sanitäter mußten mich forttragen.

Als sie mich im Lazarett durchleuchteten, wurde ein Spiralbruch festgestellt. Es gab mehrere Operationen; ich mußte ein Vierteljahr lang liegen, bis der Stabsarzt sagte: »Reserve hat Ruh; mit Ihrer Dienstzeit ist es vorbei.«

17

Unfall, im Dienst erlitten; das war ein guter Abgang, beinah ein Passepartout. Ich dachte, während ich im Garten des Erholungsheims am Stock hinkte, über meine Aussichten nach. Es war Herbst, noch blühten die Astern, die Oktobersonne schien.

Wenn wir in eine schwierige Lage kommen, etwa ins Zuchthaus, müssen wir uns damit abfinden. Besser noch ziehen wir unseren Nutzen daraus. Sie dient uns dann als Stufe zur Selbstverwirklichung. Ähnlich steht es mit den Erfolgen: wir dürfen sie nicht zu billig in Kauf nehmen. Es läßt sich immer noch ein Trumpf draufsetzen.

Wenn ich in unserem ersten Ehejahr, das war später, abends mit Bertha Dame spielte, sagte sie zuweilen: »Du bist gerissen — aus jeder Mühle machst du noch eine Zwickmühle.«

So auch hier. Als ich der Entlassung wegen zur Kompanie zurückkehrte, hatte ich meinen Plan. Vor dem Kasernentor stand Stellmann; ich humpelte mit meinem Stock vorüber und grüßte — nicht durch Handanlegen, sondern mit exakter Kopfwendung. Er kreuzte die Arme und blickte mich grimmig an.

Oben meldete ich mich beim Hauptmann; ich durfte mich hinsetzen. Er sagte: »Mein lieber B., wir müssen uns trennen, es tut mir leid. Ich vermisse Sie ungern; in Ihnen steckt mehr, als ich vom Feldwebel gehört habe. Aber Sie wissen ja: Dienst ist Dienst. Jedenfalls alles Gute für Ihren ferneren Weg.«

Ich stand auf und nahm Haltung an: »Herr Hauptmann, ich bitte gehorsamst um weitere Verwendung — ich bin noch dienstfähig.«

Das war noch nicht dagewesen; es war die Zwickmühle.

18

Mein Eifer hatte sich schnell herumgesprochen; der Oberst empfing mich wohlwollend. Ich war ein Paradefall. Wie manche der älteren Offiziere, hatte er einst »König und Vaterland« gedient. Er hörte es nicht ungern, allerdings nur unter vier Augen, wenn man ihn in der Dritten Person ansprach. Er stellte mir vor, daß ein Infanterist nächst dem Kopf vor allem auf seine Beine angewiesen sei.

»Herr Oberst — wenn ich mir eine Antwort erlauben darf: ich glaube, daß das im Panzer oder im Flugzeug keine Rolle spielt.«

Das gefiel ihm; er klopfte mir auf die Schulter und telefonierte mit dem Arzt. Ich wurde noch einmal gründlich untersucht und dann auf Kriegsschule kommandiert. Es versteht sich, daß ich auch getestet wurde, aber es lag gegen mich nichts vor. Gute Zeugnisse, keine Vorstrafen. Einmal hatte Stellmann mich ins Loch gebracht, aber das kann vorkommen. Es wurde erst später wieder aufgerührt. Vor allem: politisch intakt.

19

Eine Beinverletzung läßt sich je nach Bedarf ausmünzen. Sie wird manchmal besser, manchmal schlimmer — das hängt von den Umständen, besonders vom Wetter, ab. Mir kam sie auf Kriegsschule zugute; ich trug sie wie eine Dekoration. Man nahm Rücksicht auf mich, besonders beim Exerzieren und beim Außendienst. Das machte ich in den theoretischen Fächern wett. Dem Unterricht folgte ich mit Aufmerksamkeit, stellte auch hin und wieder eine Zwischenfrage, wie sie den Instrukteuren gefällt. Ich tat das nicht allein, um mir eine gute Nummer zu machen, sondern auch, weil die Gewalt mich um so mehr beschäftigt, auf je höherer Stufe sie sich manifestiert.

Die allgemeine Vergeistigung, die erst anhebt, drückt sich auch in der Taktik aus. Es ist erstaunlich, wie sich in der Natur und in der Technik die Erfindungskraft steigert, wenn es ums Dasein geht. Das gilt sowohl für die Verteidigung wie für die Nachstellung. Für jede Rakete wird eine Gegenrakete erdacht. Zuweilen gewinnt man den Eindruck der reinen Vorweisung. Das könnte zur Pattstellung führen oder auch zum Augenblick, in dem der Gegenspieler sagt: »Ich gebe auf«, falls er nicht das Schachbrett umwirft und die Partie verdirbt.

So weit ist Darwin nicht gegangen; in diesem Falle hält man sich besser an Cuviers Katastrophentheorie.

20

Soviel zur Taktik; das sind Denkspiele. Dasselbe gilt für die »Innere Führung«, die als zweites Hauptfach gelehrt wurde. Hierbei war es günstig, daß ich mich von früh auf mit den sozialen Theorien befaßt hatte. Das Schicksal meiner Familie hatte mich dazu angeregt. Als ich heranwuchs und mir ein Urteil zu bilden suchte, war der Sozialismus für mich kein bloßer Lernstoff, sondern ich las die Hauptwerke — oft bis spät in die Nacht. Übrigens lernte ich auch Gedichte, die wenig in Mode waren, für mich auswendig.

Der Instruktion frommt es, wenn man die Ausbeutung zu definieren und zuzuordnen weiß. Unentbehrlich dazu ist historisches Wissen, woran es bei den meisten Theoretikern hapert, ja das oft fehlt. Sie sind in der Gegenwart befangen; das führt zu Verschnitten, sogar zu Fälschungen.

Ausbeutung ist unvermeidlich; kein Staat, keine Gesellschaft, ja keine Mücke kann ohne sie bestehen. Sie wird jahrhundertelang ertragen und geduldet, oft kaum bemerkt. Sie kann anonym werden; man wird nicht mehr von Fürsten, sondern von Ideen ausgebeutet; die Sklaven und die Herren wechseln das Gesicht.

Darauf will ich mich nicht einlassen. Bei der Instruktion kommt es darauf an, das Übel der Vergangenheit zuzuweisen, den unaufgeklärten Zeiten, und in der Gegenwart dem Feind. Nicht der Ausbeuter ist der Feind, sondern der Feind ist der Ausbeuter.

Die Instruktionsprüfung fiel auf den Sonnabend. Ich kam nur ein Mal an die Reihe; vor mir hatte ich die Lehrkompanie, im Rücken das Kollegium der Kriegsschule. Das Thema war der Sezessionskrieg von 1861; ich hielt mich an die Pflichtlektüre, ging aber, fast unmerklich, ein wenig darüber hinaus. Das ist ein gutes, doch nur in Prisen anzuwendendes Gewürz.

21

»Was nutzt es dem Zuckerrohrsklaven, wenn man ihn an das Fließband stellt? Er bleibt ein Neger; man hat ihn der Natur entzogen — nun wird er nach Taylors System kontrolliert. Wir müssen jenen Krieg als Fortschritt — als Fortschritt allerdings nur innerhalb des kapitalistischen Systems — auffassen. Die Ausbeutung bleibt; sie hat sich raffiniert. Ein Fortschritt aus unserer Sicht ist, daß sich damit eine neue Bewußtseinslage ergibt.«

Soweit das Selbstzitat. Ich hatte gesagt: »Die Ausbeutung bleibt«, aber nicht: »sie bleibt unter allen Umständen«. Doch konnte es immerhin in dieser Hinsicht anregen. In der objektiven Durchleuchtung des Feindes verbirgt sich ein gut Teil Selbstkritik. Ich hatte diese Diversion übrigens nicht in pädagogischer Absicht, sondern eher zum Selbstgenuß gewagt.

Der Vortrag wurde mit Beifall aufgenommen, und auch das Unausgesprochene brachte mir Erfolg. Nachdem der Kommandeur mich gebührend gelobt hatte, trat einer der Offiziere auf mich zu: »Was Sie über die Yankees gesagt haben, hat mir gefallen; ich würde es gern einmal persönlich mit Ihnen ausspinnen.« Er lud mich für den Abend ein.

22

Dieser Offizier, ein Pole, war ein junger Hauptmann; er hatte in der Abteilung »Fremde Heere« gearbeitet und war vor weiterer Verwendung als Instrukteur auf Kriegsschule kommandiert. Er war in Stettin geboren und hieß Müller; die Eltern hatten für einen guten Vornamen gesorgt.

Zunächst verkehrten wir als Herr Hauptmann und Fähnrich — das war ich inzwischen geworden — dann als Jagello und Friedrich. Jagello hatte die typische Reiterfigur: breite Schultern und Hüften, schmale Taille, elegante Bewegungen. Seitdem die Kavallerie abgestiegen und zum Teil zu den

Fliegern, zum Teil zu den Panzern übergewechselt ist, kennt man die alten Gattungen nicht mehr. Trotzdem lassen sie sich noch erraten, etwa wie die Sternzeichen. Es war kein Zufall, welches Regiment man wählte — ob man besser leichte oder schwere Pferde ritt, lieber mit dem Schwert, dem Degen, der Lanze focht oder, wie die Dragoner, auch mit dem Gewehr. Das hing sowohl von der Statur wie vom Charakter ab. In Oldenburg hatten sich Dragoner, in Mecklenburg Kürassiere, in Ungarn Husaren, in Polen Ulanen einen Namen gemacht.

In dieser Hinsicht war Jagello ein Ulan. In manchen Armeen wurden die Ulanen der leichten, in anderen der schweren Kavallerie zugeordnet; sie sind nicht so leichtblütig wie die Husaren, nicht so solid wie die Kürassiere, die der Fürst als Leibwache bevorzugte.

Der Pole ist undenkbar ohne das Pferd; in dieser Liebe übertrifft er den Ungarn noch. Zu seinem Schaden hielt er zu lange an ihr fest. Die Kriegsgeschichte enthält den Bericht über eine letzte Attacke, in der polnische Lanciers gegen Panzer anritten.

23

Diese Passion mag erklären, warum die Vorgesetzten über kleine Unregelmäßigkeiten in Jagellos Uniform hinwegsahen. Sie war grau wie alle anderen, doch in Schnitt und Stoff etwas gewagt. Beim Reiten, auch dienstlich, trug er Stiefel mit silberner Bordür. Er ritt Rennen, auch im Ausland; das wurde gefördert, war gern gesehen. Ein Waggon nach Nizza für die Pferde bot keine Schwierigkeit.

Jagello hatte ein regelmäßiges und gut geschnittenes, früher hätte man gesagt: ein aristokratisches Gesicht. Es wäre blaß gewesen, wenn der Dienst ihn nicht viel ins Freie geführt hätte. Obwohl Nachtarbeiter, hatte er vor dem Wecken schon zwei Pferde bewegt, eins in der Reitbahn, eins in der Natur.

Er sagte: »Reiten ist unentbehrlich, wenn man befehlen will. Wir sollten der Reflexe wegen auch Tennis in den

Dienstplan aufnehmen. Wäre ich ein Dichter, dann würde ich den Tag mit Büchern und Bildern beginnen — — das behalte ich mir für die Nächte vor.«

In der Tat hatte er viel gelesen, nicht nur für einen Offizier. Mir blieb ein Rätsel, woher er die Zeit dazu nahm. Vor allem in der russischen Literatur war er beschlagen; hier hatte er eine Vorliebe für westliche Anklänge, etwa für Turgenjews nihilistischen Basarow oder Tschechows Erzählungen. Einmal wurde auf seine Anregung hin von den Kriegsschülern Gogols »Revisor« gespielt.

Zu gründlicher Kenntnis der Geschichte war er quasi dienstlich verpflichtet, sie gehörte zum Fach. Auch hier wußte er das Nützliche mit dem Angenehmen zu verbinden — und zwar durch die Lektüre von Tagebüchern und Memoiren; sie brachten, wie er sagte, die Feinstruktur in das Gerüst. Als wir uns kennen lernten, las er Helbigs »Russische Günstlinge«.

24

Die Begegnung mit einem literarisch und historisch gebildeten Menschen in solcher Umgebung war für mich ein Gottesgeschenk. Zaghaft berührt man eine Taste und hört, was man kaum zu hoffen gewagt hatte, den Klang. Ein Lächeln des Einverständnisses, fast unmerklich, folgt. So begann es und setzte sich fort bis zu einer fast vollkommenen Harmonie. Wir spielten Probleme durch — etwa: »Hatte Raskolnikow recht, als er sich für Napoleon hielt?« Und: »Inwiefern steckt Napoleon in jedem von uns?«

Jagello habe ich zu verdanken, daß er mich in manchem meiner Zweifel zurechtrückte. So plagte mich die Frage, wieso wir, und mit Eifer, einem System dienten, das uns zuwider war, und warum wir uns für die Entwicklung von Waffen begeisterten, die eines Tages auch uns in die Luft sprengen würden — das war der Gipfel der Schizophrenie. Dazu Jagello:

»Schizophrenie ist ein Kennzeichen der Subalternen, also

allgemein. Sie bleiben auf der Ebene, springen über ihren Schatten nicht hinweg. Raskolnikow war schizophren: zugleich Napoleon und ein halbverhungerter Student. Hätte er sein Wissen für sich behalten, dann hätte er es weit gebracht. Statt dessen ermordete er die Wucherin. Er trug die Kette bereits in sich, mit der er nach Sibirien verschickt wurde.«

Demgegenüber hatte Dostojewski das Experiment in einem höheren Stockwerk vollzogen und gelöst. Auch hier war die Wucherin getötet, doch die Tat blieb im geistigen Raum. Auf dieses Stockwerk kam es an. Man konnte auf die Ebene hinabsteigen, konnte sie sich selbst überlassen, konnte sie als Schauspiel genießen oder eingreifen.

Ich konnte dem nicht ganz folgen, denn schließlich muß man doch einmal Partei ergreifen und wird verletzbar wie selbst die Götter bei Homer. Aber das Gespräch mit Jagello war für mich fruchtbar, auch wenn es nicht zur Übereinstimmung führte — ja vielleicht sogar gerade dann.

Jagello pflegte sich durch Zitate abzusichern; zu diesem Thema nahm er eine zerlesene Broschüre aus dem Fach. Ich dachte, es wäre die »Ilias« — es war die »Geburt der Tragödie«. Er las:

»Das Problem der Wissenschaft kann nicht auf dem Boden der Wissenschaft erkannt werden. ... Die Wissenschaft ist unter der Optik des Künstlers zu sehen.«

Darin waren wir einig — wie überhaupt in der Meinung, daß entweder der Dichter oder das Feuer uns erlösen wird.

25

Meist wurde es spät. Das Zimmer war rauchig; auf dem Tisch dampfte der Samowar. Jagello liebte starken Tee. Er liebte Zigaretten mit langen Mundstücken; oft nahm er nur einige Züge — er inhalierte nicht. Er sagte: »Es gibt Laster, die sich gegenseitig aufheben. Wenn ich stark rauche, greift es den Magen an. Ich vermeide das, indem ich viel Tee trinke.«

Auch wenn man sehr vertraut wird, selbst unter Brüdern,

bleiben Tabus. Wir sparten sie aus, nachdem wir sie erkannt hatten. Eines Tages, als es im Sejm wieder einmal Krach gegeben hatte, traf ich Jagello in die Zeitung vertieft. Er sagte: »Es ist doch lächerlich, daß sie aus der Pleite nicht herauskommen.«

Ich antwortete: »Und dabei haben sie mit Pommern einen der fettesten Böden, wo der Wohlstand zu Hause war.«

Ich hatte versucht, mich neutral auszudrücken, doch offensichtlich hatte es Jagello verstimmt. Da war eine Wunde — auch bei mir. Der Unterschied lag darin, daß bei ihm Polen, bei mir Pommern noch nicht verloren war. Unsere Freundschaft wurde auf eine Probe gestellt, die sie bestand.

Wenn wir heut reisen, nicht nur in Europa, sondern auch in fernen Ländern, dann fühlen wir, daß dort ein Bruder unter dem Boden liegt. Er ruft uns, und wir müssen uns bezwingen wie die Kinder Korah im 88. Psalm. »Gebet in schwerer Anfechtung und naher Todesgefahr.«

26

Es war Frühling geworden. Unsere Nächte währten immer länger; manchmal dämmerte, wenn wir uns trennten, der Morgen heran. Der Dienst hatte darunter nicht zu leiden — im Gegenteil; es übertrug sich auf ihn eine Wachheit, als ob wir uns im Abstrahieren trainiert hätten. Ich durfte an den Frühritten teilnehmen.

Jagellos Freundschaft trug mir auch eine Wendung in der Karriere ein. Mit dem Abschluß des Kriegsschuljahres war ich Leutnant geworden; auch Jagello wurde befördert — er war nun der jüngste Stabsoffizier und wurde als Attaché an die Berliner Botschaft versetzt. Von dort forderte er mich als Gehilfen an. Das bot keine Schwierigkeit; die Auswärtigen Dienste wurden reichlich besetzt. Sowohl an meiner Zuverlässigkeit wie an meiner Eignung bestand kein Zweifel; es gab keine Einwände.

Auch in unserem neuen Verhältnis setzten wir unsere Gespräche fort. Wir mußten nun noch größere Vorsicht walten lassen, denn diese Botschaften sind neuralgische Punkte; die Wände haben Ohren, jeder Verkehr wird überwacht. Das Wort »Freundschaft« wird ungern gehört. Wie in den alten Priesterseminaren wird lieber gesehen, daß die Genossen in den Pausen zu dritt, als daß sie zu zweit zusammen gehen.

27

Auch hier gab es viel zu lernen. Jagello zeigte mir manches nicht für meine Augen bestimmte Dossier, obwohl er wußte, daß ich mit alten Freunden und Verwandten zusammenkam. Ich lebte angenehm und konnte mir Zeit lassen.

Eines Morgens, als wir im Tiergarten ritten, sagte ich beiläufig: »Jagello — ich werde mich absetzen.«

Er schien wenig erstaunt: »Das habe ich seit langem geahnt, eigentlich schon von Anfang an gewußt. Es ist ein großer Dienst, den du von mir erwartest — besser hättest du es gar nicht gesagt.«

»Eben das wollte und konnte ich nicht. Ich schlage dir vor, in den nächsten Lagebericht einzufügen, daß dir hinsichtlich meiner Zuverlässigkeit Zweifel gekommen sind. Ich bin verschwunden, ehe aus Liegnitz meine Abberufung kommt.«

Hier zeigte sich wieder, daß der Freund denken konnte. Er sagte: »Antwort kommt nicht aus Liegnitz, denn der Bericht geht an die Zentrale — abgesehen davon, daß ich beim ersten Verdacht dem Botschafter Mitteilung zu machen gehabt hätte. Und vor allem: wenn du unmittelbar danach verschwändest, würde man ohne Zweifel darauf schließen, daß ich die Notbremse zöge — daß wir konspiriert hätten. Du hast doch Oppenheimers Prozeß studiert.«

Oppenheimer war ein Atomphysiker, auch einer von den Schizophrenen, dessen Chef man in ähnlicher Lage eben diesen Vorwurf der Mitwisserschaft gemacht hatte. Jagello hatte recht: er mußte über meinen Abgang genau so aus den Wolken fallen wie alle anderen.

Ich ordnete also meine Papiere, nahm meine Zeugnisse an mich und bat im Westen um politisches Asyl. Dazu brauchte ich nur über die Straße zu gehen.

28

Der Schritt war mir nicht leicht gefallen — nicht nur Jagellos wegen, sondern auch aus allgemeinen Erwägungen. Immerhin brach ich eine gute Laufbahn ab. Auf Redensarten wie »mehr Freiheit« lasse ich mich nicht ein. Ich bin kein Liberaler — wenigstens nicht in dem Sinne, daß man sich dazu zusammentun und abstimmen muß. Die Freiheit trägt man in sich; ein guter Kopf verwirklicht sie in jedem Regime. Als solcher erkannt, kommt er überall voran, passiert jede Linie. Er geht nicht durch die Regimes, sie gehen durch ihn hindurch, hinterlassen kaum eine Spur. Er kann sie entbehren, sie ihn aber nicht. Sind sie streng, so schärft das die Intelligenz. Abgesehen davon, werden die Regimes sich zusehends ähnlich; überall schwindet die Heiterkeit, selbst in Paris das sourire.

29

Soviel zu meiner Vergangenheit. Ich möchte sie mit einer Anekdote abschließen, die ich von einem meiner Ahnen erfuhr; er war dabei gewesen. Steinmetz, preußischer Marschall, Sieger bei Nachod und Skalitz, wurde im Alter störrisch, ja fast wunderlich, wie mancher verdiente General. So glaubte Blücher zuweilen, er habe einen Elefanten im Kopf. Als Steinmetz 1870 die Erste Armee anvertraut wurde, meinte Waldersee, der Alte sei schon zu dreiviertel toll. In der Tat machte er eigensinnige Manöver und wurde dem Prinzen Friedrich Karl unterstellt. Natürlich kränkte ihn das tief.

Als der Marschall nach Gravelotte eine Besprechung abhielt, ritt in einiger Entfernung der Prinz mit seinem Gefolge vorbei. Steinmetz nahm keine Notiz davon. Friedrich Karl schickte einen Adjutanten zu ihm und ließ ihn zur Meldung auffordern. Der Starrkopf weigerte sich. Daraufhin ließ der König ihn schweren Herzens absetzen und ernannte ihn zum Gouverneur von Schlesien.

Das sind alte Geschichten; Steinmetz steht heute nicht einmal mehr im Lexikon. Ich komme darauf, weil im Osten die Preußen stärker als im Westen nachleben, freilich nicht in der Überlieferung, sondern im Stil. Jagello bot mir ein Beispiel dafür. So erklärt sich, daß ich, als ich in Liegnitz meine Papiere holte, den Prinzen — wenn auch nur en miniature, doch mit Erfolg — nachahmen konnte, und das in der Volksarmee.

Es war vor der Versetzung nach Berlin. In meiner neuen Uniform aus der Kaserne kommend, sah ich Stellmann auf dem Platz in voller Tätigkeit. Er grüßte flüchtig und wandte sich wieder der Truppe zu. Damit sollte er nicht davonkommen. Ich trat auf ihn zu:

»Wissen Sie nicht, daß Sie zu melden haben, Feldwebel?«

Er stierte mich an und wurde noch blasser, kreidebleich. Dann riß er die Knochen zusammen: »Zweite Kompanie beim Gewehrappell.«

»Danke, machen Sie weiter.« Das war meine letzte Begegnung mit ihm.

ZWEITER TEIL

30

Mein Problem liegt nicht im Beruf. Gewiß hatte ich auch hier manchen Ärger, wie jedermann. Anfangs war ich sogar eine Niete, aber ich entwickelte mich zu dem, was man einen Aufsteiger nennt. Das Schema meiner militärischen Laufbahn wiederholte sich im Geschäft. Überhaupt scheint mir, daß wir in jedem Abschnitt unseres Lebens dem gleichen Gesetz folgen. Offenbar sind wir nicht nur linear, sondern auch zyklisch komponiert. Das eine schließt das andere nicht aus. Ein Reifen rollt über den Asphalt.

Mein Übertritt machte Schlagzeilen; ich hatte das vorausgesehen. Ich hätte nun meine Laufbahn unter anderen Vorzeichen fortsetzen können; Geheimdienste boten sich mir an. Ich hatte eine Liste östlicher Agenten im Kopf, aber ich machte keinen Gebrauch davon. Verrat, an wem auch immer, ist nicht meine Sache; auch Jagello hatte ihn mir nicht zugetraut. Er konnte ohne Sorge sein. Gottlob wird bald vergessen, was in der Zeitung steht, aber es bleibt in den Registern und taucht bei Gelegenheit wieder auf.

Ich war nun ohne Stellung und fast ohne Geld. Es war, wie man sagt, zum Leben zu wenig, zum Sterben zu viel. Zunächst gab es eine kleine Unterstützung, ein wenig konnten die Verwandten beitragen. Sie öffneten nun selbst die Türe und schienen wenig erfreut, wenn ich bei ihnen anklopfte. Ich war viel unterwegs und lernte die Stimmung kennen, in der man grübelt, ob man sich die Schuhe besohlen lassen kann.

Was tut man heutzutag in dieser Lage? Man raucht Opium oder man studiert. Zum Studium entschloß ich mich nach einer Phase, in der ich Wochen fast nur im Bett verbracht hatte. Mein einziger Ausgang führte zur Bibliothek, von der ich mit Büchern beladen zurückkehrte.

Von der Alma mater und den Professoren hatte ich veraltete Vorstellungen. Bald merkte ich, daß dort nichts zu holen war. Oft kam es mir vor, als ob Eunuchen sich mit Zwittern abplagten. Schizophrenie war Trumpf. Die Naturwissenschaften waren verziffert, Geschichte und Geisteswissenschaften politisiert. Die Theologen hinkten Darwin oder sogar noch Kopernikus nach und taten sich, indem sie ihre Tranlampen schwenkten, noch etwas auf ihre Kühnheit zugut. Der pädagogische Eros fehlte durchaus; er war durch eine Art von Komplizentum ersetzt. Wo waren die Zeiten geblieben, in denen, wenn der Professor erschien, sich ein elektrisches Fluidum ausbreitete?

Ich hatte nicht gedacht, daß ich mich nach der Kaserne zurücksehnen würde, aber selbst wenn Stellmann uns anbrüllte, war da noch Dämonie. Nicht nur Königsberg war Ruine — Heidelberg, Tübingen, Göttingen auch. Noch dominierte physisch, geistig und moralisch der graue Fabrikstil des 19. Jahrhunderts, gleichviel ob man ein Laboratorium, eine Schule, ein Krankenhaus betrat. Dazu der Albdruck: das konnte nur eine dünne Haut sein, unter der Ungeheures brütete.

Mir fehlte ein Freund, der mein Leiden und meine Sehnsucht teilte, ein Partner im Gespräch. Ich vermißte Jagello — obwohl wir in derselben Stadt wohnten, waren wir weiter als Antipoden voneinander entfernt.

31

Aber was half es? Unsere Bauern sagen, daß man von einem Ochsen nicht mehr als ein Stück Rindfleisch verlangen darf. Ich wandte mich also dem zu, was sie zu bieten hatten, und wählte als Fächer Propaganda, Statistik, Datentechnik, Versicherungswesen, Zeitungswissenschaft.

Meine Lage besserte sich erheblich, als ich Bertha heiratete. Wir hatten uns in der Mensa kennen gelernt. Unser Verhältnis schien zunächst flüchtig, doch vertiefte es sich bald. Bertha war nicht nur eine gute Geliebte, physisch und geistig, sondern auch ein zuverlässiger Kamerad. Da es ihr weder an Kultur noch an praktischem Sinn fehlte, wußte sie unserem Leben einen Rahmen zu geben, in dem wir uns wohl fühlten. Freilich mußte sie ihr Studium — Alte Sprachen — abbrechen. Immerhin kam es ihr zugute: sie besorgte die Kataloge für ein Antiquariat, mußte allerdings auch im Laden und an der Kasse aushelfen.

Wir lebten für uns in einem der vielstöckigen Wohnhäuser wie in einer Zelle, hatten keine Freunde und nur die unumgänglichen Bekanntschaften. Wir durften uns glücklich nennen, wenn ich davon absehe, daß Bertha meist recht abgespannt vom Geschäft zurückkehrte. Auch in diesem Beruf wird weniger mit dem Kopf gerechnet als mit Automaten; trotzdem erschöpft die Arbeit mehr als früher — das ist der Trug der Maschinenwelt.

Oft tat sie mir leid, wenn ich abends bei Tisch sah, wie sie sich zusammennahm. Ich hatte eingekauft, keine Konserven, und das Mahl vorbereitet, bis auf die Gewürze; dazu ein Glas Wein. Das sind glückliche Stunden; wir genießen das eigene Behagen in dem des anderen mit.

Uns blieben die Wochenenden, und dann der Urlaub: Mallorca, Sizilien, Tunesien. Vor allem näherte sich mit der Zeit mein Studium dem Abschluß und, wie ich hoffte, würde ich bald einen Beruf finden.

32

So kam es in der Tat, wenngleich ich mit einem bescheidenen, vielleicht sogar etwas anrüchigen Posten begann. Dazu muß ich ein wenig ausholen:

Meines Großvaters entsinne ich mich als eines kleinen, drahtigen Herrn. Er war mein Pate; ich bin nach ihm auf den Vornamen Friedrich getauft. Er kam aus der Liegnitzer Garnison in den ersten der großen Kriege, an dem er bis zum Schluß teilnahm — zuerst an der Front, dann in Mackensens Stab. Gern erzählte er vom Feldzug in Rumänien; das waren noch Operationen im alten Stil. Er verlängerte den Krieg, indem er nach dem Versailler Frieden in ein Freikorps eintrat, und zeichnete sich noch in einem Gefecht aus — ich glaube, am Annaberg. Es trug dazu bei, daß unsere Familie noch dreißig Jahr lang ihren Besitz behielt.

Ich bin in diesen Daten wenig bewandert, denn obwohl Geschichte mich begeistert, reichen meine Studien nur bis 1888, zum Dreikaiserjahr. Mit ihm beginnen für mich die Vorwehen des Titanismus, der geschichtslosen Zeit. In diesem Jahr beschloß Nietzsche, sein Werk »auf die Katastrophe hin zu bauen«, kurz vor dem Zusammenbruch in Turin.

Soviel am Rande, weil es mein Problem berührt. Persönlich genoß der Großvater von diesem Aufschub, an dem er mitgewirkt hatte, keinen Vorteil — er war ein jüngerer Sohn. Auch gerieten die Güter immer mehr in Schulden, wenigstens bis zur Osthilfe des alten Hindenburg. Der Großvater erbte wenig; das beste war eine komfortable Wohnung nahe dem Charlottenburger Schloß. In meiner Kindheit habe ich ihn dort oft besucht. Die Zimmer waren verhältnismäßig klein. In ihnen standen alte Möbel, und Bilder, zum Teil von Monarchen gewidmet, hingen an den Wänden bis in den Flur. Was mir von unserer Familiengeschichte bekannt ist, weiß ich von dort. Darüber hinaus auch Allgemeines, denn der Alte las gern Memoiren und war ein guter Anekdotier.

Ich sage »der Alte«, weil er mir damals so vorkam; im Grunde war er noch ziemlich frisch. Das ist schon daraus zu schließen, daß er vor der zweiten Katastrophe daran dachte, noch einmal die Uniform anzuziehen. Damals haperte es aber schon mit seiner Gesundheit; die Prostata machte ihm zu schaffen, auch plagten ihn Gichtleiden, die sich unter anderem darin äußerten, daß er beim Rauchen die Zigarette in seltsam verschnörkelten Fingern hielt.

33

Seiner Herkunft nach hätte der Großvater einen strammen Reaktionär abgegeben, doch war das, wie Stirner sagt, »nicht seine Sache«, oder höchstens seine Privatsache. Er pflegte sie in seiner Steglitzer Wohnung mit den alten Möbeln und Bildern, draußen sah man es ihm nicht an. Ich meine sogar, daß Leute wie er unserer Linken gefehlt haben. Wahrscheinlich habe ich auch in dieser Hinsicht manches vom ihm geerbt. Wie soll ich es mir sonst erklären, daß ich, nachdem ich das Gymnasium absolviert hatte, freiwillig wieder nach Liegnitz ging?

Jedenfalls machte der Großvater mit den, wie er sagte, »ollen Kamellen« energisch Schluß. Er hielt noch das Adelsblatt, las aber liberale Zeitungen, nicht nur den Wirtschaftsteil. Seine Abfindung legte er in einer der großen Versicherungsfirmen an, erhielt auch eine Stellung dort. Er trug nun Anzüge aus schottischer Wolle, grauen Schlips mit Perle; den Orden im Knopfloch hatte er durch das Zahnrädchen der Rotarier ersetzt. Er liebte Wort- und Gedankenspiele und sagte: »Ich bin nun zum Rot-Arier avanciert«. Ähnlich hielt er es mit seinem neuen Namen, denn den alten hatte er samt dem Titel abgelegt. »Was soll ich damit, wenn ich zur Kundschaft komme? Das geniert uns gegenseitig und schädigt das Geschäft. Wir von der ›Iduna‹ sind diskret.«

Er folgte dem Beispiel Philippe Egalités und nannte sich Baroh — so mußten die Kunden, ohne daß sie es ahnten, ihn mit »Herr Baron« anreden. Diesen Namen habe ich von ihm geerbt und kann mich als Friedrich Baroh vorstellen.

34

Ich komme nun zu Onkel Fridolin. Mein Vater ist nicht alt geworden; sein Grab ist unbekannt. Sein Name steht auf dem Grabstein des Großvaters: »Im Kaukasus vermißt«. Er hatte zwei Schwestern: Friederike und Erika. Friederike war ein häßliches Entchen, ein wenig verwachsen, aber von angenehmem Wesen und als Hausfrau perfekt. Erika war schön, sie blieb unverheiratet und starb bei der Vernichtung Berlins unter Umständen, die ich verschweigen will.

Wer eine Frau wie Friederike wählt, folgt seinem realen

Sinn, den keine Phantasie trübt, doch wird er nicht betrogen sein. Ein solcher Mann war Onkel Fridolin. Auch er hatte an äußeren Vorzügen nicht viel zu bieten, doch war Verlaß auf ihn. Allmählich erkannten beide sich in ihrer verborgenen Harmonie.

Später zeigte sich sogar, daß Friederike eine gute Partie gemacht hatte. Daß sie ein bescheidenes Vermögen einbrachte, erfuhr Fridolin erst, als er beim Großvater um sie anhielt, wie es sich gehört. Die noble Verwandtschaft war ihm eher peinlich — sie hatte seine Wahl nicht bestimmt, was die Erkorene ihm hoch anrechnete. »Es war eine Liebesheirat«, sagte sie gern.

Dem Großvater war es einerseits nicht unlieb, daß Friederike unter die Haube kam, andererseits war er nicht eben erbaut. Wenn er sich über eine Fatalität hinwegspielen wollte, pflegte er in den Potsdamer Jargon zu verfallen — freilich nicht ganz so kraß wie Papa Wrangel, der vor hundert Jahren hier in der Nähe gelebt hatte.

»Det hat noch jefehlt, Fridolin Gädke, 'n kleener Buchhalter — und dazu noch in'ner Sarchfabrik. Aber sonst nich übel, jarnich übel — haben uns jut unterhalten — im Jrunde kann det Mächen von Jlück sajen.«

35

Worüber mochten sie sich unterhalten haben — und sogar gut? Lebensversicherung und Särge — das schuf ein zunächst vages Interesse, das sich verstärkte, als Onkel Fridolin zu florieren begann.

Als Gymnasiast machte ich dem Ehepaar hin und wieder meinen Pflichtbesuch. Ich ging ungern dorthin, obwohl Tante Friederike mich gut bewirtete. Sie hing sehr an der Familie. Die Wohnung lag in einer der schmucklosen Straßen zwischen der Spree und dem Alexanderplatz. Sie war blitzsauber gehalten und glänzte vor Geschmacklosigkeit. Hier herrschte amusische Luft. Das Gespräch kam über das Allgemeinste nicht hinaus.

Onkel Fridolin war ein unscheinbarer Mensch, wie man sie überall in den Büros und hinter den Schaltern antrifft und gleich wieder vergißt. Er war peinlich sauber, energisch, korrekt. Er trug Anzüge von der Stange, dazu, wie man damals sagte, »Röllchen und Schnällchen« — das heißt: abnehmbare Manschetten und einen Selbstbinder.

Merkwürdig, wenn auch nicht gerade angenehm, fand ich seine Augen; sie waren dunkel und hatten, wie ich es nennen möchte, den Charakterblick. Damit meine ich die Fähigkeit, die Bonität eines Menschen unmittelbar zu erfassen — und diese Gabe war bei ihm stark ausgeprägt; sie überstieg sein sonstiges Niveau. So hätte er einen Hochstapler sehr bald durchschaut — nicht nur, wenn dieser sich als Prinz oder Millionär, sondern auch, wenn er sich als Professor oder Komponist vorgestellt hätte. Dabei ist zu betonen, daß der Onkel weder von den Wissenschaften noch von den Künsten das mindeste verstand. Aber er hatte einen Sinn, beinahe eine Witterung, für das Gediegene.

Onkel Fridolin war ein guter Rechner und ein vorzüglicher Zeichner; er hatte bei den Eisenbahnern gedient. Dank seiner Begabung war er dort bald unentbehrlich geworden, doch hatte er es über den Gefreiten nicht hinausgebracht. Das störte ihn wenig; er hatte die Zeit treu absolviert. Immer noch hing er an der Monarchie.

Wochentags pflegte er sich unglaublich früh zu erheben — behutsam, damit Friederike nicht aufwachte. Er stellte sich in ein flaches Becken und schrubbte sich mit der Bürste ab. Dann setzte er sich hinter seine Staffelei und zeichnete. Die Särge sind an Maß und Qualität verschieden; oft waren auch persönliche Wünsche der Kunden zu befriedigen. Dazu diente ihm unter anderem eine kleine Bücherei mit heraldischen, symbolischen, selbst botanischen Vorlagen. Er bereicherte sie, als er sich später auch mit Grabsteinen beschäftigte. Obwohl gemäßigt atheistisch, mußte er doch die Bibel zu Rate ziehen. Daß er nicht aus der Kirche ausgetreten war, erklärt sich aus seiner konservativen Grundhaltung — außerdem war es wichtig für den Beruf.

Wenn Friederike den Kaffee auftrug — er wurde mit der Zeit besser — hatte der Onkel schon zwei, drei Stunden gewirkt. Auch bei meinen Besuchen traf ich ihn meist an der Staffelei. Bevor er mich begrüßte, wusch er sich die Hände und legte die Büroärmel ab. Wir unterhielten uns dann — meist über die Politik, die ihm wenig behagte, und, wenn es hoch kam, über Knopfmalerei. Die Tante fragte mich über Liegnitz aus, besonders, wenn ich dort die Ferien verbracht hatte, und ich erholte mich nach dem Abschied auf dem Umweg durch den Treptower Park.

36

Ich erwähnte bereits, daß der Onkel zu florieren begann. Friederikes Mitgift kam ihm dabei zugut; er machte sich selbständig und gründete die bekannte Bestattungsfirma »Pietas«. Der Zeitpunkt war günstig, da er mit einer Grippe-Epidemie zusammenfiel. Die Ärzte und Apotheker hatten alle Hände voll zu tun; das füllte auch die Friedhöfe. Die Niedersachsen sagen: »Wat dem eenen sin Uhl is, is dem annern sin Nachtigall.«

Onkel Fridolin wußte gut zu disponieren; das Geschäft wuchs zusehends — nicht hektisch, aber Schritt für Schritt. Daß später schlimme Zeiten kamen, konnte es nicht schmälern — im Gegenteil.

Der Aufschwung hob auch des Onkels Lebensstil. Er kündigte die Wohnung und zog in den Westen, erwarb ein Haus in unserer Nähe, am Fichtenberg. Den Großvater traf er nun nicht nur en famille, sondern auch bei den Rotariern. Er trug Maßanzüge, Friederike seidene Kleider und im Winter einen Pelzmantel. Sein Auftreten blieb nach wie vor korrekt, wachsende Autorität kam hinzu.

37

Der Großvater sagte: »Fridolin können wir vorzeigen.« Allmählich wurde der Onkel sogar unser gutes Stück. Auch das fällt in die Statistik: den Abstieg alter Familien. Es kommt die Zeit, in dem sie entweder dem Untergang anheimfallen oder einer Auffrischung bedürftig sind. Die Macht entgleitet ihren Händen; sie erleiden das Schicksal der Drohnen oder arrangieren sich. Englische Lords, französische Marquis heiraten Milliardärinnen, die ihre Schlösser restaurieren, Prinzessinnen brennen mit Kapellmeistern durch. In Ungarn heißt es: »Bei uns werden die Kutscher von den Grafen und die Grafen von den Kutschern gemacht.«

Was den Adel betrifft, so gab es zwei große Schübe: den ersten in der Französischen Revolution, den anderen durch die beiden Weltkriege, die vermutlich von künftigen Historikern kaum noch getrennt werden. Markante Wendepunkte sind die Auflösung der Fideikommisse durch den Code Napoléon und dann durch die Weimarer Verfassung, deren Ziel eine Neuverteilung des Grundbesitzes war. Voraussetzung dafür war die innere Schwäche der Aristokratie, die auf weiten Gebieten auch physisch liquidiert wurde. Dieses Schicksal blieb auch meiner Familie zum großen Teil nicht erspart.

Ganz allgemein kann man sagen, daß Preußen bis zum Siebziger Kriege durch den Adel gut repräsentiert gewesen ist. Bismarck, Moltke und Roon waren Vorbilder. Der Abstieg wird sichtbar, wenn man Porträts aus jenem Kriege mit denen des Ersten Weltkrieges, etwa das des Ersten mit dem des Zweiten Wilhelm oder das des alten Moltke mit dem seines Neffen vergleicht. Doch dann kam der Großneffe, der hingerichtete Helmuth James Moltke aus meines Vaters Generation.

38

Ich schließe den Zirkel: Onkel Fridolin trug nicht auf die Weise der ungarischen Kutscher zu unserer Auffrischung bei. In dieser Hinsicht hat er wohl wenig bestellt; jedenfalls hat

Friederike ihm keine Kinder geschenkt. So werde ich vermutlich sein Erbe werden, obwohl das für mich keine Bedeutung hat, denn entweder löst sich mein Problem auf höherer Ebene, dann bin ich auf Geld nicht angewiesen, oder ich scheitere an ihm. Für eine Zelle im Irrenhause, sogar in einer Privatklinik, langt es auf jeden Fall.

Finanziell aber erfuhren wir durch Friederikes Heirat im Wechsel der Zeit und ihrer Katastrophen eine beträchtliche Auffrischung. Für Bertha und mich wurde der Onkel zum Rettungsanker, nachdem ich mein Studium absolviert hatte. In der Wahl meiner Fächer hatte ich an den Großvater gedacht. Aber der war inzwischen gestorben, und in seiner Firma waren selbst die bescheidensten Plätze besetzt. In Liegnitz hatte ich wichtige Jahre versäumt. Nach seinem Tode waren wir in die Steglitzer Wohnung gezogen und lebten dort zwar mietfrei, doch aufwendig. Mich überraschten eine Steuer für »Wohnen im eigenen Hause« und andere Schikanen — überhaupt übertrifft die heutige Ausbeutung bei weitem jene der absoluten Monarchie. Der Staat ist zu einem vielarmigen Kraken geworden, der tausend Schröpfköpfe ansetzt. Nur eins gefiel mir besser als im Osten: man brauchte in der Freizeit nicht hinter der Fahne zu marschieren und Hurra zu schreien, konnte auch lesen und schreiben, was einem gefiel.

Es kamen Wochen, in denen ich mich auf den Sonntag freute — nicht deshalb, weil ich dann nichts zu tun hatte, denn ich ging müßig auch an den Alltagen. Doch sonntags kam wenigstens keine Post mit den Mahnungen und Absagen. Und Bertha hatte beim Frühstück ein nicht so betrübtes Gesicht.

Wir schliefen unter einer Decke, und wenn ich nachts aufschreckte, dachte ich, wie gut es wäre, wenn wir garnicht mehr aufstünden. Ich streckte die Hand aus und fühlte Bertha neben mir. Hier war ich geborgen; ich wünschte, daß es immer so bliebe und wir, zuweilen erwachend, nebeneinander jahrelang ruhten — Jahrhunderte.

Immerhin kam diese Zeit meiner Lektüre zugut. Durch

Bücher habe ich mehr als auf den Universitäten gelernt. Ich lebte Tag und Nacht mit den Philosophen, den Klassikern, auch mit der Bibel wie in einem Gebirge mit seinen Quellen und Tälern, soweit ich nicht beim Schreiben und Beantworten von Annoncen oder auf Stellungssuche war. Die Korrespondenz nahm Bertha mir zum großen Teile ab. Die Angebote waren ernüchternd: Staubsaugerfirmen suchten rührige Hausierer, Chinchillafarmen wollten bei »geringer Eigenbeteiligung« ihre Tiere loswerden.

Nicht besser, falls ich überhaupt zu ihnen vordrang, erging es mir bei den Personalchefs; ihr psychologisches Training der Abfertigung war perfekt — vom Angebot der Zigarette bis zum Klingeln nach der Sekretärin, die mich hinausgeleitete. »Sie werden von mir hören, sobald sich etwas ergeben hat.« Doch das ergab sich nie.

39

Es war fast ein Schritt der Verzweiflung, der mich zu Onkel Fridolin führte; natürlich hatte ich auch an ihn gedacht. Wie ungern, das bezeugt die Zahl der Gänge, mit denen ich mich vor diesem Besuch geplagt hatte. Zu meiner Hemmung mochte die Erinnerung an Zeiten beitragen, in denen er von der Familie halb über die Achsel angesehen worden war.

Ich suchte den Onkel nicht in der Firma, sondern in seiner Wohnung auf und brauchte dazu nur eine Straße weiter zu gehen. Tante Friederikes Kaffee war jetzt vorzüglich; ich vermißte den selbstgebackenen Kuchen, dafür gab es petits fours aus Schillings Konditorei. Wir klöhnten lange, wie es in Niedersachsen heißt. Endlich, als es schon dämmerte, rückte ich mit meinem Anliegen heraus.

Der Onkel schien kaum überrascht. Er schaute mich mit seinem Charakterblick an und musterte mich lange — nicht so chinesisch wie die Personalchefs, sondern eher skeptisch wie der kleine Buchhalter, der er gewesen war. Die Tante legte ihm die Hand auf den Arm. Er nahm die Brille ab und sagte:

»Friedrich — das habe ich erwartet. Komm morgen um elf Uhr ins Geschäft. Bring deine Papiere mit — aber alle, vom Geburtsschein an.«

40

Am nächsten Morgen stand ich, von Berthas guten Wünschen begleitet, auf der Potsdamer Straße vor dem Geschäft. Ich war zeitig gekommen und ging noch eine Viertelstunde vor dem Hause auf und ab. Die Bomben hatten es verschont. Es war nur »durchgepustet« worden — erst in den letzten Tagen der Reichskanzlei. Der Onkel hatte die Räume für seine Zwecke herrichten lassen und für eine neue Fassade gesorgt. Keine Schaufenster — was zur letzten Ausstattung gehört, war in den Filialen zu sehen. Am Eingang ein Schild:

PIETAS
Bestattungen

Darüber zwei silberne Palmzweige. Andere Firmen gab es nicht in dem Hause, nur die Wohnung für den Portier. Dieser war unentbehrlich, denn viele Anrufe kamen auch in der Nacht.

Mit dem Glockenschlage betrat ich das Büro. Ich wurde nicht erst in das Wartezimmer, sondern gleich zum Onkel geführt. »Der Chef erwartet Sie«, sagte die Sekretärin, der ich mich vorstellte. Sie drückte auf eine Taste; der Onkel öffnete die Tür und ließ mich eintreten. Sein Zimmer war schlicht, doch geräumig, mit einem großen Schreibtisch, auf dem wenig Papier lag — alle Eingänge wurden umgehend bearbeitet. Keine Bilder, nur einige Diplome und das Porträt des alten Kaisers in Uniform. »Manche Kunden nehmen daran Anstoß, aber ich kümmere mich nicht darum.«

Nach kurzer Begrüßung setzte der Onkel die Brille auf und beschäftigte sich mit meinen Papieren; sie bildeten ein starkes, von Bertha geordnetes Dossier. An meinen Zeugnissen war nichts auszusetzen — auf Schule, Universität und auch beim Militär hatte ich einen guten, zum Teil sogar sehr guten Abgang gehabt — bis eben auf meine Desertion. Für Fridolin war das weniger ein Manko als für mich selbst.

Der Onkel las alles sorgfältig, selbst die Diplome, die mich als Fahrtenschwimmer und Mitglied des Liegnitzer Sportvereins »Dynamo« auswiesen. Ich sah, daß er einige Male zustimmend nickte. Dann nahm er die Brille ab:

»Und wie steht es mit den Finanzen, Friedrich?«

Auch daran hatte Bertha gedacht. Ich konnte die Rechnungen, Quittungen und Mahnungen vorlegen. Unter dem Strich sah es ungut aus. Der Onkel vertiefte sich wieder und schüttelte den Kopf.

»Also mehr, als ich geahnt habe.«

Es entstand ein Stillschweigen. Endlich sagte er:

»Trotzdem will ich dich einstellen. Laß die Rechnungen hier; ich begleiche sie, und du bekommst noch einen Vorschuß von mir. Ich habs nicht gern, wenn einer mit Schulden beginnt. Wohlgemerkt: es ist ein Darlehen.«

Mir fiel ein Stein vom Herzen; soviel hatte ich nicht erhofft. Ich dankte dem Onkel; er gab mir die Hand und sagte zum Abschied:

»Übermorgen ist der Erste; dann kannst du antreten. Versteh mich recht: auf Grund deiner Zeugnisse. Daß wir verwandt sind, und du bist jetzt sogar unser Nächster, steht auf einem anderen Blatt. Als Onkel hätte ich dir das Geld geschenkt. Aber im Dienst bin ich kein Onkel, und du bist kein Neffe; das habe ich auch Friederike schon gesagt.«

41

Feldwebel Stellmann hatte sich ähnlich, aber robuster ausgedrückt. Zu seinen Sprüchen zählte: »Ich bin ein herzensguter Mensch — nur im Dienst bin ich ein Schwein. Und ich bin immer im Dienst.«

Nun, so schlimm kam es nicht. Letzten Endes zählt auch Stellmann zu meinen Wohltätern. Als ich von der Potsdamer Straße nach Steglitz zurückging, kaufte ich bei Rollenhagen von meinem Vorschuß einen Hummer und eine Flasche Chablis. Am schönsten war, daß Bertha endlich wieder ein frohes Gesicht machte. Wir konnten jetzt den Kuckuck von den gepfändeten Möbeln abnehmen.

Auch ihren Humor hatte sie wiedergefunden — als wir nach dem Festmahl Siesta hielten, sagte sie: »Du darfst jetzt die Leichenbittermiene ablegen.«

Das zielte schon auf den Dienst.

42

Am Ersten um acht Uhr morgens trat ich die Stellung an. Onkel Fridolin informierte mich über meine Pflichten; von Nepotismus konnte wahrlich nicht die Rede sein. Er schloß ab: »Du wirst von der Pike auf arbeiten.« Dann stellte er mich den leitenden Herren vor.

Ich war nun Gerant der »Pietas«. Gerant ist ein Verlegenheitstitel, der nichts und alles bedeuten kann. Er entspricht etwa dem »zu besonderer Verwendung« beim Militär. Ich war ein Faktotum, ein Mädchen für alles, dauernd beschäftigt, auch sonntags und nach dem Dienst. Der Portier rief mich in dringenden Fällen an — und dringend ist jeder in diesem Geschäft. Zudem kommt der Tod vorwiegend in der Nacht.

»Von der Pike auf« bedeutete nun nicht, daß ich mit an den Sarg fassen mußte — dafür gab es eine besondere Mannschaft, eben die Bestatter, und mit denen hatte ich schon Ärger genug. Die Sargträger und Totengräber sind eine seltsame Gilde, eine Art von Grenzgängern. Wenn sie sich auch keine Hamlet-Gedanken machen, so beschäftigt sie doch die Frage, was von unsereinem übrig bleibt. Meist nur ein paar Knochen im Grabe oder Asche in der Urne — das war ihr Schluß.

Aber ich hatte mich nicht um ihre Gedanken zu kümmern, sondern um ihr Amt. Dabei kamen mir die Erfahrungen zustatten, die ich in Liegnitz gemacht hatte. Überhaupt ist es günstig, wenn man irgendwo einmal stramm gestanden hat. Ich mußte den Anzug überprüfen, den langsamen Gleichschritt, die gemessene, sogar ein wenig sakrale Bewegung, die Haltung bis auf die Mimik, das feierliche Gesicht. Wichtig war, daß sie nicht bereits angetrunken zum Dienst kamen. Leider neigten sie dazu, sich schon vorher ein Glas hinter die Binde zu gießen oder auch deren mehrere. Nachher war das üblich — wenn sie auch nicht am Leichenschmaus teilnahmen, so fiel doch eine Libation für sie ab. Im großen ganzen kam ich gut mit ihnen aus.

43

Ich hatte also oft auf Friedhöfen und in Krematorien zu tun. Dazu die Gänge zu deren Verwaltungen, den Kirchen und Standesämtern, den Lieferanten und Zeitungen. Anfangs schien das kaum zu bewältigen.

Es versteht sich, daß ich beim Umfang von Onkel Fridolins Firma nur einen Sektor zu betreuen hatte; der Dienst war auf die Friedhöfe verteilt. Doch deren drei, darunter ein großer, waren mehr als genug. Verhältnismäßig wenig Sorge machte mir ein der Einebnung entgangener jüdischer. Er war klein, und ein frommer Verein, die Chewra Kadischa, nahm uns die Hauptarbeit ab. Das war gut auch deshalb, weil es hier besondere, wohl zu beachtende Vorschriften gab. So waren keine Blumen zu besorgen; die Juden legen Steine auf das Grab. Dieser Ort war mir der alten, geheimnisvollen Grabsteine wegen besonders lieb. Inschriften, die wir nicht lesen können, geben in einer tieferen Schicht zu denken — es war ein Hauch von Zion und Babylon dabei.

Das Büroleben war mir neu. Im Verlauf eines Jahres gewöhnte ich mich daran. Für diese Tätigkeit gibt es zwei Regeln: Disponieren die eine, Delegieren die andere. Allmählich beschränkte ich den Papierkram und machte um so mehr vom Telefon Gebrauch. Das sparte viel Zeit und manchen Gang. Ich kannte nun auch die Partner, und der Onkel hatte, als er sah, daß ich mich bewährte, mir eine Sekretärin zugeteilt. Sie bereitete die Eingänge vor; auf manche machte ich nur einige Notizen, vorwiegend Ziffern, sie telefonierte mit den Verwaltungen. Für Predigt, Kapelle, Blumen und anderes war dann automatisch gesorgt. Endlich entfielen auch diese Notizen; neben dem Telefon stand eine kleine Maschine; ich drückte die Tasten, wie Bertha es an der Kasse getan hatte.

44

Auch der Hausbesuche wurde ich nach Jahresfrist ledig — an sie denke ich am wenigsten gern zurück. Meist war ich erwartet, denn die Leidtragenden wandten sich nach dem ersten Schrecken an die bewährte »Pietas«. Das galt selbst für Staatsbegräbnisse. Den Namen der Firma mit den Palmenzweigen las man zwischen den Todesanzeigen der Zeitungen und in jedem Wagen der Untergrundbahn. Je aufwendiger das Begräbnis sein sollte, desto eher dachte man an uns. Vor dem Kriege hatte Onkel Fridolin zusammen mit dem Großvater eine Sterbekasse gegründet; auch die florierte, aber er hatte sie eingestellt. Er sagte: »Das ist etwas für kleine Leute« — die mochten sich an die Konkurrenz wenden.

Ich begann schon zu seufzen, wenn ich mir vor diesen Besuchen den Silberschlips band und mich in den Gehrock warf. Was würde wieder bevorstehen? Wer würde die Tür öffnen — die gespenstische Witwe oder das weinende Dienstmädchen? Kein Schweigen kann tiefer sein als das im Totenhause, in dem die Spiegel verhängt werden. Ich geriet in turbulente Szenen, sah die Familie um das Totenbett stehen, hatte Menschen zu soufflieren, die nicht antworteten. Auch fehlte es nicht an Infamien: den Erben, die sich schon im Nebenzimmer stritten, den Gläubigern, die sich wie nach Balzacs Heimgang vor der Tür drängten, dem kaum versteckten Händereiben des Nachfolgers im Kontor, im Geschäft, im Ehebett.

45

Eins hatte ich mir schlimmer vorgestellt: die enge Verknüpfung von Tragödie und Geschäft. Wenn ich als Vorbote von Charons Nachen eintrat, gefolgt von dem Gehilfen mit dem Zollstock, spürte ich bei den Betroffenen sogar ein Gefühl der Erleichterung. Das Chaos begann sich zu lichten — ich konnte ihnen manche Sorge abnehmen. Auch kommt der Augenblick, in dem man, so schwer der Abschied auch fällt, den Toten unter die Erde wünscht.

Andererseits durfte ich das Geschäft nicht vernachlässigen. Einmal, als ich Onkel Fridolin einen Auftrag vorlegte, sagte er: »Die hätten liebend gern für ihren Vater das Doppelte aufgewendet und sind sogar dazu verpflichtet: ein General. Schließlich sind wir kein Wohltätigkeitsverein.«

Das ließ ich mir gesagt sein, andererseits durfte ich die Verwirrung nicht ausnutzen. Allmählich fand ich die Balance.

Warum gefielen diese Besuche mir um so weniger, je mehr Routine ich gewann? Das erfordert eine Gewissensprüfung, denn ich möchte mich nicht mir selbst als einen guten Menschen vorstellen. Trotzdem griff das Geschäft mich an. Meine Lage war ungefähr die eines Mimen, der jeden Abend in Dramen mitzuwirken hat. Zunächst ist er mit Passion dabei, dann wird es zur täglichen Gewohnheit; sie imprägniert Sprache, Gestik und Mimik — die Maske wird konstant.

So auch bei mir. Ich ging nun ohne Lampenfieber in die Totenhäuser; das war meinem Charakter abträglich.

46

Eher noch als mir selbst fiel Bertha die Veränderung auf. Sie sagte, wenn ich ermüdet heimkam: »Du darfst jetzt die Leichenbittermiene ablegen.« Und das war nicht mehr scherzhaft gemeint.

Daß ich sie zu vernachlässigen begann, lag nur zum Teil

am Beruf. Schon beim Frühstück durchblätterte ich die Zeitung und überflog die Anzeigen. Es war möglich, daß uns ein wichtiger Todesfall entgangen war. Dann fuhr ich zur Potsdamer Straße, denn ich hatte jetzt einen Wagen, telefonierte, machte Hausbesuche und kam, oft verspätet, am Abend zurück. Meist las ich bis spät in die Nacht, denn ein Tag ohne Bücher ist für mich ein verlorener Tag.

Bertha mußte begreifen, daß ich mich ihr nicht mehr so widmen konnte wie damals, als wir im Kämmerlein uns gegenseitig Trost gespendet hatten und aneinander gerückt waren. Die Armut verbindet, der Wohlstand trennt. Merkur ist der Liebe abträglich.

Als ich das Geschäft im Griff hatte, kam der Spieltrieb hinzu. Jeder kennt ihn, den ein Mal im Leben der Erfolg begleitete. Wir betreten nun ebenso leichten Mutes wie früher schweren Herzens das Büro. Die Dinge gehen glatt von der Hand. Wie ein routinierter Kartenspieler die Blätter mischt und fächert — schon im Zusehen liegt Genuß.

47

In unserer kultivierten Wohnung wurde es kühler; wir gingen vorsichtig miteinander um. Es waren Bagatellen, in denen sich die Entfremdung äußerte — etwa ein Schlips, der ihr nicht gefiel. Dabei hatte sie ihn mir geschenkt. Aber er paßte zum Anzug nicht.

Zum Streit ließ ich es nicht kommen, obwohl ich beim Frühstück besonders empfindlich bin. Doch auch das paßte ihr nicht. Sie sagte: »Friedrich, du wirst mir zu glatt. Ich weiß ja — der Kunde hat immer recht.«

Ich sah das ein — der Beruf färbte auf meinen Charakter ab. Auch in der Ehe ist ein akuter Anfall besser als ein chronisches Leiden; ein handfester Krach reinigt die Luft, und die Versöhnung stellt den häuslichen Frieden wieder her.

Indessen muß ich mich hier sorgfältiger prüfen und mich

fragen, ob meine Veränderung weniger das Symptom einer Berufskrankheit war, als daß sie dem Kern meines Wesens entsprach.

48

Erwähnte ich schon, daß ich mich für fähig halte, mit jeder Frau gut auszukommen, falls sie mir nicht von Natur zuwider ist? Auch das hatte Bertha erkannt. Sie sagte mir einmal, als wir nebeneinander lagen: »Ich glaube, du liebst mich weniger, weil ich ich bin, als weil ich eine Frau bin — ist das nicht kränkend für mich?«

Das war die uralte Frage, ob dem Wein oder dem Becher der Vorzug zu geben sei. Ich bin für den Wein. Der König von Thule trank aus einem goldenen Becher, den die Liebste ihm geschenkt hatte, aber er warf ihn ins Meer, gab ihn der Mutter zurück. Auch gibt es irdene Becher, und vielleicht mundet aus ihnen der Wein besser; der Liebe können Wissen und Kultur eher Abbruch tun. Das ist ein Problem, über das sogar die Götter streiten; ich löse es nicht.

In jener Nacht behielt ich die Antwort für mich; die Umarmung ist das beste Argument. Damit will ich nicht sagen, daß Bertha das Gespräch nicht hätte führen können — und nicht nur deshalb, weil das Studium, das sie meinetwegen abgebrochen hatte, den Alten Sprachen und damit auch dem Mythos gewidmet gewesen war. Sie nahm es später wieder auf.

49

Um näher auf Berthas Frage einzugehen, muß ich den Mythos zu Rate ziehen. Auch unsere Psycho- und Charakterologen haben hier, oft ohne es zu wissen, ihre Grundlagen. Mir gibt ein Kapitel Plutarch oder Vico mehr als ihre Meßkünste.

Mit Bertha verband mich nicht nur der Geschmack, sondern auch die Passion. Wir verdanken Stendhal diese Unterscheidung; er hat sie fixiert. Als nun die Passion schwächer wurde, verhinderte der gute Geschmack, daß es zwischen uns zu einem Zerwürfnis im Strindberg-Stil kam. Es tauchte auch kein Dritter, keine Dritte dabei auf. Wir entfremdeten uns, und das bereitete uns beiden Kummer — gewiß fragte sich Bertha ebenso wie ich, inwiefern sie daran Schuld trüge.

Sie ließ es nicht an den kleinen Avancen fehlen, auf die sich die Frauen besser verstehen als wir. So hinsichtlich der Daten, die wir leichter als sie vergessen — warum schmückten heute Blumen den Tisch? Richtig — es war der Jahrtag unserer ersten gemeinsamen Nacht. Dann wieder stand ein Lieblingsgericht auf der Tafel, oder sie trug den billigen Schmuck, den ich ihr, der Studentin, geschenkt hatte, und sie war wie damals frisiert. Das waren Erinnerungen an die alten Zeiten, doch Erinnerungen nur.

50

Zur Entfremdung wäre es auch ohne den Beruf gekommen, der mich immer mehr beschäftigte und sogar meiner Gesundheit zusetzte, vor allem, als die Firma unerwartete Bedeutung gewann. Wenn von Schuld die Rede sein konnte, so lag sie bei mir — an meinem Charakter, den der Beruf enthüllte; doch das hätte auch unter anderen Umständen die Zeit bewirkt. Wie ein Moralist sagte, treten mit dem Alter nicht nur die Profile, sondern auch die Charaktere ausgesprochener hervor.

Ich frage mich, ob ich, was den Eros angeht, in eine der gängigen Typenlehren einzuordnen bin. Wenn ich einen Testbogen ausfüllen würde, so gäbe ich das Muster eines normalen Partners ab. Ich kann mit keiner Überraschung, keiner Abweichung physischer oder geistiger Art aufwarten.

Damit sollte man sich nicht zufrieden geben; die Statistiken sind für Beschränkte erdacht. Was bedeutet etwa die Frage:»Welche Farbe ist Ihnen die liebste?« für einen, der sich im Nebel wohl fühlt oder den die Palette, der Opal, der

Regenbogen, ein Sonnenuntergang in Manila entzückt? Auch stoßen wir unter jeder normalen auf eine tiefer allgemeine, auf die humane Schicht. Der Mensch bleibt das Rätsel schlechthin.

Nachdem ich die Bücher beiseite gelegt hatte, kam ich zu dem Schlusse: du bist ein erotischer Nihilist. Was soll das bedeuten? Platt herausgesagt, ist mir die Frau am liebsten, die mich durch ihre Anwesenheit nicht stört, die also nicht vorhanden ist. Das, wie gesagt, ist ein ganz allgemeiner Fall, und eben er hatte Bertha an mir gestört.

Nun könnte ich mich aus der Affäre ziehen mit der Behauptung, ich sei vielleicht sogar ein erotischer Idealist. Die Gegenwart der Geliebten würde insofern stören, als sie die Aphrodite beeinträchtigt. Die letzte Kammer bleibt verschlossen, und nur ein Lichtstrahl blitzt hindurch. Das ist der geheime Grund so vieler Enttäuschungen.

Die Sehnsucht nach einem neuen Leben kann sehr stark werden. Ich denke an den Einfluß der provençalischen Minne auf die Renaissance. Vita nuova — der neunjährige Dante wird durch Beatrice verwandelt wie Petrarca durch Laura — was kosmisch Flut, ist für den Menschen das Gedicht: Antwort auf große Entfernungen.

Ich will mich aber nicht als übersinnlichen Freier aufspielen. Mag Aphrodite auch fehlen oder das Haupt verhüllen: die Große Mutter ist immer dabei. Die Liebe ändert sich im Maß, in dem der Materialismus fortschreitet.

Mein Nihilismus beruht auf konkreten Erfahrungen. Und, wie so oft, war es die erste Begegnung, die den folgenden als Modell die Vorform gab.

51

Vor allem die Götter ändern sich. Entweder wechseln sie Gestalt und Gesicht, oder sie verschwinden ganz und gar. Doch immer bleiben Ähnlichkeiten, wieviel Geschlechter auch entstehen. Das ist wie bei den Tierstämmen.

Daß Dionysos ein Gott sei, halte ich für einen Irrtum; ich

bestreite es. Er hat auf dem Olymp als naher Verwandter, auch als Ehrengast einen Platz. Dionysos ist mehr und weniger denn ein Gott — er ist enthüllte Erde, offenbarte Natur. Er ist ein Dämon, ein vielgestaltiger Titan. Dem widerspricht nicht, daß nach einer der vielen Mythen, die sich an ihn knüpfen, Titanen ihn zerrissen haben sollen — das ist ihre Art. Dionysos ist selbst ein Zerrissener, ein Zerreißender, ein Hinreißender. Sein Ort ist weniger der Olymp als in Eleusis der Platz zwischen Persephoneia und Demeter.

Ich halte es daher für einen Irrtum, daß der Alte Pulverkopf den Dionysos als Gott dem Apoll entgegenstellte — hier begegneten sich vielmehr titanisch-dämonische und göttliche Macht. Daß diesem Konflikt zwei Arten der Kunst, besonders der Musik, entstammen, das hat der Pulverkopf gut erfaßt. Er kehrte zu Dionysos zurück.

Ich will das nicht ausführen, sondern mich der Gegenwart zuwenden. Daß wir, vorwiegend leidend, an einem Göttersturz teilnehmen, wird bis nach Indien und Neu-Guinea hin offenbar. Titanische Mächte in mechanischer Verkleidung dringen dafür vor. Wo Zeus nicht mehr thront, werden Krone, Szepter und Grenzen sinnlos, mit Ares nehmen die Heroen Abschied, mit dem Großen Pan stirbt die Natur. Wo selbst Aphrodite verblaßt, kommt es zu wahllosen Vermischungen.

Die Macht des Dionysos bezeugt es, daß er allein sich erhält. Er ist der Festherr in Palästen und bei den Massen, ist bei Fürsten und Bettlern zu Haus. Sein Licht bezaubert die Eintagsfliege, die an ihm verbrennt.

52

Der Liegnitzer Kulturpark war mir, auch abgesehen davon, daß Stellmann uns in ihm zu schleifen pflegte, ein denkbar unangenehmer Ort. Schon der Name war paradox. Alltags diente er als Exerzierplatz, wenn das Areal vor den Kasernen besetzt war, und sonntags zu Aufmärschen. Der Rasen war abgetreten, von Blumen konnte nicht die Rede sein. Im Zentrum stand eine riesige Granate, ein Blindgänger, der, wie die Inschrift auf dem Sockel lehrte, an die Eroberung der Stadt erinnerte. Eine mit Statuen gesäumte Allee führte darauf zu. Das waren die Kunstwerke, teils aus Gips, teils aus Beton. Freilich waren sie nicht für die Ewigkeit bestimmt. Wie Schigalew es in seinem Programm fordert, wurden die Eliten zuweilen liquidiert. Dann wechselte man, wie ich es zwei Mal erlebte, die Köpfe aus. Auch an den Straßenschildern und in den Wörterbüchern wurden Namen gestrichen und Daten geändert — kurzum, es gab keine Geschichte mehr, nur noch Geschehen.

Wie kam es, daß sich diese Wüste für eine Nacht so wunderbar veränderte? Es war ein Freitag, am Ersten Mai. Überall in Europa ist dies ein Tag der Feste und Mysterien. In Würzburg fuhr der Teufel in einer prächtigen Karosse durch die Stadt. Auf dem Brocken tanzten die Hexen; im Bodetal wurde Brunhilde gesehen. Die armen Seelen geisterten auf den Flüssen, unterirdische Glocken läuteten. Bei uns in Schlesien hieß es: wer dann um Mitternacht einen Stern fallen sieht, der soll in seinem Garten graben; er wird einen Schatz finden.

53

Nun waren die Umzüge Pflicht geworden, doch der Tag war geblieben, denn jedes Regime lebt vom Mythos, wenngleich in abgeschwächter Form. In der Menge mußte eine Erinnerung wirken, die sie, nachdem die Fahnen eingerollt waren, ins Freie trieb, dem wahren Festherrn zu. Er muß, wenn nicht erschienen, so eingetreten sein; die Verwandlung war außerordentlich. Auch ich wurde von ihr ergriffen, obwohl ich traurig gekommen war.

Nebel war aufgestiegen, wie oft um diese Zeit. Über ihm mußten Gestirne leuchten, aber Menschen und Dinge waren nur durch einen dichten Schleier, fast wesenlos, zu sehen. In den Wirtschaften der Stadt wurde aufgespielt, doch nur der

Dithyrambus einer Pauke drang in den Kulturpark, wie ferne Gongschläge.

Ich ging durch die große Allee. Auch die Statuen hatten sich verwandelt; sie waren weder Kunstwerke noch deren Persiflagen mehr. Der Parteivorsitzende war zum Herakles geworden, der Henker zum letzten Beglücker, zum indischen Gott. Selbst der Beton enthüllte sein Geheimnis; seine Atome waren auch die des Marmors — ja unseres Herzens, unseres Hirns. Es war ganz still geworden; die Menge hatte sich im Park zerstreut. Sie hielt ein großes Beilager.

Nun sollte ich über die Begegnung sprechen, die mir zuteil wurde, indessen entzieht sich das Unsagbare dem Wort. Das Schweigen zu brechen, wäre schon Verrat. Ähnliches wurde mir nie wieder gewährt. Ich weiß nicht einmal, ob es zur Berührung kam. Doch gründet mein Nihilismus sich auf Tatsachen.

DRITTER TEIL

Kehren wir zum Geschäft zurück. Wie gesagt, war ich ein Aufsteiger. Es gab eine Überraschung — nicht durch bloßes Florieren, sondern so, als ob eine Grundzahl potenziert würde: ein Großes Los.

Als Onkel Fridolin meine Zeugnisse prüfte, hatte er dem Diplom für Statistik und Propaganda seine besondere Aufmerksamkeit geschenkt. In der Tat sind beide Fächer wichtig: unser Verkehr beruht auf statistischen Grundlagen, und unsere Bedürfnisse werden durch Propaganda geweckt. Bei den Römern war das anders: sie warteten mit Tatsachen auf und ließen die Meinung auf sich beruhen. Zum Beispiel war es ihnen gleichgültig, ob die Juden an die Zwölf Götter glaubten; sie hefteten keine Thesen an den Tempel von Zion, sondern stellten das Bild des Cäsars davor auf. Bei uns geht die Meinungsbildung den Tatsachen voraus — daher ist die, wiederum mit der Statistik verknüpfte, Propaganda ein so wichtiges Fach.

Die Bedürfnisse sind einerseits real, andererseits metaphysisch; sie richten sich auf das Leben in dieser und in einer anderen Welt. Beide sind nicht scharf zu trennen — sie berühren sich im Traum, im Rausch, in der Ekstasis, den großen Verheißungen.

Die Kunst, ein neues Bedürfnis zu wecken, hat eine weite Skala — vom Apostel Paulus bis zu Edisons Erfindungen. Ein Bedürfnis kann plötzlich erkannt werden oder sich allmählich ausbreiten. Nehmen wir den Tabak: es ist ein langer Weg von der ersten Zigarre der Konquistadoren bis zur Weltmacht der Zigaretten-Industrie.

Wie kam es nun, daß Onkel Fridolins bescheidene Firma in wenig Jahren diesen unglaublichen, kaum zu bewältigenden Aufschwung erfuhr?

55

Es begann mit einer Panne, wie so oft. Ich war mit dem Bildhauer Kornfeld und dem Fahrer Edwin auf dem Weg nach Verdun, der Capitale de la Paix, wo wir zu tun hatten. Edwin war ein guter Chauffeur, aber unzuverlässig — er hatte »Graupen im Kopf«. Ich zitiere damit den Onkel, der ihm schon etliche Male gedroht hatte, daß »am Fünfzehnten der Erste« sei. Er sagte auch: »Edwin ist einer von denen, die sich am Montag krank melden.« Das stimmte, aber der holte es in der Woche wieder auf.

Auch heut war Montag; wir hatten in Saulgau bei Kleber übernachtet und die Weine probiert, die am Neckar gedeihen. Edwin hatte versäumt, den Tank zu füllen; an einem der Hügel vorm Schwarzwald ging uns der Treibstoff aus. Es war ein einsamer Ort; kein Wagen kam vorüber, daher mußte Edwin sich mit zwei Kanistern auf den Weg machen. Im Grunde war uns der Aufenthalt nicht unlieb; es war ein schöner Morgen — wir waren in Stimmung für einen Spaziergang, eine Pfeife Tabak und ein gutes Gespräch.

Auf dem Hügel stand eine Kapelle; sie erinnerte mich an jene des Wurmlinger Berges bei Tübingen, der Uhland das schöne Gedicht gewidmet hat. Eine graue Mauer umschloß den Grund; wir traten durch die Pforte und befanden uns auf einem verlassenen Friedhofe. Kornfeld sagte: »Sieh da — die Anziehung des Bezüglichen.«

Kornfeld war ein bekannter Bildhauer, aber er praktizierte nicht mehr. Er meinte: »Uns Bildhauern geht es wie den Schmetterlings-Sammlern, die ihr Netz an den Nagel hängen, weil die Falter aussterben. Bei uns sind es die Köpfe, die rar werden. Man müßte schon zu den Negern gehen, und auch da — — —«

Er fügte hinzu: »Für mich wäre eine Tyrannis günstig, das darf ich natürlich nicht laut sagen.«

»Aber Herr Kornfeld — unsere Erfahrungen bezeugen doch eher das Gegenteil.«

»Mein lieber Baroh, Sie verwechseln hier Tyrannen und

Demagogen — das ist ein gängiger Irrtum in unserer Zeit. Der Demagog rührt ein und denselben Teig um; er ist ein Zuckerbäcker, im besten Fall ein Gipser und Anstreicher. Der Tyrann profiliert. Das geht bis zu den Leibwächtern. Denken Sie an die Renaissance: überall saßen Tyrannen, in jeder Kleinstadt bis hin zum Vatikan. Das war die große Zeit für die Bildhauer, für die Kunst überhaupt.«

Darüber ließ sich nachdenken. Jedenfalls würde der Alte Pulverkopf dem zustimmen. »Cesare Borgia als Papst.«

Kornfeld hatte vor allem in Marmor gearbeitet; er hatte auch die antiken Sorten studiert und die griechischen Inseln auf der Suche nach vergessenen Steinbrüchen bereist. Zu seiner Lieblingslektüre zählten die »Vertraulichen Briefe« des Präsidenten de Brosses, in denen so oft vom Marmor gesprochen wird. Kornfelds Name wird von der Kritik und den Akademien ungern erwähnt, trotzdem drängt er sich gerade dann auf, wenn er verschwiegen wird. In den Museen finden sich gute Köpfe von seiner Hand. Seitdem er den Meißel beiseite gelegt hatte, beschäftigte er sich mit architektonischer Beratung und der Anlage von Gärten, Parks und auch von Friedhöfen. In einem solchen Auftrag waren wir unterwegs.

Auf diesem Hügel war seit langem nicht mehr beerdigt worden und, wie Kornfeld meinte, stand die Einebnung bevor. Bald würde das Land nur noch aus Straßen und Tankstellen bestehen. Wir betrachteten die Grabsteine, entzifferten die Inschriften. Es war ein Hundertjähriger dabei. Von einem bescheidenen Denkmal mußten wir den Efeu abheben und sahen, daß es dem einzigen Gefallenen gewidmet war, den das Dorf in einem der Feldzüge des vorigen Jahrhunderts verloren hatte; über seinem Namen stand das Eiserne Kreuz.

An der Wand der Kapelle waren die Grabsteine der Pfarrherren gereiht. Die Daten führten bis auf den Dreißigjährigen Krieg zurück. In rotem Sandstein wiederholten sich Kelch und Oblate vom Barock bis zum Jugendstil. Ein Herrschaftsrichter, ein Seminarist, ein vom Blitz Erschlagener, viele Kinder, in der Mehrzahl Bauern, die den Acker bestellt hatten. Vielleicht waren ihre Familien ausgestorben, doch der Stein erhielt die Namen und gab Fremden zu sinnen, die, wie wir heute, zufällig vorbeikamen. Sogar eines Seiltänzers, der über dem Dorfplatz abgestürzt war, hatten sie gedacht.

56

Als Edwin mit den Kanistern gekommen war und wir auf die große Straße zurückfuhren, sagte Kornfeld:

»Das war noch ein Friedhof, der seinen Namen verdient. Wenn ich dagegen an den meiner Vaterstadt denke, in dem ich vielleicht einmal liegen werde: ein Rangierbahnhof — schlimmer als in New York.«

Er führte das aus: »Sehen Sie, ich sorge dort für ein Erbbegräbnis, in dem schon mein Urgroßvater ruht. Ich weiß nicht, wie lange ich mir das noch leisten kann. Kein Jahr vergeht, ohne daß ich von der Verwaltung sekkiert werde. Schon das Wort ›Erbe‹ ist heut ein Ärgernis — ähnlich wie ›Schicksal‹ und ›der liebe Gott‹. Ich befürchte, daß die Norddeutsche Tiefebene zu einem Erdbebengebiet geworden ist. Bald wakkelt der eine Grabstein, bald der andere, obwohl sie an der Mauer stehen und wohl nur wackeln, wenn man ihnen Gewalt antut. Es kommen Rechnungen von Steinmetzen, Friedhofsgärtnern, verschiedene Gebühren — dabei hat der Urgroßvater vor hundertundzwanzig Jahren den Platz ein für alle Mal bezahlt, und zwar in Gold. Offenbar sind dort jetzt weniger Totenwächter am Werk als Bodenspekulanten; die meisten alten Familien geben daher ihre Rechte auf.«

Kornfeld fuhr fort: »Die Erbbegräbnisse werden dann durch Reihen gleichförmiger Steine ersetzt. Die Burschen maßen sich auch noch Autorität in Geschmacksfragen an. Aber sehen Sie sich dafür den Campo santo von Genua an. Dort wimmelt es von Geschmacklosigkeiten — und sie ergänzen sich zu einem großartigen Bild.«

Dem mußte ich zustimmen. Der geschichtslose Mensch kennt keinen Frieden, vor allem keine ewige Ruh. Er hat noch die Gräber seinem Chauffeurstil angepaßt. Sie sind, wie alle seine Bauten, für dreißig Jahr bestimmt. Die Leidtragenden begnügen sich mit dem Dauerauftrag an eine Gärtnerei. Das ist ihre Pietät. Ich kannte sie aus meinem Geschäft.

»So ist es«, sagte Kornfeld, »die alte Waschfrau, die für ihr Begräbnis sparte und sonntags ihr Totenhemd aus der Truhe nahm, um es zu streicheln — die finden Sie nur in halb vergessenen Gedichten noch.«

Er überlegte: »Und doch ist etwas geblieben — Sie entdecken es, wenn Sie an der Politur kratzen: eine Trauer wie im November, wenn die Blätter fallen und es doch schon in der Erde zu keimen beginnt. Glauben Sie mir: hier wird ein Verlust gefühlt, hier schlummert ein Bedürfnis, das jeden beunruhigt, das alle bewegt.«

57

So hatte es begonnen, auf der Fahrt nach Verdun, zu einem der großen Friedhöfe. Das Gespräch blieb uns beiden in Erinnerung; wir fühlten, daß wir eine wichtige Frage berührt hatten. Wir trafen uns dann noch oft in Berlin, auch in Gesellschaft, und spannen das Thema aus.

Ich möchte zu unserer Ehre sagen, daß wir zunächst nicht an das Geschäft dachten. Kornfeld plante als Architekt und Künstler; sein Ideal war seit langem die Gestaltung harmonischer, der Arbeitswelt entzogener Landschaften. Sie sollten dem reinen Behagen und der Meditation dienen, vielleicht auch kultische Bedeutung haben — am besten wäre beides vereint. Gern zitierte er einen in Vergessenheit geratenen Historiker von Rotteck: »Eine Zusammenstellung der Bestattungsbräuche würde das Gegenstück zu einer Sammlung der Unsterblichkeitstheorien sein.«

Reich illustrierte Werke von Vitruv und Piranesi bis zu denen Lenôtres und des Fürsten Pückler standen in Kornfelds Bibliothek, an die sich ein Kartenzimmer schloß. Gern hielt ich mich in diesen Räumen auf. Der Arbeitstrakt umfaßte noch ein Atelier und einen Zeichensaal, in dessen Wände eine Sammlung von Marmorstufen eingelassen war. Ein Garten führte bis zur Spree. In ihm standen Skulpturen aus der Zeit, in der Kornfeld als Bildhauer tätig gewesen war. Nun beschäftigte er Zeichner, die zuweilen auch für die »Pietas« arbeiteten. Anläßlich eines solchen Auftrages hatte ich ihn kennen gelernt.

Was mich betrifft, so bewegte mich zunächst nur eine vage Passion. Ich fühlte mich durch ein Allgemeines angesprochen, dem ich dienen konnte, auch wenn ich nur einen Stein beitrüge. Durch ihn bezeugte ich, daß der Pharao unsterblich ist, und jeder trägt einen Pharao in sich.

Ich dachte an große Bauten, Kornfeld an Wälder und an Ebenen nahe den Polarkreisen. Uns verband die Überzeugung, daß wir einer Sehnsucht auf der Spur waren. Wenn ein Bedürfnis geweckt werden soll, muß es vorhanden sein; man darf es nicht aufschwatzen. Nur was schlummert, kann geweckt werden.

Wir hatten zwar eine Idee, doch mußten wir, wie jeder Erfinder, jeder Autor, um sie zu realisieren, nach einem soliden Partner auf die Suche gehen. Es lag nahe, daß wir uns zunächst an Onkel Fridolin wandten, der jedoch entschieden ablehnte. Er war ein guter Kaufmann, doch Phantasien abhold und ein durchaus amusischer Geist. Zudem behagte ihm der Gedanke ewiger Ruhestätten nicht. Er lebte schließlich davon, daß möglichst viel und immer neu beerdigt wurde, gewissermaßen in Rotation. Wie viele Konservative war er, wo es ums Geschäft ging, auf der Höhe der Zeit. So hielt er etwa die Totenverbrennung für einen großen Fortschritt, wenngleich er sie persönlich ablehnte.

58

Sigi Jersson war einer meiner neuen Freunde, vielleicht der einzige, dem ich diesen Namen zubillige. Wir hatten uns auf einem jüdischen Friedhof kennen gelernt, der erst vor kurzem eröffnet worden war. Die Grabsteine dort gaben mir zu denken: sie hatten die Form eines aufgeschlagenen Buches mit ein, zwei Namen als Inschrift; darunter stand eine Liste von Vermißten — nicht von Gefallenen, sondern von Verschleppten und Ermordeten. Auch Sigis Vater war dabei.

Wir wechselten damals nur einige Sätze, aber bei innerer Übereinstimmung genügt das oft zur Begründung von Freundschaften. Es mag ein Augenzwinkern sein, ein ironisches Schweigen, das die geistige Verwandtschaft enthüllt. Und hier gab es viel, was zu überspielen war.

Sigi besuchte mich in Steglitz und ich ihn in seinem Bungalow am Wannsee, im westlichen Sektor der Stadt. Bertha war nicht erbaut von dieser Bekanntschaft, die auch zu unserer Entfremdung beitrug: »Das ist kein Umgang für dich — hast du nicht gesehen, wie der die Spargel ißt?«

Das störte mich wenig; seitdem ich Jagello verloren hatte, war ich ausgehungert nach einem historisch und literarisch fundierten Gespräch. Mit beidem konnte Sigi aufwarten. Daß innere Ordnung herrschte, spürte ich schon beim ersten Besuch in seiner Bibliothek. Für Literaten bilden Bücher das Kostüm, nach dem sie sich sogleich beurteilen. Hume, Macchiavelli, Flavius Josephus, Ranke in langen, braungoldenen Reihen — es gibt eine Stimmung, in der die Bücher unmittelbar Substanz ausstrahlen.

Mit der Zeit wurde ich dieser Besuche bedürftig wie ein alter Chinese des Opiums. Ich kam erschöpft aus meinem tristen Büro an der Potsdamer Straße zu meinem neuen Freunde, sei es auch nur für einige Minuten, und ging erquickt wieder davon. Es kam vor, daß ich das Abendessen versäumte und bis über Mitternacht blieb. Bertha vermutete, daß ich auf Abwege geraten sei — irgendwie stimmte das auch.

Es konnte nicht ausbleiben, daß wir auch persönliche Erinnerungen austauschten. In unserem Jahrhundert hat fast jeder, der davonkam, eine Odyssee hinter sich. Sigi entstammte einer Familie, die verarmt und wieder zu Reichtum gekommen war. Sie mußte eine natürliche Beziehung zum Geld haben. In dieser Hinsicht war Sigi aus der Art geschlagen; er galt bei seinen reichen Verwandten als Schnorrer, lebte aber persönlich ohne Sorgen, denn er hatte in der Familie geheiratet.

Sigis Frau war eine geborene Jersson, einzige Tochter des bekannten Bankiers. Sie hieß Rea, war dunkelhaarig und von sehr zierlicher Gestalt. Sie hätte gut in einen ägyptischen Fries gepaßt als eine der Sklavinnen, die dem Pharao mit vorgestreckten Händen eine Gabe darbieten. So trat sie ein, wenn wir in der Bibliothek zusammenhockten, trug neuen Tee auf und wechselte den Aschenbecher aus. Ich konnte mir ihre Brüste vorstellen. Sie kam und verschwand wie ein Schatten; es fehlte nur, daß sie anklopfte wie im separée, in dem man ein zärtliches Paar nicht stören will.

59

In der Tat wurden wir bald miteinander vertraut. Unser Gespräch gewann die rechte Distanz. Es ist merkwürdig, wie gerade skeptische Geister dazu beitrugen: Montaigne, Stendhal, auch Lichtenberg — unter den Philosophen Schopenhauer und der Alte Pulverkopf. Oft genügten Andeutungen, manchmal wurde es impulsiv. In einer Mitternacht kam es zur Umarmung und zum »Du«.

Unsere Vertrautheit war anders als jene, die mich mit Jagello verbunden hatte — es blieb immer etwas Skepsis dabei, als ob wir uns über uns selbst belustigten. Die Selbstironie ist den Juden tief eingewurzelt; sie trug zu ihrem Überleben bei. Wenn es um den Kopf geht, ist die komische Rolle der tragischen vorzuziehen. Vermögen und Renommee lassen sich wiedergewinnen, der Kopf aber nicht.

Über solche Themen unterhielt Sigi sich gern. Er sagte einmal: »Wenn mein Alter nicht so kräftig mitgeholfen hätte, den Kaiser abzusägen, würde er heut noch am Leben sein.« Der Vater hatte eine der großen Zeitungen redigiert. Sein Name stand auf einem der Marmorbücher, wie ich erwähnt habe.

Es war ein seltsamer, doch vielleicht nicht ganz ungewöhnlicher Kreislauf vom Königsberger Kommerzienrat über den liberalen Vater bis zu Sigi, der in revolutionären Zirkeln nicht nur verkehrt, sondern auch agitiert hatte. Aus jener Zeit hatte er eine genaue Kenntnis der leitenden Personen und der politischen Verflechtungen bewahrt, außerdem halbmilitärische Gewohnheiten wie jene, daß er vormittags im Tiergarten ritt.

Über Nacht hatte Sigi konservative Neigungen entdeckt, und zwar auf einem der Umwege, die als zufällig erscheinen und doch zu einem bestimmten Ziel führen. Er hatte sich mit dem Prozeß gegen einen Prediger Schulz beschäftigt, der unter anderem wegen seines Werkes »Erweis des himmelweiten Unterschiedes der Moral von der Religion« vor das Preußische Kammergericht geladen worden war. Diesen Prozeß hatte Sigi in den Tagebüchern des alten Marwitz aufgestöbert, und von denen war er auf Friedrich Wilhelm II. gekommen, einen schwachen und lasterhaften Monarchen, unter dem das Königreich seine größte Ausdehnung gewann. Als ich Sigi kennen lernte, war er in Vehses »Hofgeschichten« vertieft; er bestätigte Heines Urteil darüber: »Reiner Kaviar«.

Durch seine neuen Publikationen hatte Sigi überraschend an literarischem Renommee gewonnen; die Konservativen sehen es gern, wenn ein Außenseiter zu ihnen stößt. Die Wendung von der extremen Linken zur Rechten ist in der Geschichte nicht selten; es scheint, daß sie den Charakteren eine schärfere Prägnanz verleiht. Es ist die Wendung von der Idee zum Pragma, von der Meinung zu den Tatsachen. Sie wiederholt sich in der allgemeinen wie in der persönlichen Geschichte und muß tief in die Materie hinabreichen.

60

Ich hoffe, daß ich in den Notizen die Zeiten nicht zu sehr durcheinander gebracht habe. Oft weiß ich nicht mehr, ob mir eine Begegnung vor, während oder nach einer Katastrophe zuteil wurde, ja ich verwechsle die Katastrophen selbst. Meine Erinnerung haftet weniger an Orten und Daten als an der plasmatischen Substanz.

Wie kam ich auf Sigi? Richtig: über Kornfeld und unser Gespräch während der Panne am Schwarzwälder Friedhofe. Nach meiner Rückkehr von Verdun, der Hauptstadt des Friedens, ging ich noch zu Sigi, den ich eine Woche lang nicht gesehen hatte. Als ich ihm von der Fahrt erzählte, erwähnte ich beiläufig Kornfelds Ängste um die Ruhe seiner Ahnen und kam dann auf die Einebnung alter Gedenkstätten und den Verfall des Totenkultes allgemein. »Man sollte den Mond zum Mausoleum einrichten.«

Eigentlich hatte ich eine ironische Antwort erwartet, wie Sigi sie liebte, aber ich sah, daß er ein Gesicht machte, als ob ich ihn durch einen Zaubertrick aus dem Zylinderhut überrascht hätte. Rea mußte neuen Tee bringen. Als sie ihn eingoß, sagte er: »Ich hab ein Plätzchen für dich reserviert.« Und als sie gegangen war:

»Friedrich, du weißt nicht, was du eben gesagt hast: das ist der Gegenzug zur motorischen Welt.«

Dann kam doch noch die Ironie zum Zuge:

»Und nebenbei ein Geschäft.«

Gewiß war auch ein Rabbi unter seinen Vorfahren.

61

Sigfried Jersson, der große Bankier, hatte Kornfeld und mich zu einer Besprechung geladen; wir saßen zusammen in seinem Büro. Schalldichte Wände, doppelte Fenster und Türen; kein Laut drang herein.

Ob ein Mann Geschmack hat, verrät sich auf den ersten Blick durch die Bilder, bei leeren Wänden durch die Proportionen — ja dann noch stärker: die unsichtbare Harmonie dominiert. Hier war es so, ohne daß ich etwas vermißt hätte. Die Hauptkosten einer solchen Einrichtung entstehen durch die völlige Abdichtung.

Der alte Jersson war gekleidet wie einer der Senioren des Jockey-Clubs. Auch physiognomisch paßte er dorthin. Sein Berliner Haus war eine dépendance, aber er war oft hier, denn er liebte die Stadt. Es hieß, daß er einmal eines der schnellsten Flugzeuge gechartert habe, um einen Scheck nach New York zu bringen; der Zinsgewinn einiger Stunden überwog die Unkosten. Vielleicht war das nur eine Anekdote, wie deren sich auch an Rothschild hefteten.

Wenn er ein Dokument einsehen wollte, bediente er sich eines Einglases, das an einem schwarzen Band befestigt war. So auch jetzt, als er das Exposé aufnahm, das Kornfeld und ich auf Sigis Anregung verfaßt hatten. Es lag als einziges Schriftstück auf dem Tisch. Daß er es ansah, war wohl eine Geste, denn offenbar, und das verrieten seine Fragen, hatte er den Inhalt sorgfältig studiert.

Ich hegte keine großen Erwartungen. Wahrscheinlich beruhte die Einladung auf einer gewissen Neugier, oder der Bankier wollte dem Neffen einen Gefallen tun. Es kommt vor, daß solche Potentaten für arme Verwandte eine Firma gründen, selbst wenn es ein reines Verlustgeschäft ist. Sigi hatte mir einmal gesagt: »Der Alte weiß oft nicht, wo er mit dem Geld hin soll — um es aufzuhängen, schlägt er dann neue Nägel ein.«

Durch diese Einladung wollte Jersson sich wohl vergewissern, ob wir persönlich solid waren oder Bohemiens mit phantastischen Ideen nach Sigis Geschmack. Darauf liefen, nachdem er uns durch sein Einglas gemustert hatte, seine Fragen hinaus. Ich konnte mich als diplomierten Soziologen und einen der Direktoren der »Pietas« vorstellen. Das war nicht ungünstig. Ich merkte, daß er sich über die Firma informiert hatte.

Es handelte sich also wohl mehr um die persönliche Vorstellung, denn auch über Kornfeld war der Bankier unterrichtet — ihm stellte er einige die Geologie berührende Fragen, was kein Zufall war, denn Jersson hatte auch im Ölgeschäft einen großen Namen und oft mit Prospektoren zu tun. Die Ölmagnaten sind in die Rolle der Könige eingetreten — sie überspannen Länder und Meere mit ihrem Netz.

Der Empfang dauerte drei Viertelstunden und war auch so geplant gewesen, denn ohne Anruf erschien ein Sekretär und geleitete uns hinaus. Uns folgten zwei kräftige Gestalten bis auf die Straße; beim Eintritt hatten sie uns nach Waffen durchsucht.

Zum Abschied bekamen wir die Hand. Jersson sagte: »Mein Schwiegersohn ist ein Meister in brotlosen Künsten, aber zuweilen pickt auch ein blindes Huhn ein Körnchen auf.«

62

Immerhin wunderte es mich, daß wir wieder bestellt wurden. Diesmal war auch Onkel Fridolin dabei. Der Bankier war aus New York gekommen und auf dem Dach gelandet; er unterbreitete uns das Resümee seiner Überlegungen:

»Meine Herren — mich in Phantastereien einzulassen oder einer frommen Stiftung zu präsidieren, liegt mir fern. Die Bestattung ist immer ein gutes Geschäft gewesen und könnte in dieser Zeit ein großes werden; hier liegt ein echtes und allgemeines Bedürfnis vor. Nach Einsicht der von den Herren Kornfeld und Baroh entworfenen Unterlagen bin ich bereit, eine Gesellschaft zu gründen; ich würde das Anfangskapital vorschießen. Mit dem Namen meines Hauses möchte ich dabei nicht in Erscheinung treten; ich schlage vor, daß Herr Fridolin Gädke firmiert. Ich lasse die nötigen Verträge entwerfen und sie Ihnen im Lauf der Woche zur Einsicht vorlegen.«

Das war die Geburtsstunde der Gesellschaft »Terrestra«, unter deren Mantel unsere »Pietas« eine bescheidene Existenz fortführte, obwohl die Impulse von ihr ausstrahlten. Jersson führte dann in kurzen Zügen aus, wie er sich die Entwicklung vorstellte.

Zunächst war ein Terrain zu erkunden — ein möglichst billiger, vielleicht sogar kostenloser Grund. Auch an eine Beteiligung der Eigentümer konnte gedacht werden. Der Vorgang war Jersson von der Ölsuche her vertraut. Ihm schlossen sich die Erwerbung, sei es des Bodens oder der Rechte, und Verträge mit der Landesregierung an. Waren sie unter Dach gebracht, mußte die Propaganda einsetzen und das Angebot vorlegen. Jersson rechnete mit einer regen Nachfrage. Sie sollte nicht nur den Vorschuß decken, sondern auch zum Betriebskapital beitragen.

Geschäft ist schließlich das Geld anderer Leute, und davon leben die Bankiers. Dennoch erstaunte mich bei diesem die Sicherheit, mit der er das Bedürfnis erkannt hatte. Für den geeigneten Prospektor hielt er Kornfeld; der konnte die Flugzeuge benutzen, die im Ölgeschäft unterwegs waren, vielleicht auch Teile der zum Schürfen und Bohren bestimmten Ausrüstung.

Abschließend sagte Jersson: »Beim Begräbnis ist die Hauptsache das Graben — gut wäre es, wenn uns davon durch Vorleistungen möglichst viel erspart bliebe.« Offenbar schwebte ihm vor, was der Schwabe ein »gemähtes Wiesle« nennt. Sonst ließ er sich auf Einzelheiten nicht ein. Doch wir erfuhren, wie wichtig gerade dieser Hinweis gewesen war.

63

Ich müßte nun die Entwicklung der »Terrestra« schildern, in der wir noch begriffen sind, doch beschäftigt mich die Firma nur am Rande, seitdem mich mein Problem bedrückt. Zunächst wurde ein neues Bürohaus gebaut. Onkel Fridolin hatte die Skepsis verloren; er war nun Feuer und Flamme beim Geschäft. Wenn Jersson in Gelddingen genial war, so hatte der Onkel ein gutes Talent. Jersson war der Stratege, Fridolin der Taktiker. Er hatte wiederum eine neue Stufe gewonnen; das drückte sich in seinem Benehmen, seinem Komfort und auch physiognomisch aus. Im Maß, in dem die »Terrestra« an Ruf gewann, wechselte er die Wagen; er hielt ein Flugzeug, gab große Diners.

Mein neues Büro war geräumig wie ein Tanzsaal, sein Boden von einem Kirman bedeckt. Die Wände ließ ich mit rotem Leder ausschlagen, Regale mit schwarzen Aktenordnern reihten sich davor. Als Bertha mich dort zum ersten Mal besuchte, meinte sie: »Dein neuer Stil erinnert mich an eine Vorhölle.«

Daran war etwas Richtiges. Ich hatte mit dem Totenprunk zu schaffen, hinter dem sich das Elend, die Flüchtigkeit der Welt, verbirgt. Trotz der Routine rüttelte es an mir. Zuweilen kam zwischen zwei Besuchern aus der Stille ein Grollen wie der ferne Donner des Gerichts. Bertha hatte einen Widerwillen schon gegen meinen Eintritt in die »Pietas« gespürt. Hier hätte sie auch an den Nobiskrug denken können: das ist die Wirtschaft am Rande der Welt, in der die Toten zusammen zechen und ihre Erfahrungen austauschen, bevor sie in die Tiefe hinabsteigen.

Obwohl Kornfelds Erkundungen noch liefen, begannen wir schon mit der Propaganda und zogen nach Art der Bausparkassen Vorschüsse ein.

Ich hatte die Propagandisten zu beraten; die Post wurde mir nur in einem Ausschnitt vorgelegt. Die Masse erledigte das Sekretariat durch Telefonate und Drucksachen. Zu mir kamen Anfragen von Kirchen, Sekten, Vereinen und wichtigen Privatleuten. Auch die heraldische Beratung hatte ich mir vorbehalten; sie entsprach meinen historischen Neigungen. Selbst wenn die alten Familien in der Gesellschaft keine Rolle mehr spielten und auf die Titel verzichtet hatten, wollten sie doch standesgemäß begraben sein.

Da der Ruf der »Terrestra« sich rasch über die Grenzen hinaus verbreitete, mußte ich mit den Wünschen einer weltweiten Kundschaft Schritt halten, ja auf sie vorbereitet sein. Das änderte meine Nachtlektüre; ich studierte Werke wie Klemms »Allgemeine Cultur-Geschichte der Menschheit«, »Jüdische Sitten und Symbole« von De Vries, »Die Todten-Gebräuche der verschiedenen Völker der Vor- und Jetztzeit« des Pfarrers Andreä und andere.

Erstaunlich war der Andrang von Sonderlingen, die zum

Teil absurde Ausstattungen verlangten, auf die ich nicht näher eingehen will. Verglichen mit manchen davon, war die berühmte Kapelle der Marie Bashkirtseff ein Kinderspiel. Da es sich meist um sehr reiche Leute handelte, richteten wir eine eigene Abteilung »Curiosa« ein.

64

Was Bertha über die Vorhölle gesagt hatte, gab mir auch in anderer Hinsicht zu denken. Es hat den Anschein, als ob wir in die Rolle einer Priesterschaft oder zum mindesten eines Ordens einträten. Dem widerspricht nicht, daß wir ein Geschäft führen. Das ist von Anfang an so gewesen, doch nicht die Hauptsache, wie Herr von Voltaire meint. Wenn wir einem Taschenspieler auf die Finger sehen und seinen Trick entlarven, so steckt trotzdem etwas dahinter: er hat im Vorfeld des Wunders manipuliert. Ein Vorhang ging auf, und einer erscheint in Frack und Zylinder, doch hinter ihm sind immer noch Vorhänge.

Wir hatten ein tiefes Bedürfnis erkannt. Der Andrang ist kaum zu bewältigen. Jeden Morgen kommen Berge von Post und werden auf die Büros verteilt. Seitdem mich mein Problem beschäftigt, verbringe ich Stunden in untätiger Träumerei. Mein Blick fällt auf die dunklen Aktenordner: ein ganzes Fach ist unter der Aufschrift URNE eingereiht. Das ist für uns ein wichtiger Gegenstand.

Ich ziehe einen Ordner heraus und blättere in ihm. Ein junger Keramiker hat einen Vorschlag eingereicht. Am Rande steht »Wichtig!« von Onkel Fridolins Hand. Der Keramiker meint, daß die übliche Rundform der Urne zwar uralt, doch unpraktisch sei. Man möchte ja vor allem wissen, wen diese Urne berge, zudem möchte man die Daten des Verblichenen erfahren, gern einen Spruch, ein Wappen, einen symbolischen Schmuck sehen. Zu denken sei auch an ein Profil des Verstorbenen. So könnte eine neue Gattung von Kunstwerken entstehen. Hier hatte Kornfeld an den Rand geschrieben: »Hoffentlich verfallen nicht Sammler darauf«.

All das, so der Keramiker, sei auf einer ebenen Fläche besser zu lesen und zu sehen als auf einer Rundung; er schlug daher Urnen etwa in der Form von Dominosteinen vor und hatte Zeichnungen dazu eingereicht. Man könne auch an den Umriß eines Hauses denken — Ähnliches gab es schon in Peru.

Die Korrespondenz darüber füllt einen ansehnlichen Band. Aber warum hatte sich Onkel Fridolin so für den Gedanken engagiert? Ästhetische Neigungen lagen ihm fern. Die alte »Pietas« war eine denkbar geschmacklose Einrichtung. Jedoch von Urnen dieser Neuform ließen sich weit mehr in ein Flugzeug packen als von den üblichen. Sie ließen sich auch fugenlos zur Wand eines Kolumbariums zusammensetzen, ohne daß es eine Lücke gab. So konnte die »Terrestra« einen Ruheplatz ad perpetuitatem anbieten, dessen Preis noch unter dem einer gewöhnlichen Berliner Bestattung lag.

65

Ich notiere diese Einzelheit als ein Beispiel für kultische und ökonomische Verquickungen. Über die Vorgeschichte der »Terrestra« ließe sich ein Buch schreiben — übrigens sind deren einige schon im Entstehen. Ich werde mich daher kurz fassen.

Kornfeld hatte seine Erkundung im Laufe eines Jahres abgeschlossen; er war dazu in allen Kontinenten und auch auf Inseln wie Malta und Kreta unterwegs. Sogar die Osterinsel ließ er nicht aus. Zunächst mußte er einige Möglichkeiten ausscheiden — sei es der Kosten wegen oder weil sie die Pietät nicht ansprachen. Was diese angeht, so fand er sie bei den Etruskern besonders ausgeprägt. Ihnen war daran gelegen, daß die Familie zusammenblieb — sie richteten ihr entweder in großen Hügeln oder unter der Erde Kammern mit bequemen Lagern ein. Die Wände waren mit Bildern geschmückt, auf denen die Toten zusammen schmausten und zechten, sich beim Spiel und in der Liebe vergnügten oder auf die Jagd gingen. Es gab keinen Schmerz, kein Totengericht, keine Hölle, auch keine Schwere bei diesen unterirdischen Gastmählern. Aber es wären große Erdbewegungen nötig; das widersprach Jerssons Richtlinien. Doch an die Stimmung sollte als an ein Vorbild gedacht werden. Sie hatte sich in den Grabtürmen erhalten, wie die Römer als Nachfahren der Etrusker sie in ihren asiatischen Provinzen erbaut hatten. Auch im Kedrontal finden sich Anklänge.

Ferner schloß Kornfeld aus, was an Pyramiden und Katakomben erinnerte. In Palermo hatte er die Gruft der Kapuziner besucht. Dort lagen, standen und hingen Tausende von bekleideten Mumien an den Wänden; es war eine gespenstische Welt. Bei den Etruskern fühlt man sich erlöst, wenn man hinabsteigt — hier aber, wenn man wieder das Licht erblickt. Trotzdem hatte Kornfeld eine Anregung gewonnen: wie nämlich die Form des Körpers, selbst bis in die Physiognomie, ohne Eingriffe erhalten werden kann. Wir wissen, daß bei den Ägyptern widrige und selbst schändliche Dinge vorgekommen sind. Die Kapuziner dagegen vergruben die Toten voll bekleidet ein Jahr lang in heißen Dünen und holten sie dann in ihre Gruft. Man konnte meinen, daß man ihnen an den Quattro Canti begegnete.

66

Obwohl ich jetzt für Bertha sehr gut sorgen und ihr jeden Wunsch erfüllen konnte, blieb sie bei ihrer bescheidenen Art. Sie hatte ihre Studien abgeschlossen und bereitete sich auf ein Lehramt vor. Eine größere Wohnung hatte sie nur bezogen, weil ihre alte der Bücher wegen zu eng geworden war. Bücher und Reisen — darin war sie großzügig. Zwei Mal im Jahre fuhr sie mit ihrem kleinen Wagen nach Griechenland. In der letzten Zeit hatte sie diese Fahrten an die jonische Küste ausgedehnt, auch in das innere Anatolien. Sie hatte Sardes, die Residenz des Gyges und des Kroisos, am alten Goldfluß, dem Paktol, besucht.

Seitdem mich mein Problem bedrückte, ging ich wieder zu ihr und blieb auch über Nacht. Ich schlief unruhig, und es tat mir wohl, sie neben mir zu fühlen, wenn ich, wie aus der Höhe herabstürzend, jäh aufwachte. Sie machte dann Licht; wir plauderten, nicht über mein Problem, sondern über ihre Reisen; ich ließ mir von ihr vorlesen. Nun, da wir Freunde geworden waren, verstand ich sie besser — da war immer noch ein Eros, doch anderer Art.

Gern hörte sie, was ich über Kornfelds Erkundungen berichtete. Historische und insbesondere archäologische Neigungen sind ja eng mit den Gräbern verflochten; im Grunde ist die Welt ein Grab, in das die Zeiten versinken und aus dem sie asphodelisch auferstehen. Das ist Saat und Ernte, und Orpheus lebt in jedem Historiker.

Einmal, sie war gerade aus Kleinasien zurückgekehrt, sagte sie: »Daß Kornfeld Knossós, Mykene und Troja besucht hat, versteht sich — aber warum war er noch nicht in Kappadokien? Das wäre für euch das Gelobte Land.«

67

Das war die zweite große Wendung in der Geschichte der »Pietas-Terrestra«, wenn ich als die erste unsere Panne bei dem Schwarzwälder Friedhof bezeichnen darf. Als Kornfeld von Berthas Anregung gehört und die Literatur von Herodot und Pausanias bis zu den jüngsten Reiseführern studiert hatte, bestellte er eine Maschine, und wir flogen zu dritt nach Ürgüp in die Mitte von Anatolien.

Dort durchwanderten wir mit ansässigen Führern eine unterirdische Welt. Sie ist zwar seit langem bekannt und in der Neuzeit auch für den Tourismus erschlossen, doch noch längst nicht in ihren Ausmaßen erforscht. Als erster erwähnt sie Sieur Paul Lucas, ein französischer Reisender aus der Zeit Ludwigs XIV. Sein Bericht galt, ähnlich wie jener Marco Polos über China, als pure Phantasterei. Wer glaubt schon an subterrane Städte mit Kirchen, Straßen, Marktplätzen, Ställen, Speichern — an Komplexe, in die sich zu verschiedenen Zeiten ganze Völker zurückzogen? Man findet dort Waffen und Gerät vom Steinbeil bis zu Maschinengewehren, Stahlhelmen und Gasmasken. Mammutjäger, Hethiter, Assyrer, Phryger, Lyder, Perser, Türken, Magier, Christen und Mohammedaner hinterließen ihre Spuren darin.

Wo wir auf eine solche seit der Vorzeit ununterbrochene Besiedlung stoßen, dürfen wir auf besondere Gunst der Erde schließen: diese Hochfläche ist aus einem Tuff gebildet, der sich mit der Schaufel durchstoßen läßt, doch bald zu Fels erhärtet, wenn ihn die Luft berührt. In dieser Hinsicht übertrifft er die Molasse noch.

Die Gänge, durch mühlsteinartige Rollverschlüsse gesichert, führen zu über- und untereinander liegenden Sälen und Kammern bis in große Entfernungen. Sie sind, wie gesagt, nur zum Teil erforscht.

Kornfeld erkannte sofort, daß hier, und nirgends sonst auf der Erde, der Ort für die »Terrestra« war. Das Haus, in Jahrtausenden gebaut, war bereitet; es fehlte nichts als die Einrichtung.

68

Doch damit nicht genug. Diesen unterirdischen Städten vorgelagert ist ein Wald von Türmen, dessen Anblick schon Sieur Paul Lucas in äußerstes Erstaunen versetzt hat: eine ungeheure Menge zuckerhutförmiger Kegel, die zum Teil bis zur Höhe der Engelsburg aufragen. Es sind weit über hunderttausend; sie werden von den Türken »Kamine der Feen« genannt. In manchen von ihnen hatten sich Mönchsorden und Eremiten eingerichtet, andere dienten als Taubenschläge, wiederum andere werden noch heute bewohnt, so von einem Polizeiposten. Auch ein Teewirt hat sich dort eingenistet, bei dem wir nach unserem Aufstieg aus der Unterwelt rasteten.

Wie gesagt, sind diese Türme seit langem bekannt und auch beschrieben; ich fand darüber ein sechsbändiges Werk von Guillaume de Jerphanion »Die Felsenkirchen Kappadokiens« in Kornfelds Bibliothek.

Kornfeld erklärte mir die geologische Entstehung dieser Bildungen; ich weiß nicht, ob ich ihn recht verstand. Nach ihm war die Hochfläche einst von einer dünnen, harten Schicht bedeckt gewesen, gewissermaßen übergossen; durch Risse war Wasser eingesickert und hatte ein darunter lagerndes mürbes Gestein zerteilt. Sandstürme hatten das Werk vollendet und den Rundschliff besorgt. Daß die Türme sich durch Jahrtausende erhalten haben, verdanken sie der Kappe, die sie wie ein Helm schützte.

Diese Erklärung machte mir verständlich, warum die meisten dieser Türme an Pilze mit schwarzen Hüten und sandfarbenem Stiel erinnerten und daß andere, deren Trennung noch nicht völlig gelungen war, Ketten bildeten.

Es winkten also der »Terrestra« außer Sälen, Grotten und Kavernen auch Tumuli in unbegrenzter Zahl.

69

Der erste Abschnitt des Unternehmens war damit nach Jerssons Richtlinien abgeschlossen, und zwar weit günstiger, als wir gehofft hatten. Wir konnten uns verstärkt der Propaganda zuwenden.

Zunächst mußte an die Erwerbung des Landes gedacht werden. Eine Pachtung kam nur auf unbegrenzte oder, wie man sagt: auf »ewige« Dauer in Frage, denn nur das entsprach dem Plan der »Terrestra« und ihrem einzigartigen Angebot. Günstig war, daß es sich um ein zwar riesiges, doch wüstes Terrain handelte. Auch hier hatten wir unerwartetes Glück.

Wieder einmal war in Anatolien eine Militärregierung ans Ruder gekommen; der General, der gut und schlecht Wetter machte, hieß Humayum. Zu ihm gab es alte Verbindungen, unter anderem durch eine Bank, die Jersson in Istanbul unterhielt. Der General befand sich innen- wie außenpolitisch in mißlicher Lage; es fehlte an Öl und Devisen, die Gefängnisse waren überfüllt. Er mußte sich mit den Demokratien auf guten Fuß stellen. So war zu erwarten, daß wir mit ihm ins Geschäft kamen.

Eigentlich sollte ich es aushandeln. Der Bankier wußte, daß ich mich mit Propaganda befaßt hatte, zudem war ich neben Kornfeld am besten mit dem Plan vertraut. Aber ich mußte ablehnen, denn schon damals war ich nur mehr eine halbe Kraft, wenngleich noch ansprechbar.

Wie kam es, daß er auf Sigi verfiel? Immerhin fehlte es ihm nicht an Propagandisten, die sich im Ölhandel bewährt hatten. Sigi lebte als Bohemien und verachtete die Geschäfte; aktiv war er nur während einiger Wochen gewesen, in denen er eine Art von Minister gespielt hatte. Vielleicht wollte Jersson nur dem Neffen und Schwiegersohn auf Kosten der »Terrestra« einen Posten zuschanzen. Schaden konnte daraus kaum erwachsen, denn der General würde auf alle Fälle zustimmen.

Wie dem auch sei, es war eine gute Wahl. Sigi hatte eine levantinische Ader; sie führt innerhalb der Korruption meist weiter als hanseatische Gewissenhaftigkeit. Zudem hatte er in der Tasche einen Schweizer Scheck mit einer stattlichen Summe für wohltätige Zwecke — ein weiteres Zeichen dafür, daß Jerssons Zutrauen gewachsen war.

70

Ich weiß nicht, wie weit Sigi den Bericht über seine Mission ausschmückte; er hatte ein Bühnentalent. Humayum war für einen General ziemlich beleibt. Er trug weder Halsorden noch Sterne, dafür eine Palette von bunten Bändern, wie es bei diesen Rängen üblich ist. Münzen und Briefmarken zeigten ihn im Profil; die Künstler hatten es zu dem eines Adlers stilisiert.

Das Gespräch hatte in seiner Privatwohnung begonnen und war abgeschlossen worden während eines Rittes um die alte Stadtmauer von Istanbul.

Der General hatte es mit der Frage eröffnet: »Sie wollen also Leichen importieren? Meinen Sie nicht, daß wir davon schon genug haben? Heißt das nicht, Eulen nach Athen tragen?«

»General, wir liefern sie umsonst. Und zudem werden sie Ihnen viel einbringen.«

Der Diskurs wäre der Feder eines Goldoni würdig gewesen, doch ich will ihn nicht ausspinnen. Die Berührung von Idee und Geschäft ist unvermeidlich, doch sollte man die Einzelheiten sekretieren — sie hatten mich schon bei meinen Hausbesuchen im Dienst der »Pietas« gequält. Hier kam hinzu, daß Sigi für Zynismen und Humayum für gewürzte Bemerkungen Sinn hatten. Die Diktatoren wissen beides zu schätzen: es erweckt den Eindruck, daß sie vor nichts zurückschrecken.

Ich komme daher gleich zum Ergebnis, das Sigi mitbrachte. Der General war »auf Anhieb« von der Bedeutung des Planes überzeugt gewesen — nicht zuletzt, weil der mächtige Jersson dahinter stand. Schon die Einrichtung würde ein Gebiet erschließen, das bislang nur von Touristen besucht wurde. Viele Hände würden gebraucht werden. Männer und Frauen, die sich hier kümmerlich fristeten oder als Fremdarbeiter in den Westen fuhren, würden an Ort und Stelle ihr Brot finden. Seit langem versiegte Ströme würden wieder Gold führen.

Das war nur der Beginn. Sollte es der »Terrestra« glükken, hier eine große Kultstätte zu schaffen, einen Zentralfriedhof für den Planeten, so würden nicht nur die Toten kommen — es würde ein Wallfahrtsort für immer größere Scharen von Hinterbliebenen und Andächtigen entstehen.

Auch der Scheck hatte Humayums Optimismus gestärkt. Er schüttelte Sigi die Hand: »Lieber Freund, grüßen Sie den Onkel; ich bin der Ihre — Sie können dem Papst ein Telegramm schicken.«

71

Sigi war seines Postens bald müde geworden; er wandte sich wieder den preußischen Biographien zu. Der Onkel hatte für eine beträchtliche Provision gesorgt.

Der Unterzeichnung der Urkunden folgte eine Flut von Aufträgen. Sie erbrachte weit mehr als den Vorschuß, ehe noch ein Spaten gerührt wurde. Propagandisten aus dem Ölgeschäft entwarfen Drucksachen, die in die Welt versandt wurden. Sie ließen ihren Witz spielen. Etwa: »Die ewige Seligkeit können wir Ihnen nicht versprechen, wohl aber die ewige Ruh.« Oder: »Möchten Sie immer mit Ihren Lieben vereinigt sein?« Ferner: »Wir bieten Schutz in unseren Türmen und Gewölben, auch für die Lebenden.« Schon deuteten sich Sekundärgeschäfte an: Reisebüros, Fluglinien, Versicherungen, Hotels, Unterkünfte für den Katastrophenfall. Es war gut, daß wir Jersson im Hintergrund hatten; der Rahmen der »Pietas« reichte dafür nicht im mindesten aus. Andererseits ist es erstaunlich, wie die Geschäfte sich vereinfachen, wenn sie ins Große gehen. Onkel Fridolin war diesem Stil nicht gewachsen; er hatte einen guten Sinn für das Detail, doch nicht für das Einfache.

Bald liefen Bestellungen ein. Der erste Brief, dessen ich mich entsinne, kam von einer Rentnerin aus einer kleinen hannöverschen Stadt. Sie hatte schon immer unter dem Albdruck gelitten, »daß der Kuhlengräber sie wieder ausbuddeln würde« — nun bot sie ihr Erspartes für einen bescheidenen Platz bei der »Terrestra« an. Sie möchte auch ihre Tochter, die seit Jahren unter der Erde lag, mitnehmen. Der Onkel kannte den heiligen Laktantius nicht einmal dem Namen nach, doch verfuhr er in diesem Fall nach dessen Maxime: »Selbst an fremden Menschen erfüllen wir die Pflicht des Begrabens, die keinem verweigert werden darf; denn wenn keine Verwandten da sind, so tritt an deren Stelle die Menschlichkeit.« Die Frau und ihre Tochter bekamen, einschließlich des Fluges, einen Gratisplatz. Ein guter Beginn; es stand in den Zeitungen.

Das waren kleine Fische; den ersten großen Schwarm brachte eine brasilianische Sekte, die einen der unterirdischen Säle erwarb. Alle wollten mit ihrem Guru zusammen sein. Sie richteten dort auch eine Kapelle ein. Das verhieß einen großen, periodischen Besuch.

Die Kirchen witterten die Konkurrenz. Sie boten ihrerseits Plätze an — aber was konnten sie gegen die »Terrestra« ausrichten. Wenn ein neuer Gemeinderat kam, fühlte er sich an keinen Vertrag mehr gebunden; der Boden bewegte sich zum Kapital. Parkplätze und Hochhäuser überdeckten den alten Grund; die Gräber wurden mit Greifbaggern zerstört.

Eine unserer Abteilungen war mit dem Erwerb von Reliquien betraut, eine andere damit beschäftigt, Standardwerke wie »Who is Who?« und den Gotha zu programmieren; wenn einer von Rang und Namen heimging, bot die »Terrestra« ihre Dienste an. Mancher hatte schon vorher mit uns akkordiert und während einer Urlaubsreise sich sein künftiges Plätzchen angesehen.

Überraschend war die Nachfrage nach den Türmen — nun, deren hatten wir in beliebiger Zahl. Dabei war günstig, daß Familien, Clans und andere Gruppen die Einrichtung und Ausstattung besorgten; das nahm uns Arbeit ab. Ein Urtrieb wachte wieder auf. Man sagt, daß selbst die Elefanten einem gemeinsamen Ort zustreben, wenn es zu Ende geht.

72

Persönlich kam mir auch meine Erfahrung in der Versicherung zugut. Bald deutete sich an, daß die »Terrestra« auswucherte. Reisebüros für die Lebenden wurden umfangreicher als jene für die Gestorbenen. Dann die Hotels, die Tischler- und Steinmetzateliers, sowohl an Ort und Stelle wie in verschiedenen Ländern, bis zu Orchideengärten in Singapur. Beständige Dienste waren einzurichten — so für die Niederlegung von Kränzen zu bestimmten Daten oder für Ewige

Lampen und anderes Kultgerät. Chinesen, die bald unsere besten Kunden wurden, wünschten, daß kleine Opfergaben aufgetischt würden, auch legten sie auf die Abwehr von Geistern Wert. Gegen den Widerstand Onkel Fridolins hatte ich durchgesetzt, daß keine Maschinen verwendet würden; die Toten sollten während der letzten Wegstrecke auf Schultern getragen werden, in den Gewölben sollte kein elektrisches Licht brennen. Viele Hände mußten beschäftigt werden, und das gefiel dem General. Seiner Ansicht nach sind unnötige Arbeiten sozialer als nötige, denn diese sind unvermeidlich und ergeben sich von selbst. Wir aber lieferten ihm einen Pyramidenbau.

Obwohl die Bestattung bereits begonnen hat, sind wir immer noch bei der Einrichtung. Sie ähnelt der des Ölgeschäftes, doch während dieses die Erde beraubt, bereichern wir sie — und das bis an die Grenze der Zeit, jenseits deren ein toter Planet die Sonne umkreisen wird.

Wir haben vorgesehen, daß Grüfte, um die sich keine Seele mehr kümmert, vermauert werden, und zwar auf eine Weise, deren bloßes Gerücht jeden Grabräuber abschrecken wird. Auch hier erwies sich Jerssons Genie. Er will einen Abraum verwenden, der nicht nur keine Kosten verursacht, sondern dessen Entsorgung der »Terrestra« hohe Gewinne bringt. Wahrhaftig einer, der mit allen Winden zu segeln weiß.

73

Der Bau des zentralen Flughafens ist abgeschlossen; ihn umringen Hotels, Banken, Bürohäuser. Am Ende der Landebahnen stehen Magazine für die Fracht. Von dort führen Rollbahnen zu einem zweiten Komplex. Er hat den Umfang einer mittleren Stadt. Hier beginnen die Verrichtungen, die uns von der »Pietas« her geläufig sind. Sie beschäftigen alle Händler, Handwerker und Künstler, denen der Totendienst obliegt.

Der Weg führt weiter zu den Kultstätten. Schon sind Optionen für Freidenker und Sonnenfreunde erteilt worden, doch auch die altehrwürdigen Gemeinden sind interessiert. Eine Überraschung bereitete das Verlangen nach Umbettungen, nicht nur von Einzelnen. Besonders in den Industriestaaten scheint eine wachsende Mehrheit unzufrieden, ja bedrückt. Man möchte dort nicht einmal mehr begraben sein.

Beim letzten Gang werden die Toten durch eine Zypressen-Allee geleitet; ein Tor schließt sie ab. Es trägt nicht Dantes Inschrift, sondern in vielen Sprachen, Lettern und Ideogrammen: »Für jede Hoffnung Raum«.

Bald sahen wir, daß ein einziges Tor nicht genügt.

74

Je mehr der Plan sich erfüllte, desto weniger inneren und äußeren Anteil nahm ich an ihm. Das ist das Schicksal aller Utopien — ein Leonardo und selbst ein Jules Verne sahen den Menschenflug anders als wir, die ihn verwirklichen. Wir leben stärker in den Träumen; hier quillt und endet unsere Kraft. Mein Nihilismus trug zur Verstimmung bei.

Ich hatte an eine Nekropole im Weltstil gedacht, an ein Gestade für Charons Nachen, auch an die Wiederbelehnung der Toten mit ihrem Rang. Auf dem Totendienst beruht die Kultur; sie schwindet mit dem Verfall der Gräber — oder, besser gesagt: dieser Verfall kündet an, daß es zu Ende geht.

Immer noch halte ich es für einen guten Gedanken, die Toten zu beschwören und ihnen eine Stätte zu schaffen, bevor der Fortschritt uns vernichtet — und zudem: eine solche Stätte behielte auch dann, ja gerade dann, ihren Sinn.

Mich verdroß das Geschäft, das sich zu Jerssons und Onkel Fridolins Behagen immer mächtiger entfaltete, während es Sigi zu makabren Scherzen anregte. Er hatte irgendwo, ich glaube: im Talmud, gelesen, daß am Tage des Gerichtes die Gläubigen in ihren Gräbern erwachen und sich gen Zion bewegen werden, und er stellte sich den Heereszug aus der »Terrestra« vor. Von dort bis zum Tempel hatten sie es nicht weit.

Mein Leiden mußte auch körperliche Gründe haben oder sich auf den Körper auswirken. Ich fand keinen Schlaf, dafür verträumte ich die Zeit zu Hause und im Büro. Bei starkem Kopfschmerz wurde das Essen mir zuwider; ich trank desto mehr. Mir war, als ob ich aus mir herausgetreten wäre; nur wenn ich in der Nacht mit einer Kerze in der Linken mich volltrunken im Spiegel erblickte, erkannte ich meine Identität. Dann schien es mir, als ob ich für mich zu stark würde.

Nur selten ging ich noch zu Bertha; ich fürchtete, daß sie meine Selbstgespräche mithörte. Sie wollte, daß ich einen Arzt aufsuchte, natürlich einen Psychiater — der hätte mich als ein gefundenes Fressen von einem Kollegen zum andern bis ins Irrenhaus geschickt. Doch dazu brauche ich keine Nothelfer.

VIERTER TEIL

Bis hierher fällt meine Geschichte in die Statistik — die Sparte wäre etwa: persönlicher Erfolg nach Schwierigkeiten in Krieg und Bürgerkrieg. Nicht nur im Geschäft, auch in Kunst und Wissenschaft gibt es solche Aufstiege. Sie setzen, wie Treffer in der Lotterie, eine Unzahl von Nieten voraus.

Auch nicht für ungewöhnlich halte ich jene Station des Nihilismus, in der ich wie in einem Wartesaal verweile, halb gelangweilt, halb im Harren auf die Alarmglocke. Die Individuen werden zu Passagieren, und es verwundert, daß der Kellner noch eine Bestellung entgegennimmt. Bei der unheimlichen Veränderung unserer Welt dürfte fast jeder diese Stimmung kennen, in der er an der Vernunft zu zweifeln beginnt. Vielleicht ist das Ganze ein gespenstischer Traum.

Die Furcht mehrt die Verwirrung noch. Im Einzelnen, in der Person hat es das immer gegeben; doch sind wir noch nicht mit den titanischen Maßen vertraut. Wenn es mit einer Krankheit ernst wird und die Vernichtung herandroht, fallen wir der Verzweiflung anheim. Für die geistigen Leiden gilt das noch stärker als für die physischen. Was sind dagegen Reichtum und Erfolge, wie ich sie mit der »Terrestra« erlebt habe? Sie werden eher lästig, und mit ihnen die Gesellschaft — man sucht ein Loch, in das man sich verkriechen kann.

Friedrich III., Deutscher Kaiser, König von Preußen, regierte neunzig Tage, ehe er seinem Kehlkopfkrebs erlag. Ich stelle mir vor, wie Bismarck an sein Bett trat und ihm die Papiere zur Unterschrift vorlegte. Was sind Provinzen, Schwarzer Adler, Unruhen in den schlesischen Revieren gegenüber dem kleinen Knoten im Halse — der Kaiser lauscht nicht mehr auf die Stimme des Kanzlers, sondern auf das Räuspern, das sich durch die Kanüle quält. Der Mensch ist allein.

76

Indessen: der Wahnsinn ist nur zum Teil mein Problem. Er wäre ein üblicher Fall. Als solcher würde er in die Statistik passen, und ich müßte mich wohl oder übel mit ihm abfinden. Ich grüble über eine andere Möglichkeit. Sie lautet: »Wahnsinn oder mehr?« Bertha meint, ich müsse auf jeden Trumpf noch einen weiteren setzen — das entspricht meiner Natur. Das Schicksal hat mir eine Hürde gestellt. Dahinter der Abgrund; vielleicht trägt ein Sprung darüber hinweg.

Ich muß darauf achten, daß meine Notizen sich nicht überkreuzen, denn ich fahre nun zweigleisig: einmal in den Kurven meines Fiebertraumes und dann in der Realität. Da drohen Zusammenstöße, aber vielleicht glückt die Konvergenz. Es heißt ja: die Parallelen schneiden sich im Unendlichen. Sollte das auch in der Zeit, also im Leben, möglich sein, und sei es in Anklängen? Der Traum bezwingt die Wirklichkeit; er wandelt sie zur Dichtung, zum Kunstwerk um. Ich glaube, daß jede große Wendung so erreicht wurde. Wahnsinn ging ihr voraus. Als Beispiel fällt mir Mohammed ein.

Ein Schwund an Individualität mag hinzukommen. Die Ärzte haben einen besonderen Ausdruck dafür. Ich erwähnte noch nicht die Großmutter, die seit langem gestorben ist, doch die mich in den Träumen besucht. Ihr vor allem verdanke ich meine Vertrautheit mit der Familiengeschichte, die bis in die Sage zurückreicht, und deren Gestalten so mit der meinen verschmelzen, daß ich manchmal beim Erwachen ahne: das war ja nicht ich, sondern der Vater oder der Großvater, vielleicht sogar ein namenloser Ahn.

77

Etwas will sich niederlassen — ein Adler, ein Nußhäher, ein Zaunkönig, ein Spaßvogel? Warum gerade bei mir? Vielleicht ein Geier — ich habe jetzt auch mit der Leber zu tun.

Es gibt Übergänge, in denen Traum und Wirklichkeit verschmelzen — meist kurz vor dem Einschlafen, auch vor dem Aufwachen.

Jetzt heißt es, kühlen Kopf bewahren wie ein Kapitän, dessen Schiff außer Kurs gerät. Das Schiff ist meine Welt. Noch ist die Zentrale in Ordnung, mag auch in eine Kammer Wasser eingedrungen oder Feuer in ihr ausgebrochen sein. Noch kann ich Entscheidungen treffen, die, wie bei einem Testament, auch über den Tod hinaus gültig und wirksam sind.

Mein Leiden wohnt nicht im Gehirn. Es nistet im Körper und darüber hinaus in der Gesellschaft — ich kranke an ihr. Erst wenn ich mich von ihr abgesondert habe, kann ich eingreifen. Vielleicht hilft sie dazu, indem sie mich aussondert. Möglich ist, daß man mich bald internieren wird. Noch bin ich, selbst Bertha gegenüber, vorsichtig. Ich muß auch auf meine Selbstgespräche achten — als ich neulich sagte: »Ich will aber in ein Gefängnis, nicht in ein Sanatorium«, hat sie doch einen Augenblick gestutzt.

In einer Zelle könnte ich ohne äußere Störung weiterspinnen, wirken am Stoff. Ob dieses Wirken auch Wirkung zeitigt, ist nebensächlich; ich bewahre und hege den Schatz in der Höhle, der Einsamkeit — für mich ganz allein. Dann könnte ich aus ihr hervortreten wie ein Anachoret aus seiner phantastischen Welt. Doch meine Verborgenheit würde der Dichtung näher und stärker als das Geschehen sein.

Mag die Welt untergehen; sie ist die meine, ich vernichte sie in mir. Als Kapitän könnte ich das Schiff gegen die Klippe steuern — das hieße nicht, daß ich erwachte, sondern daß ich in eine neue Tiefe des Traumes absänke. Die Fracht gehörte dann mir allein. Selbst Alexander war in seinen Träumen stärker als bei Issus — kein Indien hat ihm genügt.

Es fliegt etwas an, Reichtum strömt zu. Ich muß entscheiden, wie ich ihn bewältige. Doch soll es nicht auf Aladins Weise geschehen.

78

Kopfweh, Absencen, Visionen, fremde Stimmen, unerwartete Begegnungen, freiwillige oder erzwungene Isolation. Die Irrenhäuser sind die Klöster unserer Welt. Was in den Laboratorien geschieht, ist Werk der dienenden Brüder und nicht mehr.

Die dienenden Brüder handeln im Auftrag; sie wissen nicht, was sie tun. Auch im Bereich der großen Politik, wo es um Millionen von Köpfen geht, fällt die Dürftigkeit der Akteure auf. Nach welchen Prinzipien werden sie gewählt?

Aladin war der Sohn eines Schneiders in einer der zahllosen Städte Chinas, ein verspielter Knabe — doch nur er konnte den Schatz heben. Wie kam es, daß der Mauretanier, ein Mann von tiefem Wissen, auf diesen Träumer verfiel? Er hatte sich magischer Schriften, des Sandkastens, mantischer und astrologischer Künste bedient.

Für einen Magier halte ich Phares nicht. Wohl werde ich durch ihn beunruhigt, doch geschädigt fühle ich mich nicht. Natürlich werden wir mißtrauisch, wenn einer eintritt und uns einen Blankoscheck anbietet. Das ist ein großes Thema der Märchen, der Sagen und der Religion. Es geht um die Entscheidung zwischen innerer und äußerer, zwischen geistiger und realer Macht, schlechthin um das Heil.

Vielleicht war es eine Prüfung gewesen, zu der Phares mich in seine Grotte geführt hatte. Sie grenzte an die »Terrestra«; der Gang oder die Vision muß in die Zeit gefallen sein, in der das Geschäft mit den Toten mich besonders wenig befriedigte. Übrigens sind unsere Schatzkammern mit jenen Aladins nicht zu vergleichen — sie strotzen vor Energie. Aladins Lampe war aus Zinn oder aus Kupfer, vielleicht nur aus Ton. Gallands Text berichtet nichts darüber — wir hören nur, daß sie in einer Grotte von der Decke hing. Sie wurde nicht entzündet, sondern gerieben, damit der Dämon erschien. Er konnte über Nacht Paläste errichten oder Städte verheeren, wie es der Herr der Lampe befahl. Sie verbürgte Herrschaft bis an die Grenzen der befahrenen Welt — von China bis nach Mauretanien. Aladin zog das Leben eines kleinen Despoten vor. Unsere Lampe ist aus Uran. Sie stellt das gleiche Problem: titanisch anströmende Macht.

79

Phares also kein Magier? Was aber sonst? Vielleicht ein Suggestor von ungewöhnlicher Kraft? Er zeigt einen Kiesel und verwandelt ihn in Gold. Doch steckt nicht Gold in jedem Kiesel, wie Helena in jedem Weibe steckt? Wir müssen nur zur Gottheit vordringen.

Zu bedenken ist ferner, ob es sich nicht um eine Autosuggestion handelt. Eine tiefe Sehnsucht projiziert ihr Traumbild in die Welt. Es überhöht, verdrängt, verdichtet die Wirklichkeit. Für die Umgebung wird man zum pathologischen Fall, es sei denn, daß man sie überzeugt. Sie wünscht das sogar.

Die Genesis muß auf sehr altem Wissen beruhen. Die Lektüre wirkt wie der Blick auf einen Neubau, der auf den Ruinen eines vorbabylonischen Palastes aus dessen Trümmern errichtet worden ist. Wir können Jehova aus dem Spiel lassen. Aber die Rippe — das kann nicht erdacht werden. Adam ist der vollkommene Mensch, weder Mann noch Frau, sondern androgyn wie die Engel — er zweigte das Weib als Traumbild aus sich ab. Unsere Begierde ist nur die Wahrnehmung des Verlustes — ein Schatten jener ersten Sehnsucht, die gebar.

80

Eine unbestimmte Sehnsucht nach anderen Welten ist so alt wie der Mensch selbst. Heut trägt sie technische Züge; die Erwartung fremder Gäste und deren Landung beschäftigt seit einiger Zeit die Einbildung. Wir müssen das ernst nehmen, zunächst als Symptom.

Seltsame Flugkörper werden geschildert, in Frage gestellt, als Augentrug entlarvt. Sie dienen als Köder und Spielwerk der

Phantasie; andererseits zeigen sie Wunschträume an. Dem Zeitgeist entspricht die automatische Apparatur. Auch der Weltuntergang, eine Vision der Jahrtausendwenden, stellt sich als technische Katastrophe dar.

Merkwürdig ist die Erwartung fremder Gäste gerade heute, wo die astronautische Erkundung nicht nur die Unbewohntheit, sondern auch die Unbewohnbarkeit der Sterne erwiesen zu haben scheint. Hier eben deutet sich die Tiefe der Sehnsucht an. Immer stärker wird gefühlt, daß die reine Macht und der Genuß der Technik nicht befriedigen. Was früher Engel waren und was Engel gaben, wird vermißt.

Übrigens denke ich nicht, daß die Technik der großen Wende widerspricht. Sie wird an die Zeitmauer heranführen und verwandelt werden in sich. Das Ziel der Raketen sind nicht fremde Welten, sondern ihr Sinn ist es, den alten Glauben zu erschüttern; sein Jenseits hat nicht genügt.

81

Meiner Begegnung mit Phares ging eine wachsende Unruhe oder Beunruhigung voraus. Die Störungen waren optischer und akustischer Natur. Es ist zu unterscheiden zwischen den äußeren und den inneren Bildern, die wir für Trug halten, doch können sie eine Gestalt annehmen, die schließlich überzeugt. In den Wüsten wurde der Übergang durch Kasteiung erzeugt. Bei mir war sie unfreiwillig; mir fehlte seit langem der Appetit. Davon, daß wir in einer Wüste leben, zu deren Monotonie und Umfang die Technik wachsend beiträgt, bin ich seit Jahren überzeugt. Daß die Imagination durch Monotonie provoziert wird, nebenbei.

Wenn ich im Büro der »Terrestra« oder, besser noch: zu Hause in der Nacht geschrieben hatte und die Augen schloß, erschien das Nachbild des Blattes mit den Buchstaben vor dem inneren Gesicht. Das entspricht der allgemeinen Erfahrung; die Schrift ist dann nicht mehr lesbar, sondern wirkt ornamental.

Mir aber erschienen lesbare Sätze, und zwar solche, die nicht mit meinem Text übereinstimmten — Mitteilungen, als ob sie in automatischer Schrift diktiert würden. Sie waren meist unangenehm. »Du hast schmutzige Hände« oder: »Die Hunde rufen nach Dir«. Auch: »Denk an Liegnitz« und: »Du hast Bertha verkannt«. Oft wußte ich nicht, ob ich das hörte oder las.

Ähnlich war es mit den Visionen; sie folgten einer Trübung, die in Wachträume überging. Stufenweis verlor der Alltag und gewann der Traum an Überzeugungskraft.

Ich ahnte eine Welt, in die Phares mich führen würde, und hörte seine Stimme: »Bald wirst du erfahren, was du noch nicht weißt.«

82

Warum mochte er sich gerade an mich wenden? Gab es Berührungen? Ich denke an den Park von Liegnitz und meine nihilistische Grundstimmung. Dem Nihilismus darf kein neuer Idealismus folgen — dann wäre der Ansatz verfehlt, oder er führte besten Falls in eine romantische Sackgasse. Der Abbruch muß bis auf den Grund gehen.

Und dann die Gräberwelt. Ich habe bemerkt, daß der ständige Umgang mit Toten selbst den niederen Diensten eine mediale Aura verleiht. Zu ihrer Verdichtung mochte beitragen, daß mit der »Terrestra« mehr als bloß eine Fortsetzung der »Pietas« gelungen war. Mit den Gräbern beginnt die Menschheit, nicht nur die Kultur.

Wie auch immer, die Begegnung mit Phares mußte, wenn auch auf traumhafte Weise, vorbereitet gewesen sein. Ich spürte schon bei der Begrüßung ein starkes déjà-vu.

83

Das Glück wird uns nur flüchtig zuteil. In der Euphorie geht die Zeit spurlos an uns vorüber; Hochgrade der Lust und der Erkenntnis vernichten sie. Andererseits sind Schmerz und Zeit untrennbar verquickt. Das berührt die Unvollkommenheit der

Schöpfung; die Kulte haben sie erkannt. Einige messen die Schuld den Göttern, andere den Menschen, wiederum andere dem Schicksal zu. Wir leben in einer friedlosen Welt.

Wie kam es, daß die Augenblicke des Glücks in Phares' Garten zunahmen? Fast hätte ich gesagt: »sich ausdehnten« — doch das ist nicht das treffende Wort; die Seligkeit kennt keine meßbare Zeit.

Mich hätte befremden müssen, daß es dort zwar Bäume und Blumen, doch keine Tiere gab. Phares sagte: »Wir könnten sie einfügen, aber wir lassen sie ruhen.« Aber wen meinte er mit diesem »Wir«? Etwa sich und seinesgleichen oder gar sich und mich?

Wenn es dort keine Tiere gab — wozu dann Blüten in ihrem herrlichen Glanze, wie man ihn kurz nach dem Erwachen hinter der Rose und dem Hibiskus ahnt? Hier fehlten die Bienen und Falter, für die ihre Lippen und Kelche geformt sind, und selbst der befruchtende Wind. Vielleicht war es der Duft, der sie vereinte, oder sie waren wie magnetische Spiegel einander zugewandt. Ich spürte ihre Kraft auch in der Dunkelheit, ja stärker noch.

»Phares sagte« — doch sprach er überhaupt? Ich sah ihn den Mund bewegen, verstand ihn auf große Entfernung, beim Gewitter und natürlich auch in den Träumen, mit dem inneren Ohr. Also weiß ich weder, ob ich ihn hörte, noch, ob er sprach. Ich habe lange darüber nachgesonnen und vermute, daß er den Urtext kennt, von dem alle menschlichen Sprachen wie auch die der Tiere nur Übersetzungen oder Ausgießungen sind. So auch das Rauschen der Wälder und das Murmeln der Quellen; die Seele der Pflanzen ist noch am nächsten der göttlichen Welt. Sie überzeugen als Gleichnisse.

Phares' Bestreben zielt wohl darauf, den Dualismus, wenn nicht zu überwinden, so doch zu überbrücken und durch die Spaltungen zurückzugreifen — auch durch jene in Pflanzen und Tiere oder in Geschlechter; dazu mußte zunächst an den Grundpfeilern von Gut und Böse gerüttelt worden sein. Dann könnte auch die Schranke zwischen Menschen und Göttern dahinfallen.

Schon spürte ich, wie die Begegnung meinen Nihilismus befriedete. Ich merkte es auch an Symptomen — vor allem an der neuen Zuwendung, durch die Bertha und ich ebenso überrascht wie beglückt wurden. Es war, als ob wir uns bislang nicht gekannt hätten.

Ganz allgemein bemerkte ich, daß die Menschen, mit denen ich umging, aber auch Fremde, denen ich auf der Straße begegnete, mir mehr zu sagen hatten als kurz zuvor. Und auch die »Terrestra« erschien mir wieder, und zwar in einem neuen Lichte, als würdige Aufgabe.

84

Daß ein neuer Geist mich belebt, fällt mir auch daran auf, daß ich vorgegriffen habe, denn noch bin ich beim Problem — etwa bei den Entschlüssen, die zuströmende Macht von uns verlangt. Aladin konnte sich auf den Komfort beschränken; er hat dann auch mit Budûr nicht mehr als eine glückliche Ehe geführt. So handeln einfache Geister; sie bleiben von stärkerer Versuchung unberührt. Schon die Sorge um die Gesellschaft, etwa um »das Wohl des Vaterlandes«, dem sie ihre Macht zuwenden könnten, ist ihnen fremd. Ich habe, freilich nur für einen Augenblick, daran gedacht, doch führt mein Nihilismus zu anderen Erwägungen.

Eine Schilderung, die sich als Problem bezeichnet, darf keine Lösung anbieten. Noch gehen Taten und Bilder gegeneinander an. »I am in action« ließ Jellicoe an das Marineamt funken, das während der Seeschlacht Bericht von ihm forderte.

Heute sind Lösungen eher Notlügen, denn sie fallen nicht in den Rahmen unserer Zeit: Vollkommenes ist nicht ihre Aufgabe. Die Annäherung kann nur in Schritten geschehen. Aladins Problem war die Macht mit ihren Genüssen und Gefahren, doch schien mir, daß Phares mit dem Geist der Lampe nichts gemein hatte. Es ist ein Unterschied, ob Dämonen oder ob Sendboten anklopfen.

85

Die Anknüpfung war ziemlich alltäglich; sie ergab sich aus einem der Briefe, die bei der »Terrestra« eingingen. Die sprunghafte Entwicklung der Firma erforderte immer neue Ausschreibungen. Es ist eine alte Erfahrung, daß mittlere Posten leicht zu besetzen sind. Anders die Chefstellungen. Das Chinageschäft war bald in den ersten Rang gerückt. Es begann mit Anfragen und Bestellungen aus den Randgebieten: Taiwan, Korea, Singapur, verstreuten Siedlungen in Südostasien, der New Yorker China-Town. Dazu die chinesischen Restaurants, Porzellan- und Seidenläden in allen Großstädten der Welt. Auch deren Inhaber samt ihrem Personal wollten etwas für sich und die Ahnen tun. Schon galt der Sarg wieder als gutes Geschenk. Dann, mit der Rückkehr zum Kapitalismus und der Lockerung der Grenzen, kam die Postflut aus dem Reich der Mitte selbst. Sie war nicht zu bewältigen. Es war ein Chef vonnöten, der sowohl spezielle Erfahrung wie disponierendes Genie besaß.

In solchen Fällen ist die Wahl schwer. Die einen verzetteln sich in Nebendingen, die anderen richten durch verblasene Ideen Unheil an. Zu welcher Kategorie sie zählten, ging meist schon aus den Bewerbungen hervor, die an verschiedenen Stellen des Hauses, auch von Graphologen, gelesen wurden; ich bekam den Digest.

So gelangte auch Phares' Bewerbung erst nach dem Wege durch viele Instanzen auf meinen Tisch. Gute Sprachkenntnisse, langer Aufenthalt im Fernen Osten, vorzügliche Schrift. Einige Passagen waren in Ideogrammen gemalt. Das war nicht ungewöhnlich, da auch Chinesen Bewerbungen einreichten. Wir hatten Lektoren dafür.

Die Frage nach der Nationalität war mit »Kosmopolit« beantwortet. Als Wohnung: »Adlers Hotel«. Schon bei oder vielmehr vor der Lektüre sah ich, daß der Brief an mich persönlich gerichtet war. Der Eindruck war der des Nachbildes: wir schließen die Augen, und der innere Text erscheint. Ich las ihn wie ein Gemälde und entdeckte unverkennbare Engramme — etwa unter den bislang ausgeübten Berufen: »Landschaftsgärtner zu

Liegnitz in Schlesien«. Manche Einzelheit konnten nur Bertha und ich wissen, andere ich allein.

Ich entsann mich der Zeichen, als hätte ich sie vor Jahren in einen Baum geritzt. Nun wurden sie sichtbar; mir fiel nicht auf, daß sie im chinesischen Text standen. Aber ich las den Brief mit wachsender Bestürzung — wenn es ein Traum war, dann kein gewöhnlicher. Ich begriff, daß ich den Absender nicht ins Büro bestellen konnte, denn *ich* war der Bestellte — daher ließ ich sogleich die Arbeit liegen und ging durch den Tiergarten zu »Adlers Hotel«. Es war ein Frühlingsmorgen, und ich war grundlos heiter — aufgeräumt.

Wilflingen, 6. Januar 1982

Eine gefährliche Begegnung

ERSTDRUCK der erweiterten Fassung
Teilabdrucke in: »Almanach« 1954 und 1956 der Librairie française
et étrangère Flinker, Paris (Privatdruck)
»Jahresring 60/61«. Stuttgart. Deutsche Verlags-Anstalt. 1960
»Festschrift für Gustav Stein«. Bergisch-Gladbach. Heiderdruck. 1973

EIN SONNTAGVORMITTAG IN PARIS

1

Es war der erste Sonntag im September, ein blauer Tag. Um diese Zeit drängt sich die Pracht des Sommers oft noch festlich zusammen, bevor herbstliche Farben aufglimmen. Die Nächte sind frischer; das macht den Morgen tauig und den Vormittag mild und angenehm. Das Laub der Bäume ist dunkler geworden; es hebt sich wie getrieben vom Himmel ab. Auch in den Städten wird es kühler; ein Hauch von Luxus und Heiterkeit zieht ein.

Gerhard stand vor dem kleinen Schmuckplatz der Trinité. Die Gärtner hatten die Beete schon mit den ersten Herbstblumen besetzt. Auf einer schmalen Rabatte blühte noch, aus hellem Grün aufschießend, das Indische Blumenrohr. Sein Band war von Rondellen unterbrochen, auf denen vielsternig eine blaue Aster sich erhob. Die Blüten leuchteten im Sonnenlicht. Bienen und Blumenfliegen umschwirrten sie. Ein Admiral mit ziegelroten Binden ruhte auf ihrem Polster aus. Er drehte sich langsam auf ihrem Sammet und schlug in lässigen Intervallen die Flügel auf. Er mußte von weither über die hohen Dächer eingeflogen sein. Ein zweiter gesellte sich ihm zu. Die Falter begannen sich zu umkreisen und stiegen, dem Blick entschwindend, in die Bläue auf.

Von Saint-Lazare ertönten helle Knabenstimmen; sie riefen die Sonntagsblätter aus. Die Glocken begannen anzuschlagen, und eine festlich geschmückte Menge trat aus dem Kirchentor, um sich den Wagen zuzuwenden, die auf dem Platze warteten. Es war ein Hochzeitszug. Der Anblick unterbrach die müßige Betrachtung, in der Gerhard befangen war. Er mischte sich unter die Passanten, die zusammenströmten und sich wieder zerstreuten, als die Wagen abrollten. Dann wandte er sich wie jemand, dem es nichts ausmacht, ob er diesen oder auch jeden anderen Weg einschlägt, in die Rue Blanche und schlenderte den Berg hinan.

Im Schatten der Häuser war es kühler; die Straßen waren frisch gesprengt. Das Wasser floß an den Rändern der Gehsteige hinab. Das sonst von lärmender Geschäftigkeit belebte Viertel war an diesem Vormittag stiller; es fehlten die Händler, die in den Straßen Fisch, Obst und Gemüse feilboten. Heut sah man nur Blumenstände dort. Die Stadt schien leerer und damit feierlicher; ein großer Teil des Volkes weilte an den Ufern des Flusses oder in den Vororten. Noch sah man die letzten Wagen nach draußen fahren; sie waren bis auf das Verdeck von jungen Leuten und ihren buntgekleideten Gefährtinnen besetzt. Sie würden mittags im Grünen sein und spät zurückkehren. Die Pferde gingen hier im Schritt; die Hufe glitten auf dem steilen Pflaster aus.

Obwohl er seit über einem Jahr die Stadt bewohnte, war jeder dieser Gänge für Gerhard ein Mysterium. Er hatte kaum das Gefühl, durch Plätze und Straßen sich zu bewegen; es schien ihm eher, als ob er durch Fluchten und Flure eines großen, unbekannten Hauses schritte oder auch Schächte durchirrte, die durch geschichtetes Gestein geführt waren. In mancher Gasse, an mancher Kreuzung wurde dieser Zauber besonders stark. Er gab sich kaum darüber Rechenschaft. Es waren weniger die Denkmäler und die Paläste, die ihn ergriffen als Zeugen historischer Vergangenheit. Eher war es das namenlose Leben, das diese Residenz gebildet hatte wie einen Korallenstock — ihr Schicksalsstoff. Er fühlte sich daher in jenen Vierteln, die gegen alle Regeln der Architektur gewachsen waren und sich im Lauf der Jahrhunderte verschachtelt hatten, besonders wohl. Zahllose Unbekannte hatten hier gelebt, gelitten und sich erfreut. Zahllose hausten noch auf diesem Grund. Das hatte sich dem Mörtel mitgeteilt. Die Kraft war ungemein verdichtet, ja wunderbar. Und immer belebte ihn das Gefühl, daß dieses Wunderbare sogleich Gestalt annehmen könnte: durch einen Brief, durch eine Botschaft, eine Begegnung oder ein Abenteuer, wie es in Schatzgrotten und Feengärten spielt.

Bei diesen Gängen erfüllte ihn eine große Zärtlichkeit. Er war gestimmt wie eine ausgeruhte Saite, die kaum der Hand bedarf, die auf ihr spielt. Ein Hauch, ein Sonnenstrahl genügten, damit sie schwang. Das Unberührte umgab ihn wie ein Schimmer, der auch für stumpfe Augen sichtbar wird.

Gerhard bog in die Rue Chaptal ein. Die Straße war menschenleer. Zur Linken leuchteten Plakate an beiden Seiten einer Sackgasse. Sie mündete in ein winziges Theater, das neben Tanzlokalen und anderen Vergnügungsstätten dem Hang sein Gepräge gab. Er lag nun wie ausgestorben, doch würde er sich märchenhaft erhellen, sowie die Nacht einbrach.

Gerhard entsann sich dieser Bühne — sie zählte zu den absonderlichen Orten, die zu besuchen der Fremde nicht versäumt. Man mußte sie gesehen haben, ähnlich wie die Katakomben, die Leichenhalle auf der Seine-Insel oder den großen Friedhof des Père Lachaise. Wie diese war er eine düstere Stätte; man führte nur makabre Stücke auf. Sie lehnten sich an den Stil des alten Kasperle-Theaters an und münzten in marionettenhafter Starre grausige Motive aus. Im allgemeinen reizte der Besuch nicht zur Wiederholung, doch hatte sich um den Ort ein Publikum gebildet, das dessen Eigenart entsprach. Es rekrutierte sich aus der Unterwelt des Viertels: Männern mit starkem Kinn und ausrasiertem Nacken, die grell geschminkte Mädchen begleiteten. Daneben sah man Sonderlinge, abgewrackte Greise und Fremde mit den Narben puritanischer Erziehung, auch Halbwüchsige voll blanker, gieriger Wachsamkeit. Der Bogen vibrierte, er war noch nicht erprobt. Oder er war ermattet, sei es durch Macht und Reichtum, sei es durch zügelloses Leben; er wurde nur durch die schärfsten Reize noch gespannt. Das einte sich, wenn die drei Schläge des Regisseurs erklungen waren, im Banne, den die nackte Grausamkeit erzwingt. Dazu kam noch die Blasphemie, die darin lag, daß das Theater in der Kapelle eines aufgelassenen Klosters eingerichtet und das Eigentümliche des Ortes kaum verändert worden war. Man konnte meinen, im Chorgestühl einer Schwarzen Messe beizuwohnen, die böse Mönche feierten.

Gerhard blieb vor dem Eingang stehen und studierte die Anschläge:

DER NEUE BLAUBART
REALISTISCHES SCHAUSPIEL IN DREI AKTEN
VON LÉON GRANDIER

Es folgten die Personen und die Namen der Schauspieler. Die Lettern schienen mit dem Pinsel aufgetragen; rote Tropfen lösten sich von ihnen ab. Darüber sah man das Bildnis eines bärtigen Mannes, der sich, ein Messer zwischen den Zähnen, aus dem Fenster eines Hauses schwang.

Das Thema war aktuell. Die Blätter flossen über von Berichten über Untaten eines Mörders, der seit Monaten in London sein Wesen trieb. Es schien, daß er nur Frauen zum Opfer wählte und daß er unter diesen eine bestimmte Auswahl traf: Freudenmädchen, Vorstadtschauspielerinnen, Sängerinnen von Tingeltangeln, Halbwelt schlechthin. Das Ganze war widrig, als ob ein Raubfisch in Abwässer eingedrungen wäre, und mit jedem Morde wuchs die Erregung; sie strahlte auf alle Städte Europas aus. In diesem Unhold schien äußerste Verwegenheit mit der Vorsicht eines Tieres sich zu paaren — noch niemand hatte ihn gesehen.

Wie es nichts Abgeschmacktes und auch nichts Fürchterliches gibt, das nicht die Menschen anzieht und selbst zur Nachahmung verleitet, so auch hier. In allen großen Städten hausen Geister, die der Ruhm der Unterwelten lockt. Auch in Paris schien ein Irrer in dem Londoner sein Vorbild entdeckt zu haben, falls nicht sogar dieser selbst hier ein Gastspiel gab.

Die Polizei schloß das nicht aus. Zwei ihrer Berichte, die unmittelbar einander folgten, wiesen darauf hin. Der eine schilderte das Ende der Lascari, einer sowohl berühmten wie auch berüchtigten Soubrette, die in einem der Stundenhotels nahe der Avenue de Wagram tot aufgefunden worden war. Der zweite meldete den Mord an einem Freudenmädchen im

Flur eines Tanzlokals der Rue de Lappe. Die Taten hatten eine ungemeine Aufregung entfacht. Es war kein Wunder, daß eine Bühne, die vom Grauen lebte, sich des Themas bemächtigte.

2

Nur wenige Schritte führten zur Rue Pigalle. Ihr folgte Gerhard bis zum Platze, der den gleichen Namen trägt. Der breite Boulevard, der ihn durchschneidet, war belebter; zwei Reihen von Wagen rollten gemächlich auf ihm entlang. Sie fuhren bald im Schritt und bald im Trabe, wenn die Kutscher die Flanken der Pferde mit der Peitsche streichelten. Im Fond lehnten Männer mit hohen Hüten, die behaglich dem Mittagsmahl entgegenträumten, auch Ehepaare, und Damen, die sich das Gesicht mit Sonnenschirmen beschatteten.

Die Tische vor den Cafés waren dicht besetzt. Kellner in weißen Jacken eilten geschäftig aus den Türen; sie trugen mit bunten Getränken gefüllte Gläser und setzten daneben Eiswasser in großen Karaffen auf. Die Gäste waren in Gespräche oder in die Lektüre der Zeitungen vertieft, wenn sie nicht lässig den Strom der Wagen und Passanten betrachteten, der dicht an ihren Stühlen vorüberzog. Zuweilen nickten sie einem Bekannten zu.

Das Mittelstück der großen Ader war als Allee geführt. Es wurde durch eine Doppelschnur von Bäumen abgegrenzt. Am Abend erhellten zahllose bunte Lampen diesen Streifen zu einem Lustgang für große Volksmengen. Um diese Stunde sah man in seinem grünen Schatten Reiter entlangtraben. An manchen Stellen stauten sich die Müßiggänger; hier hatten Degenschlucker und Akrobaten Teppiche entrollt und führten ihre Künste vor. Sie machten dann mit einem Blechtrichter die Runde und sammelten die Kupferstücke ein. Nach kurzer Pause verkündeten sie durch einen Hornruf den nächsten Gang.

Gerhard ging auf der Seite, an der sich das Collège Rollin erhebt. Hier war der Gehsteig freier, vereinzelt schritten

Spaziergänger vorbei. Wie es in allen großen Städten Klimate gibt, durch die sich selbst zwei Straßenseiten unterscheiden, so schienen hier die Frauen gewählter gekleidet als drüben bei den Cafés. Sie schwebten langsam in sonntäglichem Schmuck vorüber; die zarten Schleier verhüllten die Züge kaum. Der Hitze ungeachtet trugen sie lange Handschuhe. Sie hielten die Schirme aufgespannt, ängstlich darauf bedacht, daß nicht ein Sonnenstrahl auf die Gesichter fiel, aus denen die großen Augen leuchteten. Zuweilen erfaßten ihre Blicke Gerhard mit einem Ausdruck der Überraschung und wandten sich dann träumend der Erde zu.

Gerhard hörte, wenn ihre Röcke ihn fast streiften, das Knistern der Seide wie das Rauschen einer fernen Brandung, das die Brise vorübertrug. Und immer ergriff ihn Ehrfurcht wie vor einem hohen Bilde, als schenkten Göttinnen ihm ihren Anblick; Feen und Zauberinnen folgten ihnen nach.

Stets war er auch verwundert, ja befremdet, wenn er Männer in ihrer Gesellschaft sah. Sich ihnen anzunähern, erschien ihm als eine Kühnheit, die sich selbst in der Vorstellung verbot. Doch würden wunderbare, erhebende Gespräche mit ihnen möglich sein; er fühlte und ahnte es. Nur würde ihm der Mund verschlossen bleiben — das wußte er bestimmt. In seinen Träumen war er ihr Diener, ihr Vertrauter auch. Er sah sich als ihr Retter in Gefahren und sein Schicksal auf Wegen, wie sie die Romane schildern, mit dem ihren verknüpft.

In seiner Erscheinung freilich lag zu dieser Ängstlichkeit kein Grund. Fast alle jungen Leute durchleben eine solche Phase der Empfindsamkeit. Bei Gerhard war sie vielleicht übertrieben, auch währte sie ungewöhnlich lang. Das mochte daran liegen, daß seine Mutter früh gestorben war; er hatte sie kaum gekannt. In der Erinnerung hatte sich ihr Bild verklärt; er dachte mit Verehrung an sie zurück. Sein Vater war in Geschäften eines kleinen Fürsten viel auf Reisen und ließ den Sohn in Internaten aufwachsen. Dann hatte er ihn zum Studium nach Göttingen geschickt. Gerhard wohnte dort bei einer Tante, die mit dem Alter ein wenig wunderlich geworden war. Das Leben in ihrem großen Hause, das kaum je ein Mensch besuchte, kam seinem Hang zur Einsamkeit entgegen, in der er sich gefiel. Die Welt der Bücher und der Träume genügte ihm zum höheren Wohlbehagen, wenngleich es ihm nicht immer möglich war, sich den Ansprüchen der Gesellschaft — der Professoren, der Kommilitonen und der Standesgenossen — zu entziehen. Das Studium hatte er in der vorgeschriebenen Frist beendet, dann hatte ein entfernter Verwandter, den er Onkel nannte, Herr von Zimmern, ihn in diese Stadt gezogen und der Botschaft attachieren lassen mit einem jener Titel, die sich gut auf den Visitenkarten ausnehmen.

Das Eigentümliche an Gerhard, das zugleich Sympathie erweckte und befremdete, fiel auch in seiner neuen Umgebung auf. Es wurde allmählich deutlicher. Kürzlich, nach einem Empfange, hatte Frau von Zimmern, bevor sie zur Ruhe gingen, noch eine Weile mit dem Gatten im Salon gesessen; sie sprachen die Gäste durch.

»Dein Neffe ist charmant — doch hast du nicht den Eindruck, daß ihm etwas fehlt? Ich finde ihn fast unerlaubt kindlich für seine bald fünfundzwanzig Jahr. Du solltest dich etwas mehr mit ihm beschäftigen. Er spinnt sich zu sehr ein.«

Der Botschafter, der vom Tag erschöpft war, lächelte. Er streichelte ihr den Arm:

»Wir wollen uns eher weniger mit ihm beschäftigen. Ich wußte, warum ich Wert darauf legte, daß er die eigene Wohnung nahm. Du rechnest ihm einen Vorzug als Mangel an, Elisabeth. Gerhard ist außerordentlich gut erzogen, respektvoll, ritterlich. Sieh sein Gesicht an, das nicht trügen kann. Ich habe den Jungen gern und freue mich immer, wenn ich ihn inmitten der blasierten Gesellschaft sehe, ihrer leeren Perfektion. Die kennen freilich den Preis der Dinge und ihr Ziel. In meiner Jugend sah man solche Träumer öfter; sie griffen später oft bedeutend in den Weltlauf ein. Es ist kein gutes Zeichen, daß sie seit der Gründung des neuen Reiches aussterben.«

Herr von Zimmern erhob sich aus dem Sessel und zündete über der Lampe eine letzte Zigarre an.

»Er gleicht seinem Vater; mit ihm war ich zusammen in meiner Oldenburger Zeit. Er wurde dann der homme d'affaires von großer Geistesgegenwart, als den du ihn kennst. Ich sage dir von Gerhard ähnliches voraus. Es gibt Begegnungen, die kristallisieren, was zunächst im Unbestimmten mächtig ist.«

Auch Frau von Zimmern war aufgestanden; es war schon spät. Sie schloß die Unterhaltung ab:

»Du wirst wohl recht haben. Freilich gibt es auch böse Begegnungen. Es ist weniger das Naive, das mich an Gerhard stört, wenngleich es oft die Grenzen übersteigt. Er macht es durch sein Wesen wieder wett. Die Menschen lieben ihn; das hebt das Lächerliche auf. Zuweilen kommt er mir vor wie eine Puppe, wie ein in fremden Reichen erdachtes Wesen, das aus Versehen in diese Welt verschlagen wurde, deren Regeln und Fallen es nicht kennt. Darin liegt die Gefahr. Ein solches Wesen wäre, um zu existieren, auf Partner angewiesen, die gleichfalls aus der Fremde kommen — auf Kinder, Feen, weise Zauberer.«

Der Botschafter verabschiedete sich mit einem Handkuß: »Ich weiß, daß wenigstens *ein* guter Geist in seiner Nähe waltet. Er wird dir dankbar sein.«

3

Gerhard war von mittlerer Größe und zartem, fast knabenhaftem Wuchs. Der leichte Gang, das weiche Haar, das schmale, von der Sonne kaum gebräunte Gesicht erweckten den Eindruck eines Menschen, der zugleich stark und schutzbedürftig ist: der Macht hat ohne die Mittel, sie zu verwirklichen. So gibt es Schätze, die nicht auszumünzen sind. Damit verband sich eine Wahrnehmung des Widerspruches — etwa »befangener Artist«. Inmitten des bewußten und voll ausgeprägten Lebens war diese Grazie befremdend; auf Bildern, selbst von Zeitgenossen, hätte sie weniger überrascht.

Zwei Mädchen, die Mappen unter dem Arm trugen, gingen an ihm vorüber; sie kamen wohl von der Musikstunde zurück. Die eine stieß die andere an und sagte: »Schämst du dich gar nicht, dich auf der Straße nach Männern umzudrehen?«

Die Freundin lachte: »Das ist doch kein Mann — es ist ein Märchenprinz.«

Gerhard erkannte nicht das Wesen der Blicke, die sich auf ihn richteten. Sie erfaßten ihn mit einem Ausdruck der Überraschung und wandten sich dann träumend ab. Wenn sie vorbeigegangen waren, berührten manche der Frauen ihren Gürtel oder sie fuhren mit raschem Griff an die Frisur. Ihm schienen diese Blicke fremd und rätselhaft; er fühlte sich durch sie bedroht.

Die Schattenseite des Boulevards war angenehm gewesen; Gerhard hatte nun den Antwerpener Platz erreicht: ein schmales Rechteck, das mit Bäumen bestanden war. Es mochte Zeit zum Mittagessen sein. An jener Ecke, von der die enge Rue de Gérando abzweigt, lag ein Restaurant: »Zu den Herzögen von Burgund«. Sein Schild war eine der flachen Schüsseln, die an den berühmten Rebenhängen die Weinvorkoster wie einen Orden um den Hals tragen.

Ein weißgedeckter Tisch war vor die Tür gestellt. Auf seinem Linnen breiteten sich, noch dampfend, wie sie aus dem Kessel kamen, Meeresfrüchte aus.

Hochrote Hummer lockten mit ausgeschwenkten Scheren, daneben prangten in rostigeren Farben die Langusten; das Messer hatte sie bereits halbiert. Kränze von schmalen, stachligen Langustinen umringten sie. Die rosa gerippten Schalen der großen Pilgermuscheln waren klaffend aufgesprungen, sie zeigten das weiße Fleisch. Zu Füßen dieses Tisches standen flache Körbe mit den ersten Austern; die Tiere waren in feuchtes Seemoos eingehüllt. Der Netzfang war wie aus einem Füllhorn ausgestürzt. Der Anblick zeigte, daß die Küche für die Sonntagsgäste auf das Beste gerüstet war. Schon sah man die ersten durch die Glastür eintreten.

Ein älterer Herr schritt langsam vorüber und streifte Gerhard mit einem Blick. Im Weitergehen schien er sich zu besinnen; er kehrte um und lüftete höflich seinen Hut: »Sieh, Herr zum Busche — was führt Sie zu dieser Stunde in mein Quartier?«

Gerhard entsann sich der dunklen, von schmalen Brauen überwölbten Augen, die ihn mit kühler Neugier musterten. Sie standen wachsam in einem blassen, kränklichen Gesicht. Ihr Träger mochte wenig über sechzig Jahre zählen; er nannte sich Ducasse. Obwohl er einer alten Familie angehörte, begegnete man ihm nur an den Rändern der Gesellschaft, beim Rennen, beim Spiel und bei den Frühstücken. Vor allem traf man ihn im Umkreis der reichen Fremden, die regelmäßig die Stadt besuchten; er galt als Kenner auserwählter Vergnügungen. In dieser Hinsicht wäre er eher im vergangenen Jahrhundert an seinem Platz gewesen, als Freund von Fürsten, die vor der Sintflut feierten. Nun war er auf ihre Enkel angewiesen, in einer Zeit verlorener Illusionen, in der auch die Genüsse sich vergröberten. Das hielt wohl den leichten Ekel wach, der ihm den Zug des Leidens gab, denn immer muß der Koch ja wissender als seine Gäste sein.

Es hatte in diesem Leben einen Bruch gegeben, mit dem die Dekorationen des großen Reichtums dahingeschwunden waren, und auch was sich dem anschloß, war nicht geeignet, den Ruf zu festigen. Die hohen Gönner erhielten ihn mehr in Mode als im Ansehen. Man traf den Herrn Ducasse zwar in der Botschaft, doch niemals in den Räumen, in denen Gerhards Tante gastfreundlich waltete. Es ist nicht unwahrscheinlich, daß dieser Umstand eine Rolle spielte bei der Entwicklung der Dinge, die hier geschildert wird. Er zählte zu den Punkten, in denen Herr Ducasse empfindlich geblieben war. Indessen schien er vom Zufall der Begegnung entzückt zu sein. Als ob er ihn freundschaftlich halten wollte, berührte er Gerhard am Arm und sagte:

»Es ist vernünftig, daß Sie in der Stadt geblieben sind. Man braucht sich hier auch am Sonntag nicht zu langweilen. Das ist ein Vorurteil.«

Dann, mit dem Knaufe seines Stockes auf den Schautisch deutend:

»Nicht wahr — ein Stilleben? Das Haus ist gut, der Keller ist berühmt.«

Er schränkte das Urteil ein:

»Zum mindesten, was den Burgunder anbetrifft. Ich sehe Sie meditieren, als wollten Sie frühstücken. Sie sollten zu Voisin gehen. Dort finden Sie jetzt das Beste, was das Meer zu bieten hat. Es würde mir Vergnügen machen, Sie dorthin einzuladen...«

Er zögerte ein wenig:

»Sofern Sie nicht vorziehen, allein zu sein.«

Es war tatsächlich Gerhards Absicht gewesen, den Sonntag einsam zu verbringen und fern der Innenstadt, in der man immer Bekannte traf. Die Einladung indessen berührte das Kindliche in ihm, das ihn bezeichnete. Die Älteren blieben immer die Erwachsenen für ihn; ihr Reich war von dem seinen weit getrennt. Die Art, in der sie sich bewegten, dachten, handelten, war unbegreiflich und setzte Mysterien voraus. Sie hatten das Ungewisse mit der Sicherheit vertauscht. Gerhard empfand es immer als beglückend, wenn einer von diesen sich ihm zuwandte. Daher beeilte er sich, die Einladung anzunehmen, indem er sich zugleich entschuldigte:

»... obwohl ich fürchte, daß meine Gesellschaft Sie langweilen wird.«

»Machen Sie sich deshalb keine Sorgen«, beruhigte ihn Ducasse, indem er einem Kutscher winkte, der langsam vorüberfuhr.

Das Fuhrwerk war verstoßen und schlug in den Federn auf. Ein ausgedienter Schimmel zog es im Schritt den Berg hinab; er mochte schon das Zweite Kaiserreich erlebt haben. Die Sonne brannte; sie rief ein starkes Zucken und Blinzeln auf Ducasses Gesicht hervor. Es war ein krankes, verwüstetes Gesicht, in dessen Augen jedoch der Wille noch ungebrochen funkelte. Das gab ihm etwas Zwingendes; es teilte ihm eine Art von Magnetismus mit.

Gerhard, der als ein Träumer lebte, kannte nicht die Anekdoten, die sich an den Namen dieses Mannes hefteten. Er konnte daher nicht wissen, daß diese Lage — die Lage eines

Dandys, der sich durch das erbärmliche Gefährt, das ihn bewegt, in seiner Überlegenheit nicht stören läßt — für Léon Ducasse typisch war. Sie deutete das Schicksal an, das er zu tragen, zu meistern hatte wie Brummel das seine in Calais. Der Witz der Weltstadt hatte seine Schärfe an ihr erprobt, um sich dann mit ihr abzufinden, nachdem sie zum Stil geworden war. Das setzte Beharrungskraft voraus.

Nun war wohl schon ein Dutzend Jahre verstrichen seit der berühmten »Rückkehr von Longchamps«. Das war der Titel der Karikatur gewesen, die am Tage nach seinem Ruin die Stadt belustigte. Sie zeigte Léon, in einem offenen Fiaker thronend, inmitten des Getümmels kostbarer Pferde und Wagen, die vom Rennen abfuhren. Das Kinn nachlässig auf seinen Stock gestützt, die weiße Chrysantheme im Knopfloch, setzte er sich in alter Unbefangenheit den Blicken aus. Wie sich im Mißgeschick die eigentlichen Quellen des Menschen offenbaren, so hatte sich damals ausgewiesen, daß Ducasses Bedeutung nicht auf dem großen Reichtum fußte, nicht auf den Millionen, die er in Bauten, Festen, Kunstwerken verschwendete. Das war ihm durch eine märchenhafte Heirat zugeflossen und ging wie eine Fata Morgana mit der Frau davon. Was blieb, war der unfehlbare Geschmack als letzte Blüte eines alten Stammes, die Kenntnis der erlesenen Dinge dieser Welt. Sie ist im Grunde der Mittel nicht bedürftig, da ihre Stärke im Urteil ruht. Ein Lächeln kann Ansprüche stürzen oder bestätigen. In dieser Hinsicht wurde Ducasse ebenso bewundert, wie er gefürchtet war.

4

Wenn die Katastrophe in Ducasse eine Wunde hinterließ, so war es eher der Haß gegen alles Weibliche, der vielleicht immer in ihm geschlummert hatte, nun aber zutage trat. Von jeher hatte die Liebe zu Frauen ihm nicht viel bedeutet, doch gibt es Formen des Geschmackes, die sie nachzuahmen, ja zu übertreffen scheinen, wie gewisse Kunstblumen die natürlichen. Darauf verstand er sich: der Schönheit wie einer Perle die Fassung zu geben, die ihr gebührt. Im Augenblick jedoch, in dem er das Vollkommene streifte, verfiel er der Langeweile und der Ironie. Das hatte ihn gestürzt.

In seinen eigentlichen Neigungen dagegen hatte die Beschränkung ihn eher noch befestigt und gestärkt. Die Herrschaft über die schönen Dinge liegt ja nicht darin, daß man sie besitzt. Ducasse war vielmehr den Besitzern unentbehrlich, indem er sie in der Gewißheit des Besitzes erst bestätigte. Er wies die Echtheit nach. Mit Recht sieht man den Zweifel als ein Zeichen der Spätzeit und als Vorzeichen des Unterganges an. Solange er sich gegen die höchsten Werte richtet, läßt sich das Leben noch erträglich führen, ja selbst in sinnlichen Genüssen steigern, dann aber greift der Zweifel auch auf die sichtbaren Güter über, an denen die Sinne sich erfreuen. Das gleicht dem Schimmel, der vom Plafond her sich auf die Tapete ausdehnt und ihre Muster bleicht. Mit dem Mißtrauen nehmen der Ekel und die Verfälschung zu. Zuletzt wird auch das Einfachste verdächtig — das Glas Wasser, die Speise auf dem Tische, der Löffel, der sie zum Munde führt.

In solchen Zeiten sind Geister wie Ducasse den Mächtigen und Reichen wahre Nothelfer. Sie bannen die Langeweile und stellen das gute Gewissen wieder her. Besitz beängstigt, wenn die Kraft, ihn zu beherrschen, uns verläßt. Die auf der Tafel gehäuften Gerichte bedrücken schon durch ihren Anblick den Übersättigten. Er muß dann zum Verächter, zum Geizhals oder zum Verschwender werden — es sei denn, daß man neue Illusionen in ihm weckt. Das hatte Ducasse sich zur Aufgabe gemacht. Wenn Geld und Einfluß Instrumenten gleichen, so konnte er zeigen, wie man darauf spielt und welche Melodien möglich sind. Im Grunde blieb er der Gebende und teilte aus dem Ererbten mit.

Daraus erklärt sich, daß ihn die Havarie im Lebensstil nicht schädigte. Sie traf das Schiff, doch nicht den Steuermann. Die alten Freunde hielten an ihm fest — ja zogen noch größeren Gewinn aus ihm, den eigene Dinge nunmehr weniger beschäftigten.

Persönlich wurde seine Lebensführung einfach, ja selbst spartanisch, soweit sie nicht sein Äußeres betraf. Er hauste nun in einer kleinen Wohnung mit einem Diener, der ihm seit seiner Jugend treu geblieben war. Dort hatte er sich mit alten Möbeln und Einzelstücken eingerichtet — Treibgut, das seinen Schiffbruch überdauerte. Es kam vor, daß ein Besucher an einem Bilde oder einem Teppich besonderen Gefallen äußerte. Dann pflegte Ducasse anzudeuten, daß dem Begehren abzuhelfen sei. Das lief nicht zu seinem Nachteil aus. Die Lücke füllte er dann bei den Antiquaren auf, bei denen er im alten Ansehn stand.

Auf diese Weise zinsten ihm die unbeschränkten Mittel, die ihm zu Gebot gestanden hatten, auch fernerhin. Verschwendung hatte ihn zur Meisterschaft geleitet in allen Fragen, die den Geschmack angehen. Nur der Wert zählte; der Preis war unwichtig.

Einst hatte er davon geträumt, um sich herum die alte Gesellschaft wiederherzustellen, mit ihren Formen, ihren Farben, ihrer Heiterkeit. Er hatte erfahren müssen, daß dergleichen im besten Falle zu den gelungenen Illusionen historischer Maskenbälle führt. Dennoch war in ihm eine Art ererbter Redlichkeit, die ihn zur Verwendung von echten Dekorationen trieb. Er pflegte zu sagen, daß er das Lehrgeld nicht bereue, das er gezahlt habe. Das kam seinen Freunden zugute, denen weniger die Frage der Kosten als die der Echtheit Kopfschmerzen bereitete. Ein Pferd, ein Bild, ein Schmuck, ein Landhaus — kurz: alles, was Ducasse gebilligt hatte, hielt jeder Probe stand. Das gleiche galt für die Feste, denen er als maître de plaisir vorstand. Hausherr und Gäste wußten dann: sie hatten sich vergnügt. Man sagte Ducasse sogar nach, daß er Partien stiftete.

Im Lauf der Jahre hatte sich dann erwiesen, daß diese Rolle nicht haltbar war. Sie wurde angezehrt durch das Vermittlertum. Der ideale Vermittler ist jener, der die Dinge zu schätzen weiß, ohne daß er sie für sich in Anspruch nimmt. Er führt die Braut im Hochzeitsschmuck dem Freier zu und ist zufrieden, wenn er hinter beiden die Tür geschlossen hat.

Doch, fehlt ihm die Güte, wird sich in ihm ein Haß anspeichern — Haß gegen die Genüsse und die Genießenden.

Die Bahn, die dieser Geist durchlaufen hatte, zeigte, daß man in der Verfeinerung nicht verharren kann. Sie führte ihn vom Mäzen zum Mentor von hoher Bildung, dann aber dem Spleen, der Langeweile und endlich dem Zynismus zu. Es konnte einem Blick von solcher Schärfe nicht entgehen, daß die Schönheit sich im Maß entleerte, in dem die Gesellschaft sich vernichtete. Obwohl Ducasse aus der Entwertung Gewinn zog, lebte er von einem Zustand, den er zugleich verachtete: dem des verarmten Schloßherrn, der reiche Fremde durch die Stätten verklungener Feste führt — ja der sie zuweilen theatralisch wiederholt. Da fehlte es nicht an groben Späßen und Verstößen, doch war es geraten, sie zu übersehen. Im Grunde führte er das Dasein eines Dandys, der für den Demos den Hanswurst machte und sich dafür zu rächen suchte an allem, was intakt geblieben war.

5

»Nun, lieber Freund — was sagen Sie dazu — sind das nicht Meerwunder?«

Ducasse wies dabei auf die Schüssel, die der Kellner soeben aufstellte. Auf einer Schicht zerstoßenen Eises leuchteten sechs Muscheln, die Gerhard in der Tat als ausgesucht empfand. Sie ruhten wie bleiche Monde in den Perlmuttschalen; ein Hauch von Seetang breitete sich aus. Ein Sonnenstrahl fiel durch den Vorhang und brach sich in den Splittern; die Reflexe kräuselten sich auf der Karaffe voll gelbem Wein. Die Sessel waren mit einem roten Stoff bezogen; das teilte dem Raum eine warme, vertraute Stimmung mit. Gerhard war leicht dafür empfänglich; er fühlte ein Wohlbehagen an diesem Ort. Er antwortete:

»Die Austern sind in der Tat vorzüglich; doch würden sie mir doppelt munden, wenn Sie mir dabei Gesellschaft leisteten.«

Ein Schatten überflog bei diesen Worten das Gesicht Ducasses. Seit langem bekamen ihm nur noch die einfachsten Gerichte ohne Salz und Schmalz; schmerzhafte Krisen drohten nach dem leichtesten Verstoß. Ein Silberschüsselchen voll Nudeln stand vor ihm; der Kellner goß ihm Vichywasser dazu ein. Man sah, daß ihn das Essen langweilte, ja ihm Verdruß bereitete. Indessen gab er sich Mühe, das zu verbergen, und suchte mit zarter, fast liebevoller Sorgfalt für den Tischgenossen Weine und Speisen aus. Dabei erprobte er die Schärfe seines Witzes an den Gästen, die ihm fast alle bekannt waren. Von einer Anrichte aus, die vor dem Aufzug stand, wurden außer dem ihren noch drei Tische mit lautloser Aufmerksamkeit bedient. An einem von ihnen speiste ein älteres Paar: eine Dame in schwarzem Sammetkleide, dessen Ausschnitt eine Perlenkette zierte, mit ihrem Begleiter, der trotz der Hitze einen grauen, bis an den Hals geschlossenen Gehrock trug. Die beiden aßen, fast ohne ein Wort zu wechseln, und führten zuweilen das Glas zum Mund.

»Die Dame sieht müde aus«, sagte Gerhard, der ihnen gegenüber saß.

Ducasse wandte den Kopf und strengte sein Gesicht zu einem schmerzlichen Lächeln an:

»Gewiß — es ist angreifend, häßlich zu sein. Außerdem ist ihr Mann vor zwei Jahren vor seinen Gläubigern in die Türkei geflüchtet — man sagt, daß er sich dort verborgen hält.«

Er nickte und fügte, als ob er sein Urteil mildern wollte, noch hinzu:

»Übrigens gilt er als der Anständigste der Familie. Was das Paar angeht, so weiß man nicht, ob er sie aushält oder sie ihn. Ein Schriftsteller, dessen Werke Sie unter der Makulatur an den Quais finden. Kürzlich hat er eine Sammlung von Photographien herausgegeben — ohne Zweifel das beste Buch, das er geschrieben hat.«

Wenn man Ducasse hörte, mußte man von der Gesellschaft ein unheilvolles Bild gewinnen; das Dürftige, das Häßliche, selbst das Verbrechen glomm unter dem Firnis durch. Ein langes Studium der menschlichen Schwächen und Blößen mußte dem vorausgegangen sein. Ducasses Ekel befriedigte sich daran. »Brennende Freude« war das Wort dafür.

An eine Höflichkeit gewöhnt, die mit sich bringt, zu tun, als ob man nicht wüßte, was man voneinander weiß, hielt Ducasse es doch nicht für nötig, sich vor Gerhard zu mäßigen. Es ging ihm wie fast allen, die dem jungen Deutschen begegneten — er hielt ihn für einen, der in schier unerlaubter Weise in der Entwicklung zurückgeblieben war, für einen der Sonderlinge, wie man sie öfters in alten Familien trifft. Der Zustand forderte heraus: die einen zur Sympathie, die anderen zu Experimenten, um zu erkunden, welches Maß an Komik einem solchen Geiste, ehe er sie wahrnahm, zu bieten sei.

Tatsächlich schien Gerhard die Angelhaken nicht zu bemerken, die Ducasse für die gemeine Neugier auslegte. Dieser sah sich an den Stellen enttäuscht, an denen er ein Lächeln erwartete. Die Miene seines Tischgenossen zeigte die stets gleiche, ungetrübte Heiterkeit. Ducasse zuckte die Achseln und ließ den sommelier Champagner bringen, mit dem er, nachdem er ihn verdünnt hatte, Gerhard behutsam zutrank — er mußte auch mit dem Herzen vorsichtig sein. Dann schnitt er ein anderes Thema an:

»Wenn ich Sie so am Tische sehe, Herr zum Busche«, hob er in halb gönnerhaftem, halb vertrautem Ton an, »will es mich wunder nehmen, daß man Sie an einem schönen Tag wie diesem ohne Gesellschaft trifft. Sie haben recht darin, daß Sie nicht mit aufs Land fahren — vor allem da Sie nicht, wie Ihr Onkel, Jäger sind. Aber Sie haben Unrecht insofern, als Sie den Nachmittag nicht mit einer schönen Frau zubringen.«

Gerhard errötete, als er sich auf so direkte Weise angesprochen fand, obwohl das Thema ihn brennend beschäftigte. Er gab zur Antwort:

»Dazu gehören immerhin zwei, Herr Ducasse.«

Dieser stutzte; sollte er das nun als Scherz auffassen oder nicht? Dann wurde er lebhaft:

»Das sagt ein junger Mann wie Sie, der keine andere Verlegenheit kennen sollte als die der Wahl? Merken Sie denn nicht, daß, wo Sie auftauchen, die Frauen Augen machen, als trüge man das Sakrament vorbei? Ich wollte Paris in die Tasche stecken mit Ihrer Jugend und Ihrem Charme. Sehen Sie denn nicht, wie drüben die Gräfin Kargané, seitdem Sie eingetreten sind, Ihnen Augen macht?«

6

Ducasse hatte bei diesen Worten mit einer Kopfbewegung auf eine Dame hingewiesen, die an einem der kleinen Tische in Gesellschaft eines Greises tafelte. Gerhard hatte sie beim ersten Blick bemerkt: eine Frau, die überall Aufmerksamkeit und wohl auch Bewunderung erregen mußte, denn sie war schön.

Die hohe, schmale Gestalt war in ein schwarzes Kostüm gekleidet, das sie scharf von dem roten Diwan abzeichnete. Sie hielt lässig den Kopf gestützt und schien ihrem Begleiter zu lauschen, während sie hin und wieder die anderen Gäste musterte. An dem Gesicht fiel ein Regelmaß auf, das in die Ferne wirkte wie bei einer Maske oder einer Schauspielerin, die ihre Züge geschickt vereinfacht hat. Das dunkelbraune Haar war dicht und anliegend wie das Fell eines Tieres, das sich gut streicheln läßt. Es verdeckte die Ohren und die halbe Stirn. Die Nase war etwas zu kurz geschnitten; das gab dem Antlitz, besonders wenn es aufwärts blickte, einen Stich von Impertinenz. Dagegen waren die Augen groß und leuchtend wie in Marmor eingelegte graue Achate; sie schienen noch größer durch die blauen Schatten, die sie umrandeten. Die schlichte Eleganz gab dem Wesen etwas Geschlossenes und streng Geformtes wie einem Juwel, dem eigener Glanz genügt. Im Gegensatz dazu stand ein zerstreuter, träumerischer Zug.

Schönheit und Unruhe widersprachen sich in dem Gesicht. Stets ist es ein Unglück, Macht zu erben ohne die Sicherheit, die sie verwalten kann. So wie ein großes Vermögen nur Unheil stiftet, wenn es einem Verschwender zufällt, kann auch die Schönheit als gefährliche Mitgift wirken, sowohl für den, dem sie zuteil wurde, wie für die anderen.

Ducasse, der die Ränder der Gesellschaft kannte, hatte ein Auge für das Bedenkliche. Er wußte, daß man der Gräfin am besten aus dem Wege ging. Nicht darin lag das Bedenkliche, daß sie Züge einer großen Katze trug. Auch Tigerinnen haben ihr Gesetz. Hier war es ein Ungeordnetes, das warnte, ein Mangel an contenance. Ursache und Wirkung waren fehlerhaft verknüpft. Was sich in diesem Kopf abspielte, war unberechenbar. Es mochte in ihm zugehen wie auf einem Bahnhof, wo reine Laune die Schranken schließt und öffnet, die Weichen stellt. Wer sich dort aufhielt, war der Gefährdung durch sinnlose Zusammenstöße ausgesetzt. Die Schönheit war ein glänzender Köder, in dem ein Haken sich verbarg.

Im Mittelalter hätte man ein solches Wesen vielleicht als Zauberin verdächtigt, im 18. Jahrhundert als eine der großen Damen angesehen, die nach Belieben handelten. Nun deutete sich forcierte Schwäche darin an. Die Aushöhlung der Formen war weit gediehen, obwohl ihr Äußeres unangetastet schien. Noch galten Namen, noch folgte das Vermögen dem Erbgang wie in der alten Zeit. Jedoch die Fälle wurden Grenzfälle insofern, als dort noch die Überlieferung, hier schon der Niedergang sie prägte — und dieser mit stärkerer Notwendigkeit. Die alten Stämme trieben noch Blüten, doch viele schon taub und zwitterhaft.

7

»Es ist ihr Vater«, sagte Ducasse, indem er auf den Greis wies, »der Admiral Jeannot.«

Gerhard kannte den Namen; er war eng mit der Kolonialgeschichte verknüpft. Man pflegte den Admiral mit seiner Tochter zu sehen, wenn es in deren Ehe Streit gab; es fiel ihm dann zu, sie zu beschwichtigen. Das war anstrengend, und er lud sie gern in Lokale ein, damit die Unterhaltung in Grenzen blieb. Dann kamen die fruchtlosen Gespräche mit dem Schwiegersohn.

Eigentlich war es zwischen Irene und Kargané von Anfang an nicht gut gegangen, da dieser rücksichtslos wie ein Freibeuter seinen Neigungen folgte und tat, was ihm gefiel. Irenes Mutter war früh gestorben; die Tochter war halb amazonenhaft aufgewachsen, während der Vater fast immer auf Seefahrt war. Auch Kargané hatte bei der Marine gedient. Jeannot hatte ihn, schon ehe sie verwandt wurden, gekannt und geschätzt.

Kargané hatte als Kapitän seinen Abschied genommen; er war von Anfang an ein schwieriger Untergebener gewesen, doch glänzend auf eigenem Schiff. Intelligent, präzis, tapfer, ein guter Kamerad und Gesellschafter — gewiß auch brutal, doch das war keine schlechte Mitgift in dem Beruf. Ein solcher Charakter ist für die höchsten Stellungen geeignet, falls er die Klippen vermeidet, die er sich selber schafft. Er wird sich erst auf dem Gipfel voll entfalten — doch wo gab es noch solche Posten in der Republik? Durch Männer wie diesen wurde in Jahrzehnten ein Kolonialreich geschaffen — gegen den Widerstand nicht nur der Welt, sondern auch im eigenen Haus.

»Du kannst nicht sagen, daß ich dich nicht gewarnt hätte. Du hast es gewollt.« Irene hörte das nicht gern, aber der Admiral hatte in der Tat von Anfang an Bedenken gehabt. Schönheit allein war nicht imstande, einen Geist wie Kargané zu fesseln, und was sollte werden, wenn die Härte zutage trat, die unter ihr verborgen lag? Im übrigen war es eine glänzende Partie, sowohl was den Namen als was das Vermögen betraf. Da beider Neigung stark war, konnte Jeannot schließlich nicht auf seinem Widerstand beharren. Und hätte Irene sich nicht auch darüber hinweggesetzt? Man konnte nur hoffen, daß die Verbindung glücklich würde; es fehlte nicht an den Voraussetzungen.

Indessen wurde vom ersten Tag an deutlich, daß sich in dieser Ehe zwei Charaktere getroffen hatten, die für einander zu stark waren. Kargané war auch nach der Verabschiedung seinen Gewohnheiten treu geblieben — dem jähen Wechsel zwischen Tätigkeit und Müßiggang nach Art der Seeleute. Er liebte die Veränderung der Orte und Hintergründe, die Reisen an die Ränder der bekannten Welt, die Abenteuer in fremden Häfen, in denen er unter anderem Namen lebte, die niedere und die erlesene Ausschweifung. Man wollte ihn in Aden in der Tracht eines einfachen Matrosen und zu Kairo im Palast des Sultans gesehen haben; bei diesen Ausflügen kamen ihm eine eiserne Physis und ein vorzüglicher Orientierungssinn zugut. Das gab ihm, auch im Rausch und unter dem Einfluß von Drogen, einen Überhang von Bewußtheit: er kannte die Grenzen, an die zu gehen im Rahmen des Ortes und der Lage möglich war. Und diese Grenzen waren bei seinen Mitteln weit gesteckt. Man konnte von einer technischen Moralität sprechen; was Moralisten des 19. Jahrhunderts verkündet hatten: daß die Sitten mit den Breitengraden wechseln, war hier schon Praxis des Reisenden.

Die Abwesenheiten Karganés wurden ausgedehnter, nachdem er von einem entfernten Verwandten Güter in Rumänien geerbt hatte. Man wußte darüber wenig; es hieß, daß er sich dort unten inmitten großer, noch ungehegter Wälder ein Schloß nach dem Vorbild des Duc de Blangis eingerichtet habe — doch blieben das Gerüchte, wenngleich dunkler Art.

Tatsache war dagegen, daß sein Wandel in Paris sich festigte. Er lebte hier gelassen wie ein Champion, der seinen Überschuß an Kraft auf fernen Spielplätzen verbraucht. Man sah ihn bei Feiern und Empfängen, bei Zusammenkünften der alten Marineoffiziere, im Fechtsaal, beim Spiel im Jokkey-Club. Er war ein guter Gesellschafter, heiter, freigebig, von leichter Unterhaltung; es gab immer Freunde um ihn.

Eines seiner Porträts galt als besonders gelungen; es zeigte ihn im blauen Jackett, in dessen Seitentaschen er die Hände hielt, vor einem blaßblauen Himmel, wie er die bretonische Küste zuweilen erheitert, wenn der Herbst beginnt. Der Maler, der dieses Bild geschaffen hatte, liebte die blauen Töne; er hatte auch dem dunklen Bart, der das gebräunte Gesicht umrahmte, einen Stich mehr davon gegeben, als der Natur entsprach. Im Hintergrunde waren Masten und Segel angedeutet, bereits vom Licht gesiebt und aufgelockert, wie es Mode zu werden begann.

Es schien, daß Kargané politischen Ehrgeiz entwickelte. Vielleicht langweilte er sich in Paris. Er vermied Beziehungen und Fakten, die bei Wahlen schädigen. Es gab um ihn Gerüchte, doch nichts Handgreifliches. Im Vordergrunde stand der heitere Seemann, der seine Schwächen hatte, doch lebte und leben ließ. Im übrigen war man nicht heikel in dieser Zeit. Er hatte mit einer gemäßigten Kritik des Flottenbaues begonnen, die er in Aufsätzen und Vorträgen vertrat. Das war ein guter Ausgangspunkt.

Wenn er von seinen Reisen zurückkam, pflegte es häusliche Krisen zu geben wie Gewitter, zu denen starke Spannungen sich speicherten. Er hatte bald eingesehen, daß Irene mit der ihr zugedachten Rolle einer Figur, die man aus dem Kasten nimmt, wenn man ihrer bedarf, sich nicht abspeisen ließ. Sie war zu stark, zu unberechenbar dafür. Ihre Erziehung hatte sie an einen weiten Spielraum gewöhnt. Sein Wille, despotisch unter geschliffener Oberfläche, hatte sie nicht zu brechen vermocht. Er hatte, wie viele Männer, den Typ geheiratet, der ihm am wenigsten entsprach. Selbst der Versuch, ein Feld zu schaffen, auf dem sie gemeinsam auftreten konnten, war mißglückt; er konnte mit ihr kein Haus führen, in dem man Gäste empfing. Die Atmosphäre war von Anfang an entweder eisig oder zu stark geladen; man mußte froh sein, wenn es ohne Skandal abging. Kargané hatte sogar den Eindruck, daß Gäste kamen, die derartiges erwarteten.

Im Grunde war sie von ihm abhängiger geblieben als er von ihr. Diese Abhängigkeit war in Feindschaft umgeschlagen, sogar in Haß. Kargané behandelte sie zunächst nach Art eines Tierbändigers, der Furcht einflößen will. Aber Irene war furchtlos und scheute weder den Streit im Hause noch vor anderen; es schien sogar, als sei sie darauf erpicht. Kargané fragte sich zuweilen, ob die Unruhe, die sie bewegte, nicht das Symptom einer Geisteskrankheit sei. Früher hätte man sie einsperren lassen, doch dazu langte es nicht.

Endlich hatte er sich entschlossen, ihr große Freiheit einzuräumen; er fand noch das mindere Übel darin. Vielleicht hätte er gern gesehen, wenn sie sich einen Geliebten genommen hätte; er hatte es sogar einmal angedeutet nach einer der Szenen, die sie gehabt hatten. »Nur möchte ich es nicht vom Portier erfahren«, hatte er hinzugesetzt.

8

Ducasse, der seinen verwässerten Champagner schlürfte, während er die Gäste beobachtete, erriet ohne Mühe, daß es wieder etwas gegeben haben mußte bei den Karganés. Die Gräfin sprach erregt auf ihren Vater ein, der zuweilen begütigend die Hand auf ihren Arm legte. Der Kapitän war in diesen Tagen zurückgekommen; man hatte ihn schon hier und dort gesehen. Ducasse hielt ihn für einen Abenteurer mit großen Plänen, der vielleicht Minister werden wollte — alles war möglich in einer Ära, da man einen Galliffet auf der Tribüne sah. Merkwürdig war die Begier nach solchen Posten, die im Grunde nur Ärger und schlechten Verkehr einbrachten. Kargané schien nun beweisen zu wollen, daß er auch nicht klüger als die anderen war. Man hätte Besseres von ihm erwarten dürfen nach allem, was man über ihn gehört hatte.

Ducasse spürte bereits, wie das farblose Gericht, das er nur zur Hälfte bezwungen hatte, in ihm zu arbeiten begann. Er ließ sich ein Glas Wasser bringen und schüttete ein weißes Pulver hinein. Als er mit leidender Miene die kreidige Mischung getrunken hatte, sah er erschreckend verfallen aus. Es war ein Verhängnis: obwohl die Kost einfacher wurde, konnte der Magen sie immer weniger bewältigen. Er mußte ihn behandeln wie eine Retorte, deren Prozesse er mit Pillen und Tropfen im Gange hielt. Sowie er ein wenig genossen hatte, fühlte er, daß es dort unten wie in einem Kessel zu wallen und dann zu kochen begann. Er hatte davon nur unklare Vorstellungen und verließ sich auf Ärzte, die in Mode waren, aber nach jeder Mahlzeit gab es eine Art Agonie — eine Angst, die schlecht zu bezwingen war. Er empfand sein Leiden wie den Angriff eines Tieres, das immer wieder und trotz aller Vorsicht ihn einholte. Seit kurzem schienen noch andere Organe in Mitleidenschaft zu geraten — so fühlte er an der rechten Seite etwas Heißes, Schweres, das ihm die unangenehme Idee eines Bügeleisens einflößte. Dazu kamen die Schrecken der Schlaflosigkeit. Sie waren die schlimmsten, da sie ihn zwangen, sich immer tiefer, bohrender mit seinem Leiden zu beschäftigen, während die Zeit wie eine rote Schnecke kroch.

Er hatte nicht geahnt, daß die Angst eine so würgende Macht gewinnen kann. Sein Herz begann dann in immer schnellerem, stärkerem Wirbel zu pochen; er mußte nach Luft ringen. Seine Gedanken sträubten sich wie ein Pferd, das vor dem Abgrund scheut. Hart vor seinen Füßen öffnete sich das Nichts. Er starrte hinein — es war dunkler und grauenvoller als alles, was die Phantasie ersinnen kann, und furchtbar still. Er fühlte sich versucht, zu schreien, und hätte geweint, wenn er es gekonnt hätte. Er fühlte den kalten Schweiß auf seiner Stirne, den bitteren Geschmack im Mund. Dann wurde es besser, die Krise war gebrochen; er ging ins Bad, wusch und frottierte sich.

Der Anfall packte ihn während der kurzen Spanne, in der selbst am Montmartre kein Laut ertönt. Seine Hände zitterten noch, wenn er das Nachtlicht entzündete. Ein schwacher Schein fiel auf die alten Möbel des Raumes, der an ein Atelier erinnerte. Ducasse begann sich zu beruhigen; er schritt auf den Teppichen wie in einem Zelte hin und her. Dann hörte er die Wagen, die zu den Hallen rollten; noch schienen die Sterne durch das Oberlicht.

Früher hatte er diese Stunde geliebt. Nun brachte sie Erinnerungen an herrliche Tage und ihren Überfluß. Er wußte, daß er dort gestanden hatte, wo die Genüsse geistig, wo sie immateriell werden. Ihre Verfeinerung und ihr Einklang hatten ihn beschäftigt — vielleicht hatten andere mehr gehabt von den Festen, die er erdichtete und für die er sein Vermögen verschwendete. Es blieb die Frage, wer tiefer genoß: der Festherr oder seine Gäste, der Regisseur oder die Zuschauer, der geniale Kapellmeister oder sein Auditorium. Ducasse genoß im Anblick seine schöpferische Kraft.

Wieder vertiefte er sich in seine Glanzzeit: das nächtliche Fest am See im Walde, den berühmten Maskenball in seinem Stadthause. Es hatte Stunden gegeben, in denen die Verzauberung gelungen war, Stunden, die keiner vergaß. Das Leben war die Kunst der Künste, weil sie alle anderen in ihren Dienst stellt — nicht nur die Künstler, sondern auch die Handwerker, von den Baumeistern und Juwelieren bis zu den Köchen und Kutschern hinab. Er, Ducasse, hatte es verstanden, in den Werkleuten und Dienern jenen unschätzbaren Ehrgeiz zu wecken, der ihren Eifer zur Kunst erhebt. Noch gab es Handwerker, die in den alten Traditionen wirkten, noch Diener, denen der Dienst kein bloßes Lohnverhältnis geworden war. Ihm war es gelungen, die Menschen noch einmal zum Lebenden Bilde zu vereinen, zur großen Symphonie. Vielleicht war es Heimweh gewesen, was ihn dazu bewogen hatte, die unstillbare Sehnsucht nach vergangener Zeit. Freilich schöpfte er mit dem Sieb. Immerhin war der Versuch der Mühe wert gewesen: die Gruft in eine leuchtende Grotte zu verwandeln — als Protest gegen eine Welt, in der die trostlose Häßlichkeit auf allen Gebieten obsiegte. Es waren Pyrrhus-Siege gewesen, ähnlich wie der bayerische Ludwig sie mit seinen Schlössern erstritt. Aber Ducasse bedauerte es nicht.

Man sagte, daß er dreißig Millionen vergeudet habe, andere hielten diese Summe noch für zu gering. Er hatte dieses Geld geadelt, das in Chicago gescheffelt worden war, hatte es höherer Bestimmung zugeführt. In den guten Zeiten ihrer Ehe hatte Daisy das eingesehen; sie war stolz gewesen auf ihn und den märchenhaften Schimmer, den er um sie breitete. Sie hatte ihm auch viel nachgesehen. Allmählich hatte er sie zu sehr vernachlässigt. Solche Frauen wollen angebetet sein.

Ein boshafter Witz hatte das Ende herbeigeführt. Besuchern, denen er das Haus zeigte, hatte er auch einen Blick in Daisys Schlafzimmer gewährt. »Und hier ist die Bußkapelle« — dieses Wort, das ihr alsbald hinterbracht wurde, hatte sie schärfer getroffen als seine Untreue. Er hatte solche Bonmots nie unterdrücken können; Bosheit war sein Geburtsfehler.

Nun zwang ihn das Schicksal, an den Tischen der Reichen mitzuhalten, für die er den maître des plaisirs machte. Er saß an Tafeln, an denen Meisterköche wie Ali Bab und Escoffier ihre Künste entfalteten. Aber er mußte Platte um Platte unberührt vorübergehen lassen, während er die anderen schmausen sah. Das war sein Los.

9

Ducasse, der um so schärfer beobachtete, je mehr er litt, hatte nicht übertrieben; es war auffallend, mit welcher Aufmerksamkeit die Gräfin in den Pausen, in denen sie nicht auf ihren Vater einsprach, die Augen an Gerhard heftete. Sie musterte ihn wie eine Jägerin. Es mochte sein, daß sie sich entsann, den jungen Mann gesehen zu haben, und daß sie ihn einordnete, doch war es auch möglich, daß ein Interesse, wie Ducasse es voraussetzte, beteiligt war.

Dieser erging sich, nachdem er seines Gastes schon beinahe überdrüssig geworden war, in einer Reihe von Kombinationen, während deren er die Unterhaltung fortsetzte. Wenn es gelänge, diesen jungen Narren und diese Halbverrückte, die sich offensichtlich anzogen, zu verkuppeln, so würde ein Skandal die unvermeidliche Folge sein. Ducasse fühlte, daß ihm ein wenig wohler wurde, als er dabei an Frau von Zimmern dachte; er tat es mit dem Behagen eines Künstlers, der eine Komposition entwirft. Auch abgesehen von dem Groll, den er gegen die Botschafterin hegte, fesselte ihn das Motiv als solches wie einen Feuerwerker, der in seiner Kammer einen Raketensatz entwickelt, mit dem er ein verwöhntes Publikum erstaunen und zugleich in Schrecken versetzen will.

Er überlegte. Ob er der Gräfin einfach einen Brief schriebe? Was sie betraf, so lag darin kein Risiko. Sie war eine Randfigur. Ein jeder, der ihr nahe kam, spürte, daß sie nicht heikel war und daß Exzesse sie eher belustigten. Bei aller Grandezza war das Zweideutige nicht zu verkennen, dazu die Möglichkeit unerwarteter Ausbrüche. Solche Figuren bewegen sich wie die Springer während der Schachpartie. Sie wurden mit dem Verfall der Gesellschaft häufiger und unverfrorener, liefen mit Kapellmeistern davon oder ruinierten sich auf andere Weise in kürzester Frist. Nach Jahrzehnten, wenn sie in einer Dachkammer oder einem Spital die Augen geschlossen hatten, las man ihren Namen noch einmal in den Zeitungen. Früher hätte man sie in ein Kloster gesteckt.

Im roten Sofa wirkte Irene wie ein Gemälde seines Freundes Lautrec — wie eines seiner nobleren Modelle neben einem reichen Liebhaber. Sie war gewiß durch Kühnheit nicht zu beleidigen. Dagegen war Kargané einer, der keinen Spaß verstand. Das gab die Pointe, aber man mußte sich aus dem Spiel halten. Man konnte sich die Finger verbrennen, wenn man nicht vorsichtig war.

Ducasse fühlte einen Schimmer von Gesundheit, von Lebenskraft zurückkehren. Mit neu erwachtem Wohlwollen näherte er sich Gerhard und ließ ihm einschenken. Er wiederholte:

»Ich wollte Paris in die Tasche stecken, wenn ich Ihr Alter hätte, Ihr Aussehen.«

Ducasse dachte dabei an die eigene Jugend zurück. Er hatte wählen können und hatte die Reichste gewählt. Ihr Reichtum hatte alles in Schatten gestellt, aber sinnvoll wurde er erst durch die Illusion, die sich seiner bemächtigte. Ducasse hatte das Geld seiner Bestimmung zugeführt, und Daisy hatte sogleich begriffen, daß er der echte, der legitime Verwalter war. Er hatte damals nicht nur durch Herkunft und Erziehung bezaubert, sondern durch einen besonderen Charme. Wie dieser Gerhard war er von zarter Erscheinung gewesen, doch ganz präsent. Daisy hatte bislang nur gewußt, was die Dinge kosten; er lehrte sie eine neue Wissenschaft, öffnete eine tiefere Welt. Durch ihn erfuhr sie die eigene Bedeutung, den eigenen Wert.

Ducasse flößte ihr eine Seele ein. Sie wurde sein Geschöpf, wie sie ging und stand, auch wie sie geschmückt und angezogen war. Sie sprach, fühlte und dachte wie er. Als vorzüglicher Pädagoge hatte er ihr zunächst das Bewußtsein dieses Wertes verliehen, es in ihr Wesen gesenkt, um es dann in der Erscheinung zu verwirklichen. Es war eine Liebe gewesen, die auf den Geschmack gegründet war, und somit fester als jede Leidenschaft. Befriedigte man die Eitelkeit der Menschen, und insbesondere der Frauen, so ging man einen sicheren Weg. Die Frau im roten Diwan würde zugänglich sein wie jede andere. Er legte wieder seine abgezehrte Hand auf Gerhards Arm:

»Sehen Sie, lieber Freund, Sie sind zu schüchtern, erröten oft ohne Anlaß und sind in Ihren Träumen zu Haus. Das sollten Sie ablegen. Sie müssen erwachen und sich in der Welt bewegen — dann werden die Träume Wirklichkeit.«

10

Ducasse berührte damit ein Thema, das Gerhard oft beschäftigt hatte, wenngleich vom entgegengesetzten Standort aus. Auch waren es mehr Gefühle als Gedanken, die ihn bewegten und die er nicht auf die Tagseite übertrug. Viele Menschen, vor allem junge, erschöpfen sich in Romanen, die sie nicht zu schreiben wagen, geschweige denn zu verwirklichen. Gerhard meinte im Gegensatz zu Ducasse, daß die Traumwelt eine Dichte erreichen könnte, die eines Tages Gestalt gewinnt. Die Türen würden ihre Flügel nach innen öffnen, und Wunderbares würde eintreten. Darin eben lag die Wirkung, die er auf Menschen ausübte, die starke Anziehung. Er hörte, wie sein Nachbar die Belehrung fortsetzte:

»Wenn Ihnen eine Frau gefällt, so müssen Sie sich sichtbar um sie bemühen. Das ist nicht nur erlaubt, sondern wird erwartet; es gehört zu den Spielregeln. In der Liebe macht man aufeinander Jagd. Die Jägerin freut es in jedem Falle, wenn sie merkt, daß ihr Pfeil getroffen hat. Es überzeugt sie von ihrer Macht. Der Mann muß zeichnen, muß Antwort geben — das liegt in der Natur.«

Ducasse verstärkte sein Wohlwollen. Ein Lächeln überflog nun sein verwüstetes Gesicht.

»Sie werden Erfolg haben. Aber nur ein Geck wird sich darauf etwas einbilden. Im Grunde hat jeder Erfolg, der an sich glaubt und zuzupacken weiß. Daher sehen Sie so oft arme und häßliche Männer schöne und reiche Frauen heimführen. Seitdem die Gesellschaft ruiniert ist, gibt es auch hier keine Grenzen, keine Bannwälder und Schonzeiten mehr. Die freie Jagd gehört zu den Grundrechten.«

Das war von früh auf seine, Ducasses, Devise gewesen, und er hatte eine kapitale Beute gemacht. Nicht alle Verwandten waren damit einverstanden gewesen, und alle hatten darin eine Mesalliance gesehen. Sein Vater hatte ihn gewarnt: »Wenn Ehre käuflich wird, dann schlägt die Stunde des Gerichts.« Das war der Standpunkt einer abgelaufenen Epoche, war rührend, aber irrelevant. Diese Monarchisten ohne König, Grandseigneurs, denen man den Gerichtsvollzieher ins Haus schicken konnte, lebten in einer unwirklich gewordenen Welt wie Ritter nach der Erfindung des Schießpulvers. Sie hatten von der neuen Art, Macht auszuüben und zu genießen, noch keine Vorstellung. Und waren sie nicht, einer nach dem anderen, gekommen, vertraulich, in der Dämmerung, und hatten ihn um kleinere oder größere Summen ersucht? Praxis und Theorie. Im übrigen genoß man viel mehr Freiheit, seit der Adel nur eine angenehme Lebensart geworden war.

Was Gerhard anging, so hörte er zwar höflich, doch nur mit halbem Ohre zu. Die Sprache der Jäger war ihm fremd. Er hatte schon als Knabe gern und gut geschossen und die Tontauben in jedem Winkel getroffen, in dem man sie aufsteigen ließ. Als er aber bei einem Ausflug nach Monte Carlo auf lebende Tauben zielen sollte, hatte ihn Entsetzen gepackt. Er fühlte, daß Ducasse eine niedere Art der Annäherung vertrat. Es lag etwas Statistisches darin. Die Nähe, die Sicherheit des kranken Mannes begann ihn zu bedrücken; er hätte sich gern verabschiedet.

Andererseits fühlte er sich in diesem Raume wohl, durch dessen Vorhänge die Herbstsonne wie durch ein rotes Gitter fiel. Es drängte ihn danach, mit dem, was ihn im Inneren bewegte, allein zu sein. Wie oftmals, war er auch an diesem Morgen mit jähem Glücksgefühl erwacht. Ihm war dann, als ob er über einen Waldgrund schritte, in dem die Luft sich leichter atmete. Wenn Menschen ihm begegneten, erschienen sie ihm stärker und einfacher, bedeutungsvoll. Und immer waren sie gut. Oder, besser: er sah sie in der Perspektive, in der sie gut waren.

Irene schien ihm vollkommen wie ein Kunstwerk, aber es kam Bewegung, kam Leben dazu. Wenn Kunstwerke lebten, würden die Künstler Götter sein. Er sah auch etwas Göttliches in diesem Wesen, das zugleich natürlich war. So mochte man in alten Zeiten Tiere als göttlich erkannt und verehrt haben.

Gerhard hatte die Gräfin bereits im Salon seiner Tante gesehen, doch er entsann sich daran nur wie an einen Schatten, der sich nun in Licht verwandelte. Er fühlte, wie ihre Augen auf ihm ruhten — ob sie sich seiner erinnerte oder gar ein wenig Wohlwollen für ihn empfand? Kaum wagte er sich vorzustellen, daß sie ihn eines Gespräches würdigte. Er würde versagen; die bloße Möglichkeit erschreckte ihn. Auf ihrem Tische leuchtete ein Rosenstrauß. Gerhard hörte kaum, wie Ducasse neben ihm die Unterhaltung fortsetzte, die zum Monolog geworden war.

»Haben Sie noch nie im Zuge beobachtet, wie ein Mann und eine Frau ins Gespräch kommen? Und wie sie dann zusammen auf einer beliebigen Station aussteigen?«

In diesem Augenblick erhoben sich der Admiral und seine Tochter; sie kamen am Tisch vorbei. Der Admiral grüßte, die Gräfin lächelte.

»Was habe ich gesagt, Sie Glückspilz? Sie sollten ihr einen Strauß schicken.«

Gerhard errötete. »Das wäre aufdringlich.«

»Im Gegenteil — es wäre ein Zeichen von Lebensart und würde auch so empfunden werden; des dürfen Sie sicher sein.«

Ducasse schüttelte den Kopf. Diesen Fant marschieren zu lassen, war eine Aufgabe. Aber sie würde sich lohnen, das sah er voraus.

»Überlassen Sie das mir. Geben Sie mir Ihre Karte, und Sie werden sehen, daß Sie der Gräfin eine ganz große Freude gemacht haben.«

Und als er Gerhard noch zögern sah, fügte er hinzu: »Sie dürfen auch das Frühstück begleichen, obwohl ich Sie eingeladen habe, und ich suche die schönsten Maréchal-Niel-Rosen für Sie aus. Verzeihen Sie, daß ich ein so schlechter Gesellschafter gewesen bin. Ja, als ich Ihre Jahre hatte und Ihren Appetit, da war ich kurzweiliger.«

11

Kargané stand im Türrahmen und blickte, halb verärgert, halb belustigt, in den Raum. Es roch betäubend nach Essenzen; Irene hatte eine Garnitur von Kristallflaschen an die Wand geworfen; die Düfte hatten sich gemischt. Der Kapitän dachte: »Parfüm sollte man nur auf der Haut riechen.«

Irene pflegte bei ehelichen Zwisten Gegenstände zu zerreißen oder zu zerbrechen, wie sie ihr in die Hand kamen — je wertvoller, desto lieber: Handspiegel, Schildpattfächer, Spitzen, goldene Uhren; sie hatte eine Vorliebe für kostspielige Zerstörungen. Kargané sah das nicht ungern; es kündete das Verhallen des Unwetters an. Wie dort der Regen, kamen hier die Tränen; er konnte sie beruhigt allein lassen. Er liebte es, den Frauen Zeit zu widmen, doch nur so viel, daß sie ihn nicht langweilten.

Er stand schweigend da und drückte mit der Linken den

Bart an seine Brust. Das war eine Geste, die er den Effendis abgeschaut hatte — und eigentlich mehr als eine Geste: eine Haltung, mit der er die Würde wahrte und sich den Mund verschloß. Ein Effendi antwortet nicht auf Fragen, die ihm nicht passen, und vor allem nicht im eigenen Haus. Das waren europäische Unsitten.

Es war ihm angenehm, den Bart zu fühlen, als ob die Hand auf dem bläulichen Fell eines Tieres ausruhte. Schon schossen die ersten Silberfäden ein. Sie störten ihn nicht. Auch die Furcht vor dem Alter war ein europäisches Vorurteil. Das Leben wurde genußvoller mit den Jahren; dabei spielte die Erfahrung eine große Rolle — im Alter fühlte man nicht nur, sondern man wußte auch, daß man genoß. Das war, als ob man im Theater des Lebens zugleich mitwirkte und sich als Zuschauer betrachtete. In der Jugend verschoß man sein Pulver zu hitzig und hatte Ideen, die eher Kopfschmerzen als Freude bereiteten.

Jetzt drang von England her die bartlose Mode ein — auch eines der Zeichen dafür, daß es abwärts ging. Er mußte bei diesen Glattgesichtern an die Eunuchen denken, die im Inneren der Paläste von Kairo und Konstantinopel aufwarteten. Wenn er, Kargané, einen Bart trug, so tat er das nicht, wie sein Schwiegervater und dessen Freunde, um etwas zu verbergen, nämlich die Fadheit der Physiognomie — im Gegenteil. Seine Geliebten pflegten diese Tracht zunächst abscheulich zu finden und wurden bald eines Besseren belehrt.

Daß er diese Auftritte duldete, gehörte zu seiner liberalen Montur. Er kannte den Verlauf aus Erfahrung; sie wiederholten sich einige Male und schwächten sich dann ab. Sie konnten auf die Dauer nur erweisen, wer Herr im Hause war. Freilich war Irene nicht zu biegen; er konnte mit ihr Gästen gegenüber Harmonie nicht einmal vorspiegeln. Sie war eben maßlos verwöhnt worden. So hatte er mit ihr nur Schwierigkeiten, und ihre Mitgift ging in Extravaganzen auf. Die Hälfte der Unverschämten, die hier bedienten, war überflüssig; es gab eben weder Herren noch Diener mehr.

Diesmal war sie besonders außer sich geraten — seine Abwesenheit hatte sie nicht nur ihrer Dauer, sondern mehr noch ihrer Tiefe wegen empört; sie fühlte, daß sie ihm gleichgültig geworden war. Sie besaß wie die meisten Frauen eine untrügliche Witterung, die von Fakten nicht abhing — eine unmittelbare Einsicht in den Umfang seiner Untreue. Wenn er sie abstritt, konnte er daran nichts ändern; die Lüge war mehr eine Form der Höflichkeit.

Nach der Rückkehr war er ungewöhnlich zerstreut gewesen — selbst wenn er von ihr Besitz ergriff. Er hatte fremde Worte, fremde Gesten, selbst fremde Manieren in seine Liebkosungen gemischt. Das war nicht nur ein Zeichen dafür, daß sie ihn zu langweilen begann. Diese Reisen in den Südosten wurden ihm unentbehrlich wie ein Bad, das die Männlichkeit wiederherstellte. Schon sah er auch dort Verfallszeichen, Spuren von bösem Gewissen, westliche Einflüsse. Das mochte letzte Nuancen entwickeln; der weibische Sultan, der am Bosporus regierte, war der Prototyp dafür. Auch hier hatte unverkennbar die Stunde geschlagen; den Siegeszug der universalen Plattheit hielt keiner mehr auf.

Kargané war der Meinung, daß er hundert Jahr zu spät geboren sei. Mit den Segelschiffen ging etwas Unwiederbringliches dahin. Er haßte die Ingenieure, die jetzt heraufkamen, haßte den Suezkanal und die Dampfer, obwohl er auf mechanischen Kriegsschiffen kommandiert hatte und eine gute Kenntnis ihrer Taktik besaß. Seit Tegethoff war es mit der Begegnung von Männern auf dem Meere vorbei.

Kargané sagte zuweilen, es wäre gut, wenn man an der Entwicklung der Technik teilnehmen könnte wie an einem Ausflug, bei dem man bleibt, wo es einem am besten behagt. »Ich bleibe, wo man mit Vollkugeln auf hölzerne Schiffe schießt.« Gern hätte er die Expedition nach Ägypten mitgemacht. Er hatte eine Vorliebe für die kurze Stilepoche, die als »retour d'Égypte« bezeichnet wird: geflügelte Sphinxe mit dunklen Köpfen, nubische Büsten, Leuchter vor Hieroglyphen-Vorhängen. Nach seinem Abschied hatte er erwogen, ob er nicht zum Islam übertreten sollte; er spielte mit dem Gedanken heute noch. Es gab kein besseres Mittel, mit sich und der Welt im Gleichgewicht zu sein. Aber wie lange würde man dort noch standhalten?

Sein Blick fiel durch das Fenster auf den Eiffelturm. Er hatte Irene fast vergessen, die mit dem Gesicht auf den Kissen lag. Jetzt richtete sie sich auf; sie war im Morgenmantel und trat auf ihn zu.

»Sind Sie immer noch da? Sie wissen doch, wie Ihr Gesicht mich anwidert.«

Sie blickte ihn haßerfüllt an, indem sie die Augen bis auf einen schmalen Spalt schloß und den Kopf zurückneigte. Auch die Pupillen wurden kleiner, punktförmig und aufgeladen, als ob Flämmchen aus ihnen züngelten.

»Wir sind noch nicht fertig miteinander, mein feiner Herr. Bald werden Sie sich hier nicht mehr sehen lassen können — verlassen Sie sich darauf. Das wird Ihnen Zeit für Ihre Hammelhirten geben — Sie kennen schon die Gesellschaft, die zu Ihnen paßt.«

Sie stieß ein provozierendes Gelächter aus.

»Ich werde Ihnen jetzt mit Ihrer eigenen Münze heimzahlen, und das mit dem allergrößten Vergnügen — noch heute, glauben Sie's mir.«

Das Lächeln verschwand aus Karganés Gesicht. Er legte die Hände auf den Rücken und ließ sie im Gelenk knacken. Für einen Augenblick hatte er daran gedacht, ihr den Putz herunterzureißen — das war ein probates Mittel, aber sie war ihm zu gleichgültig geworden dafür. Auch war da die Dienerschaft, die ganze unverschämte Öffentlichkeit eines solchen Hauses, in dem alles auf Kündigung lief, vielleicht noch mit dem Friedensrichter im Hintergrund. Hier waren wirksamere Mittel angebracht. An ein gemeinsames Essen war nicht zu denken; er drehte sich auf dem Absatz um. »Ich diniere im Klub.«

Im Flur begegnete ihm der Portier mit einem Blumenstrauß. Kargané spürte Lust, sich nach der Herkunft zu erkundigen, bezwang sich aber, denn er war nicht neugierig.

Auf die Dauer erfuhr man doch alles, und das Unangenehme zuerst. Blutrote Rosen — vielleicht ein feuriger Kavalier.

12

»Ist es nicht mit dem Nachruhm eine sonderbare Sache — fast als ob man Lotterie spielte? Hat etwa der unglückliche Guillotin als Arzt und Menschenfreund verdient, daß sein Name für alle Zeiten mit dem einer Köpfmaschine verflochten wird? Das ist sehr ungerecht. Und in anderen Namen, wie etwa in Simon und Onan, versteinert eine flüchtige Handlung zum Inbegriff des Schändlichen. Und diese Xanthippe? Wahrscheinlich für einen stadtbekannten Bummler die einzig Richtige.

Dagegen ein Glückspilz wie dieser Maréchal Niel, den ich noch gut gekannt habe, wenngleich er langweilte. Es gab ja nichts Faderes als diese Generale des Zweiten Kaiserreiches, die wie Schatten dem Gedächtnis entschwinden — Nachahmungen einer Nachahmung. Dieser hatte bei Sewastopol, einem der stupidesten Gemetzel, kommandiert und die Einführung eines besonders mörderischen Gewehres mit einem Eifer betrieben, der einer besseren Sache würdig war. Er hat sich zu Tode geschuftet dabei. Alles, samt seinem Buche über den Krimkrieg, versinkt in der verdienten Vergessenheit. Und was geschieht? Es kommt ein genialer Gärtner und tauft die herrlichste Rose seiner Züchtung ›Maréchal Niel‹. Damit ist eine Okulation gelungen: während das historische Reis verwelkt, blüht dieses in den Gärten zu mythischer Pracht empor. Von nun an ist dieser Name mit Duft und Farbe wunderbar verquickt. So geht es zu — wie wenige haben ihren Ruhm verdient.«

Ducasse liebte solche Puzzle-Spiele, mit denen er die Lücken seiner Zeit auslegte wie eben jetzt, da er in einem Blumenladen stand. Es war nicht leicht gewesen, ihn zu finden, denn die meisten Geschäfte hatten geschlossen; es war Sonntagnachmittag. Auch dieser war eher ein gedeckter

Stand neben der Madeleine, und die Auswahl war nicht groß. Die »Maréchal Niel« pflegte kaum je zu fehlen, doch war sie schon verkauft. Von gelben Sorten, an die Ducasse gedacht hatte, gab es nur noch eine mit schmalen Knospen und rot zurückgekrümmten Dornen, die aus fast schwarzem Laube leuchteten. Daneben stand eine blutrote Rose, deren Randblätter sich noch kaum erschlossen hatten und auf denen Tropfen funkelten. Sie schien Ducasse nicht recht geeignet für einen ersten Strauß. Jedoch, nachdem er eine Weile gezaudert hatte wie ein Küchenchef, der über ein Gewürz nachsinnt, entschied er sich für ihn. Er ließ ihn an die Adresse der Gräfin senden und fügte Gerhards Karte bei.

Der Anblick der roten Rosen wirkte auf Irene beruhigend und stärkend wie ein voller Atemzug. Sie fühlte sich bestätigt wie eine Heroine, der man auf offener Bühne Blumen überreicht. Kargané mußte den Strauß noch gesehen haben — das war ihr recht. Sie las Gerhards Karte und lächelte. Aha — der kleine Blonde, den sie bei Voisin gesehen hatte — so etwas wie ein Diplomat. Er war ihr schon bei Frau von Zimmern aufgefallen; sie hatte sich gleich erinnert an ihn. Es schien etwas Unwirkliches in seinen Zügen, das in entlegene Stimmungen versetzte; fast schien es wunderlich, daß er gekleidet ging wie alle anderen. Trotz dem erregten Gespräch mit dem Vater waren ihre Augen immer wieder von Gerhard angezogen worden und hatten auf diesem Gesicht verweilt, als ob sie ausruhten. Er mußte es bemerkt haben — ja, ohne Zweifel hatte er es bemerkt. Dieser Strauß war sein Dank dafür. Er kam ihr wie gerufen als große Linderung. Sie wandte die Karte um und sah, daß sie noch einige Zeilen auf der Rückseite trug.

»Madame, die Zeiten, in denen man einer Dame, die man betrübt, bekümmert fand, Hilfe und Dienst anbieten durfte, sind leider längst vorbei. Aber auch heute bedürfte es nur eines Winkes, eines Wortes dazu. Sie sahen so traurig aus. Mögen diese Rosen Sie ein wenig aufheitern.«

Ducasse hatte diesen Text entworfen und ihn so gehalten, daß er ihn im Notfall würde verantworten können: als den Zusatz eines älteren, wohlmeinenden Freundes, obwohl er überzeugt war, die Frage nach der Autorschaft würde nicht gestellt werden. Er kannte Irenes Neigung für Extravaganzen und hatte zudem den günstigsten Augenblick getroffen — einen explosiven Moment.

Irene hatte, sowohl was die Natur als was die Gesellschaft angeht, alle Gaben mitbekommen, die ein glückliches Leben gewährleisten. Wenn es offensichtlich anders verlief, so deshalb, weil einige Räder sich schneller, hemmungsloser bewegten, als es dem Ganzen dienlich war.

Daß der Exzeß zum Glück und zum Gelingen im Gegensatz steht, hat eine Reihe von Ursachen. Auch abgesehen davon, daß er nicht immer auf Lebenskraft beruht, wohnt ihm eine Richtung inne, die den Genuß zerstört. Ein Festmahl wird genossen, wenn es in angenehmer Stimmung unter heiteren Gesprächen harmonisch verläuft. Wenn Geister teilnehmen, die schwere Getränke, Lärm und Streit lieben, wird sich ein Unbehagen einstellen, als würde bei hohem Seegang serviert.

Begegnet sich das Erotische mit dem Exzessiven, wie es bei Irene der Fall war, ist es schlecht aspektiert. Was Aufsehen erregt, Neugierige anzieht und Neigung zum Skandal birgt, kann hier nur abtragen. Damit hing eine Art des Mißerfolges zusammen, die Irene vexierte und ihr unerklärlich blieb. In Augenblicken wie eben diesem, in denen einerseits zornige Erregung und andererseits ein Gefühl der Leere, der Ohnmacht sie bewegten, hatte sie schon öfters Begegnungen gesucht, ja sie erzwingen wollen, die jedesmal zu einem ärgerlichen oder lächerlichen Ende geführt hatten. Es schien dann, daß der Partner stutzig wurde und zurückwich; das Spiel verlor seinen Sinn. Es war selbst vorgekommen, daß Dinge der äußeren Welt eintraten und die Fortsetzung der Intrige vereitelten. Die Abenteuer glichen einem Irrgarten, dessen Pfade mit Sicherheit aus dem Erotischen hinausführten.

Es war kein Zufall, daß Gerhard sie angezogen hatte, denn ihr provozierender Charakter bedingte, daß sie auf schüchterne Partner verfiel. Kargané war viel zu stark für sie. Sie blieb, auch in Konflikten, abhängig von ihm. Bei seiner vorigen Rückkehr hatte es ähnliche Auftritte gegeben; sie hatten zu der Affäre mit dem jungen Coquelin geführt, der als romantischer Liebhaber in Mode war. Sie hatte ihn viele Male in »Manon Lescaut«, den »beiden Waisen«, der »Reise um die Erde« und anderen Stücken bewundert — nicht nur Abend für Abend, sondern auch bei den Generalproben an der Porte Saint-Martin. Dieser Schauspieler stellte einen Typus dar, den man als die Perfektion im Hübschen bezeichnen könnte; er hatte eine Puppenfigur und die angenehmsten Bewegungen — kurzum, er war, wie sie meinte, zum Auffressen. Sie hatte die Zahl seiner Anbeterinnen vermehrt, ihm täglich Blumen und endlich, in einer ganz ähnlichen Verfassung wie heute, ein tolles Billett geschickt.

Sie hatten sich zwei, drei Mal flüchtig gesehen und dann in einem kleinen Hotel hinter der Madeleine verabredet. Hier pflegten die Abenteuer des jungen Mannes ihren Höhepunkt zu finden, der meist auch der Schlußpunkt war. Sie führten nicht wie die Stücke, in denen er auftrat, zu Wiederholungen und Jubiläen, sondern oft genug nicht über die Premiere hinaus. Daraus erklärte sich die Wahl des Ortes — einer unpersönlichen Absteige in luxuriöser Ausführung.

Dieses Viertel hatte seinen besonderen Reiz, ehe es durch die großen Boulevards zerstückt wurde. Hinter der Kirche, die eher einem heidnischen Tempel glich, hatte sich noch etwas davon erhalten wie auf einem Inselchen. Der große Verkehr floß daran vorüber; Ateliers von Handwerkern und Geschäfte ohne Auslagen erfreuten sich einer kleinen, doch treuen Klientel. Dazu kamen die Nähe des Marktes und seine belebende Kraft. Für unauffällige Begegnungen war hier der geeignete Ort. Das kleine Hotel »Zur Goldenen Glocke« hatte nur vier, fünf Tische, die sorgfältig von einander getrennt waren, und eine Reihe von Zimmern im ersten Stock. Es wurde von Madame Stephanie geführt.

Die elegante Unpersönlichkeit des Ortes hätte den jungen Coquelin nicht zu stören brauchen, denn er war das Muster des unpersönlichen Liebhabers. Das war einer der Gründe für die Flüchtigkeit seiner Abenteuer; er wirkte wie eine Frucht, die mit höchst angenehmem Geschmack auf der Zunge zergeht, doch kaum Erinnerung hinterläßt. Was ihn betraf, so schien Persönliches ihn eher zu hemmen wie eine unbequeme Zugabe.

Was ihn an der Einrichtung störte, war mehr der unzureichende Dekor. In allem, was Ausstattung anging, war er empfindlich; nie durfte die bloße Absicht, das Bedürfnis durchleuchten. Er hatte einen zarten, wählerischen Geschmack, war leicht verstimmt. Sein Ideal war die Berückung, die zuweilen, wenngleich selten, im Theater Schauspieler und Zuschauer ergreift — der Zauber einer zweiten, künstlichen Natur. Er suchte die vollkommene Mitspielerin, mit der er in angenehmen Räumen plaudern und sich bewegen konnte wie in einem leichten Rausch. Wie alle, die einem Ideal nachstreben und es durch Menschen vertreten lassen müssen, kam er dabei nicht auf seine Kosten; die Rechnung ging nicht auf.

Am nächsten kam er seinen Wünschen im Selbstgenuß. Daher gab es in seiner Wohnung, die nahe der Rue d'Anjou gelegen war, kein Stelldichein. Er hatte sich dort nach seiner Neigung eingerichtet — einfach, nach englischem Geschmack und ohne die Überladung, der man jetzt überall begegnete. Hier pflegte er vormittags, nachdem er mit wissenschaftlicher Sorgfalt den Tee bereitet hatte, seine Rollen zu memorieren, indem er zwischen zwei Spiegeln auf und ab ging, in denen er seine Gestik nachprüfte. Dort hing ein schönes Bild von Kean, den er verehrte und dem er nachzueifern strebte, obwohl er nichts mit ihm gemein hatte als die Perfektion — und diese nur in Salonrollen.

Es gibt in Australien die Gattung der Laubenvögel, bei denen das Männchen den Balzplatz auf das wunderbarste mit Blumen, Federn und bunten Steinen ausschmückt, um endlich das Weibchen seiner Wahl dorthin zu führen, wenn alles auf das vollkommenste gerichtet ist. In dieser Weise schmückte auch Coquelin die Wohnung für die Königin seiner Träume und trug dort zusammen, was er bei den Antiquaren des rechten und des linken Ufers aufspürte. Wie gesagt, war die Einrichtung einfach, doch wenn ihm ein Stoff, ein Bild, ein Möbel fehlte oder durch Besseres zu ersetzen war, scheute er keine Mühe, keinen Gang. So fügte er, wie ein guter Maler, Ton um Ton in das Ensemble ein. Zuweilen, wenn er sein Werk betrachtete, stellte er sich das Entzücken eines gleichgestimmten Wesens vor, dem er zum ersten Male diese kleine Welt eröffnete. Das war sehr angenehm.

Inzwischen duldete er dort keine Frauen außer einer Alten, die in zwei Stunden die grobe Arbeit verrichtete. Wenn er, was selten genug war, männlichen Besuch empfing, so bat er, vom Rauchen abzusehen. In seiner Art, die Ordnung und das Angenehme zu verbinden, hätte er einen guten Abbé des 18. Jahrhunderts abgegeben und es weit gebracht.

Für solche Neigungen war Irene die ungeeignetste Partnerin. Das hatte er auch sogleich empfunden, als man von der Blumensprache zu Worten übergegangen war. Im kleinen Appartement der Madame Stephanie allein mit dieser Unbekannten, hatte ihn das Gefühl ergriffen, in eine Falle geraten zu sein. Die Frau war unruhig, ohne Übergänge, exaltiert. Aus einer beängstigenden Stille, während deren sie ihn durchdringend, saugend musterte, sprang sie in jähes Gelächter um. Dazwischen machte sie Bemerkungen, die ihn deprimierten, wie etwa: »Man hat den Eindruck, daß Sie ohne Souffleur nicht auskommen.«

Coquelin fragte sich, ob sie recht bei Troste sei. Er hatte die Vorahnung höchst unangenehmer Wendungen, die das Abenteuer nehmen könnte, und suchte sich aus der Affäre zu ziehen. Nachträglich war er selbst über seine Furcht verwundert, denn schließlich gehörte die Begegnung mit extravaganten Verehrerinnen zum Metier. In diesem Falle war noch etwas anderes hinzu gekommen: die unmittelbare Bedrohung durch eine nicht nur unheilvolle, sondern auch Unheil aus der Umwelt anziehende Person.

Nasenbluten vorschützend, hatte er den Raum verlassen

und Madame Stephanie gebeten, der Dame auszurichten, daß ihm unwohl geworden und er zum Arzt gegangen sei. Nach diesem wenig männlichen Abgang hatten die Blumenspenden aufgehört. Ein Brief, der von Beleidigungen strotzte, hatte Coquelin eher erleichtert, da er befürchtet hatte, daß sich die Sache hinzöge. Wie die meisten Schauspieler war er abergläubisch; er hätte lieber einen Spiegel zerbrochen als die Begegnung wiederholt.

Das war nicht die letzte Enttäuschung dieser Art gewesen, die Irene widerfuhr. Doch wirkte diese besonders heftig, besonders stark. Sie hatte so große Erwartungen gehegt. Im Grunde war etwas Kindliches in ihr geblieben — ein Trieb, der sie ein Spielzeug mit Ungestüm begehren und dann zerstören ließ.

Beides wirkte zusammen, als Gerhards Blumen kamen und sie seine Karte in Händen hielt: der Zorn auf Kargané, der Wunsch, ihn scharf zu kränken, und die Erinnerung an das Mißgeschick, das ihr mit dem Schauspieler begegnet war. Lebhafte Freude ergriff sie: sie würde beides in Ordnung bringen, beides wettmachen, und das heute noch.

HINTER DER MADELEINE

13

Dem fast noch sommerlichen Tage war eine Abkühlung gefolgt. Sie ließ den Nebel aufsteigen, der sich langsam vom Fluß her in den Straßen ausbreitete. Er schob sich wie ein Teppich von den Brücken den Berg hinan. Das Licht der Sterne schien durch seinen Schleier und verlosch dann ganz. Auch die Geräusche wurden matter, wattiger. Man hörte den Hufschlag der Pferde und das Rollen der Wagen, die von den Theatern zurückkehrten.

Der Nebel verleiht den Städten eine intime Note, einen Kammerton. Tagsüber mildert er die Formen und dämpft das grelle Licht. Bei Nacht verwandelt er die Quartiere in große Häuser, in denen sich Flur an Flur und Zimmer an Zimmer schließt. Es gibt Naturen, die solches Wetter verabscheuen, und andere, die es auf die Straße zieht. Zu ihnen zählen nicht nur jene, die das Enge, Vertraute lieben, sondern auch alle, die gern maskiert gehen. Einsame, die den Tag mit sonderbaren Grillen verdämmert haben, werden nun munter wie Fledermäuse auf den Dachböden. Die Liebespaare umarmen sich wie unter Tarnkappen. Lepröse genießen die reine Luft. Raubtiere begehen ihre Wechsel, während man in den Häfen die Nebelhörner hört.

Gerhard wartete schon eine halbe Stunde hinter der Madeleine an der Ecke, die ihm bezeichnet worden war. Die Blumenhändler hatten ihre Stände längst geschlossen, doch ein Duft von Reseden kam noch aus dem Abfall und teilte sich dem Nebel mit. Gerhard war zwar erschöpft, doch wach und voll Erwartung; er hatte nach dem Abschied von Ducasse noch weite Gänge durch die Wälder jenseits der Brücke von Saint-Cloud gemacht.

Zu Hause hatte er Irenes Brief gefunden; er hatte ihn wie ein Zuruf überrascht, wenngleich nicht sonderlich erstaunt. Er war ja immer in Erwartung von etwas Wunderbarem; die Erfüllung konnte ihn beglücken, doch mit der Stimmung: »Ich habe es gewußt.« Ducasse hatte also recht gehabt, als er den Vorschlag mit den Blumen machte — die Dinge waren wahrscheinlich einfacher, als er, Gerhard, vermutete. Es gab da Formeln, die man kennen mußte, Geheimvorschriften für Erwachsene.

Die vorgeschlagene Stunde konnte man schon nicht mehr unpassend nennen, denn das Unpassende ist ein Grenzbegriff. Gerhard schloß aus ihr eher, daß es sich um etwas Außerordentliches handeln müsse — um eine jener Prüfungen, bei denen er Ergebenheit, Mut und Treue beweisen konnte und von denen er so oft geträumt hatte. Es hätte ihn noch weniger erstaunt, wenn er dazu an einen ungewöhnlichen Ort gerufen worden wäre — in eine Katakombe, auf einen Friedhof oder in einen dunklen Wald.

Wieder und wieder hatte er die flüchtigen Zeilen des Billetts gelesen; er wußte sie auswendig. »Ob Sie mir helfen können? O gewiß! Wie gut Sie das erraten haben — es hat mich wie ein Wunder angerührt.«

Sie hatte also gefühlt, was ihn bewegt hatte. Wortloses Einverständnis — das war das Schönste, mehr als Poesie. So mochten Blumen von einem Wind bewegt werden — Blumen, zwischen denen ein Lichtstrahl den Boten spielt. Aber was konnte er für sie tun? Wie kam es, daß sie auf ihn, den Unerfahrenen, verfallen war? Doch guter Wille vermochte viel. Er würde sein Blut für sie hingeben.

Er fühlte sich hell und warm, in einer Art von Trunkenheit. Der Nebel hüllte ihn wie ein Mantel ein. Wie gut, daß er Herrn Ducasse getroffen hatte, das konnte kein Zufall sein. Offenbar hatte er ihn verkannt. Ducasse mochte zu den Boten zählen, die Schlüssel überreichen, wenn man vor verschlossener Türe steht. Bald würde sich alles ändern, das war gewiß. Und plötzlich, unerklärlich, flog ihn ein Schauder an. Er sah die Lampen, um die sich der Nebel zu gelben Bällen verdichtete. Die Dinge rückten an ihn heran.

Ein Wagen hielt hinter der Kirche, dann näherte sich ein leichter Schritt. Sein Herz begann zu klopfen; es mußte die Gräfin sein. Er fühlte ein leichtes Erschrecken, als ob Seide zerrisse; die Stunde war da. Er war nicht sicher, ob er es nur träumte, aber der Traum war schön.

Sie war es. Er fühlte ihre Hand auf seinem Arm.

»Gut, daß Sie da sind. Ich hatte es kaum zu hoffen gewagt.«

Sie drückte ihm die Hand:

»Was für ein Wetter. Alle Droschken sind unterwegs. Trotzdem wäre ich eher gekommen, wenn ich nicht einen Wagen mit einem Schimmel gewollt hätte. Ich dachte: wenn ich einen Wagen mit einem Schimmel finde, wird er auf dich warten — das ist doch dumm, aber Sie sehen, daß ich recht hatte.«

Sie lachte. Er sah ihre Augen durch den hellen Schleier, den sie trug. Die Gestalt war von einem Herbstmantel verhüllt; sie trug einen zierlichen Schirm in der Hand. Ihre Stimme drang flüsternd auf ihn ein, als ob sie Lauscher fürchtete. Er war ihr Vertrauter, ihr Verschworener. Er sagte:

»Ich danke Ihnen, daß Sie an mich gedacht haben, obwohl ich dessen nicht würdig bin.«

»Ihnen kann man vertrauen, sonst wäre ich nicht hier. Nennen Sie mich Irene — Sie heißen Gerhard, nicht wahr? Ich habe Sie bei Ihrer Tante gesehen. Aber wollen Sie mich hier auf der Straße stehen lassen, wenn Sie sich mit mir um Mitternacht verabreden?«

Die Frage machte ihn ratlos, sie beängstigte ihn. Die Begegnung war der Lichtpunkt gewesen, auf den er zustrebte wie ein Falter — er hatte nicht an die Entwicklung gedacht. Ohne Zweifel hatte er sie in eine gefährliche, oder, schlimmer noch, in eine zweifelhafte Lage gebracht. Jeden Augenblick konnte ein Passant vorbeikommen, und leicht war möglich, daß es ein Bekannter war. Die halbe Stadt kannte ihr Porträt von Odilon Redon. Gerhard begann zu zittern; er fühlte sich schuldbewußt. Aber was sollte er tun? Er wagte nicht einmal zu antworten.

Auch Irene schien sich zu ängstigen. Sie klammerte sich fester, schutzsuchend an seinen Arm. Fast war es, als ob sie ihn sanft zurückdrängte. Er fühlte hinter sich den Widerstand einer Tür, die nachgab und sich leise öffnete. Von neuem umfing Irene seinen Arm, doch nun zärtlich beruhigend, sie streichelte seine Hand. Ein Strom von Sicherheit ging von ihr aus. Sie mußte auf dem rechten Wege sein.

Es wurde Zeit, sich zu verbergen, denn auf dem Pflaster erklangen Schritte; sie hörten Stimmen, Gelächter, das näher kam. Sie traten ein; die Tür glitt hinter ihnen zu. Sie waren in Sicherheit.

14

Die Tür zur »Goldenen Glocke« wurde erst in der Dämmerung geöffnet; sie blieb dann bis über Mitternacht hinaus nur angelehnt. Madame Stephanies Gäste warteten ungern auf der Straße; sie liebten, unauffällig einzutreten und ebenso sich zu entfernen — das war zu berücksichtigen.

Der Eingang blieb aber nicht unbewacht. Solange Gäste sich im Restaurant aufhielten, pflegte Madame Stephanie vor einem kleinen Pult zu thronen, an dem sie Rechnungen addierte, kassierte und von dem aus sie das Personal beaufsichtigte. Hier war ein rundes Fenster in die Wand gebrochen, ein Ochsenauge, durch das der Flur zu überblicken war. Davor hing eine kleine Schelle, die beim Öffnen der Tür durch einen Klingelzug bewegt wurde. Man mußte schon feine Ohren haben, um sie zu vernehmen, doch hatte Madame Stephanie ein vorzügliches Gehör. Sie unterschied die leisesten Geräusche in ihrem Haus.

Außer der Hoteltür gab es noch die zum Restaurant mit freiem Zutritt, ferner die Hintertür, die zum Markt hinausging und tagsüber den Lieferanten und den Angestellten für ihre Gänge offenstand. Nachts war sie verschlossen, doch gab es einzelne Gäste, die sie bevorzugten. Diesen öffnete Madame Stephanie persönlich und schloß hinter ihnen ab. Es hieß sogar, daß zwei oder drei Klienten eigene Schlüssel zu dieser Hintertür hätten; das war ein Gerücht.

Das Haus mit seinen Türen hatte eine organische Ordnung, wie man sie in anatomischen Lehrbüchern an Abbildungen des Herzens studieren kann. Der Gang des Blutes durch die verschiedenen Vorkammern, Kammern und Ventile ist vorgezeichnet; er kann sich nur unter Katastrophen abwandeln. Ganz ähnlich war es in der »Goldenen Glocke« — hier konnte man vom Restaurant aus den Hotelflur betreten, aber nicht umgekehrt. Es gab Gäste, die das Haus nur als Restaurant, und andere, die es nur als Hotel kannten. Wenn man unten gegessen und getrunken hatte, konnte man oben ein Zimmer nehmen, nicht aber von dort in das Restaurant zurückkehren. Alles weitere wurde auf dem Zimmer serviert. Was oben aus Küche und Keller verlangt wurde, ging über die Hintertreppe — da gab es keine Ausnahme. Madame Stephanie hatte ihre Gründe dafür. Die Vordertreppe war immer sanft erleuchtet und fast immer leer.

Organisch war die Hausordnung auch insofern, als sie nicht auf Vorschriften, sondern auf langer Gewohnheit beruhte und in fest eingefahrenen Geleisen lief. Madame Stephanie hatte eine gute Kundschaft und altgedientes Personal. In solchen Fällen kann die Regie zu einer Art von Spiel werden; ein Blick, eine Andeutung genügt. Das Geschäft lief wie ein Uhrwerk und war eine Goldgrube. Es hatte Gäste, die nicht kleinlich rechneten. Madame Stephanie hielt darauf, daß Maler und ähnliches Volk nicht eindringen konnten; und was die Schauspieler betraf, so mußten sie, wie der junge Coquelin, Renommee haben. Die Regel erstreckte sich nicht auf die Schauspielerinnen; hier überwogen die Debütantinnen.

Man fühlte sich wohl bei Madame Stephanie. Sie war eine angenehme Person und, obwohl in reiferen Jahren, immer noch anziehend. Ihre Schönheit war dezent wie die einer Nonne; sie lag vor allem in den regelmäßigen Proportionen der Figur und des Gesichtes, die durch ein geheimnisvolles Lächeln und eine ruhige Altstimme unterstützt wurden. Das gab ihr etwas Unpersönliches, das man, wie das Bildnis eines alten Meisters, mit Sympathie betrachtete.

Die Menschen lieben die Wiederkehr des Gleichen — vor allem, wenn sie die Erinnerung an erfüllte Stunden wachruft und erneut. In diesem Sinne war Madame Stephanie im wechselvollen Dasein ihres Freundes- und Gönnerkreises zu einer Gestalt geworden, die Tradition umwitterte. Sie war Bewahrerin, Beschließerin von längst verglühten Stunden, die wieder aufleuchteten, wenn man den Flur betrat. Man atmete da etwas wie den Duft von Räucherpfannen, auf denen durch Jahrzehnte hindurch Weihrauch verbrannt wurde.

Dem kam entgegen, daß Madame Stephanie kaum alterte. Sie war immer noch die gleiche, als welche man sie schon bei der Vernissage gekannt hatte, höchstens unmerklich dunkelnd wie ein Bild. So stand sie, stets Dieselbe, mit dem geheimnisvollen Lächeln im Rahmen des Flures, der matt erleuchtet war. Jahraus, jahrein war sie in dunklen Stoff gekleidet, zu dem sie als einzigen Schmuck eine Kette von Elfenbeinkugeln trug. Das harmonierte mit ihrem Teint, der sich durch eine Blässe auszeichnete, wie die Kasteiung in den Klöstern sie erzeugt.

In ihrem Reiche herrschten Ordnung und Diskretion. Sie kannte jeden ihrer Gäste, doch nie hätte sie ihn ohne besondere Aufforderung wiedererkannt. Was die Ordnung betrifft, so wird sie oft dem Licht verglichen und ist ihm auch darin ähnlich, daß sie erst durch die Unordnung Qualität gewinnt, wie Licht durch Dunkelheit. Ordnung ist weniger wichtig in der Kaserne als auf dem Schlachtfeld, im Hafen als auf hoher See. Zwar blühte das Geschäft von Madame Stephanie ganz im Verborgenen, doch konnte allerhand vorkommen, wenn man die Zügel locker ließ.

Die weibliche Energie ist stärker, wenn auch weniger sichtbar, als die männliche. Sie ist durchdringend, minder sprunghaft, waltender. Sie ist biegsamer und doch härter als die berühmte Stahlklinge. Aber wie der Stahl hat sie diese Tugend nicht von Anfang an besessen, sondern erworben, indem sie im kalten Bade geschreckt wurde. So war es auch bei Madame Stephanie. Sie hatte ihre bitteren Erfahrungen machen müssen durch das, was man noch lange in ihrer Heimatstadt Mantes ihren Fehltritt genannt hatte. Nun galt sie auch dort als Madame Stephanie. Der Titel war vollwichtig.

Aber damals war es hart gewesen im Soge der Weltstadt; nach dem Schiffbruch drohte der Untergang. Von den Rekruten, die dort alljährlich in die Kasernen rücken, bringt es vielleicht einer von hundert zum Offizier. Ähnlich verhält es sich mit den weiblichen Kontingenten, die von der Provinz jahraus, jahrein der Kapitale wie einem Moloch geopfert werden — wie wenige bringen es zum Rang einer Madame Stephanie. Wie der Soldat vor allem dadurch aufsteigt, daß er sich auf exponiertem Posten bemerkbar macht, so war es auch hier gewesen: sie hatte in einer besonders heiklen Position begonnen, als Aufwartung in einer der berühmten Vergnügungsstätten auf dem Mühlenberg. Hier war sie bald als zuverlässig befunden und in die Bar befördert worden — eine gefährliche Auszeichnung.

Eine Bar, die ihre Bestimmung erfüllt, das heißt, die sowohl den Gästen als auch dem Wirt das Beste bietet, gleicht einem Altar, auf dem sowohl dem Dionysos als auch dem Merkur geopfert werden muß. Das setzt zwei sich widersprechende Fähigkeiten der dort Bediensteten voraus, nämlich eine animierende und eine registrierende. Es liegt im Sinn der Einrichtung, daß der Betrieb sich einer Orgie nähert, die jedoch nicht völlig erreicht werden darf. Sonst würde der Gewinn im Fest verbraucht werden. Er würde mit dem Feuer in Rauch aufgehen. Es muß vielmehr Posten geben, an denen der Konsum beobachtet und überwacht wird, und einen dieser Posten besetzte Madame Stephanie, damals noch einfach Stephanie.

Scharen von Habitués und Reisenden aus aller Herren Ländern blieb sie so in Erinnerung. Auch damals trug sie schon dunkle, doch tief dekolletierte Kleider, die mit blitzenden Knöpfen bestückt und an der Brust und den Ärmeln mit Spitzen besetzt waren. Der Rock war durch eine »vertugade« gebauscht. Sie hatte damals goldblonde Haare, wie es verlangt wurde. So stand sie Nacht für Nacht im Trubel hinter dem langen Bartisch vor der Spiegelwand. In weiten, rot drapierten Sälen wurde getanzt, getrunken, gesungen und gelacht. Die bunte, kreisende Bewegung unter den großen Lüstern stieg bis in die Logen, die ein leichter Rauch verschleierte. Die Musik wurde skandiert vom Knall der Pfropfen, zerrissen von Schreien wie von Pfauen und Papageien. Die große Feier wiederholte sich allnächtlich, und es gab keinen Fremden von einiger Bedeutung, der hier nicht sein Opfer darbrachte. Hier sah man Stephanie, vom Anfang bis zum Morgengrauen stehend, die Arme leicht aufgestützt, mit schönem und immer freundlichem Gesicht. Der Tisch trug herrliche Früchte in großen Schalen und Batterien von Flaschen mit goldenen und silbernen Hälsen, von denen, wenn sie geöffnet wurden, der Schaum hinunterträufelte. Hier wurde bestellt, dort gab es Differenzen, hier war ein Stammgast namentlich zu begrüßen und dort ein Zuruf zu parieren, alles mit Heiterkeit. So wissen Artisten durch ein Lächeln und eine gefällige Bewegung zu verbergen, wie schwer die Nummer ist.

Was aber ging hinter der Stirne dieses heiteren Wesens vor? Das zu erfahren hätte manchen erstaunt von denen, die sie gern geküßt hätten. Er hätte Ziffern gefunden wie in einer Rechenmaschine, nichts als Ziffern und Namen oder Physiognomien, die insofern interessierten, als sie mit den Ziffern verknüpft waren. Dieses Gehirn war zuverlässig wie die Bank von England oder wenigstens wie das eines im Casino von Monte Carlo ergrauten Croupiers. Es kannte Soll und Haben, als ob sie mit dem Stichel eingegraben wären, wie hoch das Fest auch stieg.

Auf solchen Posten gibt es, was die Ziffern angeht, die beiden Möglichkeiten der Abweichung nach oben und nach unten, die beide schädlich sind. Es gibt die Möglichkeiten des Vergessens, des Übersehens, der irrigen Ab- und Zurechnung. Das sind Fehler, die auch dem Besten unterlaufen, vor allem, wenn die Wogen hoch gehen, von anderem ganz abgesehen. Es gibt ferner diskrete Dinge wie die des Kredits und ähnliche. Es gibt Versuchungen, zahlreicher als die des heiligen Antonius. Doch möge es genügen zu berichten, daß Stephanie sich nicht nur von Jahr zu Jahr auf ihrem Posten zu festigen und in Respekt zu setzen wußte, sondern daß sie auch nicht unbeträchtlich zurücklegte. Dazu kamen die guten Beziehungen.

Um so zu reüssieren, waren, wie gesagt, zwei scharf sich widersprechende Fähigkeiten die Voraussetzung. Stephanie verfügte in seltener Weise über beide, und darauf beruhte ihr Erfolg. In unserer Zeit hört man viel Schlimmes über die Gespaltenheit und auch viel Dummes, da sich die Spaltung als eines der Grundprinzipien der Welt nicht weniger im Guten als im Bösen manifestiert. Wir dürfen bei einem großen Erfolge wie dem Madame Stephanies auf einen Widerspruch der Gaben und Eigenschaften schließen, der Überraschendes bewirkt. Darauf beruht die Kraft des Unvermuteten. Jedermann weiß, daß ein Witz desto besser zündet, je ernsthafter er vorgetragen wird. Aus diesem Grunde finden wir selten einen guten Komiker. Aus dem gleichen Grunde wird die Katze, die Mäuse fangen will, nicht wild herumspringen, sondern ein Bild des Friedens darbieten. Und so auch mußte Madame Stephanie in einer Welt florieren, die der Liebe und den heiteren Genüssen gewidmet war. Sie hatte die gefällige Erscheinung, die sanfte Beflissenheit, die diese Welt verlangt. Dahinter wachte der rechnende Verstand, unterstützt durch den sicheren Blick, den Enthaltsamkeit verleiht.

15

An den seltenen Tagen, an denen Madame Stephanie nach Mantes fuhr, um die Verwandtschaft zu besuchen, bei der sie nun seit langem in hohem Ansehen stand, oder an denen sie ihre Zustände hatte, wurde sie durch ihre Haushälterin vertreten: Fräulein Picard, die Zuverlässigkeit in Person.

Die Zustände wiederholten sich regelmäßig, mit schmerzhafter Migräne und Spasmen im Unterleib. In den Krisen färbte sich die rechte Hälfte des sonst elfenbeinfarbenen Gesichtes brennend rot. Dann mußte Madame Stephanie trotz ihrer Energie die Segel streichen und sich zu Bett legen. Das war sehr lästig, wenn es auch selten länger als einen Tag dauerte. Es gab kein Mittel dagegen, obwohl ihr Hausarzt, Doktor Besançon, der ganz in der Nähe wohnte, keine Mühe gespart hatte. Er pflegte warme Umschläge und Opiumtropfen zu verordnen und, wenn er Stock und Hut in die Hand nahm, nie die Bemerkung zu versäumen: „Ich sollte Ihnen ein Rezept für einen gesunden Jungen verschreiben, Madame Stephanie." Da er wußte, daß solche Scherze seine Patientin verstimmten, setzte er sogleich hinzu: »Ich meine, Sie sollten heiraten.« Madame Stephanie pflegte dann zu erwidern: »Nun machen Sie aber, Doktor, daß Sie hinauskommen.«

Der Doktor liebte als ausgepichter Junggeselle, die Frauen durch gewagte Scherze aufzubringen; er fand, daß das erheiterte. So hatte der kleine Dialog auch heute stattgefunden, obwohl die Migräne besonders heftig war. Sie wurde noch schlimmer gegen Abend, als es zu nebeln begann. Im Leib bewegte es sich wie Spiralen, die sich zusammenzogen und wieder aufrollten. Die rechte Gesichtshälfte glühte, die linke war eiskalt. Bald war das Fieber unerträglich und bald der Schüttelfrost.

Madame Stephanie lag in ihrem Schlafzimmer. Das Haus war im vorigen Jahrhundert nach dem Muster der genuesischen Villa gebaut worden: mit erstem und zweitem Stockwerk und einem Halbstock für die Dienerschaft. Der untere Stock war für die Wirtschaft, der obere für die Gäste bestimmt. Im Halbstock war die Decke niedrig, die Wände waren abgeschrägt. Das ist für Schlafzimmer sogar gemütlicher.

Die Tropfen hatten bereits gewirkt. Sie waren wohltätig. Sie brachten einen höheren Zustand als den des Schlafes hervor — eine Art des Fluges, der leicht über blühende Wiesen dahinführte. Aber die Blumen waren schöner und unvergänglicher als Rosen und Lilien, als ob ein Engel sie gemalt und dann belebt hätte. In ihrer Betrachtung vergingen Schmerz und Zeit.

Aber verging denn die Zeit? Ebensogut war möglich, daß sie stillstand. Zuweilen sah Madame Stephanie im Schein des Nachtlichts, das in einem Wasserglase schwamm, auf ihre Uhr. Da konnte es vorkommen, daß, nachdem sie sich endlos an den Blumen erquickt hatte, kaum eine Minute verflossen war. Das war bestürzend, diese Zeit, die pfeilschnell dahinschoß und zugleich stillstand. Man war am Ufer des Stromes und zugleich in seinen Schnellen, im Mittelpunkt des Rades und an seinem fliehenden Rand.

Endlose Träume waren ein großer Luxus für eine Frau, die Tag und Nacht im Dienst war wie Madame Stephanie. Sie war sich dessen in den Pausen, in denen sie auf die Uhr sah, wohl bewußt. Und heute war sie besonders unruhig, da auch die Picard bettlägerig war. Ihr linker Arm war dick geschwollen; der Doktor wollte noch bis morgen warten, dann würde er einen Schnitt machen. Wie oft hatte man ihr gesagt, sie solle beim Tranchieren vorsichtiger sein. Wenn es Enten gab, pflegte sie die Tiere mit einem spitzen Messer zu durchstechen, wie es die Kunst erforderte. Aber sie arbeitete zu schnell. Und so ein Stich ist gefährlicher als eine große Schnittwunde.

Draußen schlug eine Turmuhr. Es mußte die von der Rue Duphot sein. Zwölf Schläge drangen matt durch den Nebel herein. Ob auch die Hintertür gut abgeschlossen war? Madame Stephanie war nicht ängstlich, aber die Hintertür bildete die schwache Stelle an ihrem Haus. Obwohl der Markt zeitig geschlossen wurde, blieb immer ein besonderes Treiben um ihn. Es gab da große Hunde, Betrunkene und Liebespaare, die sich in den Winkeln herumdrückten. Nach dieser Seite hin mußte man aufpassen. Vielleicht hätte sie doch schließen sollen, was freilich bisher nur einmal, bei der Einsegnung ihrer Nichte, vorgekommen war.

Im Restaurant war Joseph, da gab es keine Sorge, doch für die Zimmer mußte die Bourdin einspringen. Die Bourdin war eine unverwüstliche Aufwärterin, aber man konnte sie nicht vorzeigen, außer wenn etwa ein Glas zerbrochen war und sie mit Besen und Eimer erschien. Darüber hinaus konnte man ihr nichts zumuten.

Madame Stephanie machte eine Anstrengung, um sich zu erheben, aber sie fiel kraftlos zurück. Noch einmal tränkte sie ein Stück Zucker mit den braunen Tropfen und ließ es im Munde zergehen. Es hatte einen bittersüßen, ein wenig widrigen Geschmack. Morgen, das wußte sie aus Erfahrung, würde sie frisch sein und disponieren wie in ihrer besten Zeit.

16

Die Bourdin, die aus der Küche zutrug, hörte die Schelle anschlagen. Sie seufzte und ging in den Flur. Die Bourdin gehörte nicht zu den Typen, die sich freuen, wenn ihnen Verantwortungsvolles übertragen wird. Wie eine Treppe gescheuert, ein Kessel geputzt wird, bis er wie Gold im Feuer leuchtet, das wußte sie, da konnte niemand ihr etwas vormachen. Aber die bescheidenste Anforderung an ihre Entschlußkraft ließ sie zurückbeben. Sie sah dann Gebirge von Schwierigkeiten aufwachsen. War aber ein Oberer zugegen wie Fräulein Picard oder die Patronin, dann hätte sie den Teufel nicht gescheut. Solchen Naturen sind die Medaillen für lange und treue Dienste zugedacht.

Sie sah wenig einladend aus. Die Haare fielen in grauen Strähnen in die Stirn, am Munde war ein Einschnitt schlecht vernarbt. So stand sie neben dem bunt bemalten gipsenen Neger, der mit einer Lampe die Treppe beleuchtete, kurzsichtig, mißtrauisch, ängstlich, als die Verkörperung der verdächtigen Situation.

Die Tür war offen, und Nebel drang herein. Im Flur stand eine Dame, die von einem Knaben begleitet war. Die Dame hielt Rosen in der Hand.

Gerhard begriff, daß es nun an ihm war, etwas anzuordnen, doch er kannte das Stichwort nicht. Das machte die Lage noch peinlicher. Endlich hörte er Irene sagen:

»Wir haben Verschiedenes zu besprechen und wollen ungestört sein. Schließen Sie uns ein Zimmer auf.«

Die Bourdin betrachtete sie angestrengt. Madame Stephanie wußte auf den ersten Blick, ob Zimmer frei waren oder nicht. Sie hielt auf einwandfreie Klientel, und die vom Trottoir konnten ihr nichts vormachen. Wie aber sollte die arme Bourdin wissen, was hier am Platze war? Offenbar handelte es sich um eine feine Dame, und fast war ihr, als hätte sie sie schon gesehen. Sie sagte:

»Wir vermieten nur für die ganze Nacht.«

Irene schlug ein gereiztes Gelächter an:

»Sie werden aber wohl Ihren Gästen erlauben, zu gehen, wann es ihnen paßt?«

Sie stieß den Schirm auf den Boden und wandte sich an Gerhard:

»Stehen Sie doch nicht so herum, als ob Sie das alles nichts anginge. Geben Sie ihr wenigstens Geld. Sie sehen doch, mit wem Sie es zu tun haben.«

Das war der Ton, den die Bourdin begriff. Sie wußte nun, daß die Dame »gutes Blut hatte«, wie es beim Hotelpersonal heißt. Nachdem sie kassiert hatte, führte sie die Gäste hinauf. Oben öffnete sie die Tür zu einer Art Salon. Auf dem Kamin verbreitete eine Lampe mit rotem Schirm ein mattes, angenehmes Licht. Die Bourdin fragte, ob sie auch den Kronleuchter anzünden solle — eine Frage, die immer verneint wurde. Aber Feuer im Kamin war erwünscht. Sie öffnete dann noch die Tür zu einem Nebenzimmer, die angelehnt blieb, und zeigte die Klingel für Bestellungen. Dann zog sie sich zurück. Das Paar war allein.

Irene trat vor den Spiegel und streifte den Schleier zurück. Das Licht war günstig für sie. Sie hatte ihr Cape schon abgelegt. Ihre Stimme klang jetzt viel freundlicher, einschmeichelnd.:

»Was sind Sie ungeschickt. Aber es war ja auch eine unglaubliche Person. Dabei wird das Haus gerühmt. Sie denken doch nichts Schlechtes von mir, weil ich Sie hierher bestellt habe? Eine Freundin gab mir die Adresse — ich konnte Sie nur ganz im geheimen oder gar nicht sehen. Ich muß auch bald wieder gehen.«

Es war das Zimmer, in dem sie mit dem jungen Coquelin gewesen war. Über dem Kamin hing noch dasselbe Bild, eine Kopie nach Deveria: ein Paar, das sich umarmte, mit einem roten Vorhang im Hintergrund: ein Motiv von dezenter Intimität. Dieser Charakter wurde noch durch ein Messingschildchen mit der Inschrift »Das Brautpaar« betont. Darunter der Name des Malers — es handelte sich um den schwächeren der beiden Brüder, dessen Thematik sich durch eine merkwürdige Spannweite auszeichnet. Neben süßlichen Andachtsbildern, die in Privatkapellen und Boudoirs beliebt waren, verfügte er über eine feurige Pornographie. Man sekretiert von ihm Querschnitte durch Bordelle, deren Zimmer von roten und schwarzen Figürchen bevölkert sind. Das war Madame Stephanie natürlich unbekannt. Doch mochte in ihre Vorliebe für diesen Maler Unterschwelliges einspielen.

Sie saßen sich nun gegenüber am Gaskamin. Die Scheite waren aus perforiertem Kupfer, dem sich bläuliche Flämmchen anschmiegten. Zum ersten Mal hatten sie Muße, sich zu betrachten — so wie man Bilder oder Photographien sieht. Irene hatte eine einsame Jugend gehabt. Wenn sie eine neue Puppe bekam, hatte sie sich mit ihr in einen Winkel zurückgezogen, um nach Herzenslust mit ihr zu spielen, ohne Zeugen und Zuschauer. Das starke Gefühl des Besitzes, das sie dabei ergriffen hatte, beglückte sie auch hier.

Das Unheil dieses schönen Wesens lag darin, daß es geistig noch in der Kinderzeit verharrte — in dieser Hinsicht war ihm Gerhard verwandt. Es war eine Begegnung von Frühreifen, nicht von Erwachsenen. Als Irene im Hause ihres Vaters Kargané zum ersten Mal gesehen hatte, wußte sie, daß es ernst geworden war, ganz ohne Übergang. Bis dahin hatte sie nicht gewußt, welche Kraft das Auge haben kann. Sie hatte es im Gespräch mit dem Kapitän erfahren — bestürzend, als ob ein Piratenschiff sich demaskierte und die Kanonen blinken ließ. Wie war es möglich, daß diese Augen sich in zwei Lichter verwandelten, die grausam und mit schamlosem Wissen in sie eindrangen? Und was noch unbegreiflicher war — sie hatte im Augenblick geantwortet, hatte die Frage mit dem gleichen Wissen, derselben Schamlosigkeit bejaht. Das war die Flamme, die dem Blitzschlag folgt. Damit war alles entschieden; es gab keine Auflehnung. Im Grunde hatte er sie genommen wie ein Pascha; sein Zwang war stärker als alle Fesseln des Orients.

Von Anfang an hatte sie sich gegen diese Herrschaft aufgelehnt. Sie konnte erobert, aber nicht besiegt werden. Im Gegenteil verstärkte jeder neue Zugriff den Widerstand, der sich zum Haß verdichtete. Und doch wuchs mit ihm ihre Eifersucht.

Wie anders war das Idol, das sie in ihrem Inneren verwahrte und dem sie in ihren Träumen opferte. Am nächsten war sie ihm in jener Zeit gekommen, in der sie dem jungen Coquelin täglich Blumen und Früchte sandte wie eine Hirtin, die ihre Gaben vor einem Bilde niederlegt. Wenn er abends auf die Bühne trat, führte er sie über die Wirklichkeit hinaus. Man hätte im Theater eine Nadel fallen hören können, wenn er in leichter, freier Bewegung vor die Rampe trat. Irene mußte die Augen schließen — das war die Erscheinung; ihr Opfer war erhört worden.

Sie suchte zu vergessen, was dann geschehen war. Ihr Fall lag darin, daß sie vom Ideal Realitäten erwartete und vom Realen Transzendenz. Das ist ein allgemeines Leiden, ist schlechthin menschlich — nur daß es bei ihr ins Manische gesteigert war. So schwankte sie zwischen Hoffnung und Enttäuschung hin und her.

Indem sie Gerhard betrachtete, verschmolz er mit dem jungen Schauspieler der Zeit, zu der er sie noch nicht enttäuscht hatte. Es war der gleiche Raum, in dem sich seine Nichtigkeit enthüllt hatte. Nun würde sie es zum guten Ende bringen; sie würde Kargané nicht mehr vermissen — im Gegenteil, sie würde auch, und zwar mit Gerhard, auf Reisen gehen. Sie würde ihm zunächst das Äußere geben, das ihr behagte; er würde gelehrig sein. Schon sah sie ihn auf die Terrasse treten, während unten die Pferde warteten. Jäh fühlte sie Lust, sein Haar zu streicheln, sich zärtlich um ihn zu bemühen. Sie faßte seine Hand.

»Gerhard — ich darf doch Gerhard sagen — wie freue ich mich, daß Sie gekommen sind.«

Für Gerhard, der ein reines Traumleben führte, war es, als ob er zu einer höheren Wirklichkeit erwachte; wie leicht und doch wie köstlich wog diese Hand. Es war eine Fee, die ihn besucht hatte. Er würde nun wunderbare Dinge hören, doch wünschte er zugleich, daß die Zeit anhielte und daß alles so bliebe, wie es war.

17

Er wußte nicht, wie lange sie so gesessen hatten, während ihre Hand auf der seinen und die seine auf der ihren ruhte — Erfüllung liegt nicht in der Zeit. Zeitloses zu gewähren ist der Sinn der Zeit. Sie waren nun ganz im Vertrauten, in großer Sicherheit. Gerhard war glücklich, und die nächsten dreißig Stunden seines Lebens wurden durch die Erinnerung an dieses Glück bestimmt, als ob er die Schuld dafür abzahlte.

Plötzlich entzog Irene ihm ihre Hand und deutete zur Tür, als hätte sie etwas Schreckliches gesehen. Auch Gerhard, der ihrem Blick folgte, erschrak heftig: er sah ein Gesicht, das in das Zimmer hereinspähte.

Madame Stephanie hatte die obere Füllung aller Türen durch Scheiben ersetzen lassen, weil das den Flur erhellte und den Dienst erleichterte. Natürlich waren sie mattiert; man konnte durch sie weder in die Zimmer hinein noch auf den Flur hinaus sehen. Den Fall, daß jemand sein Gesicht dicht an die Scheiben preßte, hatte Madame Stephanie nicht berücksichtigt — das konnte in ihrem Hause nicht vorkommen. Dann allerdings mußte man es, wie jetzt die beiden Liebenden zu ihrem Schrecken, auch durch das Milchglas sehen.

Es war kaum anzunehmen, daß der Beobachter erkennen konnte, was drinnen vor sich ging. Doch sah er wohl die Lampen, das Feuer, die Schatten von zwei Personen am Kamin. Nicht deutlicher war sein Gesicht. Es war, als ob ein bleicher Fisch sich an die Scheibe ansaugte. Sie sahen es wie eine Fratze, die Kinder in Rüben schneiden und dann mit einem Licht erhellen, um andere Kinder zu erschrecken — wie einen Fetischkopf.

Der Schemen blieb nur einen Augenblick sichtbar, doch ging ein Schrecken von ihm aus, als ob er den Raum in eine böse Kammer verwandelte und mit Schuld auflüde. Dann erlosch das Licht auf dem Flur. Man hörte eine Tür ins Schloß fallen. Irene war aufgesprungen: »O das war schrecklich. Schließen Sie die Tür!«

Ihr war bereits beim Eintritt aufgefallen, daß er es versäumt hatte. Dem jungen Coquelin war das nicht unterlaufen; sie wußte freilich nicht, wie sehr er in der »Goldenen Glocke« zu Hause war. Es wurde unheimlich. Sie löschte die Lampen aus.

Als Gerhard sich der Türe näherte, kam draußen Geräusch auf, an das sich ein Wortwechsel schloß, undeutlich, mehr in Lauten, dazwischen Schritte wie beim Tanzen, ein unterdrücktes Kichern, dem ein entrüstetes Geflüster folgte ... das alles gleich dem Flackern eines Brandes, der plötzlich in die offene, blutrote Flamme überging.

»Nein, laß mich los!«

Danach ein Hilferuf und gleich darauf ein Schrei, der das Gebäude in den Grundfesten erschütterte, ein Schrei, wie ihn Gerhard noch nie gehört hatte, doch den er sogleich verstand. Er leuchtete wie ein Blitz in Klüfte, auf deren Grund das Wissen um ihn verborgen war. Er riß die Bespannung entzwei. Es war der Schrei eines Menschen, der ermordet, und zwar mit dem Messer ermordet wird.

Dann wurde es still, bis auf ein Stampfen, als ob ein Riese vorüberschritte — oder war es das Blut, das Gerhard in den Ohren klopfen hörte, der mähende Takt seiner Herzschläge? Aber er mußte helfen; er schob den Riegel, den er bereits geschlossen hatte, wieder zurück.

Die Tür sprang auf, ohne daß er die Klinke berührt hätte. Sie wich nach innen unter dem Gewicht des Körpers, der vor ihr gekniet oder gesessen haben mußte und nun mit seiner halben Länge ins Zimmer fiel — mit einem Seufzer, der das Herz erstarren ließ. Das war kein Lebenszeichen mehr, kein Laut aus Reichen, in denen Schmerz empfunden wird.

18

Gerhard kniete zu Häupten der Toten, berührte die noch warme Stirn. Hier war keine Hilfe mehr nötig, kein Wasser, kein Linnen, weder Priester noch Arzt.

Das Zimmer war vom Kamin her bläulich erhellt. Auch auf dem Flur schien nun mattes Licht. Es war die erste Leiche, die er sah. Sie trug nur einen dünnen Mantel, eine Art von Kimono, und einen roten Pantoffel am linken Fuß. Der Körper leuchtete wie Marmor bis zu den Hüften, dann kam die furchtbare Zerstörung, als wäre ein Götterbild in Blut getaucht.

Gerhard wußte nicht, was den Toten zukommt, doch er fühlte, daß dieser Körper nach Schutz verlangte; er durfte ihn nicht im Stich lassen. Ihm war entgangen, daß Irene verschwunden war. Der Todesschrecken hatte sie erstarren lassen, um ihr dann die Kräfte eines wilden Tieres zu verleihen. Den einzig möglichen Ausweg erfassend, war sie ohne Hut und Mantel über den Leichnam hinweggesprungen in den Flur.

Das war geschehen, während Gerhard in der Betäubung sein Blut gehört hatte. Auf den Schrei war eine tiefe, hellwache Stille gefolgt, als ob alles Leben durch ihn gelähmt wäre. Dann wurde es lebhaft in der »Goldenen Glocke« wie auf einem sinkenden Schiff. In den Stockwerken öffneten sich Fenster, aus denen man um Hilfe schrie. Draußen ertönten Pfiffe und ein Gemurmel, als ob eine Menge sich sammelte.

Auf den Treppen entstand Bewegung; Türen schlugen zu. Aus dem gegenüberliegenden Zimmer erschien ein Herr mit kurzem, grauem Vollbart in Hemdsärmeln; die Hosenträger wölbten sich über seiner Brust. Nachdem er den Leichnam mit senatorenhafter Würde betrachtet hatte, zog er sich zurück.

Auf dem unteren Flur gab es Wortwechsel.

»Ich bin Ritter der Ehrenlegion.«

»Und wenn Sie Präsident der Republik wären!«

Als die Polizei kam, hatte sich schon eine Gruppe gebildet, die Gerhard und die Tote schweigend umstand. Madame Stephanie, die, obwohl mehr tot als lebendig, im Haus umhereilte und sich zu vervielfältigen schien, hatte begriffen, daß nichts mehr zu retten war. Das war das Ende der »Goldenen Glocke«. Sie hatte ein Laken über den Leichnam geworfen, um das schändliche Geheimnis zu verdecken, aber ach, hier gab es nichts zu verheimlichen. Wie in einem unentrinnbaren Angsttraum starrte sie auf den roten Fleck, der sich von der Mitte aus stetig vergrößerte. Da ließ sich nichts zudecken, und hätte man Granit über die Untat gewälzt.

UM DIE BASTILLE

Etienne pflegte zwischen neun und zehn Uhr morgens bei der Police Criminelle zu erscheinen, wo er seit einigen Wochen Dienst verrichtete. Die Büros lagen am Justizpalast; sie wurden durch den Eingang am Quai des Orfèvres erreicht.

Er war dann schon eine Stunde zu Pferd gewesen, bei gutem Wetter im Wäldchen, auf einer Reitbahn der Militärschule, wenn es regnete. Dann pflegte er einen schwarzen Kaffee zu nehmen und zu Fuß an der Seine entlang zu gehen. Das war sehr angenehm, vor allem jetzt, wo die Blätter der hohen Pappeln bunt wurden. Wenn er sich verfrüht hatte, gab er noch ein paar Schritte zu, um in die Sainte Chapelle einzutreten — nicht etwa, weil er fromm war, sondern weil er fühlte, daß es ihn kräftigte. Er spürte dort im Blau und Gold verblaßter Schatten den Abglanz eines Lebens, das aus den Heeren verschwunden war. Auch verlangte die animalische Tätigkeit des Reitens nach einem Gegengewicht.

Etienne war in einem Regiment erzogen, dessen Oberst noch durch die Schule Mac Mahons gegangen war. Wenn man dem Sieger von Magenta einen Offizier für ein Kommando empfohlen hatte, pflegte er die Hand auf die Zeugnisse zu legen und zu fragen: »Wie sitzt er zu Pferd?« Davon hing dann sein Urteil ab. Daß, wie es später vorkam, ein Kriegsminister während der Parade abgeworfen wurde, wäre unter ihm nicht passiert.

Eher durfte man nach einer weißen Nacht, als ohne ein Pferd bewegt zu haben, zum Dienst kommen. Das wurde zelebriert. Es war auch Etienne in Fleisch und Blut übergegangen und unentbehrlich geworden, nach Art hygienischer oder ritueller Gewohnheiten. Er fand es gut, und nicht nur für das Metier. Das freilich verlangte Selbstbewußtsein und unreflektierte, unmittelbare Autorität. Aber die Wirkung ging erheblich weiter und war umfassender. Etienne merkte das auch daran, daß die Melancholie, die ihn oft hartnäckig plagte, der Heiterkeit wich. Ein Problem, das ihm beim Aufstehen unlösbar erschienen war, bereitete ihm dann keine Schwierigkeit mehr. Das mußte eine Folge des Optimismus sein, den ein Frühritt im Walde oder eine Runde durch den Sprunggarten erzeugt. Da wurde der Phosphor reduziert.

Andererseits erweckte dieser Optimismus ihm auch Bedenken, da er selten mit sich zufrieden war. Zuweilen bedrückte ihn der Verdacht, daß diese Art Gesundheit ihn geistig schädige. Probleme waren schließlich nicht so einfach zu nehmen wie Hürden und Sprunggräben. Was konnte es nutzen, daß man das feine Gitter von Licht und Schatten überfuhr und die in den Sand gezeichneten Irrgänge? Das Netz von Zweifeln und Widersprüchen war leicht zu zerreißen wie Spinnweben, und doch war das Risiko größer, als wenn man sich beim Sturz die Knochen brach. Je leichter die Gewichte, desto schwerer die Verantwortung.

Etienne hatte seinen Beruf freiwillig gewählt. Er hatte ihm schöne Stunden zu verdanken, wenngleich nicht die Befriedigung, die er erhofft hatte. Soldat sein hieß heute etwas anderes als zu Zeiten des Königs, der die Sainte Chapelle erbaut hatte, und selbst etwas anderes als unter Napoleon. Das merkte man bald, vor allem in einer Garnison wie der von Nancy, in der es kaum Ablenkung gab. Der Dienst war langweilig und wenig anstrengend. Die Abende wechselten ab zwischen dem Hotel Walther am Stanislausplatz und der »Wienerin« in der Rue Michottes. Das Jahr in Nordafrika war dagegen wie ein Trunk Quellwasser gewesen, obwohl man oft beinah verdurstet war.

Etienne überkamen Augenblicke der Entfremdung, in denen er aus sich heraustrat und sich mit Erstaunen in dieser oder jener Situation betrachtete. Diese nicht durchaus glückliche Begabung setzt Verfeinerung voraus. Sie führt zu Reflexionen wie im Spiegelkabinett.

Auch heute hatte es ihn verwundert, daß er, Etienne Laurens, in diesem Augenblick durch den Eingang am Quai des Orfèvres ging. Er blickte von oben auf sich herab, als durchschritte er das Portal einer Ameisenburg. Was hatte er mit dieser Geschäftigkeit zu tun, mit diesen Schwärmen, die sich an den Ufern des Flusses und auf der Insel umtrieben? Die Hast, der Ernst, mit dem sie hier- und dorthin eilten, mußten auf einer optischen Täuschung beruhen. Entweder war er im Irrtum oder alle anderen.

Und welche Folge von Verzweigungen war nötig gewesen, damit er sich zu dieser Minute vor diesem Eingang sah? Da war zunächst sein Eintritt in die Armee vor bald zwölf Jahren, und dann die Tatsache, daß man ihn aus Nancy in das Zweite Büro kommandiert hatte.

Und ferner, wiederum als Abzweigung, gewissermaßen ein Kommando im Kommando, diese Gastrolle bei der Polizei. Wenn man darüber nachsann, und Etienne grübelte mit Vorliebe über Fragen, die das Problem der Willensfreiheit streiften, so konnte man es mit der Angst bekommen; man konnte meinen, ein Spielball des Zufalls zu sein. Und vielleicht war der Zweig, an dessen äußerster Spitze er jetzt schwebte, von Anbeginn wurmstichig. Das brachte ihn wieder auf die Idee, daß er den falschen Beruf gewählt hätte.

Andererseits: wenn man annehmen wollte, daß hier nicht Zufall, sondern Notwendigkeit waltete, sah es dann besser aus? Was bedeuteten all diese Kommandierungen? Wohl doch, daß man ihn als Fremdkörper empfand, den man abstoßen wollte — natürlich behutsam, und sogar ehrenvoll, denn im Dienst konnte man ihm nichts nachsagen. Darin war er sogar gründlicher, methodischer als die meisten; er war ein guter Instruktor, ein unermüdlicher Ausbilder, der sich auch in der Kaserne sehen ließ, wenn sein Name nicht auf dem Dienstplan stand. Dabei kein Knopfzähler; die Mannschaft hatte ihn gern. Außer Dienst war er eigentlich korrekter, als es dem guten Ton entsprach. Der Oberst hatte eine Vorliebe für Typen, die sich tüchtig hineinritten und die er dann mit Not und Mühe aus der Tinte zog. Für tolle Burschen hatte er ein väterliches Herz. »Der hat die Husarenprobe bestanden«, war einer seiner Aussprüche.

Nein, es war etwas anderes mit Etienne. Er war nur halb

konform; ein Charakter, dem man nichts vorwerfen, aber mit dem man auch nicht warm werden kann. Vielleicht beurteilte er sich selbst zu günstig, wenn er das auf seine intellektuelle Überlegenheit schob. Sie war zugleich ein Manko, indem sie den Korpsgeist beeinträchtigte. Der Sinn des Dienstes lag schließlich darin, daß man bei der Attacke überlegen war.

Bemerkungen, wie sie Etienne im Kameradenkreis entschlüpften, überboten erheblich das Niveau. Sie wurden im besten Falle mit einem verlegenen Schweigen quittiert. Solche Erfahrungen machten ihn vorsichtig. Auch die Versuche, die gängigen Redensarten sich anzueignen, waren ihm mißglückt. Es war unglaublich, was sie in dieser Hinsicht für ein feines Ohr hatten. Ihr Gehör war intelligenter als ihr Verstand. Sie hörten durch die Sätze hindurch, und das Ergebnis war, daß man sich miteinander nicht wohl fühlte. Es war etwas von einer anderen Rasse um ihn. Selbst wenn er es besser machte, machte er es nicht recht. In den Beurteilungen fiel er ab mit der persönlichen Note, der »côte d'amour«.

Allerdings gab es Ausnahmen. Sie waren selten genug. Sowohl bei Vorgesetzten wie bei Kameraden und Untergebenen stieß Etienne auf Naturen, mit denen er »auf Anhieb« vertraut wurde. Der erste Satz schon enthüllte ein geheimes Einverständnis, und Funken sprühten, als schlüge Stahl auf Feuerstein. Dem folgte Schlag auf Schlag wie beim Federballspiel. Solche Begegnungen waren wie Brunnen auf einer Wüstenwanderung. Es mußte in der Tat zwei Rassen geben — eine, die nach den Regeln einer höheren Zoologie Figuren bildete, und eine andere, sehr dünn verteilte, geistige. Schön wäre es — das war eine von Etiennes Lieblingsideen — wenn von dieser geführt würde. Doch die Gesellschaft war offensichtlich nach einem anderen Muster angelegt. Das zeigte sich nicht nur in der Armee, wo die Handfesten sich immer durchsetzten. Wenn überhaupt Intelligenz den Plan bewegte, so sicher nicht durch intelligente Individuen. Den Aktionen wurde das Maß an Wissen zugeführt, das sie benötigten, und besser zu wenig als zu viel.

Wenn Einzelnen eine höhere Einsicht zufiel, so war das ohne Zweifel überflüssig, war luxuriös, war unfruchtbar wie eine gefüllte Blume, die im Wintergarten blüht. Was mochte es bedeuten, daß trotzdem immer wieder Typen auftraten, deren Gedanken, Gefühle, Neigungen weit über die historische Notwendigkeit hinausgingen? Der Weltgeist mochte sie vielleicht in seinen Schlössern dulden als arme Verwandte, die nicht viel nutzen konnten, doch immerhin als Verwandte, die er hin und wieder in seine Pläne einweihte. Zuweilen stieg er aus den Sälen in ihre Mansarde hinauf.

Das waren Kombinationen von der Sorte, die seine Kameraden in Nancy vergrämt hatten. Wenn auch die geistige Neigung nicht gerade als Verrat empfunden wurde, so machte sie doch suspekt. Das wurde besser, wenn auch die anderen rege wurden, etwa mit einer Flasche Pommery im Leib.

Wie angenehm war es dagegen, wenn man einen Partner gefunden hatte, der auf die Kombinationen einging und dem sie die gleiche Lust bereiteten. Man saß zusammen in einem Garten oder in einem Zimmer, dem es an Büchern nicht mangelte. Man rauchte, die Teekanne wurde aufgefüllt. Es gab geistige Architekten, mit ihnen führte man imaginäre Pläne aus. Es gab aventuriers, die sich weit ins Unbekannte hinauswagten. Es gab Systematiker, Phantasten, Polemiker. Wenn sie schwiegen, lud sich der Raum noch stärker auf. Ein Sonnenstrahl wärmte die hundertjährigen Rücken der Bücher, man hörte den Regen in den Bäumen rauschen, oder es fielen auf die spitzen Giebel bläuliche Flocken in der Dämmerung.

In Nancy hatte es eines jener Abenteuer gegeben, die man als Raub zweier intelligenter Individuen an der Gesellschaft bezeichnen kann. Etienne war froh, daß es beendet war. Auch aus diesem Grunde hatte er die Versetzung in die Hauptstadt begrüßt. Eine weiße Seite im Lebensbuch war aufgeschlagen; er fühlte sich frei für neue Begegnungen.

Daß er hier den Inspektor Dobrowsky kennen gelernt hatte, war ein Schicksalsgeschenk. Es kam nicht ganz unerwartet für ihn. Die Depression, die ihn beim Antritt des Kommandos befallen hatte, wies darauf hin. Er wußte aus Erfahrung, daß ihn am Vorabend solcher Veränderungen eine Lähmung überfiel — selbst im Hotelzimmer, in dem er die Koffer für den Urlaub auspackte. Alles schien trüb und aussichtslos. Er wußte aber auch, daß sich das mit dem Morgen wandelte und der neue Ort seine Hilfsmittel entfaltete. Etienne schloß sogar von der Tiefe der Depression auf die künftige Heiterkeit. Das folgte einander wie Ebbe und Flut. Vielleicht war aus diesem Grunde der Tod notwendig.

Hier am Quai hatte er Dobrowsky entdeckt. Das war ein Glücksfund; es veränderte den Aufenthalt, den er im besten Fall wie eine dürre Wegstrecke hinter sich zu bringen gedacht hatte. Die aufeinander folgenden Kommandos hatten in ihm ein Gefühl erweckt, als ob er in den Keller hinabstiege, obwohl sie eher Auszeichnungen bedeuteten. In Nancy gab es keinen, der nicht gern mit ihm getauscht hätte.

Im Zweiten Büro hatte er sich nicht wohl gefühlt; dort war ungute Luft. Und nicht genug damit — man hatte ihn gleich am ersten Tage in die Statistische Sektion gesteckt, zum Übersetzen von deutschen Schriftstücken, obwohl es dort von Elsässern wimmelte. Das Amt war in der Rue Saint-Dominique gelegen; hinter seinem Namen verbarg sich das Nachrichtenbüro.

Die dort betriebenen Geschäfte waren, wie Etienne sogleich am Klima spürte, mit dem Soldatischen nur am Rand verbunden; sie näherten sich ihrem Wesen und ihrer Technik nach der Polizei. Es fehlte der offene Ton, der unter Soldaten üblich ist. Jeder Jäger wird durch sein Wild geformt. Im Zweiten Büro diente die Uniform mehr als Deckmantel. Die Wachsamkeit war auf den unsichtbaren, listigen Feind gerichtet, den es mit gleichen Mitteln zu bekämpfen galt. Ein unbedingtes Mißtrauen war Pflicht, ein Mißtrauen, das vor keinem Halt machte. Es gab auch der Kameradschaft das Gesicht. Etienne fühlte, daß die verbindlichen Formen hier einen anderen Sinn hatten, daß sie maskierten und daß jedes Gespräch in einer Weise geführt wurde, als ob ein Dritter zugegen sei. Schon nach wenigen Tagen hatte man ihm angedeutet, daß im Generalstab, vielleicht sogar im Hause, ein Wolf im Schafskleid verborgen sei. Mit dem Schafskleid war die Uniform gemeint.

Die Offiziere waren ohne Zweifel intelligenter als die Troupiers. Aber sie waren in einer Zwitterstellung: Kavaliere am Morgen, wenn sie sich zu Pferd im Wäldchen zeigten, doch abends, wenn sie mit blauer Brille in Kirchen oder dunklen Winkeln ihre Agenten trafen, in widrige Händel verstrickt. Sie arbeiteten mit Subjekten, die sie verachteten.

Major du Paty war der einzige, mit dem Etienne einige Male außerhalb des Dienstes zusammen gewesen war. Er hatte ihn angezogen als Geist, der Tradition mit kultivierten Neigungen verband. Doch ließ sich schwer unterscheiden, was echt, was angelesen war. Ob seine Vorfahren auch schon Wendungen wie »Schwert und Altar« gebraucht hatten? Vielleicht, dann aber nicht mit diesem literarischen Elan, dem Pathos der »Libre Parole«. Als leidenschaftlicher Wagnerianer besuchte der Major alljährlich die Bayreuther Festspiele, obwohl nicht gern gesehen wurde, daß Offiziere des Zweiten Büros nach Deutschland einreisten.

Ihre Vorliebe für einander war schon ermattet, als Etienne zur Polizei kommandiert wurde. Die Anregung dazu war vom Kommandanten von Paris gekommen, einem Befehlshaber, der in die römische Verfallszeit gepaßt hätte. Daß das Zweite Büro hin und wieder Polizeiagenten beschäftigte, ergab sich von selbst in Fällen, die sowohl von der Armee wie von der Polizei verfolgt wurden. Nur wenn es unvermeidlich war, griff man zu dieser Unterstützung, da es, wie du Paty meinte, »einen großen Unterschied ausmacht, ob eine konservative oder eine freimaurerische Behörde die Untersuchung führt«. Um dieses Mißtrauen zu vermindern, hielt es der Kommandant für günstig, wenn ein Offizier des Nachrichtenbüros für einige Zeit bei der Polizei Dienst täte.

Der Minister hatte dem zugestimmt, wenngleich aus anderen Erwägungen. Die Pariser Polizei hatte Methoden entwickelt, deren Kenntnis für den Geheimdienst unentbehrlich war. Seit Jahren saß dort Bertillon als Chef des Identifizierungsamtes, ein Kriminalist von europäischem Ruf. Sein Meßverfahren, Verbrecher zu entlarven, war weithin berühmt. Der Befehl wurde in der Rue Saint-Dominique lustlos aufgenommen, aber er mußte befolgt werden. Daß Oberst Sandheer, der dort amtierende Chef, Etienne bestimmte, war eine Form der Sabotage; es bedeutete, daß die Kenntnisse einem Offizier zugute kommen würden, dessen Verwendung im Zweiten Büro befristet war. Immerhin konnte man sich so aus der Affäre ziehen.

Bei der Polizei schickte man Etienne zunächst durch die Abteilungen. Jeder Chef hat den natürlichen Wunsch, Besuchern sein Gebiet ansehnlich zu präsentieren; so hielt es auch Gonod. Im übrigen machte er Etienne keine Vorschriften. So kam es, daß dieser in der »Commission des meurtres«, der Abteilung für Kapitalverbrechen, hängen geblieben war. Das ließ sich insofern rechtfertigen, als bei der Verfolgung eines großen Verbrechens die gesamte Kapazität der Polizei aufgeboten wird. Der eigentliche Grund lag aber in der Freundschaft, die zwischen Etienne und dem Inspektor erwachsen war.

Die Zuneigung auf den ersten Blick war um so merkwürdiger, als die beiden sich nicht nur in den Charakteren stark unterschieden, sondern auch im Äußeren und in den Gewohnheiten. Etienne hatte sich von Kind an in einer Umgebung bewegt, in der man auf den Anzug achtete. Schon im Elternhaus war er in dieser Hinsicht bis ins Detail dressiert worden. Sein Oberst, liberal in Fragen, die die Moral betrafen, überwachte Montur und Haltung als ausgesprochener Pedant. In allen Fluren und Reitbahnen hingen große Spiegel, vor denen man sich wie in den Modesalons in voller Figur begegnete. Das führte im Lauf der Jahre zu einem zweiten Gewissen hinsichtlich der äußeren Erscheinung, als sei man zum Rapport bestellt worden.

Der Inspektor dagegen hatte offensichtlich nie darüber nachgedacht, ob zwischen den Stücken, die man anzieht,

Harmonie bestehen kann. Er trug Anzüge von der Stange, unmögliche Krawatten, Hemden und Kragen, an denen die Laugen der Wäschereien ihre Schärfe erprobt hatten. Das machte ihm nichts aus. Sein Kopf war mit anderen Dingen beschäftigt, wenn er am Morgen in die Kleider fuhr. Die angestrengte Reflexion, die ihn bewegte, verleitete ihn zu der Unsitte, an den Nägeln zu kauen. Sie waren immer auf das kürzeste abgenagt und außerdem vom Saft zahlloser Zigaretten gebeizt.

So gab es ein seltsames Paar, wenn sie im Café de la Régence, dem klassischen Treffpunkt der Schachspieler, sich gegenüber am Tisch saßen. Etienne hatte aus dem Wunsch nach engerer Bekanntschaft diese Partien vorgeschlagen, denen sich Gespräche anschlossen; und es schien, daß auch der Inspektor sich dabei wohl fühlte. Übrigens war er ein guter Spieler, der Meisterstärke hätte gewinnen können, wenn er genügend Zeit dafür gehabt hätte.

Etienne hatte Muße, seinen neuen Freund zu betrachten, wenn dieser, hin und wieder an den Nägeln kauend, über die Züge nachdachte. Man konnte ihn schwer einordnen. Er hatte eines der Gesichter, die seit der Erfindung der Eisenbahnen immer häufiger werden; viele Rassen hinterlassen darin ihre Spuren und werden anonym.

Dobrowsky war in Cahors geboren, und zwar in der Straße, in welcher der alte Gambetta seinen Kramladen geführt hatte. Die Laufbahn hatte er in Marseille als Polizist begonnen; am Alten Hafen hatte er sich die kriminalistischen Sporen verdient. Dort hatte er sich die profunde Kenntnis angeeignet von allem, was die Hefe betrifft. In Paris war er schnell avanciert. Südländisch waren seine Herkunft, die Vorliebe für grelle Farben, der genuesische Geschäftssinn, auch die Mischung von schlechten Manieren und Herzlichkeit. Es traten aber noch andere Elemente hinzu — so eine amoralische, saugend aufnehmende Passivität. Das alles gab ihm die Spannweite. Er konnte ohne Übergang wechseln zwischen der fast hellseherischen Empfindsamkeit eines Mediums und angespannter, zugreifender Tätigkeit. Das machte ihn wie eine große Katze geeignet für die Menschenjagd. Beim Schachspiel trat es gut hervor. »Man muß Schach spielen, indem man auf den Händen sitzt.« Das war bildlich gemeint, denn Dobrowsky pflegte zu rauchen, Kaffee zu trinken und an den Nägeln zu kauen. Dabei verriet das Leidende, Gequälte den entschlußlosen Geist. Etienne hatte weniger den Eindruck eines scharf kombinierenden Gegners als den eines Spielers, vor dessen Augen wie Ziffern auf einem bewegten Bande zahllose Möglichkeiten vorüberziehen. Plötzlich hielt er das Band an und tat einen erstaunlichen Zug. Das war das Gefährliche. Neben der Intelligenz war darin etwas von der Fähigkeit eines Lotteriespielers, der die Treffer errät. Ihr war auch zuzutrauen, daß sie aus Tausenden harmloser Passanten den Schuldigen ergriff.

Dobrowsky war klein gewachsen; er hatte den bräunlichen Teint, an dem der Arzt gewisse Leberleiden erkennt. Sein Schädel war gewaltig und nur von einem dunklen Hauch bedeckt. Es war ein Flaum wie jener der Embryos, der sich bereits im Mutterleib verliert. Dem entsprach die Empfindsamkeit für feinste Eindrücke. Es war merkwürdig, daß ein Mensch, der Wahrnehmung und Urteil wie Seidenfäden zu verweben wußte, so wenig Geschmack hatte. Aber Dobrowsky war keine musische Natur. Er hätte nie den Wert eines Gemäldes beurteilen können, doch hinsichtlich der Echtheit war er kompetent.

Wenn er lange genug das Schachbrett betrachtet hatte, veränderte sich das Plasmatische des Gesichtes auf überraschende Art. Er nahm den Scharfblick eines Greifers an. Etienne hatte den Eindruck, daß dieser Blick, nachdem er lange auf der Fläche eines Brennglases geruht hatte, nun auf den Brennpunkt fiel. Das wiederholte sich im Gespräch. Dort war es ein Schlendern an Dickichten entlang, aus denen hin und wieder ein Vogel aufflog oder ein Wild absprang. Nach solchen Überraschungen wurde Etienne in der Unterhaltung behutsamer. Zugleich fühlte er Neigung und Respekt in sich aufkeimen. Er hatte schon viele Kameraden gehabt, doch noch keinen Freund. Anfangs war er bestürzt, verlegen wie bei einer Liebschaft, die man den Seinen verbergen muß. Das verlor sich mit wachsender Vertraulichkeit.

Nachdem sie einige Male im Café de la Régence gespielt hatten, wo der Inspektor sich nicht recht behaglich fühlte, siedelten sie über in die »Vier Sergeanten von La Rochelle«, ein kleines Lokal, das in der Nähe der Bastille gelegen war. Dobrowsky wohnte nicht weit entfernt. Er liebte dieses Stadtviertel.

Wenn sie zwei Partien beendet und ein wenig getrunken hatten, begleitete Etienne ihn bis an die Haustür, die er niemals durchschritt. Er wußte nicht viel mehr, als daß der Freund verheiratet war. Meist brachte der Inspektor dann Etienne wieder ein Stück zurück. Sie folgten dem alten Trakt, der, mit der Rue Saint-Antoine beginnend, in die westlichen Viertel führt. Zuweilen wählten sie auch eine der Gassen mit den seltsamen Namen und bogen zur Seine ab. Dort gab es die schönsten Gespräche, wenn sich die Lichter im Wasser spiegelten, doch zog der Inspektor die nächtlich belebten Straßen vor. Er hatte einen unstillbaren Hunger nach Gesichtern, nach Gestalten, die vorüberzogen — erschöpft von der Arbeit zurückkehrend oder für das Vergnügen geschmückt.

Auf diesen Gängen durchquerten sie die unterschiedlichen gesellschaftlichen Klimate, die der Äquator der Rue Royale trennt. Es kamen Dirnen und Schlepper, die eine Anknüpfung versuchten, ein Greis, der wie auf seinem letzten Gang dahinschlich, eine Frau, die weinte, ein Herr im Pelz, der sie um Feuer für die Zigarre bat, und junge Leute in allen Stadien der Trunkenheit. Der kaleidoskopische Wechsel der Figuren schien für Dobrowsky etwas Berauschendes zu haben; er pflegte an Stellen zu verweilen, an denen die Menge sich zusammenballte, sich in Engpässen staute oder flüchtige Gruppen bildete. Immer wieder kam es vor, daß er Etienne am Arm berührte und fragte: »Haben Sie den gesehen?« Dann unterhielt er sich mit einem Händler, der unzüchtige Bilder feilbot, mit einem Italiener, der in einem Torgang Maronen röstete, verfolgte die Irrbahn eines Trunkenen.

Es konnte ihm auch einfallen, einen Gang in das der Bastille östlich anliegende Straßengewirr vorzuschlagen, das sich um die Rue de Lappe verzweigt. Er kannte dort die Höfe, die Winkel und Sackgassen, die Tanzböden und die Kneipen, in denen die Zünftigen ihre Pläne bereden und ihre Beute an den Mann bringen.

»Im Schatten der Freiheit wohnen nicht nur die Helden«, hatte er gesagt, als er Etienne dort einführte und sie im Mondschein an der Säule vorbeigingen. »Es gibt kein Wort von ähnlichem Volumen wie das Wort ›Freiheit‹ — es kann die Welt in sich aufnehmen. Ein wahrhaft erregendes Wort.«

Diese Nächte brachten immer neue Bilder, die kaum zusammenhingen, doch sich scharf einprägten. Sie schienen sorgfältig mit grellen Farben auf schwarzen Lack gemalt. Die Art, in der Dobrowsky führte, hatte Anteil an dieser Überwirklichkeit. Er sah die Menschen in ihren Geschäften und Leidenschaften intensiver, als sie sich selbst erfaßten; er sah sie als Liebhaber. Oft schien es Etienne, als hätte er ein Stück von der Schlange gekostet, nach deren Genuß man die Sprache der Tiere versteht. Dobrowsky nahm das Wesen eines Jägers an, der Wild in unmittelbarer Nähe weiß. Er betrat kein Lokal, ohne zuvor die uniformierten Agenten zu verständigen, die hier immer zu zweit gingen. Man wagte sich auf ein Gebiet, in dem der soziale Vertrag nicht anerkannt wurde und wo Vorsicht geboten war. Doch Etienne fühlte sich in der Gesellschaft des Freundes sicher wie in der eines erfahrenen Steigers an der gefährlichen Wand.

Der Kommissar führte ihn zu den großen Bällen, auf denen es immer zu Ausschreitungen kam, doch wo es nur kleine Fische zu fangen gab. Der Apache macht sich sichtbar, sowie ihn die Leidenschaft faßt; er bietet ein großes Ziel. Der Inspektor hatte viele dieser Lebensläufe studiert. Sie glichen Ketten, in denen kurze und lange Glieder abwechseln: Spannen der Freiheit mit Jahren der Haft. Das endete unfehlbar im Kerker, bei einem blutigen Handel oder auf dem Schafott. Er hegte ein Wohlwollen für diese Burschen, die meist gutmütig waren, aber sie stellten ihm keine Aufgaben. »Das sind

Fälle für Delavigne«, pflegte er zu sagen; mit dieser Bemerkung spielte er auf ein Minimum von kriminalistischem Scharfsinn an. Delavigne, ein hagerer Jüngling, war Aspirant in Dobrowskys Büro, und Etienne hatte den Eindruck, daß dieser ihn dort zu seiner Belustigung oder des Kontrasts wegen hielt.

Die reinen Apachen, schon kenntlich an ihrer Kleidung, stellten kaum einen Beitrag zu des Inspektors Lieblingslektüre: den Dossiers, in denen die seit Jahren ungelösten Fälle schlummerten. Die rührte er immer wieder an, verglich sie, suchte die Handschrift eines unbekannten Täters, den Stil der Untat zu ermitteln, die Arbeitsweise, das Arbeitsfeld, den Rhythmus der Zugriffe. Es gab Typen, die nur bei Vollmond etwas anstellten.

»Wie ein Maler, ein Romancier immer wieder auf sein Motiv, sein Thema zurückgreift und wie bereits ein Jugendwerk auf seine Entwicklung schließen läßt, so ist es auch mit den Verbrechern, die sich meist streng an das durch ihren Charakter bestimmte Muster halten, an ihr poncif. Bei einiger Erfahrung kann man, zum Schauplatz eines Einbruchs gerufen, sagen: das war Jacques oder Louis, wie man etwa vor einem Bilde sagen kann: es ist ein Ingres oder ein Cézanne.«

»Das sind kühne Vergleiche. Sie nehmen also an, daß es eine Art von Artistentum, eine Elite unter diesen Leuten gibt?«

Der Inspektor hatte Etiennes Frage bejaht: »Das ist ohne Zweifel der Fall. Und zwar bestimmt sich die Rangordnung nach dem Grade, in dem geistige Waffen zur Anwendung gebracht werden und die grobe Gewalttat erübrigen.«

Er hatte das, wie er es auf seinen Gängen liebte, weitläufig ausgeführt. Den Aristokraten unter den Verbrechern erkannte man seiner Meinung nach daran, daß er sich der Gewalt enthielt, vor allem nicht tötete. Die kombinatorische Kraft konnte hohe Grade gewinnen, sie konnte Zonen erreichen, in denen das Gesetz die Handhaben verliert. Die Theorien über das Verbrechen waren unzureichend, weil sie sich auf die Symptome beschränkten, nämlich auf den Schaden, der in der Gesellschaft entsteht. Es ist aber ein Unterschied zwischen diesem nachweisbaren Schaden und der verbrecherischen Potenz. Diese Potenz ist im Bösen beheimatet; es ist möglich, daß sie nie ihre Höhle verläßt und als Verbrechen sichtbar wird. Doch wie nach Heraklit die verborgene Harmonie größer ist als die sichtbare, so ist auch diese geheime Residenz des Bösen gefährlicher als die Summe aller Untaten, die wir wahrnehmen. Sie erfaßt kein Gericht.

Etienne verwunderte an solchen Ausführungen, daß sie weit über die Bedürfnisse eines Polizisten hinausgingen. Sie erinnerten ihn an seine eigene Lage in der Armee. Andererseits verbreiteten sie ein Behagen und ein Gefühl der Muße, als ob der Inspektor nur als genießender Zuschauer mit diesem Treiben um die Bastille zu tun hätte. So mochte ein Oberförster während der Schonzeit die Tränken und Futterplätze des Wildes begehen. Nach Art der Heger wünschte er nicht, daß dort zuviel Unruhe entstand. »Man muß der Anarchie auch Konzessionen machen; wer alles bestrafen wollte, würde die Sicherheitsventile zustopfen.«

Dobrowsky pflegte Etienne auch diesen oder jenen Klienten vorzustellen, um seine Theorien anschaulich zu bestätigen. Eines Abends, als sie in den »Vier Sergeanten« zwischen den Kleinbürgern saßen, die dort Domino spielten und ihren Wein tranken, machte er ihn auf einen hageren, sorgfältig gekleideten Gast aufmerksam, der allein und nachdenklich vor seinem Glase saß.

»Sie schienen neulich über meinen Vergleich mit Ingres und Cézanne erstaunt. Hier sehen Sie einen Meister in seinem Fach. Wie es Maler oder Bildhauer gibt, die lange an einem Opus arbeiten, das sie dann ausstellen und zu hohem Preis verkaufen, so sinnt dieser Mann, er heißt Leprince, nicht minder sorgfältig über einen großen coup nach, von dessen Erlös er zwei, drei Jahre angenehm zu leben hofft. Er hat mich natürlich schon erkannt. Wenn Sie wollen, setzen wir uns ein wenig zu ihm hin.«

Etienne lernte auf diese Weise einen höflichen Herrn in mittleren Jahren kennen, der mit angenehmer Stimme wohl überlegte Sätze sprach. Offenbar beruhte die Sympathie, die Dobrowsky für ihn hegte, auf Gegenseitigkeit. Den Vergleich mit einem Künstler fand Etienne nicht ganz gelungen; der melancholische und doch beflissene Herr erinnerte ihn eher an einen Techniker oder, besser: an einen Reisenden in technischen Artikeln, wie er ihnen verschiedentlich, und in weit besseren Lokalen als diesem hier, begegnet war. Auch unter ihnen gibt es eine Aristokratie: Männer, die Zeit und Geld haben. Das hängt von den Objekten ab, die sie verkaufen, und die Zuweisung der Objekte wiederum ist abhängig von den Beziehungen. Wer mit Krawatten von Haus zu Haus geht, bleibt immer in den äußersten, mühsamen Ringen des Umschwunges. Der wagt nicht einmal von der Provision zu träumen, wie sie ein anderer nach einem feinen Frühstück für sich buchen darf. Man kann solchen Glückspilzen auf Schiffen oder an der Riviera begegnen, wo sie dann Monate in behaglicher Muße zubringen. Sie sind gebildet, gute Partner beim Gespräch. Das Geschäft ist kein Thema für sie.

Ein ähnliches Leben führte auch Leprince. Der Inspektor kannte seine Gewohnheiten. Er wußte auch, daß Leprince für jeden dieser angenehmen Abschnitte eine neue Freundin zu engagieren pflegte, und zwar hatte er eine Vorliebe für brünette Schauspielerinnen, die weder zu jung noch extravagant sein durften und die nie eine Ahnung von seinem Metier hatten.

Leprince empfing die beiden, melancholisch lächelnd, an seinem Tisch. Dobrowsky erkundigte sich nach seinem Ergehen und nach seinen Absichten.

»Werden Sie wieder einmal eine Ihrer schönen Reisen antreten?«

»Nicht, wie Sie vielleicht meinen, Inspektor ——— das ist vorbei.«

»Das freut mich — wirklich, das höre ich gern. Doch meine Frage war nicht so indiskret, wie Sie vermuten ——— auch ich bin froh, wenn der Dienst einmal hinter mir liegt.«

Sie lächelten beide, wie über eine fable convenue. Dann

sprachen sie über Lissabon. Hier hatte Leprince vor Jahren einen berühmt gewordenen Einbruch verübt. Er konnte nicht umhin, ein wenig geschmeichelt zu lächeln, als der Inspektor Etienne die Einzelheiten schilderte. In einer luxuriösen Nebenstraße der Avenida da Liberdade lagen zwei Juweliergeschäfte, deren Besitzer sich durch das neuartige Mittel heller, die ganze Nacht währender Beleuchtung sicherten. Außerdem waren nicht nur die Schaufenster vergittert, sondern es wurde auch der Schmuck aus ihnen entfernt und über Nacht in einen Panzerschrank geschlossen, der gleichfalls auf das hellste beleuchtet war. Zum Überfluß ging zwischen den beiden Läden ein Wächter auf und ab. Trotzdem war es Leprince gelungen, einen dieser Tresore zu öffnen, wobei ihm nicht nur ein Stock gefaßter und ungefaßter Steine, sondern auch ein erheblicher Betrag an Banknoten in die Hände gefallen war.

Dazu hatte er sich während der kurzen Pausen, in denen der Wächter entfernt war, Abdrücke der Schlösser verschafft. Sodann hatte er mit Hilfe der Nachschlüssel einen kurzen Einbruch verübt, der nur dazu gedient hatte, den Tresor zu photographieren und zu vermessen — das mußte innerhalb von sieben Minuten geschehen. Das Lichtbild wäre vielleicht auch durch die Scheiben gelungen, doch nicht so exakt.

Die so gewonnenen Unterlagen hatte Leprince benutzt, um eine Art von Ofenschirm oder Paravent zu fertigen, dessen Stirnwand das vergrößerte Abbild des Panzerschrankes trug. Bei seinem letzten und eigentlichen Einbruch hatte er den Schirm, der ihn bei seiner Arbeit deckte, vor den Schrank gestellt. Er täuschte den Wächter, der draußen patrouillierte, wie der gemalte Vorhang des Apelles die Kenner getäuscht hatte. Innerhalb von zwei Stunden hatte Leprince den Schrank geöffnet und geleert. Dann verließ er mit dem Raub den Laden und vergaß nicht, wieder abzuschließen, wie es sich gehört.

Dobrowsky schloß daran eine Bemerkung über den Scharfsinn an. Er sei in seinen höheren Graden weniger daran zu erkennen, daß er die Hindernisse überwinde, als daß er sie dienstbar mache und in seine Pläne einstufe. Er segele mit jedem Wind. So sei hier der Umstand des außerordentlich hellen Lichtes genutzt worden — einmal für die Momentaufnahme und dann zur Verblendung der Schweißarbeit.

»Die Sache kam dennoch zur Verhandlung, wenngleich nach Jahren — der Verkauf der Preziosen war hier der schwache Punkt. Selbst bei perfekter Arbeit lassen sich nicht alle Haken vermeiden — oder sind Sie anderer Ansicht, Leprince?«

»Theoretisch wohl.«

Er hatte das nach einigem Zögern gesagt. Der Inspektor betrachtete ihn wohlwollend, als ob er ein erwartetes Stichwort gehört hätte.

»Nicht wahr? In der Theorie gelingen die schönsten Pläne, und deshalb sollten sie auch dort bleiben. In der Praxis kommt der blöde Zufall hinzu. Wenn jeder wüßte, daß dieser Zufall ein Gesetz verkleidet, so wären die Gefängnisse nicht überfüllt.«

Er wandte sich an Etienne: »Ich habe Sie ja in unsere Mysterien einzuweisen, lieber Freund. Und auch Leprince kann es nichts schaden, wenn er zuhört, denn ich habe über dieses Thema nachgedacht. Um den Zufall auszuschließen, muß die Spur gelöscht werden, denn jede Tat schafft eine Spur, an die sich der Zufall haften kann. Jedes Bestreben aber, die Spur zu verwischen, setzt neue Spuren an. Das können Sie als Gesetz nehmen. Ähnlich ist es mit den Lügen: um sie zu stützen, muß man immer neue Lügen aufbieten. Daher ist auch nichts leichter zu erschüttern als ein erfundenes Alibi.«

»Das würde bedeuten, daß Sie einen Täter um so sicherer fassen, je sorgfältiger er alles vorbereitet hat.«

»Richtig. Die Intelligenz legt sich ihre eigenen Fallstricke. Wer nach den Regeln der Kunst vorgeht, stellt ein lösbares Problem. Der Mann im Walde, der den Nächstbesten niederschlägt und ausraubt, ist schwerer auszumachen als der gerissenste Scheckfälscher. Der muß ununterbrochen Spuren absondern, selbst als Autogramm. Wir haben daher in der

Kriminalistik den eigentümlichen Fall, daß uns der Dilettant oft härtere Nüsse aufgibt als der Mann vom Fach. Das zeigen auch meine unerledigten Dossiers.«

Er dachte dabei an die »Goldene Glocke«. Leprince hatte ihm aufmerksam zugehört.

»Inspektor, Sie sind ein gefährlicher Mensch.«

Dobrowsky lachte: »Das hat mir schon mancher gesagt.«

Etienne war aufgefallen, daß er die Worte »Verbrechen« und »Verbrecher« in Anwesenheit von Leprince vermied. Er sagte:

»Sie sollten über diese Dinge ein Buch schreiben, einen Leitfaden.«

Dobrowsky hob abwehrend die Hand: »Ich habe Besseres zu tun. Aber Sie haben recht, derartiges fehlt. In unserem Berufe überwiegen die Praktiker, meist rüde Geister wie beim Militär, wenn Sie mir die Bemerkung nicht verübeln, Capitaine. Unter hundert Generalen, die leidlich eine Schlacht gewinnen, findet sich kaum einer, der Ihnen die Prinzipien erklärt.«

Er fügte hinzu: »Ein solcher Leitfaden müßte von den einfachsten Daten ausgehen: Zeit, Raum, Kausalität. Der Täter hat die Wahl der Stunde und des Ortes; vor allem hat er die Freiheit, zu entscheiden, ob die Tat stattfinden soll oder nicht.«

Dann zu Leprince, indem er fortfuhr: »Das ist es, was ich Freiheit nenne, Freiheit im vollen, schöpferischen Sinn, zu dem wir Polizisten niemals vordringen. Freilich gilt das nur für die Tat. Sowie sie geschehen ist, verändert sich das Bild. Der Täter wird zum Unfreien, und die Verfolger haben nun Zeit, Raum und Tatsachen im Überfluß. Auch sind sie zahlreich — viele Hunde sind des Hasen Tod.«

Er rollte mit seinen gebeizten Fingern eine neue Zigarette und begann mit sichtlichem Genuß zu rauchen, nachdem er sie gedrückt und geklopft hatte.

»Sehen Sie, Leprince, Sie hatten sieben Minuten Zeit, als Sie die Photographie in das Metier einführten. Mein Kollege Vatel brauchte sieben Jahre, ehe er eines der Schmuckstücke, die damals abhanden gekommen waren, ermittelte. Dabei hat er sich kaum aus seinem Büro entfernt. Er ist bequem und phantasielos, aber er verfügt über einen bleiernen Hintern und ein genaues Verzeichnis aller Juwelen, die gesucht werden. Sie glauben nicht, wie primitiv man bei uns arbeitet.«

Er unterbrach sich und fragte: »Es handelte sich doch um zwei boutons von ungewöhnlicher Form?«

»Ich kann mich nicht entsinnen. Das sind Jugendstreiche, die man vergißt.«

»Ja, ich verstehe. Übrigens sollen Perlen jetzt stark in Mode sein?«

»Perlen und auch Smaragde, doch der Vorrang der Diamanten bleibt unerschütterlich.«

»Es heißt aber, daß das Angebot wächst.«

»Das bleibt ohne Bedeutung, solange der Reichtum zunimmt, und es gilt auch nicht für Solitäre, die immer ihren Preis halten. Ihr Wert steigt mit der Rente und nimmt kaum mit ihr ab. Doch jetzt muß ich mich leider verabschieden.«

Er entfernte sich, nachdem der Kellner ihm Hut, Mantel und Schirm gereicht und Dobrowsky ihm die Hand gegeben hatte, mit höflichen Gruß.

(Wird fortgesetzt)

HERBST AUF SARDINIEN

Infolge eines bedauerlichen Versehens, das freundlichst zu entschuldigen wir die Leser bitten, ist der folgende Text nicht an seine Stelle gerückt worden. Er gehört in den Band XII vor S. 269 als erster Teil des Essays »Sardische Heimat«. Den zweiten bildet dann »Ein Gang durch das Museum von Cagliari«.

ERSTDRUCK 1965
in: »Grenzgänge«. Olten. Privatdruck

Der Herbst ist am Mittelmeer eine schöne Zeit. Vor allem der September bringt eine Folge von goldenen Tagen, die oft bis tief in den Oktober, bis zu den ersten Regengüssen, andauern. Die Wärme ist nicht mehr ermattend wie im Hochsommer, doch hat die Sonne noch gute, strahlende Kraft. Das Meer wird mit jedem Tage erfrischender. In den Nächten genügt noch ein Leintuch als Decke, aber der Schlaf wird ruhiger als im August, da zuweilen selbst der Südländer nach Luft ringt, besonders wenn der sengende Wind von der afrikanischen Küste weht. Wenn man des Abends ein Feuer entzündet, sei es aus Reb- oder Mandelbaumzweigen, sei es aus dem duftenden Holz des Erdbeerbaumes, mit dem die Backöfen geheizt werden, so geschieht das mehr der Geselligkeit wegen, als daß danach ein Bedürfnis bestünde: es plaudert sich gut am Kamin.

Wie überall in unseren Breiten sind Lese und Ernte in vollem Gange; die Jagd geht auf. Das Meer spendet seinen Überfluß wie zu jeder anderen Zeit. Das kommt der Küche zugut. Es ist aber nicht nur der Überfluß der Feld- und Meeresfrüchte, welcher der mediterranen Küche ihren Reiz verleiht. Man merkt auch hier, daß die Sonne kräftiger strahlt, daß sie die Säfte stärker einkocht und mit einem farbigen Geschmack begabt. Dazu kommt die Vorliebe für das starke, lebhafte Gewürz. Sie erstreckt sich auch auf die Weine — nicht nur dort, wo sie wie an den Küsten des östlichen Mittelmeers geharzt, sondern auch dort, wo sie wie in Sizilien und Sardinien mit Fenchel und anderen Kräutern gebeizt werden. Die Sitte reicht in eine graue Vergangenheit zurück. Sie wäre nicht auf die erlesenen Weine anzuwenden, die man am Rhein und an der Rhône zieht. Dafür weiß man im Süden bis zum Hirten und bis zum Contadino, welche Ansprüche an den Tischwein zu stellen sind. Er gehört zum täglichen Brot, und man fährt von der Lombardei bis nach Kalabrien durch das Land wie durch einen Weingarten. Seit altersher besteht ein unbefangenes, natürliches Verhältnis zum Wein und seiner Kraft.

Ähnliches läßt sich der italienischen Küche überhaupt nachrühmen. In ihr herrscht ein Sinn für die natürliche Zurichtung. Sie verfährt ungekünstelt und läßt die Grundstoffe schmecken, ohne sie zu verhüllen, vor allem das Öl und das Mehl, denen sie große Sorgfalt zuwendet. Der Fremde gewöhnt sich bald an die guten, kräftigen Gerichte, die mit der Sonne, dem Meer, dem Duft der Macchia übereinstimmen, mit der Palette, die das Klima ausbreitet. Nach der Rückkehr in den Norden vermißt er sie noch eine Weile; er hat den Eindruck, daß dem Gaumen, wie überhaupt dem Reich der Sinne, eine farblosere Kost geboten wird.

Leider ist der seit alten Zeiten berühmte Markt von Cagliari verschwunden; er zeigte in gedrängter Fülle, was die Insel zu bieten hat. Sein Leben war schon von weitem zu hören wie das Summen eines großen Bienenstockes, wenn man die Via Roma hinaufschritt, die vom Meer zur befestigten Oberstadt führt. Nun mußte er einem der Bankpaläste weichen, und sein reicher Zustrom hat sich in die verschiedenen Viertel verzweigt. Einen dieser Tochtermärkte durchquert man, wenn man die Via Roma verlassen hat, um zum Elefantenturm emporzusteigen, doch gibt er nur eine Ahnung der alten Pracht. Zu ihr vereinten sich wie in einem Becken die drei großen Quellen des natürlichen Reichtums: aus dem üppigen Schwemmland, dem Gebirge und dem Meer.

Die Hauptstadt Sardiniens ist in das Fruchtland einer heißen Tiefebene eingebettet: den Campidano di Cagliari. Man überblickt ihn bis zu den Küsten und den fernen Bergen, wenn man auf der Plattform des Elefantenturms steht. Nahe der Küste wird die Fläche gegittert von schwelenden Salzgärten; sie zittert im glasigen Licht.

Hier löst seit römischen und vorrömischen Zeiten eine Ernte die andere ab. Die Beete sind reich bestellt und tragen auch im Schatten der Mandelbäume Frucht: Puffbohnen und grüne Erbsen im frühen Jahre, in dem bei uns oft noch der Schnee die Felder deckt. Opuntienhecken schirmen den Anbau gegen den kalten wie gegen den heißen Wind. Der Campidano zählt, wie die Goldene Muschel von Palermo oder das Land der roten Arbeitserde bei Neapel, zu den fruchtbaren Buchten und Küstenstreifen, wo wir den Menschen seit den ersten Zeiten vermuten dürfen, in denen er Ackerbau trieb. Schon Hesiod und Homer kannten sie als altbesiedeltes Land, und Hesiod rühmt ihre Fruchtbarkeit, ebenso der ältere Cato, der übrigens zu Beginn des zweiten vorchristlichen Jahrhunderts Statthalter in Sardinien war. Damals befand sich die Insel erst seit kurzem in römischer Hand. Die Wirtschaft war einfacher, die Zahl der angebauten Gewächse geringer als heut. Unter ihnen fehlten auch solche, die für uns zum Charakter der Landschaft zählen, wie die Opuntie, zwischen deren mächtigen graugrünen Hecken sich der Wanderer oft für Stunden gefangen sieht. Sie kam mit der Agave, dem Mais, dem Tabak, der Kartoffel, der Tomate erst nach der Entdeckung Amerikas. Andere folgten der Befahrung des Seeweges nach Ostindien, und wiederum andere, wie die Kirsche, sind schon von den späteren Römern aus Kleinasien gebracht worden. Uns fällt es schwer, zu glauben, daß die Aloe und all die Zitrusarten, die als »Agrumen« gezogen werden, nicht seit jeher den Süden geziert, nicht immer in der Vereinzelung das Profil der Klippen betont oder in ihrer Masse die fruchtbare Ebene begrünt haben. Dennoch gehören sie zum flüchtigen Schmuck der Erde und wirken an einem ihrer Kleider, wie sie deren schon viele getragen hat und viele noch tragen wird. Sie fliehen dahin wie Mignons Lied, das sie besingt.

In Stunden, in denen wir dieses Wandels innewerden, fragen wir uns, was denn am schönen Bilde unsrer Erde bestehen mag. Wo tausend Jahre wie ein Tag sind, welken nicht nur die Bäume, nicht nur die Wälder wie Gras dahin. Es schwindet auch ihre Eigenart. Inseln versinken, und andere tauchen auf.

Der ältere Cato, der den Begriff des Erzkonservativen verkörpert, kannte nicht die Zitrone, die die Araber, und nicht die Apfelsine, die die Portugiesen einführten. Er kannte auch noch nicht die Kirsche, die hundert Jahre nach ihm Lucullus mitbrachte. Cato rühmte die süße Eichel, die Zwiebel, den Knoblauch, die grobe Bohne: die einfachen und kräftigen Gerichte, die schon den Vorvätern geschmeckt hatten. Er mochte wohl annehmen, daß mit dem Menschen zugleich das ihm Zukommende dem Boden entsprossen sei und jede Neuerung vom Rechten, vom Sinn der Erde abweiche. Aber auch das Alte war einmal neu, und das Neue wird einmal alt werden. Es muß etwas anderes sein, das uns bewegt, die Dinge ihres Alters wegen zu verehren, etwas anderes als zeitliche Hortung, als Lebenshumus und angereicherte Substanz. Das ist schon daraus zu schließen, daß die Gegenstände der Verehrung wechseln, während die Verehrung bleibt. Die Treue wohnt im Herzen, nicht in der Welt.

Die alten Dinge fallen in den Spiegel des »semper idem«, der Identität. Dort gibt es Sicherheit. Doch diese Identität kann immer nur im Spiegel, kann nur im Gleichnis geschaut werden. Sie wohnt nicht in der Zeit. Wir werden nicht müde, sie zu suchen, wie oft wir auch durch die Erfahrung enttäuscht werden. Das Große ist unsere Zuversicht.

Beginnen wir beim Anblick der alten Dinge an der Identität zu zweifeln, so liegt der Gedanke nahe, sie im Augenblick zu suchen, in der Sekunde und ihrer Lust. Aus ihr errichtet sich der phantasmagorische Palast der Zeit. Durch ihre Kapillaren sickern die Jahrtausende. In unserem Leben suchen wir bald diese, bald jene Perspektive auf. Wir bleiben immer in den Vorhöfen.

In einer fremden Stadt zieht es mich zunächst zu den Märkten, dann zu den Friedhöfen. Oft liegen beide nah beisammen; das gilt besonders für die Gottesäcker auf alt geweihtem Grund. Es ist kein Zufall, daß es in so vielen Städten eine Marktkirche gibt. Der Marktfriedhof gehörte dazu.

Gräber umringen San Saturnino, die älteste Kirche von

Cagliari, ein byzantinisches Juwel. Gräber sind in die von den Pisanern erbaute Kathedrale eingesenkt. Auf Marmortafeln entziffert das Auge im Halbdunkel unter Krummstäben und Kardinalshüten die Namen verschollener Bischöfe. Marmorhäupter ruhen auf marmornen Kopfkissen.

Der Vorplatz ist mit buntem Granit getäfelt; jedesmal, wenn ich die Platten beschreite, denke ich an meinen Gastfreund Valentino, der sie mit seinem Bruder Mario vor fünfzig Jahren behauen und aneinandergefügt hat. Beide sind sehr erfahren in der Behandlung des Granits, den sie bis in die Faser kennen; sie haben nicht nur als Werkleute und Meister, sondern auch als Künstler an ihm gearbeitet. Mittags schliefen sie in der Sonne wie Katzen auf dem Stein. Wenn der Erzbischof um diese Stunde die Kirche verließ, streckte er die Segenshand über sie aus.

In den Kirchen ruht es sich gut nach den Gängen durch die lärmenden Märkte, durch die stickigen Quartiere der Stadt. Tritt man aus ihrem Schatten in den südlichen Mittag zurück, so ist es, als würde ein rotes Tuch mit jäher Bewegung ausgeworfen, wie geschickte Händler es tun. Zwei Zeiten, zwei Fahrzeuge. Ein Schritt führt aus der Ruhe der Jahrhunderte in den Wirbel des Augenblicks und seine Lust.

Die südliche Sonne bringt zwei entgegengesetzte Wirkungen hervor, indem sie den Gemüsen einen zarteren, den Kräutern einen kräftigeren Geschmack verleiht. Der Unterschied rührt daher, daß die einen im gut bestellten Boden nicht Zeit finden, die Fasern auszubilden, während die anderen an heißen Hängen und Mauern die Säfte eindicken. Sie stammen aus der Macchia oder werden noch dort gefunden, wie etwa der Rosmarin, der baumartig gedeiht. Er wächst in Gesellschaft von anderen stark duftenden Pflanzen wie des Ysop, der Raute, des Lavendels, des Thymians.

Der Fenchel ist hier wie dort zu Hause; er wird als Gemüse in den Gärten gezogen und als Würzkraut in den Bergen gesucht. Sein Grün zerfiedert sich zu zarten Schleiern, in die das Wasser durch Kapillaren steigt. Es wirkt ungemein erfrischend, besonders in der Frühe, wenn die Sinne noch empfänglich sind. Die Luft ist reiner, durchsichtiger als am Mittag; wenn wir vor den Toren wandern, scheinen die waldlosen Berge nahe herangerückt. Wir begegnen Hirten, die zu Fuß oder zu Pferde den Herden folgen, und zweirädrigen Karren, die, von rotbraunen Ochsen im Joch gezogen, zum Markt fahren. Sie sind hoch mit Gemüsen beladen; Schichten von Zwiebeln, Lauch und Fenchel sind auf schmaler Fläche getürmt. Das Weiß der Knollen scheint getrübt; es wird durch ein Geflecht hauchfeiner Würzelchen gedämpft. Bei jedem Schritt der Tiere bewegt sich wiegend die grüne Last. Inmitten des auf rote, gelbe und violette Töne gestimmten Landes erquickt der Anblick die Augen wie ein Krug kühlen Wassers den Dürstenden.

Einzeln oder in kleinen Gruppen kommen Mädchen und Frauen aus den Fruchtgärten. Sie tragen, ohne sie mit der Hand zu halten, breite geflochtene Körbe auf dem Kopf. Wenn sie dem Wanderer begegnen, setzen sie die Last zu Boden und laden mit einer Handbewegung zu den Früchten ein: den blauen, weißen und rötlichen Trauben, den reifen Feigen, den grünen Mandeln, die man mit einem Stein aufklopfen muß.

An dieser Spendung erstaunte mich in den ersten Jahren besonders der Umstand, daß dieselben Frauen, alte oder junge, wenn ich ihnen sonst begegnete, in keiner Weise von mir Notiz nahmen. Sie gingen auf orientalische Art vorüber, als ob sie den Schleier vorm Gesicht trügen. Doch wenn sie mit den Früchten kamen, veränderten sie sich auf wunderbare Art.

Valentino hat mehrere Gärten, den Gemüsegarten am Friedhof mit Wasserrad und Brunnen, den Weingarten an der Straße nach Castiadas, den kleinen Fruchtgarten, der an die Lagune des Rio Campus grenzt. Dieser ist mir der liebste — wie oft kam ich an ihm vorüber, wenn mich am Vormittag die Sonne durchglüht hatte. Kaum fand ich den Eingang, denn die zerfallene Mauer ist unter Brombeergesträuch verborgen, das die Opuntien durchflicht. Dann aber war es wie im Garten Eden, still, friedlich, unberührt. Was hier in Fülle reifte, schien kaum Arbeit zu fordern; die Reben zogen sich wie Unkraut durch das hohe Gras. Doch wenn man sie aufhob, waren sie von Früchten schwer. Da wuchs vor allem eine helle mit dünner Schale, die sich im Laub verbarg. Ebenso gab es Feigenbäume mit besonders guten Sorten; man mußte warten, bis die Fruchthaut gesprungen war. Nicht einfach war ein Pflaumenbäumchen wiederzufinden; es war klein und verwachsen, auch trug es nicht in jedem Herbst. Valentino hatte es mir gezeigt. Die Frucht war schmal und länglich wie eine übergroße Olive, goldgelb und von einer Süße, wie jemals auf einer Tafel, sei es im Norden oder Süden, sie gekostet zu haben ich mich nicht entsann. In manchen Jahren gab es dort auch Brombeeren. Meist aber war es so heiß, daß sie vor der Reife vertrockneten.

Nach langen Meer- und Sonnenbädern war dieser Garten die Oase vor dem staubigen Rückweg zur Stadt. Die Vögel flogen an und ab. Besonders eine blaue Amsel ist mir noch in Erinnerung und auch die grün und schwarz gescheckten Eidechsen, die sich auf dem Stein sonnten. Das waren Mittagsstunden, die viel Trübes aufwogen. Die Alte Mutter war im Festkleid, trat etwas näher und heimlicher heran.

Auch hier an den Rändern werden die Reiter immer seltener. Selbst Valentino hat sein Pferdchen abgeschafft, ohne das er vor kurzem noch kaum zu denken war.

Obwohl schon über sechzig und Invalide des Ersten Weltkriegs — Gewehrschuß in Mazedonien — rückte Valentino beritten zu Beginn des Zweiten als Freiwilliger ein. Er zog drei Jahre lang, halb marodierend, im Land umher und besorgte Proviant für eine Offiziersmesse. Wenn es ihm paßte, ging er auf Urlaub, um zu jagen; er läßt keine Gelegenheit dazu aus. Selbst als er vor 1914 in Assuan am Staudamm arbeitete, kam er allherbstlich herüber, wenn die Jagd aufging. Er verdiente damals ein Goldpfund am Tag; damit konnte er in Sardinien als großer Herr leben. Wie man sich »debrouilliert«, schnell und gewandt eine Lage erfaßt, um mit List und, wenn es sein muß, auch mutig, ihr die beste Seite abzugewinnen — das kann man von ihm lernen.

So, lässig im Sattel, die Flinte auf dem Rücken, von zwei, drei Hunden umspielt, sah ich ihn oft kommen, wenn wir uns am Strande zum Fischen verabredet hatten oder in der Macchia zur Jagd. Jeden Winkel hier kennend und weithin gekannt, bot er noch das Bild des Sarden aus der guten alten Zeit.

Heut stehen immer zwei, drei Autos im cortile, die den Söhnen gehören; der Schwiegersohn hat einen kleinen Lastwagen, die Töchter haben fahren gelernt. Innerhalb der zehn Jahre, während deren ich hier entweder im Frühling oder im Herbst jeweils einige Wochen verbracht habe, erlitt der Ort eine Veränderung, die bei uns ein Jahrhundert in Anspruch genommen hat. Daß die Technik Weltsprache ist, erweist sich, mehr noch als durch ihre Ausbreitung, durch die Geschwindigkeit, mit der sie erlernt werden kann.

Eins der wiederkehrenden Bilder ist das des verlorenen Paradieses: wir finden die heimische Stätte verwüstet, den Garten zerstört. Hier hat ein reicher Mann das Strandstück ummauert, an dem wir gebadet haben; an einem anderen unserer Lieblingsplätze steht jetzt ein Luxushotel. Um es mit Wasser und Strom zu versorgen, hat man das Flüßchen gestaut, dessen Bett nun vertrocknet ist. Damit fehlen Weide und Tränke für die Herden; die Hirten, an deren Feuer wir saßen, sind unten Kellner und Fahrer geworden oder gehen in die Fremde als Arbeiter. Obwohl viel weniger heiter, scheinen sie sich doch wohler zu fühlen, denn sie teilen nicht unser Heimweh nach den Zeiten, in denen das elektrische Licht fehlte.

Wenn in den ersten Septembertagen die Jagd aufgeht, durchstreifen nicht nur die Sarden, sondern auch Scharen von Kontinentalen das Revier. Die landenden Schiffe sind mit Jägern und Hunden überfüllt. Die Insel gilt seit altersher als wildreich und ist es noch heute in den Gebirgen und den geschützten Wäldern, in denen man den Hirsch, den Steinbock und das Mufflon trifft. Im bestellten Land ist das Wildschwein das einzige größere Tier, das zuweilen erlegt wird, wenn es sich in den Äckern und Weinbergen gütlich tut. Häufig ist das wilde Kaninchen, und man begegnet Jägern, deren Leibgurt rundum mit dieser im Fell schlotternden Beute behangen ist.

Die Hauptjagd gilt dem Flugwild, und wenn man es in der Macchia und den Mandelhainen oder an den Hecken und den Schilfgürteln rings um die Wasserstellen knallen hört, kann man wetten, daß auf Vögel geschossen wird. Begehrt ist vor allem das Felsenhuhn, das als Standwild europäischen Boden nur bei Gibraltar und auf Sardinien besetzt. Man sieht es beim Durchstreifen der heißen Hänge zu zweit oder dritt aufschwirren und nach kurzem, niedrigem Flug in Deckung gehen. Es muß daher mit Hunden gejagt werden. Der Vogel ist schwerer und bunter als unser Rebhuhn, auch wohlschmeckender. Er trägt einen roten Kragen, den ein Kollier von weißen Flecken säumt. Valentinos Hausfrau begrüßt ihn in ihrer Küche und kündet ihn an, bevor wir zum Strand gehen. Sie pflegt ihn zu halbieren, um die eine Hälfte am Spieß zu rösten, während die andere mit Rosmarin und Wacholder gedünstet wird. Zum Nachtisch gibt es dann Feigen, die aufgeschnitten und während des Vormittags in der Sonne getrocknet worden sind. Nachdem wir sie mit einer Mandel gespickt haben, schließen wir die Frucht wie eine Muschel wieder zu.

Wie überall auf den Inseln und Halbinseln des südlichen Europa, wimmelt es auch auf Sardinien im Herbst von ziehenden Wachteln, die dort entweder als Wintergäste bleiben oder die Reise nach Nordafrika fortsetzen. Im September erscheint die »Quaglia« auf den Speisekarten mit einer Ausdauer, die darauf schließen läßt, daß sie in Massen im Garn gefangen wird. Zuweilen sieht man sie auch, als Zier- und Singvogel gehalten, vor den Häusern in Käfigen.

Zu erwähnen sind noch einige Arten von Wildtauben, die als schnelle und scheue Flieger selten erlegt werden. Zu ihnen gehört die Felsentaube, ein Vogel, der die Grotten und Höhlen mariner Steilufer liebt. Sie nistet dort an unzugänglichen Plätzen, und ich verfolgte oft ihren pfeilschnellen Flug vom Boot oder vom oberen Rand der Klippe aus. Wenn man die felsigen Ufer umfährt, schwebt sie wie ein Geistervogel aus den Klüften heraus. Graue, blaue und rosige Töne verbinden sich auf die zarteste Art in ihrem Gefieder, das an der Halskrause, als ob es zu glühen begänne, bunt aufschillert.

Diese Montur und ihr Verhalten an der Steilwand begründen die Vermutung, daß die Felsentaube die Stammutter unserer Haustaube sei. Wenn diese halbverwildert in großen Schwärmen die Städte bevölkert, stellt sich aus ihren Rassen der Habitus der Urform wieder her.

Die Taube gilt als eines der Paradebeispiele für die Variabilität. Von solchen Wesen könnte man sagen, daß sie die Nähte am Schöpfungskleid besetzen; das macht sie besonders anziehend. Es gab zu allen Zeiten Taubennarren, wie es Tulpen- und andere Narren gegeben hat. Sie folgen einer Leidenschaft, die sich auf Wesen richtet, an denen die Natur ihre musterbildende Kraft zu erproben scheint. Ihre Verschwendung läßt auch den Menschen Maß und Sparsamkeit vergessen; das ist eine Verführung, der schon mancher Sammler erlegen ist.

Bei der Taube kommt noch ein anderes hinzu: die unmittelbare Neigung, zu der das Tier herausfordert. Der Mensch hat ihm daher auch in seinen Fabeln, Sprichwörtern und Gleichnissen viel Tugenden verliehen. Diese Ausstattung hält der Beobachtung nicht stand. Dennoch ist höhere Wahrheit in ihr verborgen, insofern als dem Liebhaber warm ums Herz wird, wenn er sich in den Anblick und in die Spiele seiner Lieblinge vertieft. Das zu gewähren, vermag die Taube auf besondere Weise; sie macht wie ein Juwel nicht nur den Reichtum sichtbar, sondern auch den Eros, der sich als Grundmacht in der Welt verbirgt. Überall, wo wir ein solches Fenster finden, wo wir eine der zahllosen Facetten liebevoll betrachten, wird das Universum auf diese Weise antworten.

Nachworte

AUF EIGENEN SPUREN

ANLÄSSLICH DER ERSTEN GESAMTAUSGABE

ERSTDRUCK 1965

Oft habe ich mich gefragt, was die Unzufriedenheit mit den eigenen Texten bedeuten mag und mit ihr der ameisenhafte Trieb, am beschriebenen und bedruckten Papier herumzuminieren, sobald es mir wieder vor Augen kommt: das Gefühl, daß die Deckung der Aussage mit dem Gemeinten nicht genügt und daß der Satz besser, schlichter und treffender formuliert werden kann. Der Aufwand an Zeit, wahrscheinlich sogar an verlorener Zeit, ist zum mindesten wert, daß man sich Gedanken darüber macht.

Gewiß ist da einmal das Bedürfnis nach handwerklicher Sorgfalt und Sauberkeit. Wenn in die Werkstatt des Schreiners ein Schrank, eine Truhe zurückkehren, die er in seiner Jugend baute, so wird er außer den Spuren, die Zeit und Nutzung hinterließen, auch Mängel finden, die auf Maß und Anlage beruhen.

Die Sprache ist wie das Holz ein Stoff, an dem die Arbeit lohnt; sie wird zum Spiel an ihm. Das Auge, das dem Text folgt, gleicht der Hand, die über eine gefügte Fläche gleitet: hier hemmt ein Sprung und dort ein kleiner Widerstand. Doch zeugt bereits die Wahrnehmung für einst geglückte Mühe; der Splitter stört nur am gehobelten Brett.

Das Wort muß treffen wie eine Klinge, die gut geschliffen ist. Wenn wir nach Jahren die Schneide prüfen, indem wir sie bei geschlossenen Augen mit dem Finger streifen, bezeugt die Schärfe ihre Güte — nicht sie gefährdet, wohl aber die Scharte: hier versagte der Stahl am Stoff, den er durchschnitt.

Eine solche Arbeit, bei der die Zeit im Fluge verstreicht, setzt ein Mehr voraus, einen der großen organischen Bestände, die, wie die alten Wälder, immer seltener werden und zu denen die Sprache gehört. Sie ist ererbter Reichtum, ist ein Palast, den zu durchwandern ein Leben nicht genügt. In ihm zu dienen: das zählt zu den Mühen, die nicht ermüden, zu den Dingen, die man noch ernst nehmen kann.

Den bildenden Künstler pflegen Skrupel, ob der Wurf geglückt sei, lebhafter zu beunruhigen. Das beruht darauf, daß er stärker im Raum als in der Zeit schafft; er komponiert im Nebeneinander, während der Vortrag im Nacheinander geschieht: ein Wort folgt dem anderen.

Das Bild steht seiner Natur nach im Licht und ist prima vista zu beurteilen. In der Geschichte, dem Roman, dem philosophischen System, in jeder Darstellung, der die Sprache als tragendes Mittel dient, kann es gelungene Stellen geben, Oasen, die für den Anmarsch durch trockene Passagen reichlich entschädigen.

Raphael Mengs, ein strenger Arbeiter, der sich, wie viele gute Maler, auch mit der Theorie seiner Kunst beschäftigte, hat offenbar darüber nachgedacht. In seiner Charakteristik dieses Meisters erwähnt Casanova ein Gespräch, das er mit ihm im Jahre 1768 zu Madrid führte, und zwar über eine Magdalena, an der die Arbeit kein Ende nahm. Mengs sagt darin unter anderem:

»Neunundneunzig von hundert Kennern könnten das Bild für vollendet halten; mir aber liegt am Urteil des hundertsten, und mit seinen Augen betrachte ich das Bild. Sie müssen wissen, es gibt auf der Welt überhaupt nur relativ fertige Bilder, und auch diese Magdalena wird erst fertig sein, wenn ich aufhöre, an ihr zu arbeiten, und auch dann nur relativ vollendet, denn sicherlich würde sie noch vollendeter sein, wenn ich einen Tag länger daran arbeitete. Wissen Sie, daß in Ihrem ganzen Petrarca nicht ein einziges Sonett wirklich vollendet ist? Nichts auf dieser Welt ist vollkommen, es sei denn eine mathematische Konstruktion.«

Vorzüglich, bis auf die Verschmelzung von Vollkommenheit und Perfektion im letzten Satz, in dem sich der Übergang vom barocken zum klassizistischen Geist ankündigt und mit ihm das Vordringen berechenbarer, erlernbarer Elemente in die Poesie und die bildende Kunst.

Erst aus dieser Verwechslung erklärt sich die wachsende Fron, die das mathematische Denken dem Leben aufzwingt und in dem nicht nur die Formel das Wort ersetzt, sondern auch das Wort selbst zur Formel zu werden droht. Hier allerdings kann, zwar nicht Vollkommenheit, doch Perfektion erreicht werden. Daher geht es in der berechenbaren Welt ebenso offensichtlich voran wie in der musischen zurück. Das läßt, ohne daß damit ein Werturteil gefällt werden soll, eine Anzehrung des Humanen an der Wurzel vermuten, da zum Menschen die Unvollkommenheit gehört. Sie begrenzt ihn als eng mit seiner Freiheit und seinem Versagen verknüpftes Kennzeichen. Das gilt auch für die Kunst, das eigentliche Zeugnis seiner Art. Gebiete, auf denen Berechenbares vorwiegt, wie die Architektur, verweist man daher mit Recht an die Ränder der musischen Welt.

Persönliches Temperament wird mitspielen. Der alte Léautaud, der es mit seiner Autorschaft so ernst nahm, daß er in grünster Jugend, um eine Notiz zu sichern, sogar die Schäferstunde zu unterbrechen pflegte, vertrat die Ansicht, daß der erste Wurf unwiederholbar sei und daher mit seinen Schwächen besser als jeder revidierte Text. Sein großer Meister Stendhal hätte ihm darin kaum zugestimmt, wie man aus den Manuskripten schließen darf.

Hier, wie so oft im Leben, gilt alles und auch das Gegenteil. Der Stil eines Menschen, sein behaviour bis zu den kleinen alltäglichen Gewohnheiten, ja gerade dort, etwa die Art, in der er Brot schneidet oder die Treppe hinaufsteigt — das reicht tief in die Gründe, ist Ausdruck des ihm verliehenen Charakters und seiner Prägung, mag man es als Erbe auffassen oder als horoskopischen Zug, als das »Gesetz, nach dem er angetreten« ist.

Die astrologischen Definitionen sind schärfer als die psychologischen. Die Sterne bieten einen festeren Rahmen; sie greifen tiefer ein.

Wie aber soll ich die typischen Züge des Widders, der zu den Feuerzeichen zählt, in Einklang bringen mit dem Bienenfleiß an abgelegten und halbvergessenen Texten, mit der

Vorliebe für verstaubte Böden, dem Wiedergang auf alten Wechseln überhaupt? Der Widder neigt zur Überschreitung gesetzter Grenzen, zu Fahrten und Zügen in fremde Reiche, läßt Bahnen von Rauch und Feuer hinter sich. Nautisch gesprochen, bestätigen Minen seine Route, wenn er längst in anderen Gewässern, Meerengen und Archipelen sich bewegt. Sein Wesen bedarf der Widerstände, die ihn aufhalten. Das gilt physisch wie metaphysisch; sein Äon hat Tiefe und Spannweite. Moses und Alexander tragen sein Zeichen; eine Doppelreihe ruhender Widder führt auf das hunderttorige Theben zu.

Die Sonne im Zenit ist dem nicht ungünstig. Mediterrane, ägyptische, nubische Sonne wirft ein steiles Licht auf die bewegten Bilder, oft unbarmherzig, aber zwingend, wo Köpfe auf dem Spiel stehen: der des Pompejus in aussichtsloser Verhandlung vor dem Delta oder der des Crassus im mesopotamischen Sand. Die Kreise der Parther werden enger; die Bahn der Pfeile verschwimmt im Staub, den die Hufe aufwirbeln. Der Triumvir hat bereits das aufgespießte Haupt des Sohnes geschaut. Der Herr über Syrien und den Tempelschatz von Zion streckt vergeblich die Hand nach Wasser aus. Am Ringe blitzt der Karneol, in den der behelmte Kopf der Roma eingegraben ist. Noch trügen schattige Bilder auf dem roten Vorhang; es ist sehr heiß, doch noch nicht heiß genug. Bald wird sich ein Geheimnis offenbaren, das jeden Frühling übertrifft.

Wie aber ist es mit den Rückzügen? Besonders mit den geglückten Rückzügen? Hier müssen andere Zeichen mitsprechen, vielleicht der Krebs in guter Position. Der geglückte Rückzug erhebt und wandelt die äußersten Punkte, die erreicht wurden, zu Wendemarken der Lebensbahn. Das beruht unter anderem darauf, daß er einen tieferen Wert der räumlichen Bewegung, nämlich den dichterischen, enthüllt. Der Zug Alexanders nach Indien, der Napoleons nach Ägypten würden sich anders darstellen, wenn sie zum Untergang geführt hätten. »Ich liebte ihn, weil er Gefahr bestand.«

Hier streifen wir das Gebiet der maladie de relais — das heißt: jener Art von Krankheit, die neuen Vorspann gibt, stärkere Vitalität einbringt. Mit dem Vorstoß ins Unwegsame bis hart an die Nähe des Todes wird neuer Einstand gezahlt. Das gleicht den Knoten im Bambusrohr. Sie stärken den Halt, doch mit ihm die Biegsamkeit. Theologisch gehört hierher, was in Halle die »heilsame Verzweiflung« genannt wurde.

Der Einwand liegt nahe und ist auch oft gemacht worden: daß mit dem geglückten Rückzug auf die Dauer wenig gewonnen sei. Die maladie de relais bedeutet Umstieg auf einer großen und im ganzen unangenehmen Fahrt. Die Erde liebt den Sohn, der frühe heimgeht; die Götter lieben den, der frühe fällt. Er fand die gute Pforte, wählte das große Schiff. Da gibt es, selbst an der indischen Grenze, kein Umsteigen mehr. Nicht umsonst treten die Söhne kaum in die Träume ein, zu denen die Ahnen andrängen.

Was bedeutet der Aufschub, der mühsame Zins an die Zeit? Gewonnene Zeit ist auch verlorene Zeit; das erweist sich, wenn der Schlußstrich gezogen wird. Wer Zeit hat, wird der Zeit nicht nachlaufen. Wer Zeit hat, wird auch etwas mehr als Zeit haben: Zeit gewährende, Zeit löschende Macht. Das ist der eigentliche Reichtum, an dem man den Herrn erkennt — vor allem dort, wo die Zeit knapp zu werden beginnt.

Immerhin bleibt der Augenblick des Glückes, die große Wandlung, die Errettung im Zeitlichen wunderbar. Sie kann im Mythos, in der Geschichte ein Trauma bleiben, das durch Jahrtausende Hoffnung und Zuversicht gibt. Wasser des Lebens sprang aus dem Felsen in der Wüste; die Woge des Roten oder der Götterwind des Gelben Meeres verschlangen die feindlichen Heerscharen.

War daran die gewonnene Zeit der Gewinn? Wohl kaum,

denn solche Schicksalswenden leuchten über Untergang und Tod, auch den von Völkern, hinweg. Sie werden exemplarisch für den Lebensweg als solchen, indem Zeitloses sichtbar wird. Das begründet den Wert der Bibel als des Buchs der Bücher und, nota bene, jedes Buches, das diesen Namen verdient.

Der Tod behält das letzte Wort. Damit bestimmt sich auch das Provisorische der geglückten Rückzüge, Schicksalswenden, Rettungen und Heilungen, der vordergründigen Sorgen überhaupt.

Alles ändert sich freilich, wenn wir es nicht nur im Vordergrunde, sondern auch als Vordergrund sehen: den Glücksfall als Lichtstrahl großer Sonnen, der durch die Fenster unseres Hauses fällt. Was flüchtig wärmt, ist Abglanz des großen Feuers; die Werte sind Abglanz absoluter Macht. In Staaten, Reichen und Kulturen Häuser aufzurichten, zu deren Schmückung Wissen und Künste wetteifern: das ist menschlicher Dienst. Ein solches Haus ist Gleichnis und kann daher nicht währen; es hat seine Zeit und verweht wie ein Rauchopfer. Das Vergebliche gehört zum Ruhm und zur Größe des Opferdienstes, wie zur Kunst und zum Kultus das Wissen, daß das Ziel nicht erreicht werden kann.

Zeitliche Dauer ist insofern von Bedeutung, als sich ein anderes in ihr verrät, wie in Roma aeterna die Ewige Stadt. Das Unzulängliche konvergiert zum Unzugänglichen.

Daß sich im Augenblick des Glückes mehr verbirgt als die Lösung eines durch die Zeit geschürzten Knotens oder die Überwindung einer Stromschnelle, das wird vom Glücklichen leicht übersehen. Doch wurde ihm im flüchtigen Blick die Quelle des Lichtes offenbar. Dort ruht mehr als sein individuelles Glück. Er nahm die Gabe als neue Wegzehrung an. Wenn er die Münze ein wenig schärfer ins Auge faßte, so würde er in ihr den Obolos erkennen, der ihm dereinst als Fährgeld dienen wird.

Das Beste zu vergessen, sich selbst zu billig zu nehmen, ist des bildlosen Menschen Gefahr. Wären die Träume nicht, so würde er sich spurlos amortisieren; so aber bringt die Nacht ihm die großen Figuren zurück. Da regt sich der Urstrom unter dem Alltagshäutchen; aus der Hülle des Bettlers tritt der König hervor.

Zu billig ist auch, was der Mensch vom Seher und seiner Deutung verlangt. Glücksstunden, Warnung vor den Iden, Termine für Beginnen und Unterlassen: das bleiben Daten innerhalb der Fahrzeit, Ortungen vorm Katarakt.

Die echte Deutung vermag mehr. Sie achtet nicht auf die Knoten am Faden, den die Parzen spinnen; sie sieht das Muster, das aus ihm gewoben wird. Nun erst wird sichtbar, daß Notwendiges sich hinter dem Chronologischen verbirgt. Die Wahrheit wird zwingend, und oft zu stark für den Betroffenen.

Daß der Mensch seine Aufgabe nicht löst, daran ändern alle schönen Nachrufe nichts, weder die des Pfarrers am Grabe noch die des Historikers. Andererseits stirbt keiner vor der Erfüllung seiner Aufgabe. Der Widerspruch löst sich dadurch, daß Teile des Lebens sich im Unberechenbaren abspielen. Von dort aus wird die Waage ins Gleichgewicht gebracht. Ein winziger Anstoß genügt. Das gilt für die Kindheit, die Träume und auch für das Sterben, bei dem eine unendlich kurze Spanne ein Leben aufwiegen kann. Es erinnert an die endlosen Brüche — etwas ganz anderes müßte die Zahl ergänzen, damit sie sich abrundet. So wird die Hast durch Ruhe, das Handeln durch Nichthandeln gekrönt.

Daß er die Aufgabe nicht erfüllt, weiß jeder; und besser noch als am Tage weiß er es zur Nacht. Daher die Qual der Prüfungsträume; sie betreffen die irdische Leistung und das Gericht. Ein heiteres Erwachen folgt.

Auf der anderen Seite hält die Welt nicht, was sie dem Menschen verspricht. Das ist eines der tragischen Themen, variierend vom Scheitern des Großen Einzelnen in seinem Willen oder seiner Güte bis zur Enttäuschung jeder neuen Generation. Immer wieder sieht man sie kommen, Großes glaubend und wollend, und dann in Geschäften und widrigen Händeln verbraucht. Sie leiden stärker, wenn sie glaubten, was in den Büchern steht. Trotz allem lebt die Welt von dem, was sie mitbringen. Sie lebt vom Gedicht.

Die Arbeit an dieser nunmehr abgeschlossenen Ausgabe hat zehn Jahre, wenn auch nicht ausgefüllt, so doch in Anspruch genommen — für ein literarisches Unterfangen eine beträchtliche Zeit.

Im einzelnen die Erwägungen zu erörtern, die der Edition vorausgingen und sie begleiteten, würde zu weit führen. Sie betrafen zunächst die Gliederung des Stoffes und seine Darbietung, also Inhalt und Form in den Umrissen. Auch die Bestimmung der Richtlinien für Satz, Druck, Orthographie mußte der Erteilung des ersten Imprimaturs vorausgehen.

Eine Gesamtausgabe ist mehr als eine Summe von Einzelschriften; sie sollte zum mindesten ihren eigenen Duktus aufweisen. Der Autor wird sich an die von ihm gewählten oder gebilligten Gesetze halten — selbst dort, wo er inzwischen eine bessere Lösung erkannt zu haben glaubt.

Das Vorhaben gehörte zu jenen, die ebenso stark abschrekken wie anziehen und deren Ausführung man gern hinauszögert. Es bedeutete zum mindesten die verantwortliche Prüfung der vorliegenden Texte in dreifachem Arbeitsgang. Ähnliches war bei den meisten Schriften bereits geschehen und hatte sich bei manchen mehr- oder vielfach wiederholt. Der Aufwand, den eine sorgfältige Durchsicht von Satz zu Satz erfordern würde, war vorauszusehen.

Vorauszusehen waren auch grundsätzliche Einwendungen gegen jede mögliche Bearbeitung. Doch kann an der Berechtigung des Autors, sein geistiges Eigentum zu verwalten, kein Zweifel sein. Diese Verwaltung beschränkt sich auch nicht auf das Museale, Archivarische oder Kommentatorische. In diesem Falle würde die Aufgabe sich bedeutend vereinfachen, ja besser Hilfskräften anvertraut. Es besteht aber ein grundsätzlicher Unterschied zwischen einer vom Autor persönlich und einer nach seinem Tode besorgten Ausgabe.

Ein solches Durchgehen der Texte fördert nicht nur ihre Lesbarkeit, sondern überhaupt das Gefühl, daß eine Regel besteht und geachtet wird. Werden darüber hinaus veraltete Wendungen, flüchtige Moden und Manieriertheiten ausgemerzt oder wenigstens beschnitten, so ist auch das ein Gewinn. Wenn man solche Passagen nach Jahren wieder liest, empfindet man sie mit Recht als störend; mit ihrer Erhaltung ist niemand gedient. Da zudem nichts Gedrucktes verlorengeht, stellt die erneute Bemühung weniger einen Ersatz als eine Zugabe, eine Bereicherung dar.

Hierin liegt einer der Vorteile vom Verfasser besorgter Ausgaben; ein Editor könnte solche Bemühungen nicht verantworten. Auch die Streichung ist meist eine Verbesserung. In der Jugend neigt der Mensch zu Überheblichkeiten, in der Mitte des Lebens zu Banalitäten, im Alter zu Wiederholungen. Es ist gut, wenn er diese Mängel beim Blick auf das Ganze seines Werkes bemerkt. Wenn er einer Ungerechtigkeit, einer Plattheit, einem offensichtlichen Irrtum sein Placet versagt, wird das seiner geistigen Physiognomie zugut kommen.

Das Historische soll dem Elementaren und damit auch dem Musischen gegenüber zurücktreten. Das gehört zu den Spielregeln. Zugleich soll auf diese Weise die Wirklichkeit schärfer erfaßt werden. Das eben ist der Sinn der »Fassungen«, während ihre Methodik sich im Dienst an der Sprache verbirgt. Darüber unterrichtet am besten der Vergleich mit früheren Auflagen, deren Berücksichtigung jedoch nicht in den Rahmen dieser Ausgabe gehört.

Eine Ausnahme bildet die Einreihung der Erstfassung von »Das Abenteuerliche Herz«. Wie jene Jahre überhaupt, so ist auch der Text, der in ihnen entstand, mir fremd geworden — doch da ich immer wieder nach ihm gefragt werde und er selbst bei den Antiquaren kaum aufzutreiben ist, mag er hier seinen Platz finden. Beide Fassungen decken sich zudem kaum zu einem Drittel und geben ein Beispiel nicht nur für die Ablösung von expressionistischen durch magisch-realistische Tendenzen, sondern auch für Art und Umfang einer solchen Revision.

Unverändert blieb außerdem »Der Arbeiter«. Hier läßt sich also nicht von »Fassung« sprechen, falls man von Lichtenbergs Maxime: »Die meisten Auflagen werden vom Autor vor dem Erscheinen veranstaltet« absehen will.

Gerade diese Lagebeurteilung ist mir indessen von Anfang an als ein Netz mit weitgespannten Maschen erschienen, an dem sich die detaillierte Arbeit lohnen würde; Leopold Ziegler bezeichnete sie als »Griff an den Wurzelhals«. Kleinere und größere Schriften, die seitdem entstanden, sind als Ansätze aufzufassen. Näheres darüber ist in »Maxima — Minima« gesagt.

Das alles noch einmal aufzulösen und in ein Mosaik zu bringen, das von den kosmischen und atmosphärischen Veränderungen zu den geologischen und organischen, sodann von den chthonischen über die mythischen und historischen zu den transhistorischen Figurationen aufsteigt, ist eine Aufgabe, die ich vielleicht dem intelligenten Leser überlassen muß. Damit gewinnt er den Blick auf die Symptome: die technischen, politischen, sozialen und ethnischen Umwälzungen. Sie alle sind notwendig: gegründet die Gipfel, begründet die Einstürze. Das zu bejahen, weit über das leidende Ich und seine Bindungen hinaus, wird erst im Rückblick möglich sein.

Verlockend war trotz allen Mühen die Aussicht, einen vorläufigen Abschluß zu gewinnen, auch wenn Zufriedenheit nicht erreicht würde. Jedes letzte Wort ist ein vorletztes, ist nicht mehr als ein Anklopfen in der Hoffnung, daß sich einmal die Tür öffne. Es bleibt, wie gesagt, beim Entwurf, bei der Annäherung, bei der Einkreisung des Absoluten durch mehr oder minder gelungene Gleichnisse.

Wo wir das Wort nicht als gängige Münze verwenden und mehr als reine Mitteilung beabsichtigen, muß es jenseits der Sprache gefunden werden, bevor es ergriffen werden kann. Indem wir es aussprechen, gewinnt es an realer, verliert an metaphysischer Macht. Doch bleibt noch Schweigendes, Unausgesprochenes an ihm haften wie Erdreich am Wurzelwerk.

Zu den günstigen Zeichen gehört, wenn sich dem Autor selbst nach Jahren der verborgene Sinn eines Satzes enthüllt. Das ist ein Gleichnis des Lebensweges überhaupt. Spät geht uns auf, daß Dinge, mit denen wir uns lange beschäftigen, einen anderen, einfachen Sinn haben. Gut, daß wir sie ernst nahmen.

Zu danken habe ich an dieser Stelle für mannigfache Hilfe und Teilnahme. Zunächst den Toten: dem unvergessenen Verleger Benno Ziegler und der lieben Perpetua, beiden für treuen Beistand bis in die Tage ihrer schweren Leiden hinein.

Bekannten und unbekannten Freunden bin ich verpflichtet für Anregungen, Hinweise, Berichtigungen, Lesungen, Auszüge, Beschaffung und Sicherung von Daten, kurzum für Handreichungen unter oft erheblichen Zeitopfern. Mein Dank gilt namentlich Dr. Hans Peter des Coudres, Bibliotheksdirektor in Hamburg, Karl Oskar Paetel in New York und Dr. Armin Mohler in München für bibliographische Ermittlungen, Erika Gerlach, Bibliothekarin in Remscheid, für die vergleichende Lektüre der verschiedenen Ausgaben von »Strahlungen« und Lina Oldenburg, Studienrätin in Hamburg, für die intensive Durchsicht von »Besuch auf Godenholm«.

Als glückliche Fügung darf ich die Hilfe betrachten, die mir durch meine Frau Liselotte zuteil wurde — nicht nur dank ihrer großen editorischen Erfahrung und der Partnerschaft an allen Erwägungen, Korrekturen und Korrespondenzen, sondern auch der täglichen Unterhaltung mit dem Hausgeist über die Sprache und ihre verwandelnde Kraft.

Dank endlich dem Freund und Verleger Ernst Klett als dem eigentlichen Initiator der Ausgabe, nicht zuletzt auch für die unerschöpfliche Geduld immer neuen Korrekturen gegenüber bis in den Umbruch und die Revision hinein.

Wilflingen, 10. Oktober 1964

POST FESTUM

DANKSAGUNG BEI DER FEIER MEINES 80. GEBURTSTAGES

ZUGLEICH NACHWORT ZUR ZWEITEN GESAMTAUSGABE

ERSTDRUCK
Teildruck in: »Merkur« 1975

Achtzig Jahr alt zu werden, ist kein Verdienst. Wohl aber ist es eine Leistung in diesem, unserem Jahrhundert, das als ein Zeitalter großer Wirren und Übergänge in die Geschichte eingehen wird. Persönlich hatte ich an ein solches Alter nicht gedacht, es nicht einmal erhofft. Dreißig Jahre schienen mir schon enorm. Wäre in meiner Jugend ein Dämon gekommen, sie mir anzubieten und keinen Tag darüber, so hätte ich mit ihm paktiert. Ich denke dabei nicht an die Gefahren des Ersten Weltkrieges. In dieser Hinsicht war ich Optimist. Doch die vitale Ladung drohte die Individualität zu sprengen; sie schien eher für eine Rakete als für ein Fahrzeug angelegt. Indessen weiß unsere Zeit ja beides zu verbinden: Konstanz im Explosiven ist eines ihrer Kennzeichen. Aderlässe muß man in Kauf nehmen.

Neben der Unruhe des geborenen Widders plagte mich von Anfang an das Gefühl, der herrschenden Ordnung nicht konform zu sein — sei sie politisch durch die Monarchie, die Republiken, die Diktatur bestimmt, sei sie ökonomisch durch den homo faber und seine Trabanten abgeweidet oder theologisch durch Fuchsgeister entmythisiert.
    So hatte ich gegen einen immer heftigeren Strom zu schwimmen, meist mit Widerwillen, manchmal auch mit Lust: im Niemandslande, wenn die Dinge elementar wurden — — — doch öfter mit Molières siebenfach wiederholter Frage: »Que diable ai-je à faire dans cette galère?« — Was zum Teufel habe ich auf dieser Galeere zu tun? und das besonders, wenn sie an das Sklavenschiff von Melvilles »Benito Cereno« zu erinnern begann. Wie wenig sich darauf ändert, sieht man, wenn man die Opfer, aber auch, wenn man die Richter vergleicht.

Von Jahr zu Jahr bedrückte mich stärker auch ein Leiden, das Hölderlin dem Hyperion zuschreibt: das Gefühl, ein

Fremdling im eigenen Vaterland zu sein. Dafür zeugen an Geist und Körper Stigmen und Narben unglücklicher, doch unauslöschlicher Liebe, die dem Volk und nicht der Parteiung gilt. Ich habe dafür mit guter Münze gezahlt, so mit dem Sohn, der 1944, aus dem Gefängnis entlassen, sich zur Front meldete und bei Carrara gefallen ist. Er wußte zu unterscheiden zwischen Innen und Außen, zwischen Volk und Partei, zwischen dem, was sein Gewissen verstörte, und dem, was heraufdrohte. Diese Unterscheidung schwindet im Weltbürgerkriege, und dort vor allem, wo er als Nationalkrieg verloren wurde und die historische Substanz vernichtete. Es bleibt zu hoffen, daß die Werte sich im Abgrund sublimieren und neu gefaßt werden:

> Wenn aus der Tiefe kommt der Frühling in das Leben,
> Es wundert sich der Mensch, und neue Worte streben
> Aus Geistigkeit, die Freude kehret wieder
> Und festlich machen sich Gesang und Lieder.
>
> So findet vieles sich, und aus Natur das Meiste.
>
> (Hölderlin)

Wunderlich bleibt, daß dabei überhaupt etwas bestellt wurde, daß sich der Mut nicht verlor. Der Erfolg, wenn überhaupt davon die Rede sein kann, ist eher Zugabe, ist eine Prämie. Hier gilt ein Spruch des Heraklit, über den ich oft gesonnen habe: »Der Walkschraube Bahn, ob gerad oder quer, ist einunddieselbe.« Das soll wohl heißen: Hat einer sein Feld gepflügt, so liegt sein Verdienst in der Leistung, gleichviel, wie die Furchen ausfielen, wenn er nur die Hand am Griff behielt.

In diesem Sinne betrachte ich mein Werk. Ich maße mir darüber kein Urteil an, und ich trete auch nicht in die Polemik ein, die meiner Person und meiner Arbeit gilt. Ich weiß, daß ich Zeit meines Lebens vielen ein Ärgernis gewesen bin.

Das begann schon in der Schule, wo ich meine Lehrer als der zugleich beste und schlechteste Schüler irritierte, und es setzte sich bei den Preußen fort, die mir ihren höchsten Orden gaben und denen ich als unbequemer Untergebener ein Dorn im Auge war. Die Ambivalenz begleitete mich durch die mehr als sechzig Jahre meiner Autorschaft, und es ist zu erwarten, daß sich daran auch wenig ändern wird. Vom Unvollkommenen bin ich überzeugt — dem gilt die Selbstkritik: die Einsicht, daß trotz unablässigem Bemühen dem Wort das Letzte nicht abzugewinnen ist. Es bleiben Anklänge.

Die beste Zeit für den Autor ist vorüber, wenn er nicht mehr mit seinem Werk allein, wie mit der Geliebten in der Kammer, beisammen ist. Hat er die Arbeit beendet, so bedrängen ihn sekundäre Probleme wie das der Publikation. Das gilt besonders für gefährliche Stoffe, für heiße Eisen, wie ich sie immer wieder anfaßte. Mit wachsendem Alter wird man behutsamer, und die Frage nach der Verantwortung gewinnt an Gewicht.

Weniger beschäftigt mich die unvermeidliche, von außen kommende Frage: »Was haben Sie damit beabsichtigt?« Man pflegt nichts zu beabsichtigen; man wird in Dienst gestellt. Der Lohn liegt im Genuß, den eine auf zwei, drei Stunden konzentrierte Meditation gewährt. Und diese Meditation führt weiter; sie nähert an. Sie ist nicht an den Leser gerichtet, obwohl er an ihr teilnehmen kann. Insofern wird ihm mehr geboten als ein Buch — nämlich das, was ein Buch sein sollte: ein Fahrzeug, das man nicht mehr als derselbe verläßt, der eingestiegen ist. Da soll auch keine Unterhaltung, nicht einmal Kunst geboten werden; ein Gang zum Magma, aus dem nicht nur die Meinungen, sondern auch die Bilder aufsteigen, soll gewagt werden.

Nicht durch den Erfolg, gleichviel auf welcher Höhe, selbst auf der des Ruhmes, gewinnt und wahrt die Leistung ihr Gewicht. Sie ist vielmehr ein Akt der Selbstbegegnung, der Selbstverwirklichung. Der Autor nähert sich mit dem Wort dem Schweigen und bangt um Antwort; er begegnet dem, was unpersönlich und unzerstörbar in ihm wohnt. Das Ziel liegt hinter den Bildern und wirkt von dort aus in die Dauer; auch Nachruhm ist nur der Hinweis auf ein Gelingen außerhalb der Zeit. Viel bleibt im Namenlosen, im Unerfüllten, bei früh Gefallenen.

Was hat nun der Leser damit zu schaffen, wenn das Wort zwar nicht an ihm vorbeigeht, doch auch nicht an ihn gerichtet ist? Sein Anteil, sein Dabei-Sein ist wichtiger, als er ahnt. Er trifft sich mit dem Autor in einer Tiefe, die das Wort nur anzielt, doch nie erreicht. Hier wächst ein Verständnis, das ich täglich erfahre, doch das nur behutsam berührt werden darf. Auch Antwort von den Rändern ist nicht zu verachten: von den Schwellen der Gesellschaft, der Psyche, der Moral. Ein Zeichen sei angedeutet: die Begegnung im Traum. Es vergeht keine Woche, in der mir nicht im Gespräch oder in Briefen darüber berichtet wird.

Ich richte meinen Dank an die bekannten und unbekannten Freunde, von denen ich so viel Zuneigung erfuhr. Wenn ich nicht Gleiches mit Gleichem aufwiegen kann, so wird sie doch dem, was uns gemeinsam bewegt, zugut kommen.

Draußen fällt Schnee. Die Vögel fliegen von Stauffenbergs Linde herüber und tummeln sich auf dem Fensterbrett: Buch-, Berg- und Grünfinken, Kohl- und Blaumeisen, der Dompfaff, mit seiner braunen Kappe der Dorfsperling. Wenn es noch kälter wird, kommt der Kernbeißer und endlich der Specht. Besuch aus dem Walde, auch von Gästen aus fernen Gegenden. Das ist immer eine Freude, ein Trost, eine Ermunterung.

Auf dem Schreibtisch Papier: Die Zweite Gesamtausgabe nähert sich dem Abschluß, noch fehlt die Danksagung. Doch wo soll ich anfangen? Am besten bei den großen Autoren von Moses und Heraklit bis zu den heutigen. Sie geben dem geistigen und musischen Streben Gerüst und Rüstung, zeitlose Heimat, ein »Haus des Seins«. Kein Tag und keine Nacht ohne Lektüre; Bücher begleiteten mich auch im Felde, auf Reisen zu Lande, zur See und in der Luft. Man sieht, was geleistet wurde, geleistet werden könnte, geleistet werden kann.

Dank ferner den bekannten und unbekannten Freunden, alten und jungen, die an meinem Bemühen, wie immer es gelungen oder mißlungen sein mag, teilnehmen. Längst kann ich ihren Zuspruch nicht mehr nach Gebühr beantworten. So darf ich mit Goethe sprechen: »... Hie und da jemand zu wissen, der mit uns übereinstimmt, mit dem wir auch stillschweigend fortleben, das macht uns dieses Erdenrund erst zu einem bewohnten Garten.«

Wenn ein Werk, rein quantitativ gesehen und vielleicht ohne Absicht, ja wider die Neigung, im Lauf der Jahre einen ansehnlichen Umfang gewinnt, droht die Gefahr, daß der Autor zu dessen Verwalter und Kustoden wird, zum Nachteil seiner produktiven Aufgabe. Zum Glück wurde mir im Kampf mit dem Papier große und uneigennützige Hilfe zuteil.

Mein Dank gilt den Sekretären, die längere oder kürzere Zeit hier im Hause weilten: Armin Mohler, Rudolf Baucken, Albert von Schirnding, Heinz Ludwig Arnold, auch lieben Gästen wie Inge Dahm und Eva Krämer, die hin und wieder den Überhang an Post einordneten. Nicht vergessen will ich Banine, die seit vielen Jahren in der Pariser Rue Lauriston die französische Korrespondenz besorgt.

Seit Jahrzehnten legt in aller Stille Rudolf Immig das Personen- und Sachregister zu meinen Schriften an, auf das so viele Leser ungeduldig warten und wohl noch eine Weile werden warten müssen, denn es ist eine Sisyphosarbeit angesichts des noch immer wachsenden opus. Mit der Bibliographie hat sich schon früh Karl Oskar Paetel beschäftigt, ein Freund aus meiner Nationalistenzeit, und dann der unersetzliche Hans Peter des Coudres, Bibliothekar und Sammler von Beruf und aus Leidenschaft. Fortgesetzt wird seine Arbeit von Reinhard Walz und Horst Mühleisen, der sich zugleich der Korrespondenz annimmt, die mir als dem letzten Kanzler des Ordens Pour le Mérite zufällt und immer noch beträchtlich ist. Ihre Bemühungen treffen sich mit denen des Schiller-Nationalmuseums in Marbach, das eigene Bestände und die von ihm erworbenen Sammlungen des Coudres und Baedeker, auch an Sekundärliteratur, erweitert und ergänzt. Zwar rühmte ich seinem Leiter Bernhard Zeller bei einem Besuch sein Schatzhaus, doch muß ich gestehen, daß die mich betreffende Massierung von Monographien bis zu Zeitungsartikeln mich auch erschreckt. Ein Meer des Irrtums vielleicht.

Besonderes Glück wurde mir mit den Übersetzern zuteil. Daß Autor und Übersetzer Freunde werden, liegt auf der Hand. Ihre Begegnung führt zu einem geistigen Eros und Agon, zur Durchdringung der sprachlichen Darbietung. Ihr zu genügen, sie zu bezwingen mit Listen, Schachzügen, Überraschungen, bis der Gleichklang zu Einklang wird — so kann ein neues Werk entstehen, an dem beide Partner beteiligt sind. Daher entdeckt sich der Autor in einer gelungenen Übersetzung in einer neuen Dimension.

Ich weiß nicht, inwieweit die erste dieser Übersetzungen geglückt ist: »Bajo la tormenta de acero« (»In Stahlgewittern«), erschienen 1922 im Auftrag der argentinischen Armee. Jedenfalls sagte mir Jorge Luis Borges, als er mich kürzlich hier besuchte, die Lektüre habe damals auf ihn gewirkt wie eine vulkanische Eruption.

Maurice Betz, Rilkes Übersetzer, nahm sich der »Gärten und Straßen« an. Berühmt wurden »Les Falaises de Marbre« aus der Feder von Henri Thomas. Die Kritik bezeichnete sie als die beste Übersetzung seit jener Baudelaires vom Werk Edgar Allan Poes. Beide Bücher erschienen in Paris während der deutschen Besetzung; sie werden noch jetzt dort gedruckt. Sie überlebten den Krieg, und das gleiche gilt für die Freundschaften, die sie mir einbrachten, wie die Montherlants, Marcel Jouhandeaus, Julien Gracqs, um Namen zu nennen, die mir zunächst einfallen. Gutes hörte ich auch über »On the Marble Cliffs«, die englische Übersetzung Stewart Hoods, der unmittelbar nach dem Waffenstillstand als Okkupant zu uns ins Kirchhorster Pfarrhaus kam.

Vor allem frage ich mich, warum mein lieber Freund Henri Plard mir seit Jahrzehnten den größten Teil seiner freien Zeit zum Opfer bringt — ist er doch als Professor für Germanistik in Brüssel vollauf beschäftigt, manchmal dazu noch als Dekan. Freilich gehört er zu den sédentaires, den hommes du cabinet, die ein unglaubliches Maß an Lektüre bewältigen, zum eigenen Gewinn und Vergnügen, das sie auch anderen mitteilen. Aber es bleibt ein Opfer, abgesehen davon, daß die Arbeit oft kaum den Pfeifentabak einbringt, den er dabei verschmaucht. In trüben Stunden ist er mir ein Trost: »Wenn ein Geist von solcher Belesenheit und solchem Fingerspitzengefühl deinem Geschreibsel so viel Mühe widmet, ist vielleicht doch etwas dran.«

Es schneit nun stärker. Die Vögel sind zur Ruhe gegangen; sie schlafen unter den Scheunengiebeln, auch im Lebensbaum des Gartens — er zieht besonders die Grünfinken an. Es ist still im Haus. Ich komme endlich zum Anlaß: dem Abschluß dieser Ausgabe.

Die erste umfaßte zehn Bände; mein Freund und Verleger

Ernst Klett hatte mich zu ihr angeregt. Inzwischen kamen viele Titel hinzu — zuviel für Nachträge. Es scheint also, daß ich mit den Jahren schreibsamer geworden bin, falls man das euphemistisch ausdrücken will. Ernst Klett hat sich vor Jahren zur Ruhe gesetzt; der Initiator dieser zweiten Ausgabe ist sein Sohn Michael. In seinem Glückwunsch zu meinem Fünfundachtzigsten sagte er, daß diese Edition ihm von jeher ein Herzenswunsch gewesen sei. Diesmal war ich nicht ohne Bedenken, wenn man mich auch nicht gerade wie den bekannten Hund zum Jagen tragen mußte — immerhin drohte ein beträchtlicher Verlust an eigentlich der produktiven Arbeit gewidmeter Zeit. Hierin kann ich Schopenhauer nur zustimmen: Während man in der Jugend die Stunden mit vollen Händen verschwendet, zählt man im Alter wie ein Geizhals die Münzen, die man noch im Beutel hat. Dabei entspricht mein Verhältnis zum Alter immer noch nicht meinen Jahren — wenn ich höre, einer sei siebzig, so mit dem Gefühl: »Der ist alt«, bis mir einfällt, daß ich nun fast zwanzig Jahr mehr habe — das ist ein Erwachen wie aus dem Traum. Jedenfalls, lieber Michael Klett, herzlichen Dank für Ihren Wagemut, Ihre Beharrlichkeit, Ihre Geduld mit meinen ewigen Korrekturen, für die noble Ausstattung.

Immerhin brauchte ich mich nicht mit der Disposition, der Redaktion und nicht allzu viel mit der Korrektur zu beschäftigen. Neben meiner Frau nahmen mir Hubert Arbogast und Hede Schirmer im Rahmen des Verlages die Hauptarbeit ab; sie stellten Fragen, die das Sachliche betrafen, manchmal auch die Form. Ich bin besonders dankbar für Hauskritik; sie erspart manchen Ärger nach der Publikation. Wichtig ist die Nachprüfung von Fakten und Daten, besonders für jemand, der, wie ich, meist aus dem Gedächtnis zitiert. Auch gibt es Quisquilien, in denen ich mich nicht mehr ganz au courant fühle; da schätze ich kundigen Rat.

In einem Buch verbirgt sich ein gut Stück Handwerk, das, wie die Sorgfalt des Gärtners im Park, nur als Ganzes ins Auge fallen darf. Ich erwähne das, weil ich auch denen zu danken habe, die man die dienenden Brüder nannte: jenen, denen die materielle Besorgung des Buches obliegt, insbesondere Satz und Druck. Hier wächst leider die Entfremdung — einst kannte man sich persönlich; der Autor legte wohl auch selbst Hand an, von den letternkundigen Humanisten bis zu einem Restif de la Bretonne. Immerhin freut es mich, wenn ich noch auf Zeilen stoße, an denen der Setzer »mitgedacht« hat, auch wenn es nicht seines Amtes ist.

Bereits an vielen, ja fast an allen Stellen hätte ich meines Stierleins gedenken müssen, meiner lieben Frau, die sich gleichsam vervielfältigte — doch würde jede Erwähnung des einzelnen das Ganze einschränken. Wie oft habe ich Dankbarkeit empfunden, wenn ich, lang nach Mitternacht erwachend, das Licht aus ihrem Studio, dem Archiv, der Bibliothek, auch aus der Küche in den Garten fallen sah.

In summa: wie viel oder wenig ich auch bestellte, es hat an waltender und liebevoller Hilfe nicht gefehlt. Rundum Dank!

Wilflingen, am 88. Geburtstag

VERZEICHNISSE

CHRONOLOGISCHES WERKVERZEICHNIS

Ins einzelne gehende Angaben finden sich in Hans Peter des Coudres' »Bibliographie der Werke Ernst Jüngers« (Stuttgart. Klett. 1970) und in seiner ergänzenden »Bibliographischen Notiz« in: »Ernst Jünger zum 29. März 1975« (Privatdruck. Stuttgart. Klett. 1975), denen sich die folgende Aufstellung dankbar verpflichtet weiß.

Die Jahreszahlen am linken Seitenrand beziehen sich nicht auf die Zeit der Entstehung, sondern auf den jeweils ersten Druck. Vorabdrucke wurden nur berücksichtigt, wenn sie entweder das ganze Stück enthalten und nicht im gleichen Jahr erschienen sind wie die Buchausgabe, wenn mehrere zusammen das Ganze ergeben, wenn sie die Qualität Erster Fassungen besitzen oder, wie einige Reisetagebücher und Äußerungen zu Kubin, ursprünglich selbständige Arbeiten darstellten. Zu Beiträgen in Periodica und Sammelwerken wurden deren Titel und, nach Möglichkeit, Herausgeber, Ort und Verlag angegeben; bei Buchausgaben, da sie leicht zu ermitteln sind, wurde aus Raumgründen darauf verzichtet.

Seit 1977 liegen die Rechte auch an allen Einzelausgaben, außer an »Paul Léautaud. In Memoriam«, bei der Verlagsgemeinschaft Ernst Klett — J. G. Cotta'sche Buchhandlung Nachfolger GmbH, Stuttgart.

1920	In Stahlgewittern	I, 9
	Revidierte Auflagen 1922, 1924, 1934, 1935	
1922	Der Kampf als inneres Erlebnis	VII, 9
	Revidierte Auflage 1926	
1923	Sturm	XV, 9
	In: Hannoverscher Kurier. Zeitung für Norddeutschland. Nr. 168—194 vom 11.—27. 4.	
1925	Das Wäldchen 125	I, 301
	(Erschien bereits im Oktober 1924)	
	Revidierte Auflage 1935	
	Feuer und Blut	I, 439
	Revidierte Auflagen 1926, 1935	

1928	Caspar René Gregory .... In: Die Unvergessenen. Herausgegeben von Ernst Jünger. Berlin und Leipzig. Andermann	XIV, 9
	Alonso de Contreras (Rezension) ..... In: Der Vormarsch. Herausgegeben von Ernst Jünger und Werner Laß. 1. Jahrgang. Folge 11. Berlin. Vormarsch-Verlag	XIV, 149
1929	Das Abenteuerliche Herz .... (Erste Fassung) Aufzeichnungen bei Tag und Nacht	IX, 31
	Die andere Seite .... Rezension des Romans von Alfred Kubin. In: Widerstand. Herausgegeben von Ernst Niekisch. 4. Jahrgang. Dresden. Widerstands-Verlag Aufgegangen in: Alfred Kubins Werk (1975)	XIV, 22-27
1930	Die Totale Mobilmachung .... In: Krieg und Krieger. Herausgegeben von Ernst Jünger. Berlin. Junker und Dünnhaupt. Revidierter Abdruck 1934 in: Ernst Jünger: Blätter und Steine	VII, 119
	Sizilischer Brief an den Mann im Mond ... Unter dem Titel: Sizilianischer... In: Mondstein. Magische Geschichten. Berlin. Frundsberg-Verlag	IX, 9
	Feuer und Bewegung .... Unter dem Titel: Kriegerische Mathematik. In: Widerstand. Herausgegeben von Ernst Niekisch. 5. Jahrgang. Berlin. Widerstands-Verlag	VII, 105
	Kriegsstücke von drüben (Rezension) .... In: Der Scheinwerfer. Blätter der Städtischen Bühnen Essen. 4. Jahrgang. Heft 1	XIV, 154
1931	Die Staubdämonen .... Unter dem Titel: Alfred Kubins Werk. In: Hamburger Nachrichten Nr. 606 vom 30. Dezember. Aufgegangen in: Alfred Kubins Werk (1975)	XIV, 33
	Durchbruch? .... Übersetzung aus Paul Toinet: Plateau zéro tam-	XIV, 194

bour cent. In: Hier spricht der Feind. Kriegserlebnisse unserer Gegner. Herausgegeben von Richard Junior (= Ernst Jünger). Berlin. Neufeld und Henius

1932 Der Arbeiter. Herrschaft und Gestalt . . . . VIII, 9

1934 Dalmatinischer Aufenthalt . . . . VI, 9
In: Ernst Jünger: Blätter und Steine. Siehe unten

Lob der Vokale . . . . XII, 11
Ebenda
Revidierte Einzelausgaben 1937. 1963, jeweils in: Ernst Jünger: Geheimnisse der Sprache

Über den Schmerz . . . . VII, 143
Ebenda

Epigramme . . . . XII, 505
Unter dem Titel: Epigrammatischer Anhang.
Ebenda

Vorwort zu: Blätter und Steine . . . . . . XIV, 159
Unter dem Titel: An den Leser
Ebenda

Blätter und Steine
Inhalt: An den Leser; Dalmatinischer Aufenthalt; Lob der Vokale; Feuer und Bewegung; Die Staubdämonen; Sizilischer Brief an den Mann im Mond; Die Totale Mobilmachung; Über den Schmerz; Epigrammatischer Anhang
Revidierte Auflage 1941. Vgl. auch die Angaben zu den einzelnen Titeln. Die Sammlung wurde nach 1942 nicht mehr aufgelegt und in der Ausgabe der »Werke« (1960—1965) wieder aufgelöst.

Kriegsausbruch 1914 . . . . I, 539
In: Wulf Dieter Müller: Ernst Jünger. Ein Leben im Umbruch der Zeit. Berlin. Junker und Dünnhaupt

1936 Afrikanische Spiele . . . . XV, 75
Revidierte Auflage 1951

1938 Das Abenteuerliche Herz (Zweite Fassung) Figuren und Capriccios Revidierte Auflage 1950	IX, 177
1939 Auf den Marmorklippen Revidierte Auflage 1949	XV, 247
1942 Gärten und Straßen Revidierte Auflage 1950. Bildet jetzt das erste Buch von: Strahlungen. Band I	II, 25
1943 Myrdun	VI, 37
1944 Aus der Goldenen Muschel In: Deutschland — Frankreich. Vierteljahresschrift des Deutschen Instituts Paris. 2. Jahrgang	VI, 89
1944/ Der Friede 1945 Seit 1944 in Hektographien und Abschriften verbreitet. Erster »Druck« in Korrektur- und Revisionsexemplaren einer dann verbotenen Ausgabe 1945, erste Buchausgabe 1945 in den Niederlanden	VII, 193
1947 Atlantische Fahrt	VI, 109
Sprache und Körperbau Revidierte Auflagen 1949, sowie 1963 in: Ernst Jünger: Geheimnisse der Sprache	XII, 47
1948 Ein Inselfrühling In: Ernst Jünger: Ein Inselfrühling. Darin außerdem: Aus der Goldenen Muschel	VI, 185
1949 Strahlungen Inhalt: Vorwort; Das Erste Pariser Tagebuch; Kaukasische Aufzeichnungen; Das Zweite Pariser Tagebuch; Kirchhorster Blätter Revidierte Auflagen 1955, 1963; seither vereinigt mit: Gärten und Straßen, und: Die Hütte im Weinberg (Jahre der Okkupation)	II, III
Heliopolis. Rückblick auf eine Stadt	XVI, 9
Geleitwort zu Adolf Horions »Käferkunde für Naturfreunde« Ebenda. Frankfurt a. M. Klostermann	X, 348

	Geleitwort zu Hans Speidels »Invasion 1944« Ebenda. Tübingen und Stuttgart. Wunderlich	XIV, 165
1950	Über die Linie In: Anteile. Martin Heidegger zum 60. Geburtstag. Frankfurt a. M. Klostermann Erweiterte Buchausgabe 1950 Revidierte Auflagen 1951, 1958	VII, 237
1951	Das Haus der Briefe (Privatdruck)	XVI, 347
	Der Waldgang	VII, 281
	Nachruf auf André Gide Unter dem Titel: Hommage à André Gide. Übersetzt von Blaise Briod. In: La Nouvelle Revue Française (Paris), November. Deutscher Erstdruck in: Werke. Band 8. 1963	XIV, 39
	Am Kieselstrand (Privatdruck)	XIII, 9
1952	Die Eberjagd In: story. Die Monatsschrift der modernen Erzählung. Herausgegeben von Wolfgang Cordan. Tübingen. story-Verlag. (Erschien bereits zu Weihnachten 1951)	XV, 353
	Besuch auf Godenholm	XV, 363
	Drei Kiesel (Privatdruck)	XIII, 25
1953	Der Gordische Knoten	VII, 375
1954	Das Sanduhrbuch Revidierte und illustrierte Ausgabe 1957	XII, 101
	Ein Sonntagvormittag in Paris (I) In: Almanach der Librairie ... Flinker. Paris. (Privatdruck) (= Teilkapitel aus: Eine gefährliche Begegnung. 1983)	
1955	Am Sarazenenturm	VI, 219
	Die Phantomschleuder In: Die Schleife. Dokumente zum Weg von Ernst Jünger. Zusammengestellt von Armin Mohler. Zürich. Verlag der Arche	XVI, 375

Geburtstagsbrief an William Matheson . . . XIV, 41
Unter dem Titel: Geburtstagsbrief. Zum 4. November 1955 (Privatdruck)

1956 Zur Verleihung des Rudolf-Alexander-Schröder-Preises der Freien und Hansestadt Bremen . . . XIV, 169
(Ansprache, gehalten am 26. 1.)
Erstdruck unter dem Titel: Ernst Jüngers Preisdank. In: Weser Kurier, Bremer Tageszeitung vom 27. 1.

Karl O. Paetel zum 50. Geburtstag . . . . . XIV, 44
In: Aufrecht zwischen den Stühlen K. O. P. Nürnberg (Privatdruck)

Rivarol . . . . XIV, 210

Ein Sonntagvormittag in Paris (II)
In: Almanach der Librairie ... Flinker. Paris. (Privatdruck) (= Teilkapitel aus: Eine gefährliche Begegnung. 1983)

1957 San Pietro (Privatdruck) . . . . VI, 325

Serpentara (Privatdruck) . . . . VI, 363

Gläserne Bienen . . . . XV, 421
Revidierte Auflage 1963 (ohne den Epilog, der in der vorliegenden Ausgabe wieder aufgenommen wurde)

1958 Adolf Horion zum 70. Geburtstag . . . . . X, 354
Unter dem Titel: Adolf Horion 70 Jahre! In: Entomologische Blätter für Biologie und Systematik der Käfer. Herausgegeben von Hans Goecke und Alfons Evers. 54. Jahrgang. Krefeld. Goecke und Evers

Die Hütte im Weinberg . . . . III, 403
Unter dem Titel: Jahre der Okkupation
Revidierte Ausgabe 1963 als letztes Buch von: Strahlungen. Band II

1959 An der Zeitmauer . . . . VIII, 397
Revidierte Auflage 1960

November . . . . XII, 251
In: Frankfurter Allgemeine Zeitung Nr. 265
vom 14. 11.

Antaios. Zeitschrift für eine freie Welt. Ein Programm . . . . XIV, 167
In: Prospekt des Verlags Ernst Klett, Stuttgart,
für die gleichnamige Zeitschrift, herausgegeben
von Mircea Eliade und Ernst Jünger

1960 Ein Vormittag in Antibes (Privatdruck) . . . VI, 387

Sgraffiti . . . . IX, 331

Der Weltstaat . . . . VII, 481
In: Wo stehen wir heute? Herausgegeben von
H. Walter Bähr
Erweiterte Buchausgabe 1960

Angeregt durch ein Bilderbuch (Rezension) . . X, 342
In: Frankfurter Allgemeine Zeitung Nr. 277
vom 26. 11.

Hinter der Madeleine
In: Jahresring 60/61. Stuttgart. Deutsche Verlags-Anstalt. (= Kapitel aus: Eine gefährliche
Begegnung. 1983)

1961 Fassungen . . . . XIII, 33
Unter dem Titel: Sertissages. Übersetzt von
Henri Plard. In: L'Apocalypse (Katalog der
Ausstellung des gleichnamigen Sammelwerks).
Paris. Beigegeben ein Faksimile der Reinschrift
in deutscher Sprache
Deutscher Erstdruck 1963 in: Fassungen (Ausstellungskatalog). München. Gottesswinter

1962 Sardische Heimat. Ein Gang durch das Museum
von Cagliari . . . . XII, 267
In: Antaios. Herausgegeben von Mircea Eliade
und Ernst Jünger. Band III. Stuttgart. Klett

Der Baum . . . . XII, 289
In: Albert Renger-Patzsch: Bäume. Ingelheim.
Boehringer (Privatdruck)

Das Spanische Mondhorn . . . . XIII, 49
Revidierte Ausgabe in: Antaios. Herausgegeben
von Mircea Eliade und Ernst Jünger. Band IV.
(1963). Stuttgart. Klett

Skurrile Ausflüge I (Ankunft in Orly) . . . . XIII, 349
In: Fragmente. Herausgegeben von Heinz Ludwig Arnold. Göttingen

1963 An Friedrich Georg zum 65. Geburtstag. (Ansprache, gehalten am 1. 9.) . . . . XIV, 46
In: Friedrich Georg Jünger zum 1. September
1963 (Privatdruck)

Typus, Name, Gestalt . . . . XIII, 83
In: Werke, Band 8

Mantras . . . . XII, 515
Ebenda
Teilabdruck 1958 unter dem Titel: Mantrana.
Einladung zu einem Spiel (Privatdruck)

1964 Prometheus — von der Physik belehrt? (Brief) . XIII, 174
In: Merkur. Begründet von Joachim Moras und
Hans Paeschke. Nr. 194. Köln, Berlin. Kiepenheuer und Witsch

Begegnung mit Kubin. (Ansprache, gehalten am
26. 6.) . . . . XIV, 20
In: Süddeutsche Zeitung Nr. 154 vom 27./28. 6.
Aufgegangen in: Alfred Kubins Werk. (1975)

Maxima — Minima. Adnoten zum »Arbeiter« . VIII, 319
In: Werke, Band 6

Dezember . . . . XII, 257
In: Oskar Dalvit: Bois de Noël. Zürich. Arcade-Presse

1965 Die Wüstenwanderung . . . . XVI, 380
In: Werke. Band 10

Über den Selbstmord . . . . XVI, 386
Ebenda

Ortner über den Roman . . . . XVI, 388
Ebenda

Grenzgänge . . . . XIII, 175
In dem gleichnamigen Band. Olten. Oltner Liebhaberdruck 6 (Privatdruck)

Herbst auf Sardinien . . . . XVIII, 451
Ebenda

Forscher und Liebhaber. Ansprache vor den
bayerischen Entomologen (gehalten am 10. 4.) .   X, 328
In: Frankfurter Allgemeine Zeitung Nr. 89 vom
15. 4. (Teil I) und: Süddeutsche Zeitung Nr. 98
vom 24./25. 4. (Teil II, unter dem Titel: Die
ernste Sache)

In Ormens Revier . . . . XIII, 346
In: Neue Deutsche Hefte. Herausgegeben von
Joachim Günther. Nr. 104. Gütersloh, Sigbert
Mohn

In Totenhäusern . . . . XIII, 359
Ebenda

Charaktere . . . . XIII, 189
Ebenda

Notizen . . . . XIII, 191
Ebenda

Reisenotizen
In: Merkur. Begründet von Joachim Moras und
Hans Paeschke. Nr. 204. Köln, Berlin. Kiepenheuer und Witsch
Bildet jetzt den Anfang von: Spitzbergen (1983)

Auf eigenen Spuren. (Nachwort zu: Werke) . . XVIII, 465
In: Werke, Band 10

1966 Mit dem Rad einen Flußlauf entlang. (Traum) . XIII, 364
In: Ernst Jünger: Grenzgänge. Essays, Reden,
Träume (Sammelband). Stuttgart. Klett. Diese
Sammlung wurde in der vorliegenden Ausgabe
wieder aufgelöst

Steine . . . . XII, 305
In: Albert Renger-Patzsch: Gestein. Ingelheim.
Boehringer (Privatdruck)

Brief nach Rehburg . . . . XIV, 66
Unter dem Titel: Ernst Jünger schrieb an
Dr. Hübner. In: Die Harke. Die Nienburger Tageszeitung für das Mittelwesergebiet Nr. 167
vom 21. 7.

Fahrt nach Spitzbergen
In: Jahresring 66/67. Stuttgart. Deutsche Verlags-Anstalt
Bildet jetzt das Mittelstück von: Spitzbergen
(1983)

1967 Im Granit . . . . IV, 246-277
Olten. Oltner Liebhaberdruck 12 (Privatdruck)
Aufgegangen in: Siebzig verweht I (1980)

Tage auf Formosa . . . . IV, 135-153
In: Antaios. Herausgegeben von Mircea Eliade
und Ernst Jünger. Band IX. Stuttgart. Klett
Aufgegangen in: Siebzig verweht I (1980)

Subtile Jagden . . . . X, 9

Nelsons Aspekt. Hans Speidel zum 70. Geburtstag . . . . XIV, 68
In: Soldatentum und Kultur. Herausgegeben
von Max Horst. Berlin. Propyläen-Verlag

1968 Ceylon . . . . IV, 174-200
In: Ernst Jünger: Zwei Inseln. Formosa. Ceylon.
— Olten. Oltner Liebhaberdruck 16 (Privat-
druck)
Aufgegangen in: Siebzig verweht I (1980)

Erinnerungen an Henry Furst . . . . XIV, 82
In: Frankfurter Allgemeine Zeitung Nr. 214
vom 14. 9.

Zur Verleihung des Straßburg-Preises (an eine
Gruppe junger Deutscher und Franzosen. Ansprache, gehalten am 28. 9.) . . . . XIV, 172
Unter dem Titel: Krieg und Grenzen sind veral-
tet. In: Die Welt (Hamburg) Nr. 263 vom 9. 11.

1969 Drogen und Rausch
In: Antaios. Herausgegeben von Mircea Eliade
und Ernst Jünger. Band X. Stuttgart. Klett
Bildet jetzt den Anfang von: Annäherungen.
Drogen und Rausch (1970)

Zwei Besuche. In memoriam Jean Schlumberger   XIV, 93
In: Frankfurter Allgemeine Zeitung Nr. 45 vom
22. 2.

Ansprache (gehalten im Zweiten Deutschen
Fernsehen am 16. 9.) . . . .   XII, 331
In: Martin Heidegger im Gespräch. Herausgegeben von Richard Wisser. Freiburg, München.
Alber
Bildet jetzt den Anfang von: Federbälle (1979)

Federbälle (I) . . . .   XII, 334
Biberach an der Riß. Dr. Karl Thomae. (Privatdruck)
Jetzt vereinigt mit: Ansprache und: Federbälle II zu: Federbälle (1979)

1970 Ernst Jünger: Träume. Oskar Dalvit: Nocturnes
Arbon. Arben-Press
Darin: Träume von topographischer Exaktheit   XIII, 338,
... Im Traum durchschritt ich ... Skurrile Ausflüge II (Exkursion zu einer unbewohnten Insel.   339, 352,
Mit Spiegelschleifern für ein Lachkabinett)   353

Lettern und Ideogramme . . . .   IV, 109-135
Olten. Oltner Liebhaberdruck 21 (Privatdruck)
Aufgegangen in: Siebzig verweht I (1980)

An Friedrich Georg zum 70. Geburtstag . . .   XIV, 56
In: Ernst Jünger: Ad hoc (Sammelband)
Im gleichnamigen Band XIV der vorliegenden
Ausgabe wurde diese Sammlung wieder aufgelöst

Familiäre Notiz . . . .   XIV, 62
Ebenda

Annäherungen. Drogen und Rausch . . . .   XI, 7

1971 Sinn und Bedeutung. Ein Figurenspiel . . . .   XIII, 193

Zur Verleihung der Freiherr-vom-Stein-Medaille. (Ansprache, gehalten am 27. 11. 1970) . . . XIV, 181
In: Stiftung FVS zu Hamburg: Verleihung der Freiherr-vom-Stein-Medaille in Gold an Ernst Jünger (Privatdruck)

1972 Philemon und Baucis. Der Tod in der mythischen und in der technischen Welt . . . . . XII, 437
(Privatdruck)

1973 Die Zwille . . . . XVIII, 9
In: Frankfurter Allgemeine Zeitung Nr. 3—67 vom 4. 1.—20. 3. Buchausgabe im gleichen Jahr

Um die Bastille . . . . XVIII, 432
In: Festschrift für Gustav Stein. Bergisch-Gladbach. Heiderdruck. (= Kapitel aus: Eine gefährliche Begegnung. 1983)

1974 Zahlen und Götter . . . . XIII, 245
In: Ernst Jünger: Zahlen und Götter. Philemon und Baucis. Zwei Essays

Parerga zu »Annäherungen« . . . . XI, 417
In: Ensemble 5. Im Auftrag der Bayerischen Akademie der schönen Künste herausgegeben von Clemens Graf Podewils und Heinz Piontek

Aus den Pariser Nachtstücken . . . . . . XIII, 370
In: Theorie und Kritik. Festschrift für Gerhard Loose. Herausgegeben von Stefan Grunwald mit Bruce A. Beatie. Bern und München. Francke

Ausgehend vom Brümmerhof. Alfred Toepfer zum 80. Geburtstag . . . . XIV, 102
In: Scheidewege. Herausgegeben von Friedrich Georg Jünger und Max Himmelheber. Jahrgang 4. Frankfurt. Klostermann

1975 Rund um den Sinai . . . . XII, 473
Ebenda. Jahrgang 5. Stuttgart. Klett

Post nach Princeton . . . . XIV, 131
In: Merkur. Begründet von Joachim Moras und Hans Paeschke. Nr. 322. Stuttgart. Klett

Carabus rutilans . . . . X, 287
In: Jahresring 75/76. Stuttgart. Deutsche Verlags-Anstalt

Alfred Kubins Werk. Nachwort zum Briefwechsel . . . . XIV, 20
In: Ernst Jünger — Alfred Kubin. Eine Begegnung. Berlin. Propyläen-Verlag
Darin aufgegangen: Die andere Seite (1929). Die Staubdämonen (1931). Begegnung mit Kubin (1964)

1977 Eumeswil XVII

1978 Spiegelbild . . . . XIII, 375
In: Wechselrede. Joseph Breitbach zum 75. Geburtstag. Redaktion J. Hellmut Freund und Wolfgang Mettmann. Frankfurt. S. Fischer

Paul Léautaud. In Memoriam. (Übersetzung und Postscriptum) . . . . XIV, 330
Zürich. Verlag der Arche

Zur Verleihung des Immermann-Preises der Stadt Düsseldorf (Ansprache, gehalten am 22. 4. 1965) . . . . XIV, 171
In: Band XIV der vorliegenden Ausgabe

Bei einem Empfang der Stadt Laon . . . . . XIV, 187
(Ansprache, gehalten am 17. 3. 1972)
Ebenda

Zur Verleihung des Schiller-Preises des Landes Baden-Württemberg . . . . XIV, 188
(Ansprache, gehalten am 10. 11. 1974)
Ebenda

1979 Skurrile Ausflüge (III) (Im Raumtransporter) . XIII, 355
In: Schnittlinien. Für HAP Grieshaber. Herausgegeben von Wolfgang Rothe. Düsseldorf. Claassen

Federbälle (II) . . . . XII, 375
vereinigt mit: Ansprache und: Federbälle (I) (beide 1969)

Erinnerungen an Adolf Horion . . . . . .   X, 358
In: Entomologische Blätter für Biologie und Systematik der Käfer. Herausgegeben von Alfons Evers. 75. Jahrgang. Krefeld. Goecke und Evers

An einen verschollenen Freund . . . . . .   IX, 23
Entstanden 1930
In: Band IX der vorliegenden Ausgabe

1980 Ansprache zu Verdun. Am 24. Juni 1979 . . .   VII, 527
In: Band VII der vorliegenden Ausgabe

Siebzig verweht I (= Strahlungen III)   IV

Über Sprache und Stil . . . .   XIII, 383
In: Mehr als Worte. Herausgegeben von Walter Steigner. Düsseldorf, Wien. Econ

Subtile Jagden. Frühe Entwürfe . . . . . .   X, 281
Entstanden 1938
In: Band X der vorliegenden Ausgabe

Aus dem Wilflinger perennierenden Gartenkalender ein Strauß als Dank für seine Freunde...
29. März 1980 (Privatdruck)
Wurde wieder aufgelöst, größtenteils in: Siebzig verweht I und II

Rückblick. 23. August 1980 . . . .   VII, 142
zu: Die Totale Mobilmachung
In: Band VII der vorliegenden Ausgabe

1981 Siebzig verweht II (= Strahlungen IV) . . .   V

Autor und Autorschaft . . . .   XIII, 389
In: Band XIII der vorliegenden Ausgabe
nach fast vollständigem Vorabdruck in: Scheidewege. Herausgegeben von Friedrich Georg Jünger † und Max Himmelheber. Jahrgänge 10 (1980) und 11 (1981). Stuttgart. Klett

Träume . . . .   XIII, 335
In dieser Zusammenstellung in: Band XIII der vorliegenden Ausgabe. Darin erstveröffentlicht: Der große Bierpalast. Das Schloß muß riesen-

haft gewesen sein... War es ein Gartenfest...
Sie trat ins Zimmer... Antrittsbesuch. Ich kam
aus Paris mit Freunden...
Zur Nacht immer wieder Rückkehr... und: Zur
Nacht schon wieder... (beide: In Totenhäusern) zuerst in: Scheidewege. Herausgegeben
von Friedrich Georg Jünger † und Max Himmelheber. Jahrgang 8. 1978. Stuttgart. Klett

Aus der Korrespondenz zum »Arbeiter«.... VIII, 388
In: Band VIII der vorliegenden Ausgabe

1982 Nachtrag. 1980. (Zu: Xylókastron) ..... VI, 438
In: Die Welt. Nr. 7 vom 9. 1. und, unter dem Titel: »Le royaume des titans«, ins Französische
übersetzt von Henri Plard, in: Magazine Littéraire (Paris) Nr. 180. Januar

Xylókastron .... VI, 421
In: Band VI der vorliegenden Ausgabe

Spitzbergen .... VI, 443
Ebenda
Vgl. die Angaben zu: Reisenotizen (1965) und:
Fahrt nach Spitzbergen (1966)

1983 Aladins Problem .... XVIII, 271

Eine gefährliche Begegnung ...... XVIII, 371
In: Band XVIII der vorliegenden Ausgabe
Vgl. die Angaben zu: Ein Sonntagvormittag in
Paris (1954 und 1956), Hinter der Madeleine
(1960) und: Um die Bastille (1973)

Post festum (Nachwort zu: Sämtliche Werke) . XVIII, 481
In: Band XVIII der vorliegenden Ausgabe

Für die zehnbändige Ausgabe der »Werke« (1960—65) ebenso wie
für die hier vorgelegte der »Sämtlichen Werke« wurden alle Texte
abermals durchgesehen, ausgenommen die Erste Fassung von
»Das Abenteuerliche Herz« sowie »Der Arbeiter«, die nur in Orthographie und Interpunktion den für alle Bände gültigen Prinzipien angeglichen wurden.

ALPHABETISCHES INHALTSVERZEICHNIS
DER BÄNDE I–XVIII

Adnoten zum »Arbeiter«	VIII, 321
Adolf Horion zum 70. Geburtstag	X, 354
Afrikanische Spiele	XV, 75
Aladins Problem	XVIII, 271
Alfred Kubins Werk: Nachwort zum Briefwechsel	XIV, 20
Alonso de Contreras (Rezension)	XIV, 149
Am Kieselstrand	XIII, 9
Am Sarazenenturm	VI, 219
An der Zeitmauer	VIII, 397
An einen verschollenen Freund	IX, 23
An Friedrich Georg zum 65. Geburtstag	XIV, 46
An Friedrich Georg zum 70. Geburtstag	XIV, 56
Angeregt durch ein Bilderbuch	X, 342
Annäherungen. Drogen und Rausch	XI, 7
Ansprache (aus: Martin Heidegger im Gespräch) Aufgegangen in: Federbälle	XII, 331
Ansprache zu Verdun	VII, 527
Antaios. Zeitschrift für eine freie Welt. Ein Programm	XIV, 167
Atlantische Fahrt	VI, 109
Auf den Marmorklippen	XV, 247
Auf eigenen Spuren	XVIII, 465
Aus dem Wilflinger perennierenden Gartenkalender Die Sammlung wurde wieder aufgelöst, größtenteils in: Siebzig verweht I und II	
Aus den Pariser Nachtstücken	XIII, 370
Aus der Goldenen Muschel	VI, 89
Aus der Korrespondenz zum »Arbeiter«	VIII, 388
Ausgehend vom Brümmerhof. Alfred Toepfer zum 80. Geburtstag	XIV, 102
Autor und Autorschaft	XIII, 389

Begegnung mit Kubin. Aufgegangen in: Alfred Kubins
   Werk . . . . XIV, 20-22
Bei einem Empfang der Stadt Laon . . . . XIV, 187
Besuch auf Godenholm . . . . XV, 363
Blätter und Steine. Die Sammlung ist seit langem aufgelöst. Siehe unter den Titeln der einzelnen Essays
Brief nach Rehburg . . . . XIV, 66
Bücher und Leser . . . . XI, 438

Carabus rutilans . . . . X, 287
Caspar René Gregory . . . . XIV, 9
Ceylon. Aufgegangen in: Siebzig verweht I . . . . IV, 174-200
Charaktere . . . . XIII, 189

Dalmatinischer Aufenthalt . . . . VI, 9
Das Abenteuerliche Herz
   (Erste Fassung) Aufzeichnungen bei Tag und Nacht   IX, 31
   (Zweite Fassung) Figuren und Capriccios . . . . IX, 177
   Verzeichnis der einzelnen Stücke . . . . IX, 330
Das Erste Pariser Tagebuch. In: Strahlungen I . . . II, 223
Das Haus der Briefe . . . . XVI, 347
Das Sanduhrbuch . . . . XII, 101
Das Spanische Mondhorn . . . . XIII, 49
Das Wäldchen 125 . . . . I, 301
Das Zweite Pariser Tagebuch. In: Strahlungen II . . III, 9
Der Arbeiter. Herrschaft und Gestalt . . . . . . VIII, 9
Der Baum . . . . XII, 289
Der Friede . . . . VII, 193
Der Gordische Knoten . . . . VII, 375
Der Kampf als inneres Erlebnis . . . . VII, 9
Der Waldgang . . . . VII, 281
Der Weltstaat . . . . VII, 481
Dezember . . . . XII, 257
Die andere Seite. (Rezension). Aufgegangen in: Alfred
   Kubins Werk . . . . XIV, 22-27
Die Eberjagd . . . . XV, 353

ALPHABETISCHES INHALTSVERZEICHNIS

Die Hütte im Weinberg (Jahre der Okkupation). In: Strahlungen II	III, 403
Die Phantomschleuder	XVI, 375
Die Preußen und der Krieg	XI, 435
Die Staubdämonen. Aufgegangen in: Alfred Kubins Werk	XIV, 33-38
Die Totale Mobilmachung	VII, 119
Die Wüstenwanderung	XVI, 380
Die Zwille	XVIII, 9
Drei Kiesel	XIII, 25
Durchbruch? von Paul Toinet (Übersetzung)	XIV, 194
Ein Inselfrühling	VI, 185
Ein Sonntagvormittag in Paris. In: Eine gefährliche Begegnung	XVIII, 373
Ein Vormittag in Antibes	VI, 387
Eine gefährliche Begegnung	XVIII, 371
Entsprechungen	XIII, 182
Epigramme	XII, 505
Erinnerungen an Adolf Horion	X, 358
Erinnerungen an Henry Furst	XIV, 82
Eumeswil	XVII
Familiäre Notiz	XIV, 62
Fassungen	XIII, 33
Federbälle	XII, 329
Feuer und Bewegung	VII, 105
Feuer und Blut	I, 439
Forscher und Liebhaber. Ansprache vor den Bayerischen Entomologen	X, 328
Gärten und Straßen. In: Strahlungen I	II, 25
Geburtstagsbrief an William Matheson	XIV, 41
Geleitwort zu Adolf Horions »Käferkunde für Naturfreunde«	X, 348
Geleitwort zu Hans Speidels »Invasion 1944«	XIV, 165
Gläserne Bienen	XV, 421

Grenzgänge . . . . XIII, 175

Heliopolis. Rückblick auf eine Stadt . . . . XVI, 9
Herbst auf Sardinien . . . . XVIII, 451
Hinter der Madeleine. In: Eine gefährliche Begegnung XVIII, 413
Hund und Katz . . . . XI, 419

Im Granit. Aufgegangen in: Siebzig verweht I . . . IV, 246-277
In Memoriam. Von Paul Léautaud (Übersetzung und
 Postscriptum) . . . . XIV, 330
In Ormens Revier . . . . XIII, 346
In Totenhäusern . . . . XIII, 359
In Stahlgewittern . . . . I, 9

Jahre der Okkupation. Siehe: Die Hütte im Weinberg

Karl O. Paetel zum 50. Geburtstag . . . . XIV, 44
Kaukasische Aufzeichnungen. In: Strahlungen I . . . II, 407
Kirchhorster Blätter. In: Strahlungen II . . . . . . III, 295
Korrespondenz und Gesetz . . . . XIII, 184
Krankheit und Dämonie. Notizen zu Walters Mißge-
 schick . . . . XI, 440
Kriegsausbruch 1914 . . . . I, 539
Kriegsstücke von drüben (Rezension) . . . . . . XIV, 154

Lettern und Ideogramme. Aufgegangen in: Siebzig
 verweht I . . . . IV, 109-135
Lob der Vokale . . . . XII, 11

Mantrana . . . . XII, 515
Maxima — Minima. Adnoten zum »Arbeiter« . . . VIII, 319
Mit dem Rad einen Flußlauf entlang . . . . XIII, 364
Myrdun . . . . VI, 37
Mythos und Wissenschaft . . . . XIII, 177

Nachruf auf André Gide . . . . XIV, 39
Nachtrag. 1980. (Zu: Xylókastron) . . . . VI, 438

Nelsons Aspekt. Hans Speidel zum 70. Geburtstag . XIV, 68
Notizen . . . . XIII, 191
November . . . . XII, 251

Ortner über den Roman . . . . XVI, 388

Parerga zu »Annäherungen« . . . . XI, 417
Parerga zu »Subtile Jagden« . . . . X, 279
Philemon und Baucis. Der Tod in der mythischen und
  in der technischen Welt . . . . XII, 437
Post festum . . . . XVIII, 481
Post nach Princeton . . . . XIV, 131
Potenz und Vermögen. Umsatz und Kapital . . . . XI, 434
Prometheus — von der Physik belehrt? . . . . . XIII, 174

Rivarol. Leben und Werk. Maximen (Übersetzung).
  Anhang . . . . XIV, 210
Rund um den Sinai . . . . XII, 473

San Pietro . . . . VI, 325
Sardische Heimat . . . . XII, 267
Serpentara . . . . VI, 363
Sgraffiti . . . . IX, 331
  Verzeichnis der einzelnen Stücke . . . . . . IX, 479
Siebzig verweht I (= Strahlungen III) IV
Siebzig verweht II (= Strahlungen IV) V
Sinn und Bedeutung. Ein Figurenspiel . . . . . XIII, 193
Sizilischer Brief an den Mann im Mond . . . . . IX, 9
Skurrile Ausflüge . . . . XIII, 349
Spiegelbild . . . . XIII, 375
Spitzbergen . . . . VI, 443
Sprache und Körperbau . . . . XII, 47
Steine . . . . XII, 305
Strahlungen I—IV . . . . II—V
Stücke zu »Heliopolis« . . . . XVI, 345
Sturm . . . . XV, 9
Subtile Jagden . . . . X, 9

Subtile Jagden. Frühe Entwürfe . . . .   X, 281

Tage auf Formosa. Aufgegangen in: Siebzig verweht I   IV, 135-153
Träume . . . . XIII, 335
Typus, Name, Gestalt . . . . XIII, 83

Über den Schmerz . . . .   VII, 143
Über den Selbstmord . . . .   XVI, 386
Über die Linie . . . .   VII, 237
Über Sprache und Stil . . . .   XIII, 383
Um die Bastille. In: Eine gefährliche Begegnung . . XVIII, 432

Vorwort zu »Strahlungen« . . . .   II, 9
Vorwort zu »Blätter und Steine« . . . .   XIV, 159

Xylókastron . . . .   VI, 421

Zahlen und Götter . . . .   XIII, 245
Zum Glücksspiel . . . .   XI, 430
Zur Verleihung
    der Freiherr-vom-Stein-Medaille . . . .   XIV, 181
    des Immermann-Preises . . . .   XIV, 171
    des Rudolf-Alexander-Schröder-Preises . . . .   XIV, 169
    des Schillerpreises . . . .   XIV, 188
    des Straßburg-Preises . . . .   XIV, 172
Zwei Besuche. In memoriam Jean Schlumberger . .   XIV, 93